中国经济文库·应用经济学精品系列（二）

张　韬◎著

中央财政转移支付政策变迁研究

以贵州省为例

Research on the Change of Transfer Payment Policy of Central Finance

Take Guizhou Province as An Example

中国经济出版社
CHINA ECONOMIC PUBLISHING HOUSE
北 京

图书在版编目（CIP）数据

中央财政转移支付政策变迁研究：以贵州省为例／
张韬著．--北京：中国经济出版社，2020.8（2023.9 重印）
ISBN 978-7-5136-6247-5

Ⅰ.①中… Ⅱ.①张… Ⅲ.①中央财政—财政转移支
付—财政政策—研究—贵州 Ⅳ.①F812.45 ②812.773

中国版本图书馆 CIP 数据核字（2020）第 124878 号

责任编辑　耿　园　曹　娅
责任印制　巢新强
封面设计　华子图文

出版发行　中国经济出版社
印 刷 者　北京建宏印刷有限公司
经 销 者　各地新华书店
开　　本　710mm×1000mm　1/16
印　　张　17.25
字　　数　201 千字
版　　次　2020 年 8 月第 1 版
印　　次　2023 年 9 月第 2 次
定　　价　68.00 元
广告经营许可证　京西工商广字第 8179 号

中国经济出版社 **网址** www.economyph.com **社址** 北京市东城区安定门外大街 58 号 **邮编** 100011

出版说明

本书为贵州省哲学社会科学规划青年课题“2020年后中央财政转移支付政策新取向及贵州对策研究”(项目编号：19GZQN01)研究成果，受《中央财政支持地方高校发展专项资金》(财教便函〔2016〕136号)资助。

序

在人类历史的长河中，国家的政策变迁对区域经济社会的发展有着极为重大的影响，其深刻地反映了中央政府治理国家的基本方略。作为政策变迁重要内容之一的中央财政转移支付政策，更是鲜明地体现了中央政府对国家治理的主要理念和基本思路。国家治理政策变迁的事实已经表明“郡县治，天下治”，即只有先把地方治理好了，才有可能把国家治理好。要把地方治理好，其中一个极为重要的政策是需要中央政府在各个地区之间提供相对公平合理的收入分配制度作为基本保障，而财政转移支付就是最重要的制度保障之一。历史的经验和教训还证明，中央政府在实施财政转移支付政策比较成功的时期，由于较好地解决了区域之间基本财力的大致均衡，体现了社会各个阶层在财富分配上的基本公平，国家在这一时期就能得到较快的发展，社会就能实现长治久安。反之，一旦中央财政转移支付政策出现了重大问题，造成地区之间基本财力的严重失衡，社会不公平的问题就会暴露出来，国家的治理就会出现重大问题，甚至危及政权。

新中国成立已有70多年的时间，不论是在计划经济时期，还是在社会主义市场经济时期，也不论国家的基本经济制度如何变迁，中央政府都高度重视财政转移支付政策对国家治理的重要作用，较好地运用了国家的行政力量，高度重视和不断增加对老少边穷地区，特别是民族地区的财政转移支付，使得这些经济欠发达地区的基本财力能得到基本保证。这对保持国家和社会的长期稳定，增强全体国民对党和国家的认同感，有着重大且不可替代的作用和影响。

2020年是全面建成小康社会的收官之年，是中国“两个一百年”奋斗目标的历史交汇期，对中国全面开启社会主义现代化强国建设新征程具有重要意义。在这历史变迁的关键时刻，财政作为国家治理的基础和重要支柱，对维护国家的稳定和经济社会的可持续发展，尤其是推进国家治理体系和治理能力的现代化，必将发挥越来越重要的作用。在2020年后新的历史时期，由于国家重大战略的调整变化，乡村振兴战略、“普惠性、基础性、兜底性”民生建设、农业转移人口市民化，以及为应对突发性的新冠肺炎疫情，中央要求建立特殊财政转移支付机制等，已成为中央财政转移支付政策的新取向。中央财政转移支付政策出现的新变化，必将对主要依靠财政转移支付来保证地方财政收支平衡的欠发达地区的经济和社会发展，产生重大而深远的影响。因此，及时准确把握国家一系列重大政策的变化规律，采取积极有效的应对策略，对地方经济社会的可持续发展，具有重大而深远的现实意义。

本书以我国欠发达省份之一的贵州省为切入点，运用政策变迁的基本理论，分析财政转移支付政策变迁对区域经济社会发展的深远影响，并采用时间序列模型分析法、文献研究法、调研法等方法，梳理了从明朝永乐十一年（1413年）贵州建行省600多年来，历朝历代中央政府对贵州财政转移支付政策的变迁轨迹，探索中央财政转移支付制度发展变化的规律，从国家制度的变化对转移支付政策变迁产生的原因及影响的角度进行比较系统的研究。同时分析了世界上解决地区间财力差距、地区经济发展差距较为成功的德国、日本的财政转移支付制度的具体做法，并提出了对中国转移支付制度改革的启示。更为重要的是提出了在新的历史时期，根据中国政治和经济体制改革目标和重大任务的总体要求，一方面，中央政府需要借鉴我国历史上转移支付的成功经验，以及发达国家一些行之有效的做法，通过不断深化财政体制改革，建立适应国家治理体系和治理能力现代化需要的更加公平合理的中央财政转移支付制度；另一方面，经济相对欠发达地区和民族地区，也要积极主动适应国家重大战略发展变化的需要，深入研究新时期本地区经济社会发展的重大战略目标任务，及时准确地向中央反映本地区的新发展诉求，争取获得持续增长的中央财政转移支付政策支持，维持国家的长治久安，为实现第二个一百年的宏伟目标奠定坚实的制度和政策基础。

内容提要

在2020年贵州即将完成脱贫攻坚任务并与全国同步实现全面小康任务之后，乡村振兴战略、“普惠性、基础性、兜底性”民生建设以及农业转移人口市民化，成为中央财政转移支付政策的新取向。同时，中央财政转移支付短期内将向受新冠肺炎疫情影响较大的地区倾斜。由于中国经济社会重大发展战略和中央财政转移支付政策的调整变化，贵州获得的中央财政转移支付出现了“两个下降”：一是贵州获得的中央财政转移支付增幅下降，且低于同期西部地区甚至全国平均增长率；二是贵州获得的中央财政转移支付在全国的占比持续下降。在现行政策不变的情况下，预计2020年后贵州获得的中央财政转移支付占全国的比重还将进一步下降。

目前，学术界对中国财政转移支付政策的研究主要集中在以下两个方面：一是对中国财政转移支付的整体政策效应进行相关的实证分析，二是分别对一般性转移支付、专项转移支付和税收返还的政策效应进行相关的实证分析。此外，国内外已有学者开始关注中央财政转移支付政策取向问题，并对影响中央财政转移支付的因素进行了实证分析。目前，对贵州争取财政转移支付的理论研究，除基本财力保障、生态补偿机制、地表起伏度外，新的理论研究成果相对较少。而且大部分对财政转移支付政策取向的研究时间相对较早，已难以适应新时代背景下财政转移支付政策的变化趋势。在新时代背景下，对中央财政转移支付政策取向及贵州对策的相关研究亟待深化。最为重要的是，贵州虽然即将与全国同步全面建成小康社会，基本解决长期困扰贵州经济社会发展的绝对贫困问题，但仍面临中央财政转移支付增幅及其占全国比重显著下降的紧迫形势。由于贵州对这一重大问题的理论研究和实证分析相对滞后，因此目前尚未找到有效的应对策略，这一现实情况已经严重影响到决策部门对相关政策的制定。

为了给本研究提供具有支撑价值的理论基础，第三章首先梳理了财政转移支付的基础理论——公共品理论、集权分权理论、财政联邦主义和俱乐部理论，以及涉及财政转移支付目标的效率理论与公平理论。其次，由于中央政府与地方政府之间存在委托代理关系，本章还引入了委托代理理论。最后，由于财政转移支付政策变迁同新制度经济学存在密切的关系，本章又梳理了新制度经济学的相关理论。

第四章选取德国和日本作为实施财政转移支付制度比较成功的典型国家。尽管德国和日本两国制度与中国不同，国情也存在很大的差异，但其高度发达的市场经济体制、完善的法治环境、现代化的政府治理体系以及强大的政府治理能力，已经成为世界各国政府治理的成功典范。其相对科学、规范和完善的财政转移支付制度，使得不同地区间的经济发展差距得到了有效控制，且地区间的财力保持在大致均衡的水平上。德国和日本的一些具体做法，值得中国在加快完善社会主义市场经济体制，尤其是在推进国家治理体系和治理能力现代化的过程中很好地借鉴。

自贵州建制为行政省600多年来，贵州地方财力经常入不敷出，主要依赖于中央的财政转移支付来维系地方财政的收支平衡。从明朝到民国时期，当中央政府具备较强权威并能很好地掌控全局时，往往能有效地调动全国资源确保对贵州的财政转移支付力度。而当中央政府权威下降，甚至失去对部分经济发达地区的控制时，地方政府对中央政府的命令往往会阳奉阴违，甚至不服从，致使中央对贵州的财政转移支付力度难以保障。此外，当贵州受到中央的重视、中央对贵州财政支持力度较大时，贵州经济社会能保持较好的运行状态，财政收支就能保持大致的平衡；反之，当贵州受中央的重视程度不足，中央对贵州财政支持力度较小时，贵州经济社会只能维持较差的运行状态，财政就会处于严重的收不抵支的状态。有效解决好地方财政的收支平衡问题，历来是贵州执政当局的重点工作。尤其在明清时期，历任贵州地方行政主官的主要工作之一，就是不断向朝廷反映贵州的实际困难，力争获得更多的财政转移支付政策支持。

党的十八大以来，中央财政转移支付制度逐步规范，同时中央财政明显加大了对贵州转移支付的力度。然而，脱贫攻坚战难以在短期内根除贵州的致贫基因，加之贵州现代产业体系尚未完全成形，特殊的自然环境又决定了贵州较高的发展成本，这些因素直接或间接地导致贵州地方财政将长期收不抵支，依靠贵州地方财力难以巩固脱贫攻坚战的成果。同时，财政拮据的问题使得贵州基本公共服务与全国平均水平相比较仍存在一定差距，因基础设施投资积累的地方政府巨额债务亟待化解。

根据国家政策的新变化，深入准确分析贵州地方财政面临的主要问题及其产生的原因，并及时采取科学有效应对策略，对指导实际工作具有重要的现实意义。本书建议，中央应尽快制定和实施财政转移支付法，进一步规范财政转移支付制度，尤其要进一步完善中央对地方均衡性转移支付制度。同时，将“石漠化治理”列入政府收支分类科目“项”级科目，对西部地区的债务与投融资项目实施差异化政策。对贵州而言，应尤其关注中央对贵州补助占比低于4%的重点项目，把握好毕节新发展理念示范区的新契机，进一步加大对贵州在中国革命中的重大贡献的宣传力度。此外，贵州应构建预算绩效管理嵌入年度预算机制，进一步深化对贵州财政转移支付相关理论的研究和实证分析，争取得到持续有力的中央财政转移支付政策支持。

目　录

第一章　导　论

第一节　研究背景与意义

一、研究背景

（一）2020年后中央财政转移支付政策取向发生变化

2020年是全面建成小康社会的收官之年，是中国“两个一百年”奋斗目标的历史交汇期，对中国全面开启社会主义现代化强国建设新征程具有重要的意义。2019年10月31日，党的十九届四中全会通过的《中共中央关于坚持和完善中国特色社会主义制度推进国家治理体系和治理能力现代化若干重大问题的决定》（以下简称“党的十九届四中全会《决定》”）明确提出：“优化政府间事权和财权划分，建立权责清晰、财力协调、区域均衡的中央和地方财政关系，形成稳定的各级政府事权、支出责任和财力相适应的制度。”[①] 在此基础上，乡村振兴战略、“普惠性、基础性、兜底性”民生建设和农业转移人口市民化等重大政策变化，以及应对新冠肺炎疫情，已成为中央财政转移支付政策的新取向。

1. 实施乡村振兴战略成为中央财政转移支付政策新取向

2017年10月18日，习近平总书记在党的十九大报告中提出“实施乡村振兴战略”。[②] 为了完善对农业支持保护制度，未来中央将继续改革完善财政补贴政策，并探索建立粮食生产功能区、重要农产品生产保护区的利益补偿机制。[③] 2018年9月26日，中共中央、国务院印发的《乡村振兴战略规划（2018—2022年）》明确要求：“建立健全实施乡村振兴战略财政投入保障制度，明确和强化各级政府‘三农’投入责任，公共财政更大力度向‘三农’倾斜，确保财政投入与乡村振兴目标任务相适应。”[④] 2018年9月27日，《财政部贯彻落实实施乡村振兴战略的意见》（财办〔2018〕34号）正式印发，提出了“公共财政更大力度向‘三农’倾斜”“确保财政投入与乡村振兴目标任务相适应”等要求。党的十九届四中全会《决定》明确提出：“实施乡村振兴战略，完善农业农村优先发展和保障国家粮食安全的制度政策，健

---

① 傅光明．充分发挥政府间事权支出责任和财力相适应制度在国家治理体系和治理能力现代化中的重大作用［J］．预算管理与会计，2019（12）：19-21．

② 习近平．决胜全面建成小康社会　夺取新时代中国特色社会主义伟大胜利——在中国共产党第十九次全国代表大会上的报告［M］．北京：人民出版社，2017：32．

③ 《党的十九大报告辅导读本》编写组．党的十九大报告辅导读本［M］．北京：人民出版社，2017：212．

④ 申学锋，赵云旗．财税改革40年大事记［J］．中国财政，2018（24）：33-43．

全城乡融合发展体制机制。”财政转移支付对乡村振兴战略的安排，不但有利于进一步完善乡村基础设施，而且有利于促进乡村产业结构的转型升级。① 这一重大政策的变化，其指向就是在完成脱贫攻坚的重大任务，基本解决全国绝对贫困问题后，要求将脱贫攻坚的后续工作与实现乡村振兴战略无缝衔接，确保构建起解决长期存在的相对贫困问题的长效机制。在实施乡村振兴战略的导向下，为尽快实现城乡一体化发展和建设美丽乡村的战略目标，中央财政转移支付的重点必将向契合这一重大战略发展目标的地区倾斜。

2. 加强“普惠性、基础性、兜底性”民生建设成为中央财政转移支付政策新取向

随着2020年全国全面建成小康社会目标的时间节点日益迫近，中国经济已由高速增长阶段转向高质量发展阶段，中央对基本公共服务目标定位逐渐由《国务院关于印发“十三五”推进基本公共服务均等化规划的通知》（国发〔2017〕9号）提出的“推进基本公共服务均等化、标准化、法制化”，转变为党的十九届四中全会《决定》提出的“推进基本公共服务均等化、可及性”，以及“必须健全幼有所育、学有所教、劳有所得、病有所医、老有所养、住有所居、弱有所扶等方面国家基本公共服务制度体系，尽力而为，量力而行，注重加强“普惠性、基础性、兜

① 李杰，邓磊，廖慧．民族地区财政转移支付与乡村振兴：机理与对策［J］．广西社会科学，2019（3）：71-75.

底性”民生建设，保障群众基本生活”。[①]

具体来看，随着区域一体化进程的进一步加快，以及绝对贫困问题基本消除，中央财政转移支付政策的重点将逐渐由“以贫困地区和贫困人口为重点，着力扩大覆盖范围、补齐短板、缩小差距，不断提高城乡、区域、人群之间基本公共服务均等化程度”[②]，转变为对就业困难人员、农村留守儿童和妇女、老年人、残疾人等特殊群体，在打赢脱贫攻坚战的基础上“巩固脱贫攻坚成果，建立解决相对贫困的长效机制”，并“提高公共卫生服务、医疗服务、医疗保障、药品供应保障水平”。

3. 进一步加大财政转移支付同农业转移人口市民化挂钩力度

2015年2月2日，《国务院关于改革和完善中央对地方转移支付制度的意见》（国发〔2014〕71号）明确规定：“建立财政转移支付同农业转移人口市民化挂钩机制。”2015年3月5日，国务院总理李克强在当年政府工作报告中提出：“建立财政转移支付与市民化挂钩机制，合理分担农民工市民化成本。”2019年7月18日，国务院副总理韩正在贯彻全国户籍制度改革推进电视电话会上明确指出，要完善“人地钱”挂钩的政策，加大财政转移支付同农业转移人口市民化挂钩的力度，中央预算内投资安排要向吸纳农业转移人口落户较多的、办理居住证数量较多的城镇适

① 傅光明．充分发挥政府间事权支出责任和财力相适应制度在国家治理体系和治理能力现代化中的重大作用［J］．预算管理与会计，2019（12）：19-21.

② 贵州省发展改革委．贵州省“十四五”时期推进基本公共服务均等化研究报告［R］．贵阳：贵州省发展改革委，2019.

当倾斜。

乡村振兴战略、“普惠性、基础性、兜底性”民生建设以及农业转移人口市民化等重大政策变化，已成为中央财政转移支付政策新取向，表明了中央财政转移支付将更为重视纵向公平，即从高收入群体到低收入群体的转移支付政策，同时也表明了未来财政转移支付的增量部分，有可能会从人均地区生产总值相对较低的地区流向人均地区生产总值相对较高的地区。譬如，如果人均地区生产总值较低的地区人均一般公共预算收入相对较高，该地区居民享有较高的净财政福利，因此从该地区向其他地区进行转移支付也是必要的，即使转移支付的接受地区拥有较高的人均地区生产总值。①

4. 中央财政转移支付短期内将向受新冠肺炎疫情影响较大的地区倾斜

2020 年暴发并迅速蔓延的新冠肺炎疫情，已经对中国乃至全球产生了巨大影响。2020 年 1 月 31 日，世界卫生组织（WHO）启动了最高等级传染病应急机制，将新冠肺炎疫情列为“国际关注的突发卫生公共事件”（public health emergency of international concern，PHEIC）。2020 年 2 月 28 日，世界卫生组织又将新冠肺炎疫情的全球风险级别提升为“非常高”。2020 年 3 月 11 日，世界卫生组织正式宣布“新冠肺炎疫情已具有全球大流行特征”。

---

① Wilson L S. 均衡性转移支付计算的宏观公式［M］//鲍德威，沙安文．政府间财政转移支付：理论与实践．庞鑫，等，译．北京：中国财政经济出版社，2010：285.

面对严峻的疫情形势，党中央、国务院迅速作出反应，于2020年1月25日成立中央应对新型冠状病毒感染肺炎疫情工作领导小组。在重大自然灾害中，中央财政转移支付为地方各级政府提供了最及时、最可靠的财力保障。在2020年第一季度，中国各地区的经济与财政增速较2019年同期均出现了明显的下降。其中，受新冠肺炎疫情影响最为严重的湖北经济增速下降39.2%，地方财政收入下降47.58%。① 为了减轻新冠肺炎疫情给地方经济和财政所带来的巨大压力，财政部、国家卫生健康委于2020年1月25日印发《关于新型冠状病毒感染肺炎疫情防控有关经费保障政策的通知》（财社〔2020〕2号），明确要求："对于确诊患者发生的医疗费用，在基本医保、大病保险、医疗救助等按规定支付后，个人负担部分由财政给予补助。所需资金由地方财政先行支付，中央财政对地方财政按实际发生费用的60%予以补助。"②

2020年2月10日，习近平总书记在北京调研指导新冠肺炎疫情防控工作中明确强调："湖北和武汉是疫情防控的重中之重，是打赢疫情防控阻击战的决胜之地。武汉胜则湖北胜，湖北胜则全国胜。"为了贯彻落实习近平总书记打赢疫情防控的人民战争总体战、阻击战的重要指示，国务院扶贫办、财政部于2020年2月17日印发《关于积极应对新冠肺炎疫情影响　加强财政专项扶贫资金项目管理工作　确保全面如期完成脱贫攻坚目标任务的通

① 根据全国各地区统计局公布的数据整理得出。
② 刘兰秋．有何医疗救治与保障措施［N］．检察日报，2020－02－26（3）．

知》（国开办发〔2020〕5号），明确要求："2020年中央财政将继续较大幅度增加专项扶贫资金规模，新增资金分配测算时向受疫情影响较重地区适当倾斜，切实保障好这些地区脱贫攻坚资金需要，尽可能减少疫情对脱贫攻坚工作的影响。"2020年3月6日，中央应对新冠肺炎疫情工作领导小组印发《关于进一步做好疫情防控期间困难群众兜底保障工作的通知》（国发明电〔2020〕9号），明确要求："地方财政要加大困难群众基本生活保障资金投入，中央财政继续通过困难群众救助补助资金支持地方开展社会救助工作，对湖北省予以重点倾斜。"

为了对新冠肺炎患者就医费用提供有力保障，中央财政已明确要求对确诊患者个人负担费用实行财政兜底，由中央财政补助60%；对疑似患者由就医地制定财政补助政策，中央财政视情况给予适当补助。[①] 截至2020年3月21日，中央财政已累计安排有关防控资金257.5亿元，支持地方做好患者救治、医护人员补贴发放，以及建立疫情防控短缺物资储备、开展药品和疫苗研发等工作。[②] 2020年6月9日，李克强总理主持召开国务院常务会议，确定新增两万亿元财政资金，构建直接惠企利民的特殊转移支付机制。[③] 中央及时采取应对重大疫情的专项转移支付政策和特殊

① 曾金华，董碧娟．对冲影响，财政政策如何更加积极有为［N］．经济日报，2020-03-10（1）．

② 曲哲涵．中央财政累计安排有关防控资金257.5亿元［N］．人民日报，2020-03-25（2）．

③ 石璐言．李克强主持召开国务院常务会议 确定新增财政资金直接惠企利民的特殊转移支付机制等［EB/OL］．中国政府网，2020-06-09［2020-06-13］．http：//www.gov.cn/premier/2020-06/09/content_ 5518245.htm.

转移支付政策，对尽快化解重大危机，促使疫区尽快恢复正常的生产和生活秩序，发挥着重要的作用。而为了动员并集中全国的力量，彻底打赢疫情防控阻击战，中央在当前及未来一段时期所下达的财政转移支付，还将继续重点投向湖北及其他受新冠肺炎疫情影响较大的省份。

（二）中央财政转移支付政策新取向将对贵州产生显著影响

1. 贵州所获得的中央财政转移支付增速及其占全国比重呈下行趋势

随着我国全面建成小康社会进入决胜阶段，中央显著加大了对地方财政转移支付的力度，中央对地区的补助收入从 2011 年的 42023 亿元提高到 2018 年的 71488 亿元，年平均增长率为 7.89%。[①] 通过对财政部预算司地方处《地方财政运行分析》的数据进行分析发现，中央对贵州财政转移支付的绝对数虽然还在逐年增加，然而增幅却开始呈现下行趋势，不仅被部分省份赶超，甚至出现低于同期全国平均增长率的情况。

2016—2018 年，中央对贵州的财政转移支付年平均增长率为 7.16%。同期，中央对西部地区 12 个省份的财政转移支付[②]年平均增长率为 7.63%，全国年平均增长率为 7.17%。[③] 贵州在

① 根据财政部预算司地方处的《地方财政运行分析》（2019）的数据计算得出。

② 西部地区 12 个省份包括内蒙古、广西、重庆、四川、贵州、云南、西藏、陕西、甘肃、青海、宁夏、新疆。

③ 根据财政部历年公布的《中央对地方一般性转移支付分地区决算表》《中央对地方专项转移支付分地区决算表》计算得出。

2016—2018 年所获得的中央财政转移支付，增速不仅低于西部地区同期平均水平，甚至低于全国同期平均水平（见图 1-1）。即使按照权责发生制进行统计，贵州 2019 年所获得的中央财政转移支付较 2018 年仅增长了 2.3%，所获得的中央财政转移支付占全国的比重从 2016 年的 4.35%下降到 2019 年的 4.03%，三年内下降了 0.32 个百分点（见图 1-2）。

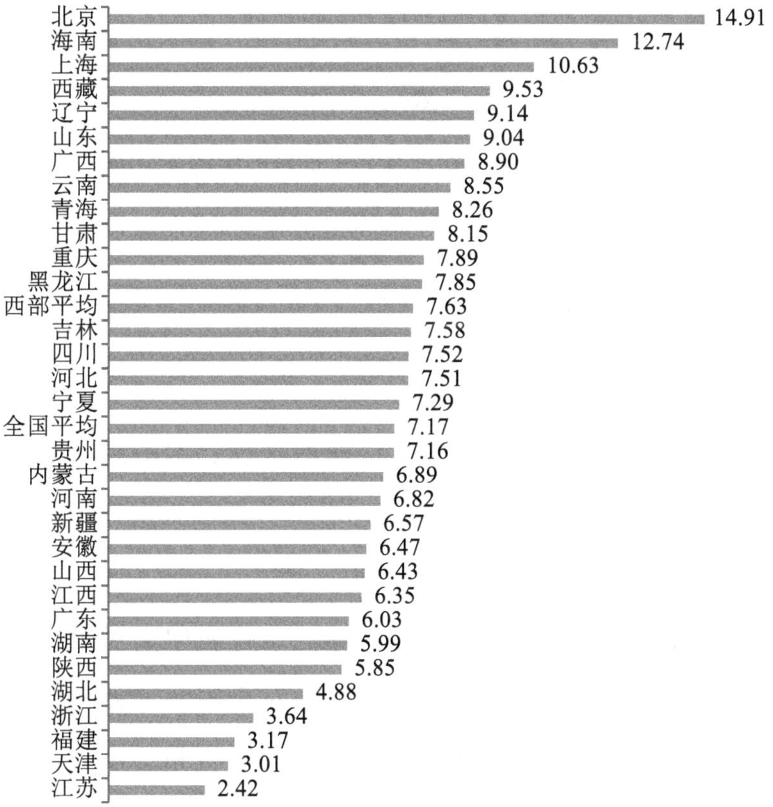

图 1-1 2016—2018 年中央对全国各省财政转移支付年平均增长率（%）

资料来源：根据财政部历年公布的《中央对地方一般性转移支付分地区决算表》《中央对地方专项转移支付分地区决算表》计算得出。

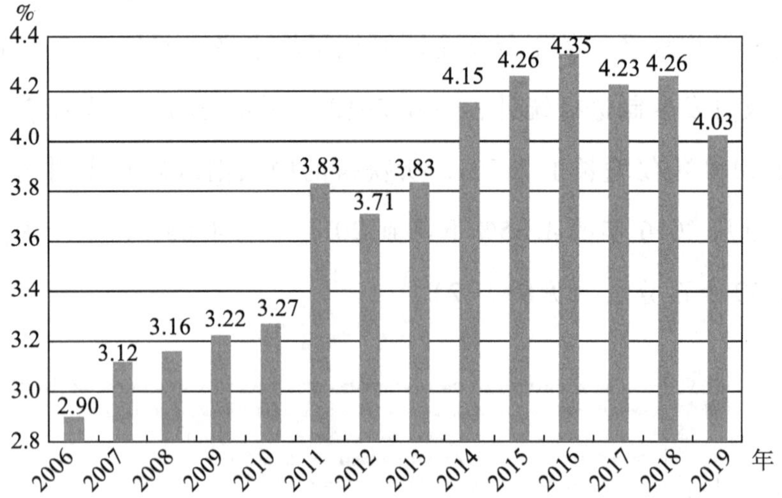

图 1-2　2006—2019 年贵州所获得的中央财政转移支付占全国的比重

资料来源：2006—2018 年全国的原始数据来自财政部历年公布的《全国财政决算》，其中 2006—2008 年数据来自《中央财政支出决算表》，2009—2018 年数据来自《中央对地方税收返还和转移支付决算表》，上述数据均按照权责发生制进行统计。2019 年全国的数据来自当年财政部公布的《全国财政决算》，贵州的原始数据由贵州省财政厅提供。

根据财政部和贵州省财政厅公布的数据，本书运用时间序列模型，对 2020 年中央对贵州和全国各地补助收入进行了预测。

（1）财政转移支付时间序列图

假设 G 代表中央对贵州补助收入，Q 代表中央对全国各地补助收入。从中央对贵州补助收入和中央对全国各地补助收入序列图（见图 1-3 和图 1-4）可以看出，中央对贵州补助收入和中央对全国各地补助收入基本上保持线性增长趋势。通过对图 1-5 和图 1-6 的观察可知，中央对贵州及全国各地补助收入差分序列图均呈现出非平稳时间序列的特征。

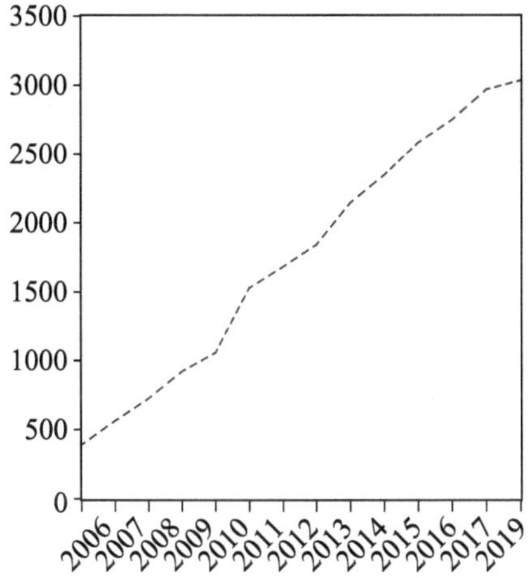

图 1-3 中央对贵州补助收入序列图

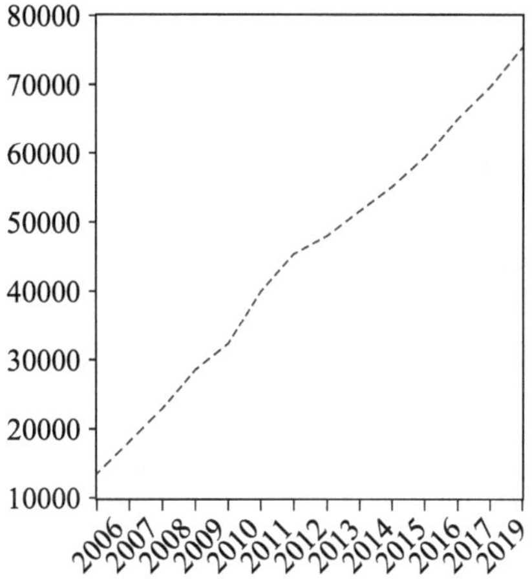

图 1-4 中央对全国各地补助收入序列图

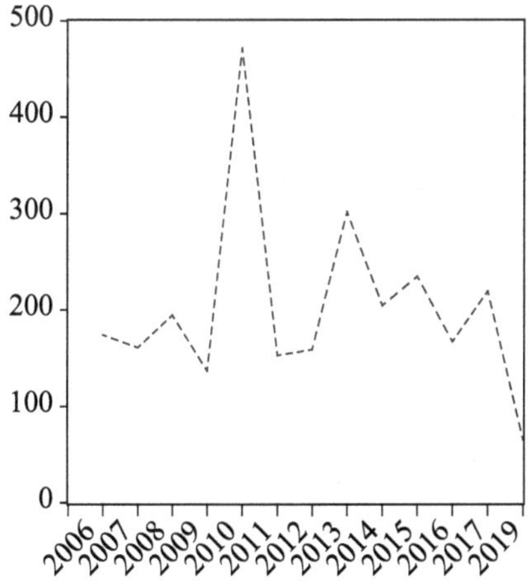

图 1-5 中央对贵州补助收入差分序列图

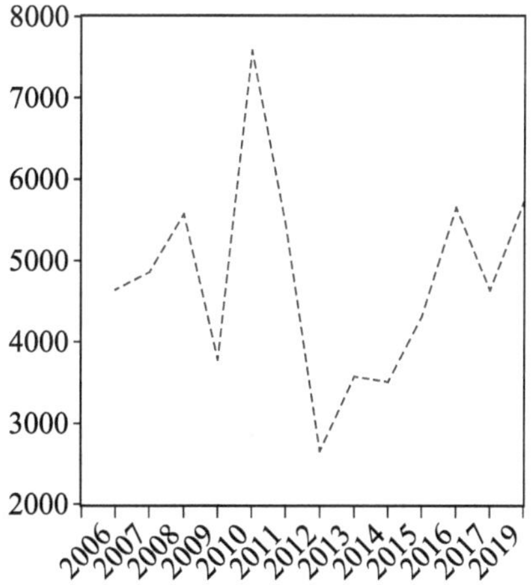

图 1-6 中央对全国各地补助收入差分序列图

（2）做序列相关图，识别模型形式

根据图 1-7 和图 1-8 自相关和偏相关的数据可以发现其呈现指数衰减特征，可知中央对贵州补助收入序列以及中央对全国各地补助收入序列是平稳的。通过初步分析，G 和 Q 均为一阶的自回归过程。

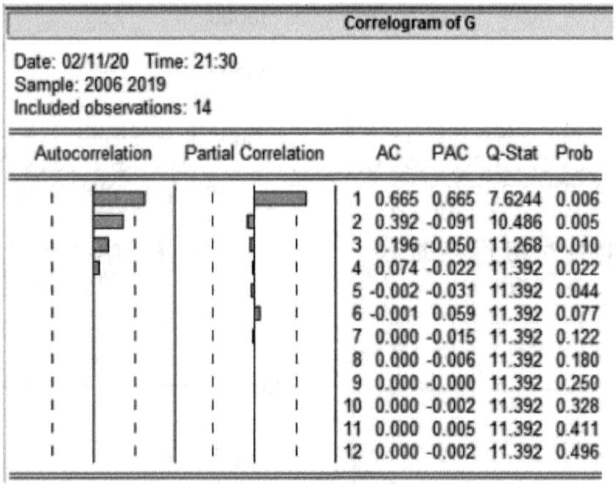

Correlogram of G

Date: 02/11/20 Time: 21:30
Sample: 2006 2019
Included observations: 14

	AC	PAC	Q-Stat	Prob
1	0.665	0.665	7.6244	0.006
2	0.392	-0.091	10.486	0.005
3	0.196	-0.050	11.268	0.010
4	0.074	-0.022	11.392	0.022
5	-0.002	-0.031	11.392	0.044
6	-0.001	0.059	11.392	0.077
7	0.000	-0.015	11.392	0.122
8	0.000	-0.006	11.392	0.180
9	0.000	-0.000	11.392	0.250
10	0.000	-0.002	11.392	0.328
11	0.000	0.005	11.392	0.411
12	0.000	-0.002	11.392	0.496

图 1-7　中央对贵州补助收入序列相关图

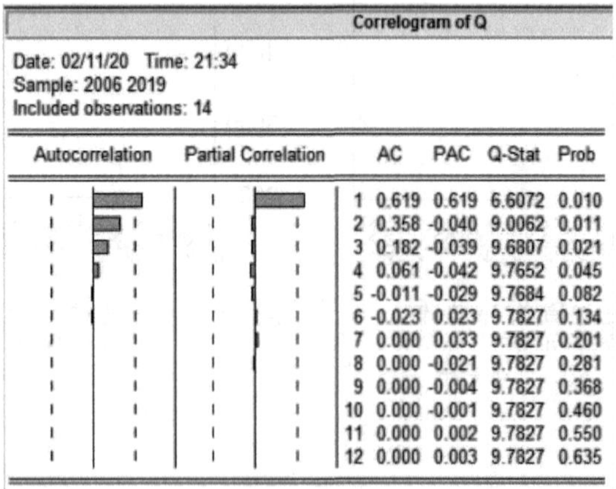

Correlogram of Q

Date: 02/11/20 Time: 21:34
Sample: 2006 2019
Included observations: 14

	AC	PAC	Q-Stat	Prob
1	0.619	0.619	6.6072	0.010
2	0.358	-0.040	9.0062	0.011
3	0.182	-0.039	9.6807	0.021
4	0.061	-0.042	9.7652	0.045
5	-0.011	-0.029	9.7684	0.082
6	-0.023	0.023	9.7827	0.134
7	0.000	0.033	9.7827	0.201
8	0.000	-0.021	9.7827	0.281
9	0.000	-0.004	9.7827	0.368
10	0.000	-0.001	9.7827	0.460
11	0.000	0.002	9.7827	0.550
12	0.000	0.003	9.7827	0.635

图 1-8　中央对全国各地补助收入序列相关图

假定先估计 AR（1）模型，通过回归结果分析，2007—2019 年中央对贵州补助收入回归方程为：

$$G_t = 12716.67 + 0.9816\ (G_{t-1} - 12716.67) + v_t \qquad (1-1)$$

$$(0.6) \qquad\qquad (29.3)$$

$$R^2 = 0.99,\ D.W. = 2.47,\ T = 13$$

2007—2019 年中央对全国各地补助收入回归方程为：

$$Q_t = 913084.0 + 0.9945\ (Q_{t-1} - 913084.0) + v_t \qquad (1-2)$$

$$(0.3) \qquad\qquad (47.1)$$

$$R^2 = 0.99,\ D.W. = 1.87,\ T = 13$$

（3）预测

根据模型（1-1），估计 2020 年中央对贵州补助收入。根据静态预测，EViews 所给出的预测值为 3214.93 亿元。根据模型（1-2），估计 2020 年中央对全国各地补助收入。根据静态预测，EViews 所给出的预测值为 79979.46 亿元。

根据上述对 2020 年中央对贵州补助收入和中央对全国各地补助收入的预测结果，可计算出 2020 年贵州可获得的中央财政转移支付数额为 3214.93 亿元，可获得的中央财政转移支付占全国的比重将进一步下降到 4.02%，相较于 2016 年的 4.35% 降低了 0.33 个百分点。这种情况下，主要依靠中央财政转移支付来保持地方财政收支平衡的贵州所面临的财政压力较大。根据该预测结果，笔者认为，如果不及时采取积极有效的措施，贵州可获得的中央财政转移支付占全国的比重在 2020 年后将可能进一步下降。

2. 贵州争取获得更多中央财政转移支付的空间受到相当程度的压缩

本书发现，目前中央出台的部分政策导致贵州从中央进一步争取财政转移支付的空间较为有限。

第一，随着全国的脱贫攻坚任务即将完成，中央对贵州补助重点项目中的车辆购置税收入补助地方资金和中央财政城镇保障性安居工程专项资金的比重在2019年以后会显著下降。

第二，财办〔2018〕34号文件要求："健全粮食主产区利益补偿机制，继续实施大豆和玉米生产者补贴政策，完善棉花目标价格补贴政策。"由于贵州没有产粮大县，很难通过乡村振兴战略在产粮大县奖励资金方面争取到中央的财政转移支付。

第三，虽然贵州财政已根据全国户籍制度改革推进电视电话会和省委、省政府的部署，按照"公共资金跟着人口走、公共服务跟着人口走、公共设施跟着人口走"的思路，不断研究完善财政转移支付等方面的具体办法，① 力争在2020年实现300万农业转移人口和其他常住人口落户城镇的目标，②③ 但由于贵州农业转移人口市民化空间较为有限，客观上导致贵州通过农业转移人口市民化获得财政转移支付力度受到限制。

---

① 制定和完善财政转移支付办法助推户籍制度改革［EB/OL］. 贵州省财政厅，2019-08-28［2019-08-30］. http：//czt. guizhou. gov. cn/xwzx/czdt/201908/t20190827_ 2956171. html.

② 贵州省人民政府办公厅 . 省人民政府办公厅关于实施支持农业转移人口市民化若干财政政策的意见［J］. 贵州省人民政府公报，2017（4）：48-50.

③ 汪剑 . 推进贵州农业转移人口市民化财政政策的思考［J］. 中国财政，2017（19）：43-44.

第四，国务院于2019年10月9日印发的《实施更大规模减税降费后调整中央与地方收入划分改革推进方案》（国发〔2019〕21号），[①] 虽然有利于缓解“营改增”后地方财政增速的下行压力，但是目前中央的消费税改革试点只局限于高档手表、贵重首饰和珠宝玉石等奢侈品，而贵州这一类产业的发展基础依然十分薄弱，对于以酒、烟、原材料和能源等为支柱产业的贵州而言，地方财政增收效果相对有限。[②] Mukherjee（2020）的研究发现，中央政府财政收入变化所产生的影响不会局限于中央政府，而会通过财政转移支付传递到全国。[③] 随着中央消费税分享部分的减少，在未来短期内可能会对中央财政转移支付总额产生收入效应，也意味着贵州未来所能从中央争取到的财政转移支付会受到一定程度的负面影响。

第五，在2020年新冠肺炎疫情中，贵州新冠肺炎疫情严重程度较周边省区低。截至2020年2月29日，贵州累计确诊新冠肺炎病例146例。在2020年第一季度，贵州地区生产总值较2019年同期下降1.9%，地方财政收入下降11.4%。[④] 因此，贵州通过疫情所能争取到的中央财政转移支付必然相对有限。

---

① 根据国发〔2019〕21号文件的要求，除了保持2016年“营改增”实施后确定的中央与地方“五五分享”的比例，同时提出“后移消费税征收环节并稳步下划地方”。

② 2018年，贵州上划中央消费税425亿元，其中高档手表、贵重首饰和珠宝玉石等三个品种消费税总额为0.41亿元，占比不足0.1%。由于消费税品种繁多、涉及面广，在短期内将酒、烟行业纳入征收环节后移改革品目的可能性较小。

③ Mukherjee S. Inter-governmental Fiscal Transfers in the Presence of Revenue Uncertainty: The Case of Goods and Services Tax (GST) in India [J]. Journal of Development Policy and Practice, 2020, 5 (1): 74-102.

④ 根据贵州省统计局公布的数据整理得出。

按照收付实现制进行统计，贵州所获得的中央财政转移支付占全国的比重已从2016年的4.19%下降到2018年的4.15%（见表1-1）。与此同时，西藏、新疆、四川、云南、甘肃较好地把握了中央对“三区三州”（西藏、四省藏区、南疆四地州和四川凉山州、云南怒江州、甘肃临夏州）政策支持的机遇，[①] 自2011年以来所获得的中央财政转移支付呈显著上升趋势。按照收付实现制进行统计，西藏和新疆2018年所获得的中央财政转移支付占全国比重较2011年分别提高0.69%和0.66%。[②] 此外，河北、山东、海南[③]等部分地区，也较好地把握了中央政策支持的机遇，自2011年以来所获得的中央财政转移支付比重也呈显著上升趋势（见表1-1）。

---

① 2017年9月26日，《中共中央办公厅、国务院办公厅印发关于支持深度贫困地区脱贫攻坚的实施意见的通知》（厅字〔2017〕41号）正式印发，将“三区三州”与贫困发生率超过18%的贫困县、贫困发生率超过20%的贫困村相并列，作为深度贫困地区加之特殊支持。

② 根据财政部预算司地方处的《地方财政运行分析》（2019）的数据计算得出。

③ 2018年4月11日，《中共中央 国务院关于支持海南全面深化改革开放的指导意见》正式发布，财政部、国家发展改革委等部门势必加大外经贸发展资金对海南省建设自由贸易试验区、自由贸易港政策的支持力度。

表 1-1 2011—2018 年全国各省中央补助收入占全国比重 (%)

地区	2011 年	2012 年	2013 年	2014 年	2015 年	2016 年	2017 年	2018 年
北京	1.2	1.22	1.08	1.03	0.93	1.2	1.38	1.41
天津	1.01	0.89	0.87	0.85	0.83	0.87	0.89	0.84
河北	4.36	4.4	4.35	4.43	4.37	4.39	4.35	4.48
山西	2.72	2.70	2.57	2.50	2.49	2.63	2.53	2.52
内蒙古	3.73	3.74	3.65	3.62	3.75	3.85	3.79	3.67
辽宁	3.58	3.54	3.45	3.43	3.38	3.45	3.49	3.45
吉林	3.12	3.16	3.06	3.08	3.05	3.09	3.11	2.97
黑龙江	4.44	4.37	4.39	4.33	4.38	4.56	4.52	4.30
安徽	4.32	4.48	4.42	4.46	4.36	4.23	4.39	4.31
福建	1.95	1.91	1.92	1.89	1.95	1.93	1.93	1.82
江西	3.54	3.53	3.54	3.50	3.43	3.48	3.50	3.44
山东	4.09	4.16	4.05	3.89	3.88	3.94	3.96	4.01
河南	5.97	6.09	6.19	6.15	6.09	6.08	6.03	6.01
湖北	4.58	4.52	4.49	4.61	4.69	4.62	4.47	4.44
湖南	4.92	5.11	5.22	5.09	5.15	5.08	4.95	4.89
广东	3.13	3.03	3.08	2.76	2.79	2.58	2.60	2.47
广西	3.80	3.82	3.74	3.74	3.87	3.94	3.97	4.00
海南	0.99	0.95	0.95	0.95	0.94	1.05	1.06	1.16
重庆	2.71	2.73	2.46	2.41	2.37	2.49	2.59	2.53
四川	6.34	6.26	6.79	6.76	6.64	6.55	6.53	6.74
贵州	3.64	3.60	3.78	4.12	4.12	4.19	4.13	4.15
云南	4.12	4.39	4.44	4.76	4.45	4.37	4.53	4.53
西藏	1.70	1.72	1.85	1.99	2.34	2.22	2.27	2.39
陕西	3.80	3.59	3.53	3.64	3.69	3.44	3.39	3.46
甘肃	3.10	3.22	3.38	3.48	3.44	3.32	3.28	3.50

续表

地区	2011 年	2012 年	2013 年	2014 年	2015 年	2016 年	2017 年	2018 年
青海	1.93	1.80	1.76	1.79	1.70	1.75	1.68	1.72
宁夏	1.13	1.15	1.14	1.20	1.21	1.21	1.23	1.20
新疆	3.57	3.68	3.80	3.86	4.16	4.08	3.93	4.23

注：1. 原始数据由财政部预算司地方处提供。由于表 1-1 的原始数据是按照收付实现制进行统计的，表 1-1 与图 1-2 的数据存在一定的出入。

2. 北京市所获得的中央财政转移支付占全国比重从 2016 年开始出现显著提升，主要是因为 2016 年 4 月 29 日国务院印发了《全面推开营改增试点后调整中央与地方增值税收入划分过渡方案》（国发〔2016〕26 号）。该方案以 2014 年 5—12 月为基数，将中央预算增加的收入全部返还地方，过渡期暂定为 2~3 年，以缓解全面推开“营改增”对地方财力的冲击。北京市 2015—2018 年获得的返还性收入分别为 240 亿元、454 亿元、589 亿元、589 亿元。

资料来源：财政部预算司地方处的《地方财政运行分析》（2019）。

二、研究意义

（一）对贵州经济社会发展具有重大的现实意义

明永乐十一年（1413 年），明成祖朱棣设置贵州承宣布政使司，标志着贵州正式建制为行政省。① 自建制为行政省 600 多年来，贵州一直没有形成独立完整的经济体系和产业体系，长期存在着“一方水土养不活一方人”的问题，贵州地方财政支出主要依靠中央财政转移支付政策的支持。2019 年，贵州一般公共预算收入总量为 7031.55 亿元（其中一般公共预算收入 1767.36 亿元、中央对贵州的财政转移支付 3036.82 亿元，地方政府一般债务收入 971.94 亿元）。同期，贵州一般公共预算支出总量为 7031.55

① 秦坤．论早期贵阳城市的兴起与文化基础［J］．教育文化论坛，2011（6）：68-73.

亿元（其中本级支出合计为 5921.40 亿元、一般债务还本支出 572.20 亿元）。[①] 如果在某时期中央对贵州财政转移支付力度减弱，贵州地方财政收支平衡将会出现很大问题。

作为全国脱贫攻坚战的主战场，贵州省委、省政府确定了“大扶贫”为“十三五”期间贵州首要战略行动，以完成脱贫攻坚的艰巨任务。为了确保 2020 年实现贵州与全国同步全面建成小康社会的目标，贵州不断加大对基本公共服务的投入力度。然而受经济下行压力、减税降费等因素影响，贵州一般公共预算收入增幅明显放缓，并导致一般公共预算收入占同期一般公共预算支出的比重呈现明显的下降趋势，即从 2016 年的 36.3%下降到 2019 年的 29.8%，降幅达到 6.5 个百分点。[②] 因此，即使贵州在 2020 年完成脱贫攻坚的任务，实现与全国同步全面建成小康社会的目标，但历史上积淀下来的相对贫困和亟须尽快化解地方债务风险等重大问题还将长期存在，依靠贵州自身的财力难以从根本上解决这些问题，因此依然需要中央有力且可持续的财政转移支付政策的支持。

1. 贵州庞大的地方政府债务需要中央财政转移支付来化解

周黎安（2017）的研究发现，由于地方政府同时面临行政责任的硬约束和财政责任的软约束，在以经济增长为基础的政治锦

① 贵州省财政厅．贵州省 2019 年全省和省本级预算执行情况与 2020 年全省和省本级预算草案的报告［N］．贵州日报，2020-03-08（8）．

② 根据《贵州统计年鉴》与《贵州省 2019 年全省和省本级预算执行情况与 2020 年全省和省本级预算草案的报告》计算得出。

标赛下，地方政府官员有强烈的动机调动一切潜在可用资源，甚至通过财政赤字和债务刺激地方经济发展。[①] 然而，当全国部分省区较好地把握政策机遇期发展地方经济时，贵州在一段时期内却未能较好地把握这次政策机遇期。进入 21 世纪以来，为了解决曾经长期制约经济发展的交通、水利、教育等问题，贵州举全省之力加快完善基础设施建设。在基础设施投资的带动下，贵州在经济发展方面取得了令人瞩目的成效，尤其 2011—2019 年地区生产总值增速一直处于全国前三位，其中 2019 年增速以 8.3%居全国各省（区、市）第一位。[②] 然而，由于贵州地方财力有限，与贵州经济快速增长相伴随的却是较高的政府负债率。从地方政府债务余额表来看，虽然贵州政府债务余额占地区生产总值的比重已从 2015 年的 87.0%下降到 2018 年的 63.2%，降低了 23.8 个百分点，[③] 取得了化解地方债务的明显成效，但贵州仍是全国地方政府负债率较高且突破国际社会认可的警戒线[④]的省份之一，防范化解重大风险的责任仍然较大（见图 1-9）。

① 周黎安．转型中的地方政府：官员激励与治理［M］．第二版．上海：上海人民出版社，2017：354.

② 根据贵州省统计局的数据整理得出。

③ 根据中国财政部公布的《地方政府一般债务分地区余额表》《地方政府专项债务分地区余额表》以及《中国统计年鉴》的数据计算得出。

④ 根据欧盟《稳定与增长公约》（*Growth and Stability Pact*）的规定，公共债务占 GDP 比重必须保持在 60%以下。

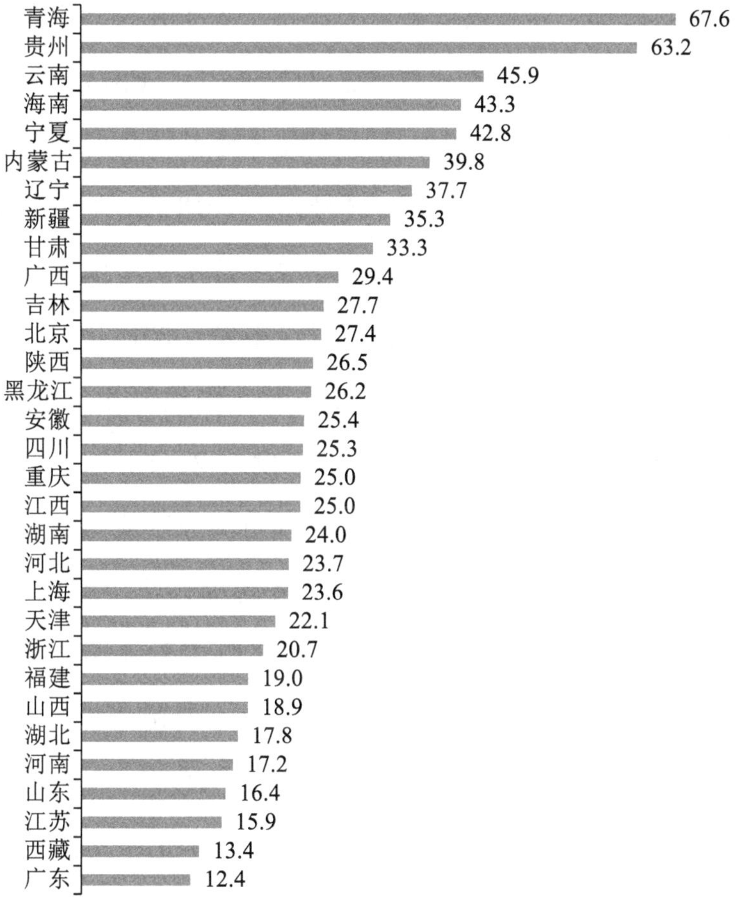

图 1-9　2018 年全国各省政府债务余额占地区生产总值的比重（%）

资料来源：财政部《2018 年地方政府一般债务分地区余额表》《2018 年地方政府专项债务分地区余额表》以及《中国统计年鉴—2019》。

随着中国经济发展进入“新常态”，党中央、国务院从全局利益出发，为及时管控和化解区域性金融风险，不断加大对地方政府的债务约束力度。2014 年，国务院下发《关于加强地方政府债务管理的意见》（国发〔2014〕43 号）。2015 年，国务院办公厅转发《财政部　发展改革委　人民银行关于在公共服务领域推广政府和社会资本合作模式指导意见的通知》（国办发〔2015〕42号）。[①] 2016年，国务院办公厅下发《地方性政府债务风险应急处置预案》（国办函〔2016〕88号）。[②] 2018年，中共中央相继印发《中国共产党纪律处分条例》[③]、《中共中央　国务院关于打赢脱贫攻坚战三年行动的指导意见》（中发〔2018〕16号）[④] 和《中共中央　国务院关于防范化解地方政府隐性债务风险的意见》（中发〔2018〕27号），以及国办发〔2015〕42号、国发〔2014〕43号、国办函〔2016〕88号等由国务院或国务院办公厅下发或转发的文件，均对地方政府债务管理作出了明确的规定。2019年1月21日，习近平总书记在省部级主要领导干部坚持底线思维着力防范化解重大风险专题研讨班上明确指出："要平衡好稳增长和防风险的关系，把握好节奏和力度。"这一系列新政策的出台，不仅增大了贵州通过地方融资平台进一步举债的难度，

---

① 国办发〔2015〕42号文件规定："积极运用转让—运营—移交（TOT）、改建—运营—移交（ROT）等方式，将融资平台公司存量公共服务项目转型为政府和社会资本合作项目，引入社会资本参与改造和运营，在征得债权人同意的前提下，将政府性债务转换为非政府性债务，减轻地方政府的债务压力，腾出资金用于重点民生项目建设。"

② 国办函〔2016〕88号文件规定："发生Ⅳ级以上地方政府性债务风险事件后，应当适时启动债务风险责任追究机制，地方政府应依法对相关责任人员进行行政问责；银监部门应对银行业金融机构相关责任人员依法追责。"

③ 《中国共产党纪律处分条例》第一百一十七条规定："盲目举债、铺摊子、上项目，搞劳民伤财的'形象工程''政绩工程'，致使国家、集体或者群众财产和利益遭受较大损失的，对直接责任者和领导责任者，给予警告或者严重警告处分；情节严重的，给予撤销党内职务、留党察看或者开除党籍处分。"

④ 中发〔2018〕16号文件明确要求："防范加重地方政府债务风险，防止地方政府以脱贫攻坚名义盲目举债，防止金融机构借支持脱贫攻坚名义违法违规提供融资，坚决遏制地方政府隐性债务增量。"

也对因基础设施投资而累积下来的，并在高位运行需要逐步化解的地方政府债务形成更加严格的限制。

由于中央政府不断加大对地方政府的债务约束力度，贵州要进一步化解因基础设施投资等所累积的地方政府债务，难度将会越来越大。一方面，自“十二五”以来，贵州地方债务率一直处于全国各省区前列；另一方面，贵州在2020年全面完成脱贫攻坚任务后，很难再找到向中央政府争取到更多的财政转移支付的充分理由。但如果客观评价，“十二五”以来贵州地方债务率之所以一直在高位运行，主要是因为要偿还交通、水利、基础教育等历史的旧账，在地方财力拮据的背景下，地方政府不得不依靠举债来迅速补齐基础设施等地方经济社会发展的短板。因此，面对因这些具有很大外部性基础设施投资而产生的地方债务，中央政府有一定责任帮助贵州偿还。在此背景下，贵州向中央政府争取到更多的财政转移支付，持续并逐步化解地方债务风险，将是目前和今后一段时间贵州化解重大风险的主要目标和任务之一。

2. 贵州需要长期和足够的中央财政转移支付来巩固脱贫攻坚的成果

在党中央、国务院的亲切关怀与大力支持下，在贵州省委、省政府领导全省广大干部和群众艰苦卓绝的努力下，贵州的国家级贫困县已经从2011年的66个减少到2018年的33个，贫困发生率从33.40%下降到4.29%。[①] 目前，贵州经济与全国一样已由

① 贵州省统计局．贵州70年：1949—2019［M］．北京：中国统计出版社，2019：229.

高速增长阶段转向高质量发展阶段。但是，困扰了贵州经济社会发展600多年的总体贫困和财政拮据问题，期望依靠打几场脱贫攻坚战就能彻底解决也是不现实的。习近平总书记在党的十九大报告中明确指出："我国社会主要矛盾的变化，没有改变我们对我国社会主义所处历史阶段的判断，我国仍处于并将长期处于社会主义初级阶段的基本国情没有变，我国是世界最大发展中国家的国际地位没有变。"① 截至2018年，贵州全省仍有2612个贫困村，建档立卡贫困人口155.12万人，贫困发生率为4.29%，这就是贵州的基本省情。

即便贵州能在2020年与全国同步进入全面小康社会，但贵州相对贫困的问题仍有可能长期存在。② 马丁·布朗芬布伦纳认为："无论经济以什么速度增长，无论采取什么减轻贫困的措施，总有10%的人口会被'定义'为贫困……能否战胜贫困关键取决于收入再分配。"③ 因此，贵州要想从根本上解决相对贫困的问题，保持住经济的长期稳定增长，以及与全国同步进行现代化建设，依然有赖于通过包括中央财政转移支付在内强有力且可持续的政策长期支持，以及贵州执政当局的励精图治长期不懈的努力。否则，贵州不但很可能会丧失脱贫攻坚所取得的巨大成就，而且经济社会发展将可能在国家下一步现代化快速建设的进程中处于落

---

① 习近平．决胜全面建成小康社会　夺取新时代中国特色社会主义伟大胜利——在中国共产党第十九次全国代表大会上的报告［M］．北京：人民出版社，2017：12.

② 数据来源于全国扶贫开发信息管理系统。

③ 布朗芬布伦纳．收入分配理论［M］．方敏，刘翱，刘振楠，等，译．北京：华夏出版社，2009：36.

后位次。

3. 贵州要完成国家级“三大试验区”任务，需要可持续充裕的国家财力加以保障

“十三五”期间，在中央的大力支持和贵州的努力争取下，贵州获得了国家级的“三大试验区”的改革试点任务，即国家发展改革委、工信部、中央网信办批准设立的全国第一个“国家（贵州）大数据综合试验区”、中共中央办公厅和国务院办公厅批准设立的第一批“国家级生态文明试验区”之一（另外两个分别是福建和江西）、国务院批准设立的全国第二个“贵州内陆开放型经济试验区”（第一个是宁夏回族自治区）。这些试验区的建设和发展，不仅对贵州经济社会发展有着重要作用，更为重要的是，国家需要贵州为全国在这些领域加快改革与发展进行先行先试，待取得成功的经验后，再向其他省区复制推广。

根据国家级“三大试验区”建设的目标任务要求，贵州在没有获得国家足够财力支持的背景下，利用自己并不充裕的地方财力，全面推进了国家赋予的试点任务。譬如，贵州省各级财政每年都要投入数亿元的资金举办“中国国际大数据产业博览会”，以及召开“生态文明贵阳国际论坛”等大型国际会议。这些活动的举办，已经在国内外业界产生了良好的社会影响，不仅凸显了贵州在大数据发展和生态文明建设等方面对国内其他地区的引领作用，更是在世界上为国家树立了良好的形象。贵州所进行的这些“自费改革”试点，不仅推动了本省经济社会的发展，而且也

为全国的发展积累了宝贵的经验。然而，贵州毕竟是一个主要依靠财政转移支付来维持财政收支平衡的省份，要依靠原本拮据的地方财力，去长期支撑建设国家级“三大试验区”的任务，就显得有些勉强，这就需要国家持续的专项转移支付的经费来给予保障，才可能保证国家试点任务顺利完成，为全国其他省区的改革和发展提供有重要参考价值的经验。

（二）对完善地方政府治理现代化理论和转移支付制度理论具有重要意义

作为国家治理体系和治理能力现代化重要组成部分的地方政府，在推进国家治理现代化进程中发挥着重要作用。本书通过对转移支付理论和贵州新省情的深入研究，认为建立起与我国现行经济管理制度相适应、与社会主义市场经济体制相适应、更加公平合理科学的财政转移支付制度，不仅能对推进国家治理的现代化发挥重要作用，而且可以为贵州在新的历史时期争取到中央更多的财政转移支付提供更加充分合理的政策依据。

1. 为贵州争取中央财政转移支付提供新的理论依据

目前，由于对贵州争取中央财政转移支付的理论研究相对滞后，理论界没有持续提出具有充分说服力的贵州向中央争取更多转移支付的理由的新成果和新的对策建议，影响了贵州省委、省政府向中央进一步争取转移支付政策支持的决策，在一定程度上导致贵州获得的财政转移支付增速及占全国比重呈下降趋势。根据对贵州已有关于财政转移支付研究成果的梳理，目前对贵州争取财政转移支付的理论研究，除了建立省、市、县、乡、村五级最低财力保障体系研究，贵州省建立生态补偿机制及生态补偿财政政策体系研究，地表起伏度研究，新的理论研究成果相对较少。

客观上更为重要的是，随着贵州交通、水利等基础设施建设逐渐完善，贵州社会物流总费用占地区生产总值的比率在2018年已下降到16%左右（全国同期平均水平为14.8%），[①]“不沿海、不沿边、不沿江”和“地无三尺平”的自然地理环境已经不再成为制约贵州经济发展的主要瓶颈。[②]在此背景下，如果没有特殊诉求，贵州向中央争取增加更多财政转移支付的工作难度会不断加大。为了向中央申请更多包括财政转移支付在内的持续政策支持，贵州理论界需要结合贵州省经济社会发展的新情况，不断加强对财政转移支付政策的理论研究，加深对贵州在新时期面临经济和社会发展问题的研究，在理论研究和转移支付的计算依据方法上，为向贵州省委、省政府提出具有可操作性的政策建议奠定基础，从而在国家层面为贵州争取更大的话语权。

2. 有利于进一步丰富财政转移支付的相关理论

一方面，本书有利于进一步深化对财政转移支付与国家治理之间关系的理论研究。党的十九届四中全会《决定》明确提出：“健全以税收、社会保障、转移支付等为主要手段的再分配调节

---

① 王淑宜，哈杨婧心．2018年我省降低实体经济企业成本逾500亿元［N］．贵州日报，2019-01-07（1）．

② 在交通建设方面，贵州是西部地区第一个、全国第六个实现“县县通高速”的省份。为了解决工程性缺水问题，“十二五”以来，贵州所获得国家水利建设投资数额居全国各省区前三位。随着这些重大问题的基本解决，贵州经济发展的外部环境已大为改善。

机制。”财政转移支付制度关系到中央与地方各级政府治理体系与治理能力现代化，尤其为财力相对拮据的欠发达地区实施治理提供了可靠的财力保障。本书对2020年后中央财政转移支付政策新取向及贵州对策进行了研究，有利于进一步深化对财政转移支付与国家治理之间关系的理论研究。

另一方面，本书为建立财政学的中国学派进行了有益探索。2013年11月12日，党的十八届三中全会上通过的《中共中央关于全面深化改革若干重大问题的决定》明确提出：“财政是国家治理的基础和重要支柱。”财政改革作为中国整体改革进程的一部分，一直在履行国家治理的基础职能，发挥国家治理重要支柱的作用。[①] 财政转移支付理论作为财政理论的重要组成部分，不仅是经济问题和管理问题，还是政治问题和社会问题。现有对财政转移支付理论的部分研究，已开始尝试突破“财政学隶属于应用经济学”这一传统思想惯性的束缚。本书通过跨学科视角研究财政转移支付问题，有利于进一步突破“财政学隶属于应用经济学”思想惯性的束缚，为建立财政学的中国学派进行了有益探索。

① 李俊生．财政在我国改革开放进程中的基础功能与支柱作用是如何体现的？——对我国改革开放四十年历程的财政理论思考［J］．辽宁大学学报（哲学社会科学版），2018（5）：31-44.

第二节 总体框架

一、研究内容

第一章：导论。包括本书的研究背景与意义、总体框架。本章发现，一方面，2020年后中央财政转移支付政策出现了新的重大变化；另一方面，中央对贵州的财政转移支付增速和占比在2016—2019年呈现出明显下降的趋势。本章认为，贵州相关应对策略未能较好地跟进新时期中央政策的重大变化，是中央对贵州的财政转移支付增速和占比下降的主要原因之一。同时，本章介绍了本书的研究内容、研究方法、创新点。

第二章：文献综述。本章发现，学术界与业界的研究主要集中在一般性转移支付、专项转移支付、税收返还三种财政转移支付政策效应方面。本章重点对财政转移支付政策取向的相关研究进行了梳理，着重梳理了贵州争取中央财政转移支付政策取向的研究。

第三章：相关理论依据。为了给本研究提供具有支撑价值的理论基础，本章首先梳理了财政转移支付的基础理论——公共品理论、集权分权理论、财政联邦主义和俱乐部理论，以及涉及财政转移支付目标的效率理论与公平理论。其次，由于中央政府与地方政府之间存在委托代理关系，本章还引入了委托代理理论。

最后，由于财政转移支付政策变迁同新制度经济学存在密切的关系，本章又梳理了新制度经济学的相关理论。

第四章：典型国家财政转移支付制度比较分析。本章选取世界上解决区域经济发展差距情况较好的德国和日本，作为实施财政转移支付制度比较成功的典型国家，为中国财政转移支付制度改革提供可供借鉴的做法。

第五章：中央对贵州财政转移支付政策变迁。本章梳理了贵州建制为行政省 600 多年来中央对贵州财政转移支付政策的变迁，为贵州争取中央财政转移支付政策支持寻找历史依据。

第六章：贵州地方财政的主要困难及其原因分析。本章梳理了贵州地方财政的主要困难，并对造成这些困难的主要原因进行分析。

第七章：中央财政转移支付政策建议。分别从中央层面和地方层面提出中央财政转移支付政策建议。

第八章：结论与展望。

二、研究方法

（一）时间序列模型分析法

根据财政部和贵州省财政厅公布的数据，本书运用时间序列模型，对 2020 年中央对贵州和全国各地补助收入进行了预测。通过对比分析，了解贵州获得财政转移支付的数额及其占比变化，分析财政转移支付的政策效应。

（二）文献研究法

一方面，本书通过查询现有的文献研究，发现现有对贵州争取财政转移支付的理论研究，除了建立省、市、县、乡、村五级最低财力保障体系研究，贵州省建立生态补偿机制及生态补偿财政政策体系研究，地表起伏度研究，新的理论研究成果相对较少。另一方面，本书对明朝、清朝、民国，尤其是新中国成立以来不同时期中央政府对贵州财政转移支付政策变迁进行深入分析，研究中央政府为维护社会稳定、保持各区域经济社会发展大致均衡所制定的基本政策，尤其是对贵州财政转移支付政策的主要依据，分析财政转移支付政策对贵州经济社会发展的影响。

（三）调研法

本书通过实地调研、会议调研、访谈等形式，对全国人大财政经济委员会、财政部、国家发展和改革委员会、贵州省人大财政经济委员会、贵州省财政厅、贵州省发展和改革委员会等相关职能部门进行了调研，充分听取相关职能部门的实务工作者的意见和建议，确保本书的研究能够为相关职能部门解决现实问题提供参考。

三、创新点

本书根据 2020 年后中央财政转移支付政策新取向及其对贵州的影响，比较系统地分析了造成该影响的原因，有针对性地提出了一系列应对策略。在此基础上，本书对贵州财政工作提出了“三个不低于”的目标，即中央对贵州的财政转移支付增幅和占比“不低于全国的平均水平、不低于西部12个省区的平均水平、不低于老少边穷地区的平均水平”。通过理论分析和实证研究，本书提出贵州的特殊省情和特殊诉求，不仅要求贵州在省级决策层面统一思想，更为关键的是要及时准确有效地向中央政府反映贵州的实际情况，以得到中央政府财政转移支付政策持续有力的支持。

第二章　文献综述

第一节　关于财政转移支付政策效应的研究

一、关于财政转移支付政策效应的研究

（一）对财政转移支付政策效应的批判

Bhagwati 等（1985）考虑了外生和内生两种扭曲因素的情况下，两个国家在双商品世界下财政转移支付的福利效应。分析发现，如果引入“直接非生产性寻利”（directly unproductive profit-seeking）作为内生变量，实施财政转移支付很可能会使“富者更富，贫者更贫”。①

部分学者认为，不完善的财政转移支付制度导致其未能较好地达到兼顾公平与效率的政策效应。

---

① Bhagwati J N, Hatta B T. The Generalized Theory of Transfers and Welfare: Exogenous (Policy-Imposed) and Endogenous (Transfer-Induced) Distortions [J]. The Quarterly Journal of Economics, 1985, 100 (3): 697-714.

Inman（2003）认为，中央财政转移支付不但会软化地方政府的预算约束，而且可能导致地方政府在资源配置上出现经济无效率的问题。①

卢现祥等（2009）的研究发现，在1995—2006年中国各地区间所获得的财政转移支付存在着显著的差异，导致财政转移支付未能解决地区间的不平等问题。②

付文林等（2012）、苑德宇等（2015）认为，由于中国转移支付程序以及地方财政决策机制尚未健全，转移支付资金会对地方政府的财政支出产生“粘蝇纸效应”，经济欠发达地区存在将资金用于基本建设与行政管理支出项目的动机，导致转移支付政策与基本公共服务均等化的目标相偏离。③④

马骁等（2013）通过分析2003—2011年中国财政转移支付对调节地区间收入差距的效应，发现中国的东部、中部和西部地区，都普遍存在着人均财政转移支付与人均本级财政收入呈正相关的现象，说明中国财政转移支付的分配结构有待进一步优化。⑤

樊丽明等（2014）基于2006年和2009年两轮微观调查的面板数据，对中国公共转移支付的效果进行实证分析后发现，无论

---

① Inman R P. Transfers and Bailouts: Enforcing Local Fiscal Discipline with Lessons from U.S. Federalism [M] //Rodden J, Eskeland G S, Litvack J. Decentralization and the Challenge of Hard Budget Constraints. Cambridge: The MIT Press, 2003: 35-83.

② 卢现祥，徐俊武．公共政策、减贫与有利于穷人的经济增长——基于1995—2006年中国各省转移支付的分析［J］．制度经济学研究，2009（2）：112-125.

③ 付文林，沈坤荣．均等化转移支付与地方财政支出结构［J］．经济研究，2012（5）：45-57.

④ 苑德宇，宋小宁．转移支付与地方政府投资决策［J］．财贸经济，2015（3）：43-54，87.

⑤ 马骁，赵艾凤，王好．转移支付的区域分配及其对财政收入差异的调节效果［J］．财贸经济，2013（12）：47-56.

贫困线标准如何调整，公共转移支付在应对慢性贫困与暂时性贫困方面的效果并不显著。①

Umezurike（2014）的研究发现，尼日利亚通过实施联邦制改善地方治理，以改变过去地方政府严重依赖于上级政府财政转移支付的状况，并在解决民主与发展问题上取得了一定成效。②

雷根强等（2015）基于2000—2007年中国15个省份1054个县域数据，研究发现虽然中央对西部地区转移支付高于中部地区，但由于城镇居民受益程度显著高于农村居民，反而导致城乡居民收入差距扩大了20%，因此建议中央的转移支付结构应进一步体现“农村倾向”。③

刘明（2016）认为，财政转移支付虽然有利于增加地方所掌控的经济资源，但有可能会降低地方政府改善政府治理水平的积极性，反而对地方经济增长产生消极影响。④

Jalil（2017）基于1980—2003年马来西亚联邦政府财政转移支付的数据，对马来西亚联邦政府财政转移支付的效率进行实证分析，发现联邦政府所实施的财政转移支付制度，不但导致地方政府未能充分挖掘其税收潜力，还导致地方政府缺乏改革其地方

① 樊丽明，解垩．公共转移支付减少了贫困脆弱性吗［J］．经济研究，2014（8）：67-78.

② Umezurike C. Federalism and Local Governance in Africa: The Case of Intergovernmental Relations in Nigeria [J]. Pakistan Journal of Social Sciences, 2014, 11 (2): 118-128.

③ 雷根强，黄晓虹，席鹏辉．转移支付对城乡收入差距的影响——基于我国中西部县域数据的模糊断点回归分析［J］．财贸经济，2015（12）：35-48.

④ 刘明．财政转移支付、地方政府治理和制造业增长［J］．南方经济，2016（2）：1-12.

税制度的积极性。[1]

李永友等（2017）认为，中国的纵向财政转移支付未能有效激励地方政府提供社会性公共品，未来的改革应以横向转移支付为主，激励地方政府提供社会性公共品。[2]

缪小林等（2017）的研究发现，一般性转移支付和专项转移支付都未能显著缩小城乡间公共服务的差距，同时中央政府对地方政府城乡公共服务支出的倾向性难以形成有效的抵御效应。[3]

方元子（2017）采用2005—2011年中国31个省份的面板数据，对中国基本公共服务领域的非均衡现状进行实证分析，发现财政能力均等化和转移支付对基本公共服务均等化的促进作用并不显著，财政转移支付的效率亟待提高。[4]

鲍曙光等（2018）认为，财政转移支付虽然有利于缩小地区间财政收入差距，但是其显著降低了地方政府的财政努力度，因此现行的财政转移支付是一种“无效率”的均等。[5]

乔俊峰等（2019）认为，在以GDP为导向的地方政绩考核体系下，中央与地方目标存在激励不相容的问题，容易导致地方政

---

① Jalil A Z A. Fiscal Efficiency of Malaysian State Governments: Effects of Inter-governmental Grants [J]. Malaysian Journal of Economic Studies, 2017, 47 (1): 55-72.

② 李永友，张子楠．转移支付提高了政府社会性公共品供给激励吗？［J］．经济研究，2017（1）：119-133.

③ 缪小林，王婷，高跃光．转移支付对城乡公共服务差距的影响——不同经济赶超省份的分组比较［J］．经济研究，2017（2）：52-66.

④ 方元子．政府间转移支付与区域基本公共服务均等化［M］．北京：经济科学出版社，2017：68-97.

⑤ 鲍曙光，符维，姜永华．上级转移支付与地方财政努力——基于中国县级数据的实证分析［J］．财经论丛，2018（11）：22-30.

府的财政行为偏离财政转移支付的目标。①

Gandullia 等（2019）基于意大利各级地方政府财政平衡的状况，引入了各级地方政府风险分担估计数，对地区间转移支付的效应进行了实证分析。研究发现，财政转移支付政策只会略微（0.9%~2.7%）减少地区间人均生产总值的永久性差异，但可能会将非系统性风险提高 4.8%。②

（二）对财政转移支付政策效应的认可

尽管中国当前的财政转移支付政策效应存在一些问题，但部分学者认为财政转移支付仍然是较好的选择。

Agostini 等（2010）评估了智利中央政府对地方政府实施财政转移支付的减贫效应，发现中央政府通过对地方政府管理的授权，使得财政转移支付的实施显著减少了智利的地区间贫困和不平等的现象。③

李稻葵等（2012）指出，中国在短期内可通过增发国债、降低税收、增加财政补贴的方式，提高居民可支配收入，进而提高全体国民的福利水平。④

---

① 乔俊峰，张春雷．转移支付、政府偏好和共享发展——基于中国省级面板数据的分析［J］．云南财经大学学报，2019（1）：15-28.

② Gandullia L, Leporatti L. Subnational Fiscal Balance, Interregional Redistribution and Risk-sharing in Italy［J］. Regional Studies, 2019, 54（3）: 1-11.

③ Agostini C A, Brown P H, Gongora D P. Public Finance, Governance, and Cash Transfers in Alleviating Poverty and Inequality in Chile［J］. Public Budgeting & Finance, 2010, 30（2）: 1-23.

④ 李稻葵，徐欣，江红平．中国经济国民投资率的福利经济学分析［J］．经济研究，2012（9）：46-56, 71.

徐艺（2016）分析了2005—2009年中国县级财力差距问题，发现转移支付不但在一定程度上平衡了中国东部、中部、西部地区的可支配财力，而且显著降低了县级财力的不平等程度（2008年除外）。①

刘一伟等（2017）基于中国老年健康影响因素的跟踪调查数据，研究发现社会保障转移支付有利于缓解城镇老年人的经济贫困问题，有利于缓解农村老年人的经济贫困、精神贫困、健康贫困等问题。②

张凯强（2018）采用模糊断点法分析后发现，一般性转移支付、专项转移支付的比重每增加10%，地区经济波动性将分别减少1.2%和2.5%，得出增加财政转移支付可以促进经济稳定的结论。③

解垩（2018）基于2013年中国健康与养老的追踪调查数据，研究发现财政转移支付是中国实现收入再分配效应的主要推动力量，其影响力占了90%以上，而税收、社会保障的影响力不足10%。在解决贫困问题上，特困户补助、五保户补助、低保的效果、效率较为理想。④

张冬梅等（2018）对“分税制”改革以来中央财政转移支付

① 徐艺. 转移支付对中国县级财力差距的影响研究［M］. 北京：中国社会科学出版社，2016：180，182.

② 刘一伟，汪润泉. “加剧”还是“缓解”：社会保障转移支付与老年贫困——基于城乡差异视角的分析［J］. 山西财经大学学报，2017（2）：12-21.

③ 张凯强. 转移支付与地区经济稳定——基于国家级贫困县划分的断点分析［J］. 财贸经济，2018（1）：54-69.

④ 解垩. 税收和转移支付对收入再分配的贡献［J］. 经济研究，2018（8）：116-131.

对民族地区的财政平衡效果进行了量化评价。研究发现，中央财政转移支付显著改善了民族地区的横向财政失衡。①

卢盛峰等（2018）从“中国健康与营养调查”数据库中选取中国部分省市的数据，研究发现中国财政转移支付每增长1%，基尼系数将下降0.248%。财政转移支付对“精准扶贫”的效果要优于居民间救助和企业救助。②

田勇等（2019）基于2016年中国家庭追踪调查的数据，分析了财政转移支付对农业产出增长的影响。研究发现，财政转移支付每增长1%，农业产出将增长0.19%。③

李丹等（2019）认为，财政转移支付不但兼具“输血”功能与“造血”功能，而且可以有效拉动地方的经济发展与财政收入增长。④

刘成奎等（2019）基于2012年中国家庭追踪调查的数据，对最低生活保障政策与贫困家庭儿童人力资本的关系进行了实证分析。研究发现，低保政策有利于增加贫困家庭在教育方面的物质投入，对贫困家庭儿童人力资本具有较为显著的促进作用。⑤

① 张冬梅，李茂生，吴凡．中央对民族地区转移支付和税收返还的效果评价与调整建议［J］．西南民族大学学报（人文社会科学版），2018（8）：82-91.

② 卢盛峰，陈思霞，时良彦．走向收入平衡增长：中国转移支付系统“精准扶贫”了吗？［J］．经济研究，2018（11）：49-64.

③ 田勇，殷俊，薛惠元．“输血”还是“造血”？面向农户的公共转移支付的减贫效应评估——基于农业产出的视角［J］．经济问题，2019（3）：78-86.

④ 李丹，裴育，陈欢．财政转移支付是“输血”还是“造血”——基于国定扶贫县的实证研究［J］．财贸经济，2019（6）：22-39.

⑤ 刘成奎，齐兴辉．公共转移支付能授人以渔吗？——基于子代人力资本的研究［J］．财政研究，2019（11）：77-90.

王宇昕等（2019）基于2009—2018年重庆、四川地级市的面板数据，分别分析了财政转移支付对教育、医疗、社会保障三类公共支出的影响，发现财政转移支付对扩大公共服务支出具有显著的“粘蝇纸效应”，其中，对社会保障支出的效应最为显著。①

白宇飞等（2020）的研究发现，财政转移支付与非税收入存在负相关关系，因此加大中央财政转移支付力度有利于抑制地方非税收入的过快增长。②

宋颜群等（2020）利用中国家庭金融调查数据库，对财政转移支付的效应进行实证分析，发现财政转移支付具有显著的扶贫特征，而且财政转移支付投向农村地域的减贫效应显著大于投向城镇地域。③

解垩等（2020）基于1998—2017年贫困地区扶贫资金与经济指标的数据以及2016—2017年省际层面的数据，利用DEA模型和SFA模型分析了中央财政转移支付扶贫资金的绩效状况。研究认为，虽然财政转移支付扶贫资金的绩效仍有待提高，但相较于其他措施，中央财政转移支付扶贫资金的绩效是最高的。④

---

① 王宇昕，余兴厚，黄玲．转移支付对基本公共服务支出水平及结构效应研究——基于川渝地方政府的经验数据［J］．财政研究，2019（12）：48-60.

② 白宇飞，杨武建．转移支付、财政分权与地方政府非税收入规模［J］．税务研究，2020（1）：115-120.

③ 宋颜群，解垩．政府转移支付的扶贫效率、减贫效应及减贫方案选择［J］．当代经济科学，2020（2）：1-15.

④ 解垩，宋颜群．中国财政资金扶贫绩效及其影响因素分析［J］．财政研究，2020（5）：36-50.

（三）对财政转移支付政策效应持中立态度

部分学者则对财政转移支付政策效应持中立态度。

Maitra 等（2003）基于南非家庭的数据库，分别分析了私人部门和公共部门的转移支付对家庭福利的影响。研究发现，公共部门的转移支付有利于提高贫困家庭的福利水平，但对非贫困家庭的促进作用不如私人部门显著。①

吕炜等（2015）基于 1998—2012 年中国的省级（西藏除外）面板数据分析了政府间转移支付的“粘蝇纸效应”，认为过高的转移支付依存度虽然会产生显著的“粘蝇纸效应”，但转移支付整体上还是能发挥均衡区域发展的效应。②

Bucheli（2016）对乌拉圭中央财政转移支付的数据进行了实证分析。研究发现，虽然财政转移支付的实施在整体上缓解了贫困问题，但是财政转移支付对于有子女的家庭的效应较为有限，因为这些家庭很难通过直接获得财政转移支付而实现脱贫。③

马海涛等（2017）基于 2009—2013 年中国的县级数据，对财政转移支付财力均等化的作用进行实证分析后发现，虽然财政转移支付显著降低了人均一般公共预算支出的不均等程度，但却在

---

① Maitra P, Ray R. The Effect of Transfers on Household Expenditure Patterns and Poverty [J]. Journal of Development Economics, 2003, 71 (1): 23-49.

② 吕炜，赵佳佳．中国转移支付的粘蝇纸效应与经济绩效［J］．财政研究，2015（9）：44-52.

③ Bucheli M. Public Transfers and the Poverty of Children and the Elderly in Uruguay [J]. Poverty & Public Policy, 2016, 8 (4): 398-415.

一定程度上进一步提高了人均一般公共预算收入的不均等程度。[①]

Ben（2018）对上海、广东、辽宁、海南、甘肃的贫困率进行了估算，发现由于中国城市生活成本的提高，城市贫困发生率显著高于农村。虽然中国最常见的财政转移支付政策——低保政策在农村发挥了很好的作用，但是处于国家贫困线以上的家庭却成为低保政策的主要受益者。[②]

陈国强等（2018）基于2010年和2014年中国家庭追踪调查数据，对财政转移支付的减贫效应进行实证分析，发现中国在实施财政转移支付政策后，虽然会使陷入收入贫困的概率较实施前下降0.120~0.129，但财政转移支付对解决多维贫困的效应并不显著（仅为0.019~0.025）。[③]

高菠阳等（2018）利用空间分析、熵权TOPSIS、GMM动态面板模型等方法，分析了财政转移支付对县域经济社会发展的效应，发现财政转移支付虽然有利于促进县域经济社会的发展，但对缩小欠发达地区和发达地区间经济社会发展差距的效应并不显著。[④]

张楠等（2019）采用双重差分法对资源枯竭城市的转移支付

---

① 马海涛，任致伟．转移支付对县级财力均等化的作用［J］．财政研究，2017（5）：2-12，113.

② Ben W. Do Government Transfers Reduce Poverty in China? Micro Evidence from Five Regions［J］. China Economic Review，2018，51（5）：59-69.

③ 陈国强，罗楚亮，吴世艳．公共转移支付的减贫效应估计——收入贫困还是多维贫困？［J］．数量经济技术经济研究，2018（5）：59-76.

④ 高菠阳，王萌，任建宇．财政转移支付的空间格局及其对中国县域社会经济发展的效应［J］．经济地理，2018（11）：30-38.

对经济增长的负面影响进行了实证分析。研究发现，资源枯竭城市的转移支付对煤炭城市和有色金属城市的经济增长影响显著，但对森工城市的影响并不显著。①

韩一多等（2019）基于1995年、2005年、2015年的面板数据进行实证分析，发现只有当地方政府对财政转移支付依赖度较低时，财政转移支付才有利于降低居民收入不平等程度；而当地方政府对财政转移支付依赖度较高时，财政转移支付反而会进一步加剧居民收入不平等。②

刘佳（2019）提出利用Deaton的消费贫困理论，综合考虑家庭规模内部经济、家庭内部歧视、家庭成员健康状况、物价等因素，分析财政转移支付对贫困家庭及福利影响的思路。③

尹彦辉等（2019）利用DSGE模型，分析了中国实施积极的财政政策对经验规则性家庭和异质性家庭的经济效应。研究发现，财政转移支付虽然在短期内能改善经验规则性家庭的消费状况，但从长期来看并没有实质性缩小收入分配的差距。④

郝凤霞等（2020）基于2015—2017年中央对31个省份财政转移支付的数据进行实证分析，发现财政转移支付对不同产业结

① 张楠，卢洪友，黄健．资源枯竭城市转移支付对经济增长的影响［J］．中国人口·资源与环境，2019（4）：147-156.

② 韩一多，付文林．垂直财政不对称与收入不平等——基于转移支付依赖的门槛效应分析［J］．财贸经济，2019（6）：40-54.

③ 刘佳．公共转移支付的减贫效应：文献述评与研究展望［J］．内蒙古社会科学（汉文版），2019（5）：203-212.

④ 尹彦辉，缪言，白仲林．发展不平衡现状下财政政策的收入分配效应——基于异质性家庭新凯恩斯DSGE模型［M］//李平，石磊，李富强，向其凤．21世纪数量经济学：第19卷．北京：经济管理出版社，2019：61-81.

构的地区经济影响存在显著的差异性，即财政转移支付有利于第二产业占主导地区的经济发展，却不利于第三产业占主导地区的经济发展。①

二、关于不同类别财政转移支付政策效应的研究

目前，中国的财政转移支付主要包括一般性转移支付、专项转移支付和税收返还，而专项转移支付和税收返还已成为学者研究的焦点。

（一）对专项转移支付政策效应的研究

1. 对专项转移支付的批判

部分学者将批判的矛头指向专项转移支付。

赵早早（2015）对2002—2014年审计署的“审计报告”进行梳理分析后发现，专项转移支付项目设置重复交叉、资金分配权力和管理的分散，是专项转移支付问题屡查屡犯的主要原因。②

李永友（2015）基于2003年、2007年、2010年县级行政单位的截面数据，利用空间系统估计方法进行实证分析，发现中国偏低的一般性转移支付比重以及偏高的专项转移支付比重，导致中国财政转移支付对治理地方政府财政竞争行为的效果显著

① 郝凤霞，朱琪．中央对地方的转移支付结构对地区经济增长的影响研究——基于产业结构的分组回归［J］．工业技术经济，2020（2）：101-109.

② 赵早早．中央预算执行审计与公共预算改革的关系研究——基于1996年至2014年全国人大常委会公报的内容分析［J］．审计研究，2015（3）：41-48.

弱化。①

吴强等（2016）认为，中国的专项转移支付在2004年以后取代税收返还制度，成为各地区间财力差距拉大的主要因素。经济欠发达地区由于无法提供足够的配套资金，失去专项补助的条件，使得专项转移支付难以实现区际财力均等化的效用。②

王瑞民等（2017）分析了中国财政转移支付对县级公共服务均等化的影响，发现一般性转移支付在2005年以后显著改善了地区公共服务不均等的问题，而专项转移支付严重加剧了不同层级政府间纵向财力不均衡的问题，建议中国未来应减少专项转移支付的比重。③

杨良松等（2018）研究发现，中国的专项转移支付分配缺乏较为严格的客观标准，且有更多职能部门享有专项转移支付的分配决定权，地方上级政府一般更倾向于截留专项转移支付。④

邢春娜等（2019）测算了1995—2017年财政转移支付对民族地区和沿海地区人均收入增长的影响程度（民族地区为0.2285，沿海地区为0.9476）。研究认为，中国均衡性转移支付的比重较低，是导致财政转移支付对民族地区人均收入的促进作用显著弱

① 李永友．转移支付与地方政府间财政竞争［J］．中国社会科学，2015（10）：114-133，206.

② 吴强，李楠．我国财政转移支付及税收返还变动对区际财力均等化影响的实证分析［J］．财政研究，2016（3）：27-38.

③ 王瑞民，陶然．中国财政转移支付的均等化效应：基于县级数据的评估［J］．世界经济，2017（12）：119-140.

④ 杨良松，余莎．地方上级政府对转移支付的截留研究——基于省级与地级数据的实证分析［J］．公共管理学报，2018（2）：14-27，154.

于沿海地区的重要原因，建议中央应努力提高均衡性转移支付的比重。①

詹新宇等（2019）认为，中国的中西部地区财力吃紧，地方政府容易出现难以为中央的专项转移支付提供配套资金的问题，在一定程度上导致增加专项转移支付并未降低中西部地区发展不平衡的问题。②

姚东旻等（2019）基于2016—2018年全国31个省级行政区划单位（不含港澳台）专项转移支付收入的面板数据，研究发现科教文类和社保医疗类专项转移支付反而显著减少了地方的科教文支出和社保医疗支出。③

2. 对专项转移支付政策效应的认可

但部分学者也对专项转移支付给予了肯定，认为专项转移支付的存在有其合理性。

Snoddon等（2003）认为，当地方政府与联邦政府的偏好存在分歧时，联邦政府有动机通过扩大专项转移支付（尤其是配套补助）的规模，诱使期望得到更多财政转移支付的地方政府优先将其公共支出与联邦政府相配套，从而使地方政府的行为有利于

① 邢春娜，唐礼智．中央财政转移支付缩小民族地区与沿海地区收入差距研究［J］．贵州民族研究，2019（2）：168-171.

② 詹新宇，白晨曦．中央对地方转移支付的经济发展不平衡效应研究——基于省际面板数据的经验分析［J］．南京审计大学学报，2019（3）：92-102.

③ 姚东旻，李静，陈翊婧．专项转移支付是否带动了地方的专项支出？——一个基于政策文本与省市数据的理论机制及其实证检验［J］．财经研究，2019（10）：21-34.

维护联邦政府的利益。①

Slack（2007）认为，专项转移支付的存在有利于将地方政府外溢性成本内部化，从而完善地方政府提供地方公共服务的激励机制，因此专项转移支付是不可或缺的。②

孔卫拿等（2013）认为，财政转移支付对提高农村公共品供给质量具有显著作用，其中专项转移支付对提高农村公共品供给质量的影响作用较一般性转移支付更为显著。③

尹振东等（2016）以中国农村义务教育补助为例，认为只要设计出合理的专项转移支付制度，嵌入“奖优”机制，就可以有效激励地方政府将公共资源向基础教育倾斜，进而实现公平与效率的兼顾。④

马光荣等（2016）认为，一般性转移支付可能会弱化地方政府发展经济的激励，而专项转移支付由于事先限定了资金用途，反而有利于避免资金使用低效率的问题。⑤

刘炯等（2017）采用 Ordered Probity 模型分析了一般性转移

① Snoddon T, Wen J F. Grants Structure in an Intergovernmental Fiscal Game［J］. Economics of Governance, 2003, 4（2）: 115-126.

② Slack E. Grants to Large Cities and Metropolitan Areas［M］//Boadway R W, Shah A. Intergovernmental Fiscal Transfers, Principles and Practice. Washington D C: World Bank, 2007: 453-481.

③ 孔卫拿，肖唐镖．财政转移支付、地方治理结构与中国农村基本公共品供给质量——基于2011年全国23省149村抽样调查的实证分析［J］．人文杂志，2013（12）：110-118.

④ 尹振东，汤玉刚．专项转移支付与地方财政支出行为——以农村义务教育补助为例［J］．经济研究，2016（4）：47-59.

⑤ 马光荣，郭庆旺，刘畅．财政转移支付结构与地区经济增长［J］．中国社会科学，2016（9）：105-125，207-208.

支付和专项转移支付对居民评价县（区）政府工作的影响，发现专项转移支付相较于一般性转移支付，更有利于实现资金导向与居民福利相关的公共服务领域相结合。①

吕冰洋等（2018）认为，加大一般性转移支付的力度会降低发达地区的发展积极性，而加大专项转移支付力度有利于提高欠发达地区的发展积极性，因此中国的专项转移支付占财政转移支付的比重难以下降。②

朱光等（2019）基于2011—2016年省级一般性转移支付和专项转移支付的数据，研究发现专项转移支付相较一般性转移支付，更能发挥矫正地方政府财政扭曲行为的作用。③

刘贯春等（2019）认为，一般性财政转移支付对地方政府的财政支出偏向产生了显著影响，其进一步加剧欠发达地区热衷于经济建设而忽视民生建设，而专项转移支付对地方政府的财政支出偏向所产生的影响并不显著。④

吉富星等（2019）认为，虽然专项转移支付存在分配随意性、自由裁量权大等问题，但是随着专项转移支付逐渐向教育、医疗卫生、社会保障等领域倾斜，其仍然可以有效发挥基本公共

---

① 刘炯，王芳．转移支付对地方政府履责的影响［M］．上海：上海交通大学出版社，2017：84-88.

② 吕冰洋，毛捷，马光荣．分税与转移支付结构：专项转移支付为什么越来越多？［J］．管理世界，2018（4）：25-39，187.

③ 朱光，李平，姜永华．专项转移支付、一般性转移支付与地方政府公共服务支出——基于专项转移支付分项数据的空间计量分析［J］．华东经济管理，2019（3）：145-151.

④ 刘贯春，周伟．转移支付不确定性与地方财政支出偏向［J］．财经研究，2019（6）：4-16.

服务均等化的作用。①

（二）对税收返还制度政策效应的研究

1. 对税收返还制度政策效应的批判

部分学者对税收返还制度提出了质疑。

汤玉刚等（2016）基于2009—2013年山东县域数据，研究发现财政转移支付制度并没有促进区域间人均消费水平差距的缩小，而税收返还制度产生的发散效应最为显著。②

张冬梅等（2018）认为，税收返还制度虽然能够激励财政实力较强的发达地区增加财政收入，但对财政实力较弱的欠发达地区（尤其是民族地区）解决财政失衡的效果越来越弱，建议以中央与地方"新"分税取代税收返还制度。③

朱德云等（2018）认为，以税收等形式上缴收入后再返还给地方作为财政转移支付，使得财政转移支付政策存在时间错位问题，导致地方财政短期急切需求难以得到满足，并加剧地方财政长期依赖转移支付。④

庞伟等（2019）基于2004—2017年增值税收入数据进行实证分析后发现，虽然税收返还制度能够显著提高地方政府的财政努

---

① 吉富星，鲍曙光．中国式财政分权、转移支付体系与基本公共服务均等化［J］．中国软科学，2019（12）：170-177.

② 汤玉刚，宋琪．转移支付促进区域经济收敛吗？［J］．经济与管理研究，2016（7）：19-28.

③ 张冬梅，李茂生，吴凡．中央对民族地区转移支付和税收返还的效果评价与调整建议［J］．西南民族大学学报（人文社会科学版），2018（8）：82-91.

④ 朱德云，孙若源．地方财政对转移支付长期依赖问题：理论机制及治理选择［J］．财政研究，2018（9）：81-92，105.

力程度，但考虑到政府竞争（譬如地方政府的税收优惠政策）因素，税收返还制度反而削弱了地方政府的财政努力程度。①

2. 对税收返还制度政策效应的认可

部分学者对税收返还制度政策效应表示认可。

白余清（1995）认为，税收返还制度虽然使原财政管理体制下财力分配“苦乐不均”的现象继续维持，也诱使部分地方政府为扩大税收返还基数采取舞弊行为，但是实施分税制改革的重要前提是确保地方利益，保护地方发展经济的积极性，因此税收返还制度对分税制改革的顺利实施具有促进作用。②

徐博（2010）认为，税收返还制度既不应属于地方税收激励制度，也不应属于财政转移支付制度，应作为地方财政标准收入的组成部分，平衡中央与地方的财政关系。③

李万慧（2017）认为，税收返还制度只是在“分税制”改革初期维护地方既得利益，目前这种作用随时间推移已大为减弱。同时，税收返还制度也不应直接地并入到一般性转移支付制度中，否则将扭曲一般性转移支付的作用机制。④

鲍曙光等（2018）认为，税收返还制度有利于提高地方政府的财政努力度（指政府利用税收能力的程度），而一般性转移支

① 庞伟，孙玉栋．税收分享、财政努力与税收增长——基于政府竞争的视角［J］．山西财经大学学报，2019（10）：1-14.

② 白余清．改进现行分税制中的税收返还办法实行规范化的转移支付制度［J］．中央财政金融学院学报，1995（2）：27-31.

③ 徐博．关于分税制下税收返还问题的思考［J］．财政研究，2010（4）：69-71.

④ 李万慧．“后营改增”时代中国税收返还制度改革方向探索——为税收返还制度正名［J］．现代经济探讨，2017（2）：27-30，51.

付和专项转移支付都显著地降低了地方政府的财政努力度。①

郝凤霞等（2020）研究发现，税收返还可以显著地促进地区生产总值增长，而一般性转移支付和专项转移支付对地区生产总值增长的促进作用并不显著。②

第二节　关于财政转移支付政策取向的研究

一、关于财政转移支付政策取向影响因素的研究

部分学者注意到，中央财政转移支付政策取向，或许是解决财政转移支付政策问题的突破口，因此将研究聚焦于中央财政转移支付政策取向的影响因素，其中部分研究已开始尝试突破“财政学隶属于应用经济学”这一传统思想惯性的束缚，包括从政治学的视角，研究中央财政转移支付政策取向问题。

Alperovich（1984）基于以色列52个地方政府的数据，发现财政转移支付分配与维护公共利益、寻求连任存在着密切的关系。研究认为，相较于收买政治对手，对支持者给予更多财政转移支付是更明智的选择。同时，作为政治变量的财政转移支付具有非

① 鲍曙光，符维，姜永华．上级转移支付与地方财政努力——基于中国县级数据的实证分析［J］．财经论丛，2018（11）：22-30.

② 郝凤霞，朱琪．中央对地方的转移支付结构对地区经济增长的影响研究——基于产业结构的分组回归［J］．工业技术经济，2020（2）：101-109.

单调函数的性质，存在着边际效用递减的趋势。①

Raiser（1998）研究了中国各省 1978—1992 年人均收入趋同的问题，发现 1985 年以后的中国各省所获得的中央补助收入并不完全与贫困程度相关，大量的中央补助收入流向了更富裕的省份，而这种情况的出现可能是中央政府为了维护各地的政治平衡。②

Schady（2000）分析了藤森总统第一次执政时期（1990—1995 年）秘鲁选举与政府间转移支付的关系。研究发现，藤森总统通过建立秘鲁社会基金（FONCODES），将更多的中央财政转移支付不成比例地（disproportionately）分配到贫困地区与家庭，并以此获得了贫困地区大多数选民的支持，最终帮助自己实现成功连任。③

Case（2001）分析了阿尔巴尼亚政治竞争对中央财政转移支付的影响。研究认为，中央决策者对财政部的指令，是其中央财政转移支付政策取向的最直接因素。④

王绍光（2002）分别分析了中央决策者对公平的考虑、政治考虑、地区的讨价还价的能力对财政转移支付的影响。研究发现，各省少数民族的人口比例，是决定中央财政转移支付多寡的最重

① Alperovich G. The Economics of Choice in the Allocation of Intergovernmental Grants to Local Authories［J］. Public Choice，1984，44（2）：285-296.

② Raiser M. Subsidising Inequality：Economic Reforms，Fiscal Transfers and Convergence across Chinese Provinces［J］. Journal of Development Studies，1998，34（3）：1-26.

③ Schady N R. The Political Economy of Expenditures by the Peruvian Social Fund（FONCODES），1991-1995［J］. American Political Science Review，2000，94（2）：289-304.

④ Case A. Election Goals and Income Redistribution：Recent Evidence from Albania［J］. European Economic Review，2001，45（3）：405-423.

要因素。同时，各省的人均受灾成本、人口密度、在政治局的席位，也是影响中央财政转移支付多寡的关键因素。①

Johansson（2003）的研究认为，财政转移支付充满了执政党争取各地区选民支持的战术，一个地区的政治力量甚至可以决定该地区是财政转移支付的接受者还是贡献者。②

Borck 等（2003）、Jarocinska（2006）以西班牙为例，分析了西方国家的政党制度对财政转移支付的影响。研究发现，执政者倾向于向拥有众多支持者的忠诚选区给予更多的财政转移支付，忠诚选区所获得的人均转移支付标准差可以达到 10%~18%，显著高于摇摆选区所获得的财政转移支付。③④。

Ansolabehere（2006）研究了 1957—1997 年美国州政府执政党与州对地方政府财政转移支付资金分配之间的关系。研究发现，在州议会和州长的选举过程中，对执政党支持力度较大的地方政府，在执政党执政期间通常会获得更多的财政转移支付资金。而当执政党发生变化时，财政转移支付资金的分配倾向也会随之发生明显变化。⑤

Martinez-Vazquez 等（2007）的研究发现，中国省级政府争

---

① 王绍光．中国财政转移支付的政治逻辑［J］．战略与管理，2002（3）：47-54.

② Johansson E. Tactical Redistribution between Regions When Parties and Voters Care about Ideology［J］. Journal of Public Economic Theory，2003，5（1）：95-120.

③ Borck R，Owings S. The Political Economy of Intergovernmental Grants［J］. Regional Science and Urban Economics，2003，33（2）：139-156.

④ Jarocinska E. Political Economy of Intergovernmental Grants［D］. Ciutadella：Doctoral Thesis，Universitat Pompeu Fabra，2006.

⑤ Ansolabehere S. Party Control of State Government and the Distribution of Public Expenditures［J］. Scandinavian Journal of Economics，2006，108（4）：547-569.

取中央财政转移支付的努力程度，会对中央政府所实施的基本公共服务均等化产生显著影响。因此，仅仅通过改进中央对省级财政转移支付的设计公式与扩大投入规模，对实现财政资源分配的公平性是明显不足的。①

Veiga 等（2007）评估了葡萄牙政治力量对政府间转移支付分配的影响。研究发现，在葡萄牙民主制度尚未成熟的 1979—1988 年，如果该城市的市长属于总理所在的政党，则该城市在财政转移支付资金分配时将会得到特殊的照顾。而随着民主制度逐渐走向成熟，政客对政府间转移支付分配的操作空间也会变得非常有限。②

宋小宁等（2008）基于 1998—2005 年省际面板数据，对可能影响中央财政转移支付的重要因素进行实证分析，发现公共服务均等化作为影响中央财政转移支付的因素并不显著，而维护国家稳定以及减少改革阻力才是影响中央财政转移支付的重要因素。③

Arulampalam 等（2009）基于 1974—1975 财年与 1996—1997 财年印度联邦政府对 14 个邦政府财政转移支付的数据，分析影响财政转移支付的主要因素。研究发现，一个在选举过程中既摇摆不定又与联邦政府结盟的邦，往往相较其他邦能获得更多（约

---

① Martinez-Vazquez J, Qiao B, Zhang L. The Role of Provincial Policies in Fiscal Equalization Outcomes in China [J]. China Review, 2007, 8 (2): 135-167.

② Veiga L G, Pinho M M. The Political Economy of Intergovernmental Grants: Evidence from a Maturing Democracy [J]. Public Choice, 2007, 133 (3-4): 457-477.

③ 宋小宁，苑德宇. 公共服务均等、政治平衡与转移支付——基于 1998—2005 年省际面板数据的经验分析 [J]. 财经问题研究，2008 (4): 92-97.

16%）的财政转移支付。[①]

Jarocihska（2010）对俄罗斯政府间转移支付的决定因素进行了实证分析。研究发现，在1995—1999年，联邦政府向各地区的转移支付主要与各地区选民的投票行为相关；而在2000—2004年，普京总统在各地区的视察行为成为联邦政府向各地区的转移支付最重要的政治变量。[②]

Sorensen（2010）以挪威为例进行研究，发现挪威中央补助金（central grant）的分配因素并不完全是其区域政策目标或平等目标。全国各选区选举产生的议员在挪威议会席位分布的差异，以及地方政府、地方议会议员所进行的游说活动，都会显著影响到挪威中央补助金在各市、县的分配结果。[③]

范柏乃等（2011）基于1999—2009年省级面板数据，分析了省级政府获得中央财政转移支付的影响因素，发现少数民族聚居地区是省级政府争取财政转移支付的重要因素，而地方政府官员兼任政治局委员有利于增强中央政府的政治控制力。[④]

刘亮（2011）以河北省为例，从地方既得利益、地区间财政

---

① Arulampalam W, Dasgupta S, Dhillon Amrita, Dutta Bhaskar. Electoral Goals and Center-State Transfers: A Theoretical Model and Empirical Evidence from India [J]. Journal of Development Economics, 2009, 88 (1): 103-119.

② Jarocihska E. Intergovernmental Grants in Russia: Vote-buying or Bargaining Power of Regions? [J]. Economics of Transition, 2010, 18 (2): 405-427.

③ Sorensen R J. The Political Economy of Intergovernmental Grants: The Norwegian Case [J]. European Journal of Political Research, 2010, 42 (2): 163-195.

④ 范柏乃，张鸣．基于面板分析的中国省级行政区域获取中央财政转移支付的实证研究[J]．浙江大学学报（人文社会科学版），2011（1）：34-44.

能力均等化目标、财政收入努力程度三个方面，分析了上级政府确定财政转移支付政策取向，研究发现，地方既得利益是确定财政转移支付政策取向的决定性因素，而这个因素对实现地区间财政能力均等化目标和财政收入努力程度产生了反向激励效应。①

刘光华等（2011）认为，中国地方利益诉求机制的不规范，以及中央项目审批与财政转移支付缺乏有效的法律监督机制，是导致“驻京办”“跑部钱进”现象存在的根源，而这种现象又会影响到各个地方政府所争取到的财政转移支付规模。②

范子英等（2014）将2003年中央部委部长更换作为基础数据进行分析后发现，新任部长会使部长来源地的地级市多获得2亿元的专项转移支付。如果是财政部、国家发展改革委等重要部委的部长，则该地级市所获得的专项转移支付将会增加9.4亿元。③

董艳梅（2016）将影响中央财政转移支付的因素划分为制度因素与非制度因素，并选取了12个指标构建1995—2008年全国30个省级行政地区（西藏除外）的面板数据进行实证分析。研究发现，地方的地域特征（如是否是边疆省份、少数民族种类多寡、少数民族习性与区域安排等）以及中央与地方的博弈条件

① 刘亮．既得利益、均等化与政府间财政转移支付影响因素——基于河北省的实证分析［J］．软科学，2011（3）：8-12，17.

② 刘光华，郝宽国．“驻京办”、“跑部钱进”与财政分配体制的完善［J］．甘肃社会科学，2011（6）：119-123.

③ 范子英，李欣．部长的政治关联效应与财政转移支付分配［J］．经济研究，2014（6）：129-141.

（地方官员是否担任中央政治局委员、全国人大代表数等），都是影响中央财政转移支付的重要因素。[①]

Abubakari（2017）基于2004—2016年加纳公共教育支出的数据，分析了官僚主义对财政转移支付的影响。研究发现，虽然加纳政府期望通过财政转移支付实现公共服务均等化，但是加纳的官僚主义对财政转移支付具有较大的影响力。而这种影响使得加纳的政府间转移支付严重偏离了目标，财政转移支付明显地向精英阶层倾斜。[②]

Mehiriz（2017）基于2001—2011年加拿大魁北克省的数据，分析了分配政治对政府间转移支付的影响。研究发现，执政党控制的地区及选举竞争激烈的地区，往往能获得更多的财政转移支付。然而，当政府间转移支付受到反对党、大宗媒体、民众的严格监督时，分配政治对政府间转移支付的影响会大为减弱。[③]

姚东旻等（2018）认为，地方政府所提供的公共服务存在异质性，中央政府为了追求目标效用最大化，可能会考虑将更多的专项转移支付投向能提供更好公共服务的地方政府。[④]

郑新业等（2019）通过构建“上级政府—下级政府—下级私

---

① 董艳梅．省级区域获取中央财政转移支付的影响因素研究［J］．云南财经大学学报，2016（6）：33-42.

② Abubakari M. Determinants of Resource Allocation：Do Bureaucratic Factors Matter？［J］．Environmental Management and Sustainable Development，2017，6（2）：334-346.

③ Mehiriz K. The Use of Intergovernmental Grants to Municipalities for Electoral Purposes by Subnational Governments［J］．Local Government Studies，2017，43（2）：274-290.

④ 姚东旻，王麒植，李静．事权属性与专项转移支付——来自省级差异的博弈均衡［J］．经济科学，2018（5）：30-42.

人资本（企业）”的三级科层模型，利用1998—2009年的地级市面板数据，对发展改革委和财政部门在财政转移支付中的影响进行了实证分析。研究发现，财政部门所分配的专项转移支付与发展改革委审批的企业投资呈正相关关系，而在东部经济发达地区，这种关系更为显著。①

周广肃等（2020）的研究发现，一个地区的市委书记是本地晋升还是异地空降会影响其政治行为。如果是本地晋升的市委书记，其所在地的家庭所获得的财政转移支付收入会提高64.8%，同时所在地家庭消费的基尼系数也将下降2.5个百分点。②

二、关于争取财政转移支付政策取向的研究

针对影响财政转移支付政策取向的影响因素，部分学者，尤其是研究贵州问题的学者，对如何完善财政转移支付，尤其从基本财力保障、生态补偿机制、地表起伏度方面争取财政转移支付政策取向，进行了有益的探讨。

（一）关于基本财力保障的研究

楼继伟等（1997）通过对1979—1995年贵州支出缺口的测算，发现贵州财政长期处于入不敷出、保刚性支出的状态，建议

① 郑新业，王宇澄，张力．政府部门间政策协调的理论和经验证据［J］．经济研究，2019（10）：24-40.

② 周广肃，张牧扬，樊纲．地方官员任职经历、公共转移支付与居民消费不平等［J］．经济学（季刊），2020（1）：61-80.

中央进一步加大对贵州的财政转移支付力度。①

李岷等（2010）建议，贵州应将经济发展水平、财政收入能力、支出责任范围、行政成本差异等作为考虑因素，测算出贵州的人员经费、公用经费、民生支出，进而制定出各级政府所需最低财力保障标准。②

李汉文（2010）建议，贵州应改进省以下的财政转移支付制度，将具有均等化作用的一般性转移支付合并，建立五级政府（省、市、县、乡、村）最低财力保障制度。③

贾康等（2014）建议，贵州作为欠开发、欠发达的省份，需要中央加大财政转移支付支持力度，促使贵州构建省、市、县、乡、村五级基本财力保障体系，实现“保工资、保运转、保民生”的目标。④

宗晓华等（2017）认为，贵州相对薄弱的县级财力难以为教育经费提供可靠保障，建议提高省级政府在教育领域的支出责任，同时中央应加大对贵州贫困县和民族地区财政转移支付政策的支

① 楼继伟，郭筑英．贵州省转移支付尝试与支出缺口估算［J］．经济社会体制比较，1997（5）：18-23.

② 李岷，林宏，帅牧，等．“十二五”推进我省财政改革与发展的思路与对策研究［C］//中国财政学会．中国财政学会2010年年会暨第十八次全国财政理论讨论会交流资料汇编（二）．北京：中国财政学会，2010：221-252.

③ 李汉文．建立省、市、县、乡、村五级最低财力保障体系研究——以贵州省为例［M］//李汉文，黄静，等．促进富民兴黔的财税政策研究．北京：中国财政经济出版社，2010：57-83.

④ 贾康，傅志华，梁季，等．建立省、市、县、乡、村五级基本财力保障体系研究——以贵州为例的实证分析［R］．北京：财政部财政科学研究所，贵州省财政厅，2014.

持力度。[①]

刘尚希等（2018）认为，在“增比进位”的发展压力与基层财力不足现实情况下，大规模举债成为基层政府的主要选择，使得地方财政风险、金融风险、“福利陷阱”风险以及地方应对社会风险积聚，建议国家治理应纳入公共风险最小化的目标，规范并减少中央与地方的共同财权事权。[②]

Sircar 等（2018）认为，财政投入不足是健康不平等的主要原因。通过转移支付构建起的基本收入保障制度，是解决低收入群体健康状况不佳的最佳方案，并进而缓解健康不平等的问题。[③]

（二）关于生态补偿机制的研究

Cuperus 等（2001）对荷兰生态补偿原则在高速公路规划中的应用进行了评价。研究发现，荷兰政府 1993 年提出的生态补偿原则，促使高速公路项目负责人设计替代线路，尽可能减少该项目对生态环境造成的影响。[④]

杜受祜（2001）、刘冰（2001）建议，必须将森林保护与贫困问题结合起来综合治理，建立西部地区生态环境建设补偿机制，

---

① 宗晓华，张绘，叶萌．“省直管县”财政改革与县级财政教育投入——基于贵州县级数据的双重差分估计［J］．教育与经济，2017（3）：9-16.

② 刘尚希，王志刚，程瑜，等．公共风险视角下的财政事权与支出责任划分——基于贵州、陕西的调研报告［J］．财政科学，2018（3）：5-16.

③ Sircar N R，Friedman E A. Financial Security and Public Health：How Basic Income and Cash Transfers Can Promote Health［J］．Global Public Health，2018，13（12）：1878-1888.

④ Cuperus R，Bakermans M M G J，Haes H A U D，et al. Ecological Compensation in Dutch Highway Planning［J］．Environmental Management，2001，27（1）：75-89.

并通过改进条块分割的投资管理体制，提高国家生态环境建设的投入效率。[①][②]

郑海霞（2010）认为，理论上有价值的生态服务提供者都应获得补偿，但并非每个社会都有这样的制度环境。因此，首先应增强资源管理者需要生态有偿服务制度的意识，使其理解生态环境服务的价值并更加珍视生态环境资源。[③]

张韬（2011a，2011b）建议，中国应进一步完善流域水资源生态补偿财政转移支付制度，并建议采用水资源价值法和机会成本法，进一步提高流域水资源生态补偿标准，为上游地区更好地保护流域水资源生态环境创造更为合理的激励机制，进而实现上下游地区的“共赢”。[④][⑤]

贵州省财政厅、贵州财经学院课题组（2012）基于贵州地处“两江”（长江、珠江）流域上游的角度，分别从森林资源、流域水资源、城镇水源地、矿产资源、城市空气质量等方面，提出了贵州建立生态补偿机制及生态补偿财政政策体系的建议。[⑥]

陈挺（2014）建议，中国可借鉴德国的财政转移支付制度，

---

① 杜受祜．建立我国西部地区生态环境建设补偿机制［C］//云南省人民政府新闻办公室．中国西南六省区市西部大开发昆明研讨会论文集．昆明：云南科技出版社，2001：181-187.

② 刘冰．西部开发的路径选择与制度创新［J］．甘肃社会科学，2001（4）：80-81.

③ 郑海霞．中国流域生态服务补偿机制与政策研究——基于典型案例的实证分析［M］．北京：中国经济出版社，2010：18.

④ 张韬．珠江流域水资源生态补偿政策体系研究——以贵州省为例［J］．贵州财经学院学报，2011（4）：105-109.

⑤ 张韬．西江流域水源地生态补偿标准测算研究［J］．贵州社会科学，2011（9）：76-79.

⑥ 贵州省财政厅，贵州财经学院课题组．贵州省建立生态补偿机制及生态补偿财政政策体系研究［M］．北京：中国财政经济出版社，2012：37-306.

在近期依靠纵向生态转移支付规避外部性问题，在远期通过横向生态转移支付提升各个区域生态保护支出水平，最终在全国形成纵横交错的生态转移支付制度。①

毛晖等（2016）认为，中国应进一步完善生态转移支付制度，对生态明显改善的地区实施奖励，并逐步构建省际合作的生态补偿制度，对省际生态外溢效应进行补偿。②

谭洁（2020）认为，推动民族地区横向生态转移支付的法治化，确保民族地区重点生态功能区获得可持续的资金支持，有利于解决好民族地区所存在的“不平衡不充分发展问题”。③

田嘉莉等（2020）基于2011—2015年湖北县级面板数据，对国家重点生态功能区转移支付的环境效应进行了实证分析，发现转移支付政策显著地改善了生态环境质量。④

娜仁等（2020）基于2010—2017年新安江流域的数据，分别对“输血型”生态补偿和“造血型”生态补偿的减贫效应进行了实证分析，发现“造血型”生态补偿的减贫效应要显著高于“输血型”生态补偿。⑤

---

① 陈挺．非市场环境主义下中国生态转移支付制度研究［D］．北京：中央财经大学，2014.

② 毛晖，张胜楠．推进我国环境保护的财税政策取向研究［J］．环境保护，2016（1）：21-25.

③ 谭洁．民族地区横向生态转移支付的法治化构建——以广西金秀瑶族自治县为例［J］．广西民族研究，2020（1）：128-135.

④ 田嘉莉，赵昭．国家重点生态功能区转移支付政策的环境效应——基于政府行为视角［J］．中南民族大学学报（人文社会科学版），2020（2）：121-125.

⑤ 娜仁，陈艺，万伦来，等．中国典型流域生态补偿财政支出的减贫效应研究——来自2010—2017年安徽新安江流域的经验数据［J］．财政研究，2020（5）：51-62.

（三）关于地表起伏度的研究

伏润民等（2010）将平均海拔高度、地表起伏度、夏季和冬季平均气温作为自然条件指标，并引入了经济条件指标和社会条件指标，对中国30个省（区、市）（西藏除外）和云南省129个县的公共事业发展成本差异性进行了实证分析，得出了中国30个省（区、市）和云南省129个县公共事业发展成本差异系数。①

全国各省（市、区）地表起伏度及其对区域开发成本的影响分析课题研究组（2011）分析了地表起伏度对区域发展（包括居民教育、医疗、文化服务建设支出、生态环境治理支出、防治自然灾害支出等）成本的影响，发现上述影响造成贵州每年增加113亿~200亿元的政府公共服务支出，为贵州争取中央财政转移支付提供了一定的理论依据。②

苏维词等（2012）以贵州为例，论证了贵州显著的地表起伏度导致其每年增加658.78亿元的公共预算支出，为加大对贵州的转移支付力度提供了某些参考。③

郭春艳等（2015）基于2009年各省造林面积、投资额的数据，分析了地表起伏度对造林、退耕还林、中幼龄林抚育管理成

① 伏润民，常斌，缪小林．我国地区间公共事业发展成本差异评价研究［J］．经济研究，2010（4）：81-92.

② 全国各省（市、区）地表起伏度及其对区域开发成本的影响分析课题研究组．全国各省（市、区）地表起伏度及其对区域开发成本的影响分析［R］．贵阳：贵州省财政厅，贵州财经学院，2011.

③ 苏维词，张贵平．地表起伏对区域发展成本影响浅析——以贵州为例［J］．经济研究导刊，2012（6）：144-146，156.

本的影响。研究发现，地表起伏度每增加 10%，造林、退耕还林、中幼龄林抚育管理成本将分别增加 1682 元/公顷、12189 元/公顷、11214 元/公顷。[①]

黄亮等（2019）研究发现，地表起伏度与贫困人口、财政专项扶贫资金间存在着显著的关系，因为地表起伏度不但会增加区域贫困的程度，同时也会增加区域扶贫的成本。[②]

（四）其他关于完善财政转移支付制度的研究

张晓阳（2000，2001）建议，将对口帮扶的政策和制度保证系统与包括规范财政转移支付政策的一系列中央政策相衔接，积极鼓励和引导国内外企业和个人到西部地区投资和发展，广泛参与西部地区建设。[③④]

葛筑英（2001）认为，中央应通过加大对贵州财政转移支付的力度，确保贵州公共投资的规模，以解决贵州长期以来在交通通信、城镇化等方面投资不足的问题，并建议逐步将贵州人均财政支出占全国人均财政支出的比重提高到 80%左右。[⑤]

曾红颖（2012）以 2008 年为样本，选择了地方政府提供公

---

① 郭春艳，苏维词，李安定．地表起伏度对林业生产成本的影响［J］．贵州科学，2015（6）：58-61，66.

② 黄亮，张凡，王德远，文锡梅，贾敏．地表起伏对区域扶贫成本的影响浅析［J］．绿色科技，2019（14）：305-308.

③ 张晓阳．论建立对口帮扶的制度保证系统［J］．贵州社会科学，2000（1）：29-32.

④ 张晓阳．在西部大开发中建立对口帮扶的政策保证体系［C］//云南省人民政府新闻办公室．中国西南六省区市西部大开发昆明研讨会论文集．昆明：云南科技出版社，2001：295-302.

⑤ 葛筑英．财政支持西部大开发战略的政策取向、方式和途径［J］．财经科学，2001（S1）：55-56.

共服务数量和服务提供成本中不可控的17项因素，对中央政府向全国31个省级行政区划单位提供的均衡性转移支付进行了测算与评价，认为若按研究方案改进，均衡性转移支付均等化水平可提高9%～15%。[①]

段晓红（2016）建议，为了矫正中国民族地区的地方政府支出偏好不合理的问题，应进一步加大专项性一般转移支付在财政转移支付中的占比，促进中国民族地区公共服务均等化。[②]

张蕊（2018，2019）认为，过度追求财政资源分配的绝对公平，会严重挫伤地方政府税收努力的积极性，建议中国以理论财力缺口替代实际财力缺口作为一般性财政转移支付分配的关键因素。[③④]

第三节　文献评述

目前，学术界对中国财政转移支付政策方面的研究主要集中在以下两个方面：一方面是对中国财政转移支付的整体政策效应进行相关的实证分析，另一方面是分别对一般性转移支付、专项

---

① 曾红颖．我国基本公共服务均等化标准体系及转移支付效果评价［J］．经济研究，2012（6）：20-32，45.

② 段晓红．促进公共服务均等化：均衡性转移支付抑或专项性一般转移支付——基于民族地区的实证分析［J］．中南民族大学学报（人文社会科学版），2016（4）：135-140.

③ 张蕊．职能转变背景下县级政府转移支付绩效评价——以甘肃省县级政府为例［D］．兰州：兰州大学，2018.

④ 张蕊．基于公共价值的县级政府一般性财政转移支付绩效评价［J］．社会科学，2019（4）：53-63.

转移支付和税收返还的政策效应进行相关的实证分析。

本书通过对国内学者学术观点的梳理，发现不同地区的学者对一般性转移支付和专项转移支付的学术观点呈现出地域性的特征。一般而言，来自或投稿在北京、上海、广东、厦门等发达地区部分学者的学术观点似乎更倾向于肯定专项转移支付和税收返还制度的政策效应，对一般性财政转移支付的政策效果却提出质疑，主要认为一般性财政转移支付阻碍了效率，甚至未能实现公平。而其他地区学者的学术观点更倾向于肯定一般性财政转移支付的政策，将批评与质疑的矛头指向专项转移支付和税收返还制度。之所以会出现这种情况，不同地区所得到的专项转移支付比例这一因素是不容忽视的。根据财政部每年公布的全国决算数据，北京、上海、浙江、广东、厦门等发达地区每年的专项转移支付一般显著高于一般性转移支付，而全国其他地区每年的一般性转移支付一般显著高于专项转移支付。

国内外已有学者开始关注中央财政转移支付政策取向问题，并对影响中央财政转移支付的因素进行了实证分析。现有对财政转移支付理论的部分研究，已开始尝试突破“财政学隶属于应用经济学”这一传统思想惯性的束缚，包括从政治学的视角研究中央财政转移支付政策取向问题。但是，国内学者在研究如何争取中央财政转移支付政策取向时，一般是引入某个特殊因素，为欠发达地区争取更多的财政转移支付。

目前，对贵州争取财政转移支付的理论研究，除了基本财力保障、生态补偿机制、地表起伏度外，新的理论研究成果相对较少。而且大部分对财政转移支付政策取向的研究时间相对较早，已难以适应新时代背景下财政转移支付政策的变化趋势。在新时代背景下，对中央财政转移支付政策取向及贵州对策的相关研究亟待深化。最为重要的是，贵州即将实现与全国同步全面建成小康社会，基本解决长期困扰贵州经济社会发展的绝对贫困问题，面临中央财政转移支付增幅以及占全国比重显著下降的重大变化，由于对贵州的理论研究和实证分析相对滞后，贵州尚未找到有效的应对策略。如果任由地区间基本公共服务的差距再次拉大，不但很可能会使贵州丧失脱贫攻坚所取得的巨大成就，而且可能造成经济发展不可持续、社会结构不稳定、社会公平感恶化、民众对政府信任感透支等一系列问题。① 邓小平在《改革是中国发展生产力的必由之路》一文中发出严正警告："如果导致两极分化，改革就算失败了。"②

① 张韬．中国收入不公平问题剖析［J］．财经论丛，2014（5）：24-29.

② 邓小平．邓小平文选：第三卷［M］．北京：人民出版社，1993：373.

第三章　相关理论依据

为了给本研究提供具有支撑价值的理论基础，本章首先梳理了财政转移支付的基础理论——公共品理论、集权分权理论、财政联邦主义和俱乐部理论，以及涉及财政转移支付目标的效率理论与公平理论。其次，由于中央政府与地方政府之间存在委托代理关系，本章还引入了委托代理理论。最后，由于财政转移支付政策变迁同新制度经济学存在密切的关系，本章又梳理了新制度经济学的相关理论。

第一节　财政转移支付的基础理论

一、公共品理论

虽然“公共品”（public goods）的概念直到 1954 年才由美国著名经济学家保罗·安东尼·萨缪尔森（Paul Anthony Samuelson）正式提出，但是相关学术思想在更早的文献中便已出现。

(一) 斯密的公共品理论

英国著名经济学家亚当·斯密(Adam Smith)在1776年出版的著作《国民财富的性质和原因的研究》中提出了公共品理论。斯密认为:“省议会,如同乡村行政小区的议会那样,可以对所在地的相关事务作出适当的判断,却无法对整个(大英)帝国的相关事务作出适当的判断。关于本省在整个帝国中所承担事务的比重,或者关于本省较其他省在财力和重要性的相对性,它也无法作出适当的判断。究其根本,是因为省议会无法监督和指挥其他省。整个帝国所需要的国防与运行是什么,每个省所承担的比重是多少,只有监督和指挥整个帝国事务的议会才能作出适当的判断。”①

(二) 汉密尔顿的公共品理论

美国杰出的政治家亚历山大·汉密尔顿(Alexander Hamilton)支持时任美国制宪会议主席乔治·华盛顿的政治主张,即要建立一个强有力联邦政府来领导美国,否则这个新成立的国家很难在当时较为恶劣的国际政治环境中(主要是来自大英帝国的威胁)生存下去。

为了说服并取得各州议员和人民的支持,汉密尔顿在1788年1月8日发表于《纽约邮报》的论文中,对反对联邦立法机关行

① 斯密.国民财富的性质和原因的研究:下卷[M].郭大力,王亚南,译.北京:商务印书馆,2008:189.

使国内征税权的观点进行了批判。汉密尔顿等认为，州的立法机关未必比联邦的立法机关更能充分了解地方的情况。因为州的立法机关从各县议员所了解到的情况，联邦的立法机关同样可以从各州议员那里取得。[①] 汉密尔顿等还通过进口商品税的例子，证明了联邦政府的管理优势是州政府所难以比拟的。譬如，相较于地方政府，联邦政府更能通过实施强有力的手段，对社会财富的分配状况进行调节，使富人的奢侈行为能够为公共财政作出更多的贡献，以缓和因税收问题所引发的穷人和大多数阶层人民对政府的不满情绪。[②]

（三）萨缪尔森的公共品理论

萨缪尔森在1954年发表的论文《公共支出的纯理论》中将消费品划分为私人消费品（private consumption goods）和公共消费品（collective consumption goods）。萨缪尔森认为，分散的定价机制并不能决定公共消费品的最优化水平，它必须通过投票（voting）或发信号（signaling）等其他方式进行尝试。萨缪尔森利用数学公式推导出了公共品的本质特征，即公共品应同时具有外部经济（external economies）和联合需求（jointness of demand）的本质特征。[③]

---

① 汉密尔顿，杰伊，麦迪逊．联邦党人文集［M］．程逢如，在汉，舒逊，译．北京：商务印书馆，2015：199.

② 汉密尔顿，杰伊，麦迪逊．联邦党人文集［M］．程逢如，在汉，舒逊，译．北京：商务印书馆，2015：203.

③ Samuelson P A. The Pure Theory of Public Expenditure［J］. Review of Economics & Statistics, 1954, 36（4）：387-389.

（四）马斯格雷夫的公共品理论

美国著名财政学家理查德·阿贝尔·马斯格雷夫（Richard Abel Musgrave）在《财政学理论：公共经济研究》中，将公共预算划分出三大职能：资源配置职能、收入分配职能、经济稳定职能。马斯格雷夫认为，由于地方政府缺乏足以使经济稳定的财力，同时收入分配职能受到经济主体流动性的束缚，收入分配职能和经济稳定职能应该由中央政府来承担。由于各地区居民的偏好存在差异性，因此资源配置职能应该由地方政府来承担。①

二、集权分权理论

（一）罗雪尔的集权分权理论

德国著名经济学家威廉·罗雪尔（William Roscher）在1843年出版的著作《历史方法的国民经济学讲义大纲》中，分别列举了中央和地方各自在财政支出中的职责。罗雪尔认为，德国各州是由于地位和利害关系而走向了分裂。虽然州预算使财政制度更加混乱，却有利于节约财政支出，因此州议会的决议和州预算的存在显得尤为必要。罗雪尔将地方财政支出划分为委托类与自由类：前者是中央规定其目的和范围，将各项具体支出委托给各州，并由国库给予补贴；后者是中央只规定其最低限额和最高限额，

① Musgrave R A. The Theory of Public Finance: A Study in Public Economy [J]. Journal of Political Economy, 1960, 68 (2): 194.

支出安排由地方自主决定。[①]

（二）塔洛克的集权分权理论

美国著名财政学家戈登·塔洛克（Gordon Tullock）在发表的论文《争夺援助》中认为，相较于中央政府，各地方政府在了解本地情况方面具有显著的优势。塔洛克相信，中央政府对资金管理的效率要低于地方政府。如果中央政府一定要通过明确的规章制度对地方实施细致的管理，那么地方政府的策略往往是“上有政策、下有对策”。换言之，就是地方政府会在限定的前提条件下，想尽办法从中央政府那里争取到更多的财政转移支付。[②]

（三）拉提素的集权分权理论

挪威科技大学经济学系教授乔恩·拉提素（Jorn Rattso）在2003年发表的论文《挪威：福利国家的纵向失衡和财政行为》中指出，挪威等北欧国家曾经实施集权化的财政融资，并向全国提供统一性的福利服务。然而，集权化的财政融资不但扰乱了信贷市场的正常运行，中央政府也为此背负了沉重的财政负担。因此，挪威等北欧国家已经将教育、卫生医疗等公共福利服务的财权和事权转移给地方政府部门，并构建起财政绩效评价机制，形成了

① 罗雪尔．历史方法的国民经济学讲义大纲［M］．朱绍文，译．北京：商务印书馆，1997：176-177.

② 塔洛克．公共选择［M］．柏克，郑景胜，译．北京：商务印书馆，2018：257-272.

一套被称为“管理联邦制”（administrative federalism）的财政体制。[①]

（四）雷登的集权分权理论

美国麻省理工学院助理教授乔纳森·雷登（Jonathan Rodden）在2003年发表的论文《预算软约束和德国的联邦制度》中指出，虽然德国看似是一个财政分权较为彻底的国家（譬如，德国州政府与地方政府财政支出之和占全国财政支出的比重超过了60%），但是德国公共部门却未能较好地体现出财政分权的比较优势，演变为“联邦决策、地方执行”。最为典型的表现是，德国的财政制度将税收权与支出权相分离，即在为州政府提供了大量支出自主权的同时，却严格地限制它们的税收自主权，州政府主要依靠共享税取得财政收入。这一制度上的设计，在一定程度上造成了州政府存在预算软约束的问题。[②]

（五）阿默达的集权分权理论

世界银行南亚地区基础和城市发展部首席经济学家茱纳德·阿默达（Junaid Ahmad）在2003年发表的论文《新南非财经纪律所引起的激励机制》中提出，为了解决种族隔离时期南非各地方

① Rattso J. Vertical Imbalance and Fiscal Behavior in a Welfare State：Norway ［M］//Rodden J，Eskeland G S，Litvack J. Decentralization and the Challenge of Hard Budget Constraints. Cambridge：The MIT Press，2003：133-159.

② Rodden J. Soft Budget Constraints and German Federalism ［M］//Rodden J，Eskeland G S，Litvack J. Decentralization and the Challenge of Hard Budget Constraints. Cambridge：The MIT Press，2003：161-186.

政府长期存在的预算软约束问题，曼德拉政府将资本市场规则引入地方政府，将借款权从中央政府分权给各地方政府。为了实现改革目标，中央政府宣布终止为地方政府从资本市场借款提供任何担保。同时，南非通过颁布法律规范地方政府的借款行为，并确保地方政府资产负债等相关信息的公开透明。①

三、财政联邦主义

（一）蒂布特的“用脚投票”理论

美国著名财政学家查尔斯·蒂布特（Charles Tiebout）在1956年发表的论文《一个关于地方支出的纯理论》中提出了“用脚投票”（voting with their feet）理论。蒂布特首先提出了一系列严格的假设条件，包括居民有充分的流动性偏好，他们有充分的知识来判断各地区财政收入与支出的状况，他们不需要通过工作来获得收入，有足够数量的地区供居民们进行选择。同时，各地区所提供的公共服务不存在跨区域的外溢性，该提供怎样的公共服务由各地区的管理者自主决定。蒂布特认为，如果能够同时满足上述假设条件，那么居民可以通过“用脚投票”的方式，离开不能满足其偏好的地区，而选择能满足其偏好的地区居住。②

---

① Ahmad J. Incentives for Fiscal Discipline in New South Africa［M］//Rodden J，Eskeland G S，Litvack J. Decentralization and the Challenge of Hard Budget Constraints. Cambridge：The MIT Press，2003：325-351.

② Tiebout C M. A Pure Theory of Local Expenditures［J］. The Journal of Political Economy，1956，64（5）：416-424.

（二）奥茨的财政联邦主义

美国著名财政学家华莱士·奥茨（Wallace Oates）在1972年出版的著作《财政联邦主义》中指出，中央集权和极度分权的政府组织形式，都存在着各自的优势与缺陷，因此建议将联邦主义（federalism）作为折中方案，以达到趋利避害的目的。[①] 奥茨认为，不同地区的人口偏好存在差异，因此希望能够通过联邦主义提供一种机制，该机制可以为每个地区提供符合其偏好的公共品和公共服务。[②]

四、俱乐部理论

美国著名财政学家詹姆斯·麦基尔·布坎南（James Mcgill Buchanan）在1965年发表的论文《俱乐部经济理论》中提出了俱乐部理论。布坎南指出，萨缪尔森等学者的理论研究只是简单地将研究对象归类为纯私人（pure private）或纯公共（pure public），却忽略了介于纯私人与纯公共两者之间的“俱乐部”。俱乐部理论是一个关于会员制的理论，核心问题就是要通过衡量俱乐部给个人带来的边际效用和边际成本，确定俱乐部的最优规模。布坎南认为，当俱乐部人数达到一定规模时，其给个人带来的边际成本会超过边际效用，因为此时将会出现拥挤的问题。[③]

① 奥茨．财政联邦主义［M］．陆符嘉，译．南京：译林出版社，2012：19.
② 奥茨．财政联邦主义［M］．陆符嘉，译．南京：译林出版社，2012：22.
③ Buchanan J M. An Economic Theory of Clubs［J］. Economica，1965，32（125）：1-14.

美国爱荷华州立大学经济学系教授托德·桑德勒（Todd Sandler）和怀俄明大学经济与金融系教授约翰·T. 奇尔哈特（John T. Tschirhart）在 1997 年发表的论文《俱乐部理论：后三十年》中，对布坎南在 1965 年提出俱乐部理论以来相关的理论研究进行了全面的概述，并重点介绍了俱乐部理论的贡献。桑德勒和奇尔哈特通过比较俱乐部品与纯公共品的均衡和最优化概念，将萨缪尔森公共品的有关变量修正为俱乐部品。同时，通过重点讨论包括异质成员（heterogeneous memberships）、交易成本、效用不确定（uncertain utilization）、信息不对称和非竞争影响在内相关研究的最新进展，提出了俱乐部理论还可在信息不对称、制度结构及应用上进行更深入的研究。①

第二节 财政转移支付的目标：效率与公平

一、效率理论

（一）劳动价值论

英国著名经济学家威廉·配第（William Petty）在 1662 年出版的《赋税论》中，通过劳动价值论论证了政府为穷人寻找固定工作的必要性。配第指出，政府应该鼓励穷人从事修建重大公共

① Sandler T, Tschirhart J T. Club Theory: Thirty Years Later [J]. Public Choice, 1997, 93 (3-4): 335-355.

福利设施的工作，而从事这一工作的人应由社会全体成员所供养。[①] 配第认为，穷人通过偷窃或乞讨谋生，不仅会被处死或增加感染疾病的风险，也会纵容他们产生好逸恶劳的想法，使得穷人不愿通过辛勤的劳动改变自身的现状。而把社会剩余产品分配给穷人，是一种较为安全保险的做法。即使社会没有剩余产品，也可以适当降低社会全体成员的平均消费水平。[②]

（二）有效需求理论

英国著名经济学家约翰·梅纳德·凯恩斯（John Maynard Keynes）在1935年出版的著作《就业、利息和货币通论》中提出了有效需求理论。凯恩斯认为："仅仅因为有效需求不足的存在，就有可能、甚至通常是在达到充分就业之前，使就业增加陷入停滞。"[③] 凯恩斯还指出："在贫穷的社会中，只需少量的投资便能实现充分就业……而对于富裕的社会中，由于存在边际消费倾向递减，加之其已经积累了较多的资本，除非利息率能以足够的速率下降，否则将难以吸引到更多的投资。"[④]

① 配第．赋税论［M］．邱霞，原磊，译．北京：华夏出版社，2017：4，21-22.

② 配第．赋税论［M］．邱霞，原磊，译．北京：华夏出版社，2017：22-23.

③ 凯恩斯．就业、利息和货币通论（重译本）［M］．高鸿业，译．北京：商务印书馆，2009：36.

④ 凯恩斯．就业、利息和货币通论（重译本）［M］．高鸿业，译．北京：商务印书馆，2009：36-37.

（三）粘蝇纸效应理论

1. 对粘蝇纸效应理论的认可

从财政转移支付接受者角度来看，根据古典经济学提出的“理性经济人”这一前提假设条件，理应得出“联邦政府给予财政转移支付与实施减税，两者所带来的效用应该大致相同”的结论。然而，美国著名经济学家爱德华·M. 格雷利奇（Edward M. Gramlich）在1977年发表的论文《政府间转移支付：一份经验文献的研究》中指出，美国各州和地方政府对联邦政府财政转移支付的敏感度，要显著高于联邦政府的减税政策，即上级政府的财政转移支付对下级政府存在粘蝇纸效应。具体来看，当美国各州和地方政府所增加的财政收入来自联邦政府的减税政策时，其边际财政支出倾向只有不足10%；然而，当这笔收入来自联邦政府所给予的财政转移支付时，州和地方政府的边际财政支出倾向可以达到80%~90%。[①②]

美国著名经济学家阿诺德·卡尔·哈伯格（Arnold Carl Harberger）在1964年发表的论文《税收、资源分配和福利》中指

① Gramlich E M. Intergovernmental Grants：A Review of the Empirical Literature［C］//Oates W E. The Political Economy of Fiscal Federalism. Lexington：D. C. Heath and Company，1977：219-239.

② Hindriks J，Myles G D. Intermediate Public Economics［M］. Second Edition. Cambridge：MIT Press，2013：690.

出，在实践中税收政策对经济增长可能只是一个无效的工具。①②根据哈伯格的相关研究成果，经济学界总结出哈伯格三角形（Harberger triangle）理论，即用税收的方式来筹集财政资金会造成额外损失（deadweight loss）。在哈伯格三角形理论的基础上，美国著名经济学家乔纳森·赫尔曼·汉密尔顿（Jonathan Herman Hamilton）在1986年发表的论文《粘蝇纸效应和税收的额外损失》中对粘蝇纸效应进行了更深入的研究。汉密尔顿认为，地方政府如果通过财政转移支付来取代税收，不仅能够降低甚至消除因税收而产生的额外损失，而且可以进一步提高地方政府的财政支出水平。③

土耳其阿菲永·科卡特普大学经济与行政科学学院教授Sagbas与Saruc在2004年发表的论文《土耳其政府间转移支付与粘蝇纸效应》中，利用土耳其财政转移支付的数据，支持了粘蝇纸效应理论的适用性，并且利用官僚制模型对影响粘蝇纸效应的相关因素进行了实证分析。④

2. 对粘蝇纸效应理论的批判

但是在实践中，粘蝇纸效应理论并不是在任何情况下都可以

---

① Harberger A C. Taxation, Resource Allocation, and Welfare [M] //The National Bureau of Economic Research and the Brookings Institution. The Role of Direct and Indirect Taxes in the Federal Reserve System. Princeton: Princeton University Press, 1964: 25-80.

② 张韬．地方税体系与产业转型升级联动机制研究：以贵州省为例［M］．北京：中国经济出版社，2019：90.

③ Hamilton J H. The Flypaper Effect and the Deadweight Loss from Taxation [J]. Journal of Urban Economics, 1986, 19 (2): 148-155.

④ Sagbas I, Saruc N T. Intergovernmental Transfers and the Flypaper Effect in Turkey [J]. Turkish Studies, 2004, 5 (2): 79-92.

成立的。比利时布鲁塞尔自由大学社会科学系与索尔维商学院 Heyndels 教授（2001）基于 1989—1996 年比利时佛兰芒市的数据，得出了财政转移支付的粘蝇纸效应不成立的证据：当财政转移支付出现下降时，市政府会通过额外征税的方式弥补财政收支缺口。①

加拿大多伦多大学罗特曼管理学院荣誉教授理查德·M. 伯德（Richard M. Bird）与加拿大安大略财政署财产税政策部高级经济学家阿尔莫斯·塔沙妮（Almos Tassonyi）在 2003 年发表的论文《加拿大对地方政府财政行为的约束：不同的方法，相同的结果?》中指出，加拿大联邦政府通过均衡性转移支付，以无限额配套拨款鼓励地方政府加大对公共服务的投入。虽然加拿大联邦政府的做法得到了大部分省份的支持，但魁北克省却偏向于选择性退出机制，即宁愿选择较低的联邦所得税率以获得更多的税收收入，也不愿意接受联邦政府提供的财政转移支付。②

3. 财政幻觉理论

关于粘蝇纸效应理论所阐释的现象，利用财政幻觉理论也可以作出一些合理的解释。关于财政幻觉理论，经济学界普遍认为是由意大利著名经济学家阿米卡儿·普维亚尼在 1897 年出版的著作《论公共收入的幻觉》中提出。财政幻觉理论的支持者普遍认

---

① Heyndels B. Asymmetries in the Flypaper Effect: Empirical Evidence for the Flemish Municipalities [J]. Applied Economics, 2001, 33 (10): 1329-1334.

② Bird R M, Tassonyi A. Constraining Subnational Fiscal Behavior in Canada: Different Approaches, Similar Result? [M] //Rodden J, Eskeland G S, Litvack J. Decentralization and the Challenge of Hard Budget Constraints. Cambridge: The MIT Press, 2003: 85-132.

为，统治者会通过创造出财政幻觉，让纳税人所感受到的税负比实际税负要轻，而统治者所提供的公共服务价值比实际要大。①

布坎南在 1967 年出版的著作《民主财政论》中，对普维亚尼的财政幻觉理论进行了更深入的研究。布坎南认为，政府可能会不让民众看到政府的预算计划规模与真正性质。譬如在一些君主立宪制国家，政府可以通过混淆国家账户和国王的私人账户，使得国王秘密使用税收的权利被保留下来。即使这些国家在 20 世纪以后已逐渐建立起政府向议会报告税收使用情况的制度，但统治者仍然可能夸大财政支出的实际需求，通过掩盖真实情况以达到额外加征税收的目的。②

（四）短缺经济学理论

匈牙利著名经济学家亚诺什·科尔奈（Janos Kornai）在 1982 年出版的著作《增长、短缺与效率：社会主义经济的宏观动态模型》中指出，在东欧的社会主义经济中，决策者从未考虑过投资的财务风险（因为国家最终会帮助企业解决财务风险），认为其销售的产品迟早可以售出，加之计划经济机制下非价格信号的影响，最终导致决策者的投资量严重偏离了正常值。③ 此外，科尔奈还分析了短缺对效率的消极影响。首先，短缺会使得工厂的车间或部门存在资源空闲，导致生产的中断；其次，短缺会迫使工

① 布坎南．民主财政论［M］．穆怀朋，译．北京：商务印书馆，2015：155-156.

② 布坎南．民主财政论［M］．穆怀朋，译．北京：商务印书馆，2015：162.

③ 科尔奈．增长、短缺与效率：社会主义经济的宏观动态模型［M］．潘英丽，译．北京：商务印书馆，2016：45-46.

厂转而使用劣质或昂贵的原料、半成品、零部件、机器、设备、某种类型的业绩等；再次，长期的短缺所引起的无组织状态，会使管理人员难以应对工人违反工厂纪律的行为；最后，短缺会使企业管理人员对节约生产成本和提高产品质量丧失信心。①

二、公平理论

（一）福利经济学理论

1. 庇古的福利经济学理论

英国著名经济学家阿瑟·塞西尔·庇古（Arthur Cecil Pigou）在1920年出版的著作《福利经济学》中，根据边际效用递减规律分析了从富人向穷人实施转移支付对国民收入的影响。庇古认为，如果将购买能力或支配生产性资源能力从富人转移给穷人，在没有造成国民收入减少的情况下，将会增加总体经济福利。②庇古还指出，如果对穷人投资提高了其生产能力，只要其产生的收益高于名义利率，或者说不低于对实物资本投资所产生的收益，必将有利于提高未来国民收入的水平。③

此外，庇古还对边际个人净产量和边际社会净产量的差异进行了分析，并在此基础上提出了“外部性”的问题。庇古指出，A向B提供已经给予支付的服务时，也向C提供服务或造成伤

① 科尔奈．增长、短缺与效率：社会主义经济的宏观动态模型［M］．潘英丽，译．北京：商务印书馆，2016：84-86.

② 庇古．福利经济学：上［M］．金镝，译．北京：华夏出版社，2013：74-75.

③ 庇古．福利经济学：下［M］．金镝，译．北京：华夏出版社，2013：604.

害。但是，A 未能从对 C 提供的服务中获得收益（正外部性），或者 A 未能对 C 造成的伤害进行赔偿（负外部性）。[①] 庇古认为，不管是正外部性还是负外部性，利己主义（egoism）将使国民收入最大化的目标难以实现。[②] 为了实现国民收入最大化的目标，庇古提出政府可考虑建立某种补偿标准，包括对正外部性提供者给予奖励和津贴，对负外部性提供者征税，以缩小边际个人净产量与边际社会净产量的偏差。[③]

2. 卡尔多补偿原理

意大利著名经济学家维尔弗雷多·帕累托（Vilfredo Pareto）提出帕累托最优（Pareto optimality）和帕累托改进（Parcto improvement）的概念后，该概念迅速引起了经济学界的极大兴趣。英国著名经济学家尼古拉斯·卡尔多（Nicolas Kaldor）在 1939 年发表的论文《经济学的福利命题与个人之间的效用比较》中提出了卡尔多补偿原则（Kaldor compensation principle）。卡尔多认为，由于市场价格总是处于变动之中，可能会导致每个个体的利益受益或受损，进而造成社会总福利出现下降。卡尔多提出，如果能够构建起这样一种补偿标准，使受益者在完全补偿了受损者的损失后，受益者仍然存在剩余，则社会总福利仍然得到了增加。这

① 庇古．福利经济学：上［M］．金镝，译．北京：华夏出版社，2013：151.

② 庇古．福利经济学：上［M］．金镝，译．北京：华夏出版社，2013：142-143.

③ 庇古．福利经济学：上［M］．金镝，译．北京：华夏出版社，2013：152-155.

就是卡尔多补偿原则。[①][②]

3. 社会福利函数

（1）伯格森—萨缪尔森社会福利函数

旧福利经济学一般认为，社会福利函数的形式可以简单地描述为：$W=w(U_1, U_2, \cdots, U_n)$，即社会福利函数是所有个人效用的函数。[③] 然而，美国著名经济学家亚伯兰·伯格森（Abram Bergson）与保罗·安东尼·萨缪尔森的相关研究却颠覆了旧福利经济学的观点。伯格森在1938年发表的论文《福利经济学某些方面的重新论述》中对社会福利函数进行了改进，而萨缪尔森在1947年出版的著作《经济分析基础》中进一步丰富了伯格森的社会福利函数。伯格森和萨缪尔森认为，社会福利函数是一种实值的福利函数，但该函数没有具体的形式，甚至包括"帕累托最优"在内的标准也不是按照价格进行交换所达到的。因此，很难设计出一种具有纯粹总和性质的税金或补贴。[④][⑤] 经济学界结合了伯格森和萨缪尔森的学术观点，最终得出了伯格森—萨缪尔森社会福利函数（Bergsen-Samuelson social welfare function）。

① Kaldor N. Welfare Propositions of Economics and Interpersonal Comparisons of Utility [J]. The Economic Journal, 1939, 49 (195): 549-552.

② Kaldor N. Welfare Propositions of Economics and Interpersonal Comparisons of Utility [M] // Hausman D M. The Philosophy of Economics: An Anthology. 3rd edition. Cambridge: Cambridge University Press, 2007: 222-225.

③ 何涌．西方经济学社会福利函数理论现状［J］．经济学动态，1987（5）：55-57.

④ Bergson A. A Reformulation of Certain Aspects of Welfare Economics [J]. Quarterly Journal of Economics, 1938, 52 (2): 310-334.

⑤ 萨缪尔森．经济分析基础（增补版）［M］．何耀，等，译．大连：东北财经大学出版社，2006：121-147.

（2）阿罗社会福利函数

为了得出伯格森—萨缪尔森社会福利函数的具体形式，美国著名经济学家肯尼斯·约瑟夫·阿罗（Kenneth Joseph Arrow）在1951年出版的著作《社会选择与个人价值》中，利用个人价值观对个人的社会福利函数进行排序。研究发现，社会排序很有可能与个人排序无关。[①] 为了试图构建不同于伯格森—萨缪尔森的社会福利函数，阿罗提出了构建社会福利函数的五个极为苛刻的限制性条件：①每个人可以根据自己的价值观进行自由选择；②个人价值观与社会价值观之间存在关联；③每个人之间选择过程毫无关系；④社会选择建立在个人意愿的基础上；⑤不存在独裁者，任何人不能把他的价值观强加给社会。根据阿罗的推导，这五个限制性条件是不可能同时成立的，因此阿罗社会福利函数在某些情况下是很难成立的。[②] 该研究成果也被经济学界归纳为阿罗不可能定理（Arrow's impossibility theorem）。

为了解决阿罗不可能定理给社会福利函数所留下的困惑，印度著名经济学家阿马蒂亚·森（1974，1976，1979）提出，阿罗的研究建立在通过投票方式进行集体选择的假设前提下，才导致人与人之间的效用难以进行比较。森通过放宽阿罗不可能定理所给出的假设条件，增加阿罗不可能定理的信息内容，引入了满足感的可度量性和可比较性。森认为，通过基数效用和序数效用比

① 阿罗．社会选择与个人价值［M］．丁建峰，译．第二版．上海：上海人民出版社，2010：26.

② 阿罗．社会选择与个人价值［M］．丁建峰，译．第二版．上海：上海人民出版社，2010：26-36.

较，就可以解决阿罗不可能定理给社会福利函数所留下的困惑，并推导出更为合理的社会福利函数。①②③

（二）财政公平理论

布坎南在1950年发表的论文《联邦主义与财政公平》中提出了“财政公平”的概念。布坎南认为，美国各州间的财政能力存在较大的差距。因此，美国需要一个有效的政治权力机构来实施政府间转移支付。通过实施政府间转移支付，使财政实力不均等的美国各州在平等税率的情况下，能够有条件为同等纳税人提供更为公平的公共服务，即实现了“同等纳税人同等待遇”（equal treatment for equals）的原则。④

然而，塔洛克的相关研究却发现，财政转移支付在实施过程中可能会偏离公平的目标。塔洛克在1971年发表的论文《财政转移支付的成本》中指出，财政转移支付很可能会涉及巨大的社会成本，它不仅是一个双方非自愿进入的博弈，更为糟糕地，它还是一个负和博弈。因为参与财政转移支付的博弈方，无论是为了争取一笔转移支付，还是为了抵制从自身拿走一笔财政转移支付，都必须为此投入资源，而这些资源纯属社会浪费。⑤

---

① Sen A K. Informational Bases of Alternative Welfare Approaches：Aggregation of Income Distribution［J］. Journal of Public Economics，1974，3（4）：387-403.

② Sen A K. Real National Income［J］. The Review of Economic Studies，1976，43（1）：19-39.

③ Sen A K. The Welfare Basis of Real Income Comparisons：A Survey［J］. Journal of Economic Literature，1979，17（1）：1-42.

④ Buchanan J M. Federalism and Fiscal Equity［J］. American Economic Review，1950，40（4）：583-599.

⑤ 塔洛克．公共选择［M］．柏克，郑景胜，译．北京：商务印书馆，2018：235-250.

不过在1974年发表的论文《再论转移支付的福利成本》中，塔洛克对1971年发表的论文《转移支付的成本》存在的不足之处进行了补充，并对财政转移支付机制的政治成本进行了较为系统的研究。塔洛克发现，为争取财政转移支付而进行游说的实际效果，可能会大于投入的资源成本。因为没有参与游说活动的人，也会受到游说结果的影响，即财政转移支付的游说活动存在着外溢性（包括正外溢性和负外溢性）。①

在1983年出版的著作《收入再分配的经济学》中，塔洛克认为，无论是在现代还是在历史上，政府进行财政转移支付的主要动机是受益者们想要拿到这些钱的欲望，而且他们能够凭借自身政治权力和偶然的运气来满足这个欲望，这无疑会导致财政转移支付分配的不公平。②

而关于美国联邦政府财政转移支付的研究，似乎也证实了塔洛克研究的现实意义。美国教育部规划、预算与评估办公室委托Decision Resources Corp的迈伦·施瓦茨（Myron Schwartz）等组成学术团队展开研究。该研究团队在1988年公开发表的研究报告《美国的财政公平：1984—1985年》中，以美国联邦政府、州政府、地方政府对小学教育资源的财政投入为例，利用横向公平（horizontal equity）和机会公平（equal opportunity）两类指标，对美国各级政府涉及教育公平的财政因素进行了评估。研究报告认

① 塔洛克．公共选择［M］．柏克，郑景胜，译．北京：商务印书馆，2018：251-256.

② 图洛克．收入再分配的经济学［M］．范飞，刘琨，译．第二版．上海：上海人民出版社，2008：3.

为，美国联邦财政收入对调节不公平问题发挥着关键作用，可以使国家变得公平或者不公平。然而在现实中，美国联邦政府的表现是令人失望的，因为联邦政府对教育的财政投入已呈现出持续下降的趋势。①

（三）财政正义理论

美国著名哲学家约翰·罗尔斯（John Rawls）在1971年出版的著作《正义论》中拒绝使用“福利”一词。罗尔斯认为，使用“福利”一词会将道德观念引向功利主义（utilitarianism），而公平正义不应受到现存需要与利益的支配。② 相较于福利经济学理论，罗尔斯在学术观点上似乎更为认可康德和布坎南的思想。罗尔斯认为，既然公共利益存在不可分割性和公共性两个派生的特征，那么政府不但有责任管理公共利益，同时也有责任从财政上支持公共利益。③ 罗尔斯将政府部门划分为配置部门、稳定部门、转让部门、分配部门，由上述四个政府部门负责确保机会的公正平等。④ 罗尔斯坚信，只要上述四个政府部门始终坚持自由优先和平等两个原则，财政收入和财政支出就能够得到法律体系的明

① Schwartz M, Moskowitz J. Fiscal Equity in the United States, 1984-1985 [R]. Washington D. C.: The Office of Planning, Budget, and Evaluation of the Department of Education, 1988.

② Rawls J. A Theory of Justice [M]. Cambridge: The Belknap Press of Harvard University Press, 1999: 229, 231.

③ Rawls J. A Theory of Justice [M]. Cambridge: The Belknap Press of Harvard University Press, 1999: 235-236.

④ Rawls J. A Theory of Justice [M]. Cambridge: The Belknap Press of Harvard University Press, 1999: 244-245.

确规定，收入和财富的分配无论怎样都会是正义的。[①]

第三节 委托代理理论

1956 年，毛泽东在《论十大关系》中明确提出了中央与地方的关系。毛泽东一针见血地指出："中央和地方的关系也是一个矛盾。解决这个矛盾，目前要注意的是，应当在巩固中央统一领导的前提下，扩大一点地方的权力，给地方更多的独立性，让地方办更多的事情。这对我们建设强大的社会主义国家比较有利。我们的国家这样大，人口这样多，情况这样复杂，有中央和地方两个积极性，比只有一个积极性好得多。"[②] 从某种程度上讲，可以将中央和地方的财政关系理解为"委托代理关系"。中央政府可以委托地方政府履行相应的职责。针对地方政府存在的财力缺口，中央政府可以通过财政转移支付加以弥补。在委托代理理论中，信息经济学理论和激励相容理论可为分析并解决财政转移支付中存在的问题提供一定的理论依据。

一、信息经济学理论

在信息经济学文献中，经常将信息掌握不充分的一方称为"委托人"（principal），而将信息掌握充分的一方称为"代理人"

① Rawls J. A Theory of Justice [M]. Cambridge: The Belknap Press of Harvard University Press, 1999: 249.

② 毛泽东．毛泽东选集：第五卷 [M]. 北京：人民出版社，1977：267-288.

(agent)。[①] 由于代理人较委托人掌握了更多的信息，会出现信息不对称（asymmetric information）的情况。在此情况下，代理人为了追求自身利益最大化，很可能会采取一些损害委托人利益的行为，从而产生“道德风险”（moral hazard）和“逆向选择”（adverse selection）的问题。

（一）道德风险理论

阿罗在1963年发表的论文《不确定性和医疗保健的福利经济学》中提出了“道德风险”问题。阿罗认为，完全竞争市场应至少同时满足以下三个条件：存在竞争性均衡（competitive equlibrium）、只要是有关成本和效用的产品和劳务都是可销售的（marketability）、不存在规模报酬递增（nonincreasing returns）。然而在现实中，并不是所有的产品和服务都能同时满足上述三个条件。一旦不能同时满足这三个条件，就很难做到合理规避风险，其中医疗服务和医疗保险产业就存在着各种风险和不确定性。阿罗指出，病人患病和医生治疗结果都存在着不确定性，又难以做到完全分担风险，这会导致风险分担机制的不公平（pooling of unequal risks）。由于保险公司无法约束投保人的行为，投保人在投保后很可能会减少风险预防措施。此外，一旦医生的利益与保险公司的利益相挂钩，医生可能会选择给病人开更昂贵的药物，提供更昂贵的医疗护理，进行更加频繁的治疗。阿罗认为，由于医疗服务

① 张维迎．博弈论与信息经济学［M］．上海：上海人民出版社，2004：236.

和医疗保险产业存在着市场失灵的问题，政府对其采取自由放任（laissez-faire）的做法是不可容忍的。①

美国斯坦福大学经济学教授罗纳德·I. 麦金农（Ronald I. Mckinnon）和哈佛大学经济学教授裴修（Huw Pill）在1998年发表的论文《国际过度借贷：剖析信贷和货币风险》中也提到了“道德风险”问题。麦金农和裴修在该论文中通过引入简单的费希尔模型（Fisherian model），提出东南亚、墨西哥、智利等新兴市场国家普遍出现了“过度借贷综合征”（overborrowing syndrome）。麦金农和裴修指出，这些国家的国内企业对它们的经济改革和金融制度表现出过度自信。在缺乏有效资本管制的情况下，国内企业的过度自信将会使得国内银行的行为变得狂热。国内银行从国际市场借入大量资金，支持国内的消费信贷或投机性项目，却（故意或无意）忽视了宏观经济因过度举债而面临着巨大的危机，金融系统此时已十分脆弱。一旦宏观经济遭受不利冲击，或者国际资本大量外流，金融危机就会爆发。麦金农和裴修认为，这些国家银行系统的“道德风险”问题，正是金融危机爆发的重要原因。银行系统利用自身掌握真实宏观经济信息的特权，为了追求自身的利益而向市场传递被扭曲的信息，而监管者却无法控制银行系统的“道德风险”问题，直接导致了过度借贷以及宏观

① Arrow K J. Uncertainty and the Welfare Economics of Medical Care [J]. American Economic Review, 1963, 53 (5): 941-973.

经济的不稳定情况的发生。①

（二）逆向选择理论

美国著名经济学家乔治·亚瑟·阿克洛夫（George Arthur Akerlof）在1970年发表的论文《柠檬市场：质量的不确定性和市场机制》中提出了“柠檬市场”（lemon market）理论，并由此引申出了逆向选择理论。阿克洛夫以美国汽车市场为例，将汽车划分为新车、二手车、高质量的车和低质量的车（其中低质量的车在美式英语中又被称为“柠檬”），新车可能是高质量的车或“柠檬”，而二手车也同样可能是高质量的车或“柠檬”。在完全竞争的汽车市场上，买方可以通过其所掌握的充分信息对汽车的质量进行判断，而卖方有动机提供“柠檬”（因为汽车的价格取决于所有同类汽车的平均质量）。如果汽车平均质量持续下降，价格也将随之持续下降，最终“柠檬”市场规模将逐渐减小甚至退出市场。②

然而，在信息不充分的情况下，买家在买新车时并不知道该车辆是高质量的车还是“柠檬”，只有在他驾驶一段时间后才能判断它是“柠檬”的概率，而卖家对汽车的质量是心知肚明的。由于汽车市场上出现了信息不对称的情况，卖家会将“柠檬”以与高质量的车相同的价格进行出售。显然，“柠檬”相较于高质量

① Mckinnon R I, Pill H. International Overborrowing: A Decomposition of Credit and Currency Risks [J]. World Development, 1998, 26 (7): 1267-1282.

② Akerlof G A. The Market for "Lemons": Quality Uncertainty and the Market Mechanism [J].The Quarterly Journal of Economics, 1970, 84 (3): 488-500.

的车具有非常显著的成本优势（譬如生产成本）。在此情况下，高质量的车将会逐渐被“柠檬”逐出市场，“劣币驱逐良币”（bad money drive out the good）的现象出现了。更为糟糕的是，“柠檬”在将高质量的新车逐出市场后，还会逐渐将质量较好，甚至质量一般的二手车逐出市场，最终二手车市场也会被彻底地摧毁。[①]

二、激励相容理论

虽然委托人可以通过加强对代理人的监督或惩罚机制，以应对因信息不充分所产生的道德风险、逆向选择等委托代理问题，但是，委托人加强对代理人的监督或惩罚机制，无疑会增加委托人的管理成本，而且这种做法未必有效。与此同时，委托人也不可能取代代理人，做到凡事“亲力亲为”。通过构建激励相容机制，实现委托人和代理人的“共赢”，或许是解决道德风险、逆向选择等委托代理问题的更优选择。

（一）斯密的激励相容理论

斯密在1776年出版的著作《国民财富的性质和原因的研究》中“论分工的原因”以及“论限制从外国输入国内能生产的货物”时提出了“看不见的手”（invisible hand）的理论，该理论实际上已经隐含了激励相容理论。斯密在分析分工的原因时认为，消费者每天所需要的食物和饮料，并不是屠户、酿酒师、烙面师

① Akerlof G A. The Market for “Lemons”: Quality Uncertainty and the Market Mechanism [J].The Quarterly Journal of Economics, 1970, 84 (3): 488-500.

的慷慨，他们只是出于自身的利益。[①] 在评论英国政府限制从外国输入国内能生产的货物时，斯密指出，每个人都努力把他的资本用于支持国内产业，必然使得社会财富迅速增加。然而，他们既不打算促进公共利益，也不知道他们的行为会在多大程度上增进公共利益，因为他们一般情况下只会盘算着自己的利益。然而，他们却受到一只“看不见的手”的牵引，让他们去做并非他们本意想要做的事情。他们在追求自身的利益的同时，有效地增进了公共利益。[②]

（二）赫维茨的激励相容理论

美国明尼苏达大学经济学名誉教授里奥尼德·赫维茨（Leonid Hurwicz）在斯密“看不见的手”理论基础上，在1973年发表的论文《资源分配的机制设计理论》中通过在资源分配模型中整合信息和激励，系统地阐述了激励相容理论。[③] 清华大学经济管理学院经济系、得克萨斯农工大学经济系教授田国强在2003年发表的论文《经济机制理论：信息效率与激励机制设计》中，对赫维茨的激励相容理论进行了归纳：机制设计者设计出一个经济（社会）目标，希望每个参与者为实现这个目标而努力。而这就需要设计一种机制，使个人理性与集体理性相一致，每个人在

---

① 斯密．国民财富的性质和原因的研究：上卷［M］．郭大力，王亚南，译．北京：商务印书馆，2009：14.

② 斯密．国民财富的性质和原因的研究：下卷［M］．郭大力，王亚南，译．北京：商务印书馆，2008：27.

③ Hurwicz L. The Design of Mechanisms for Resource Allocation［J］. American Economic Review, 1973, 63（2）: 1-30.

追求自身利益的时候同时也实现了社会目标。譬如中央计划者在技术上很难掌握消费者偏好、企业技术条件，所以需要委托基层单位和企业去完成中央计划者下达的任务。而在这一过程中，中央计划者所要面临的问题是，如何在激励基层单位和企业完成中央计划者下达的任务的同时，使基层单位和企业按照真实的边际成本定价组织生产，以避免出现类似“上有政策、下有对策”“和尚把经念歪了”等不良现象。①

第四节　新制度经济学理论

一、交易成本理论

（一）科斯的交易成本理论

英国著名经济学家罗纳德·哈里·科斯（Ronald Harry Coase）在 1937 年发表的论文《企业的性质》中指出，虽然经济学家已经发现了定价机制和企业家（entrepreneur）协调功能在资源分配的过程中都发挥着重要作用，但是却未能回答“为什么有时候是通过定价机制来分配资源，有时候却是通过企业家协调来分配资源”。科斯认为，定价机制存在着运行成本，如果通过一个组织来运作，可以有效地降低定价机制的运行成本，这就解释

① 田国强．经济机制理论：信息效率与激励机制设计［J］．经济学（季刊），2003（2）：271-308.

了为什么在一个交换的经济中需要企业的存在。[①]

但是，企业的扩张并不是没有边界的。科斯认为，当企业内部协调功能的成本与定价机制的成本相等时，就是最优化的企业规模。[②] 科斯强调交易成本的重要性，认为如果交易成本大于交易收益，那么交易就不会发生，也就无法实现专业化所带来的更大规模的生产。[③] 交易成本又可以具体地划分为市场型交易成本（准备合约、签订合约、履行合约的成本）、管理型交易成本（信息成本、转移成本）和政治型交易成本（维护和运行政治组织的成本）。[④⑤]

此外，科斯在 1960 年发表的论文《社会成本问题》中，对庇古提出的对外部性问题实施补偿的学术观点进行了批判。科斯主张政府不应对负外部性的行为实施管制。科斯认为，一旦政府开始实施管制，那么至少有一方的利益会因此遭受损失，而且因政府管制所造成的成本（即社会运行成本）在一些情况下也是非常巨大的。科斯提出，如果双方能够明晰各自的产权，同时定价机制运行成本为零，无论最终的产权划归哪一方，产值最大化的最终结果都是不会受到影响的。[⑥]

---

① Coase R H. The Nature of the Firm [J]. Economica, 1937, 4 (16): 386-405.

② Coase R H. The Nature of the Firm [J]. Economica, 1937, 4 (16): 386-405.

③ Coase R H. The Institutional Structure of Production [M] //Menard C, Shirley M M. Handbook of New Institutional Economics. Berlin: Springer-Verlag, 2008: 31-40.

④ 弗鲁博顿，芮切特．新制度经济学——一个交易费用分析范式 [M]．姜建强，罗长远，译．上海：上海人民出版社，2006：60-65.

⑤ 卢现祥，朱巧玲．新制度经济学 [M]．北京：北京大学出版社，2007：158-159.

⑥ Coase R H. The Problem of Social Cost [J]. Journal of Law and Economics, 1960, 3 (4): 1-44.

虽然部分经济学家对科斯的学术观点进行了批判，认为科斯的研究过度强调交易成本的重要性，忽视了企业家还可以通过协作降低生产成本，但是科斯开启了侧重交易成本的研究，科斯本人也成了新制度经济学的鼻祖。

（二）威廉姆森的交易成本理论

美国著名经济学家奥利弗·伊顿·威廉姆森（Oliver Eaton Williamson）认为，交易成本本质上是专业化与劳动分工的作用。[①②] 基于该认识，威廉姆森在科斯交易成本理论的基础上，有选择地引入了法学、经济学和组织理论，并进行实证检验分析，以更好地分析复杂的经济组织，并由此发展出了交易成本经济学（transaction cost economics，TCE）理论。威廉姆森认为，机会主义（opportunism）可能会使人们在隐藏对自己不利的信息的同时，做出损人利己的事情；有限理性（bounded rationality）使人们即使再怎么努力制订契约，也难以对未来作出准确的预测；资产专用性（asset specificity）使得投资者一旦进行投资，就很难将其再转向其他的用途。正是由于同时存在机会主义、有限理性和资产专用性，交易成本不可避免。[③④]

---

① 弗鲁博顿，芮切特．新制度经济学——一个交易费用分析范式［M］．姜建强，罗长远，译．上海：上海人民出版社，2006：66.

② 卢现祥，朱巧玲．新制度经济学［M］．北京：北京大学出版社，2007：159.

③ 迪屈奇．交易成本经济学［M］．王铁生，葛立成，译．北京：经济科学出版社，2000：29.

④ Williamson O E. Transaction Cost Economics［M］//Menard C，Shirley M M. Handbook of New Institutional Economics. Berlin：Springer-Verlag，2008：41-68.

二、集体行为理论

（一）“搭便车”问题

美国著名经济学家曼瑟尔·劳埃德·奥尔森（Mancur Lloyd Olson）在1965年出版的著作《集体行为的逻辑》中提出了“搭便车”问题。奥尔森认为，个人利益可以通过个人或没有组织的行为来增加，而且通常更有效。如果个人或没有组织的行为更能增加个人利益时，组织的存在就显得毫无价值。[①] 只有当一些个人拥有共同利益，而个人或没有组织的行为无法增加共同利益时，组织才可能一显身手。但是要增加共同利益，尤其政府要提供公共服务，必须要依靠强制的手段获得税收。这是因为在大型的组织中，个体成员的地位与完全竞争市场中企业的地位相似，个人的努力不会对他所在的组织产生显著的影响。更为重要的是，不管他是否为组织贡献自己的力量，他都可以享受到其他人带来的服务。[②] 而这些不劳而获的人就是所谓的“搭便车者”。

奥尔森在1982年出版的著作《国家的兴衰：经济增长、滞胀和社会僵化》中又提到了类似“搭便车”的问题。奥尔森发现，在第二次世界大战后，作为曾经战败国的联邦德国和日本出现了“经济奇迹”，而美国、英国、法国等国家的经济却出现了严重的

---

① 奥尔森．集体行为的逻辑［M］．陈郁，郭宇峰，李崇新，译．上海：上海人民出版社，2014：6.

② 奥尔森．集体行为的逻辑［M］．陈郁，郭宇峰，李崇新，译．上海：上海人民出版社，2014：11-12.

滞胀。奥尔森认为，“分利联盟”——“搭便车”者的存在，是美国、英国、法国等国家出现滞胀和陷入僵化的重要原因。奥尔森甚至作出了预测，如果联邦德国和日本持续稳定，在未来会出现更多的分利联盟，而日益增多的分利联盟最终将给联邦德国和日本的经济造成负面影响。[①]

美国著名生态学家加勒特·詹姆斯·哈丁（Garrett James Hardin）在1968年发表的论文《公地的悲剧》中也提到了“搭便车”问题。哈丁认为，尽管亚当·斯密在《国民财富的性质和原因的研究》中从未坚持认为“看不见的手”这一理论是绝对正确的，但是他的研究却促使“个人作出的决定实际上是整个社会的最佳决定”（Decisions reached individually will, in fact, be the best decisions for an entire society）的倾向成了主流经济学研究的理论，而这种倾向又误导了经济学家进行的理性分析。哈丁提出，由于公共品具有非排他性和非竞争性的特征，每个人都希望别人付费而自己可以免费使用公共品。如同牧民在无人管理的牧场进行放牧，由于每个牧民都有追求自身利益最大化的动机，这种动机势必会导致过度放牧情况的出现。而一旦牧民和牲畜的数量超过了土地的承载量，牧场资源终将会陷入枯竭。[②]

（二）寻租理论

塔洛克在1967年发表的论文《关税、垄断和偷盗的福利成

---

① 奥尔森．国家的兴衰：经济增长、滞胀和社会僵化［M］．李增刚，译．上海：上海人民出版社，2007：75-78.

② Hardin G J. The Tragedy of the Commons［J］. Science，1968，162（3859）：1243-1248.

本》中，提出了寻租理论（rent seeker）的相关思想。塔洛克在该论文的结论部分指出，大多数美国工商界人士可能会通过投入资源获得垄断权。如果成功地赢得了垄断权，他的冒险行为将获得丰厚的补偿。然而对于失败者而言，他们不但输掉了赌局，而且之前投入“赌池”的资源也很难用经济学的方法进行测度，因此垄断的福利成本存在被严重低估的可能性。①

美国明尼苏达州州立大学教授安妮·O. 克鲁格（Anne O. Krueger）在1974年发表的论文《寻租社会的政治经济学》中对塔洛克的寻租理论进行了系统的分析。克鲁格首先假设国际贸易受到政府的产量限制，个人必须申请并获得政府发放的许可证，才能合法地开展贸易活动。克鲁格归纳了竞争性寻租（competitive rent seek）可能会带来的三个严重后果：①当存在竞争性寻租时，产量只可能在生产可能性曲线的范围内运行；②在受限产量相同的情况下，竞争性寻租造成的福利损失将远远超过关税造成的福利损失；③竞争性寻租使得某些贸易活动的私人成本与社会成本进一步偏离。②

三、制度变迁理论与路径依赖理论

（一）制度变迁理论

美国著名经济学家道格拉斯·塞西尔·诺思（Douglass Cecil

---

① 塔洛克．公共选择［M］．柏克，郑景胜，译．北京：商务印书馆，2018：221-234.

② Krueger A O. The Political Economy of the Rent-Seeking Society［J］. American Economic Review，1974，64（3）：291-303.

North）在1981年出版的著作《经济史上的结构和变革》，以及1990年出版的著作《制度、制度变迁与经济绩效》中，对制度变迁（institutional change）理论进行了深入的研究，并引申出路径依赖（path dependence）理论。

为了从经济制度上解决“搭便车”问题，诺思在《经济史上的结构和变革》中提出，必须由国家通过不成文的习俗和成文的法规来确定竞争和合作的规则。诺思认为，国家具有两个目标：一个是通过规定竞争和合作的规则以及明晰产权实现统治者收益最大化；另一个是通过降低交易成本，实现社会产出的最大化。[①]国家不仅规定着产权结构，更必须对产权结构的效率负责，因为产权结构的效率将直接决定着经济增长、停滞或衰退。[②]

在《制度、制度变迁与经济绩效》中，诺思将制度划分为正式约束和非正式约束，[③] 并对制度变迁的原因进行了分析。诺思认为，相对价格和偏好的变化是制度变迁的主要原因。[④] 其中，相对价格的变化不但包括要素价格比率、信息成本、技术等因素的变化，还应该包括谈判力量的改变。相对价格如果出现了长期根本性的变化，将会对人们的偏好产生一定的影响。[⑤] 诺思还指出，均衡的状态未必是人们对现行规则和契约满意，只是觉得改

① 诺思．经济史上的结构和变革［M］．厉以平，译．北京：商务印书馆，2007：29.

② 诺思．经济史上的结构和变革［M］．厉以平，译．北京：商务印书馆，2007：21.

③ 诺思．制度、制度变迁与经济绩效［M］．杭行，译．上海：上海人民出版社，2009：4.

④ 诺思．制度、制度变迁与经济绩效［M］．杭行，译．上海：上海人民出版社，2009：114.

⑤ 诺思．制度、制度变迁与经济绩效［M］．杭行，译．上海：上海人民出版社，2009：115-116.

变现行规则与契约收益和成本的行为不划算，因为改变现行规则和契约还可能存在“搭便车”的问题。①

（二）路径依赖理论

在《制度、制度变迁与经济绩效》中，诺思对制度变迁的路径进行了更深入的分析，并引申出“路径依赖”理论。诺思认为，现实经济中存在着报酬递增性以及不完全市场中交易成本的显著性，正是这两种因素共同决定了制度变迁的路径。如果在报酬递增的情况下，信息充分且交易成本不显著，经济从长期来看可以保持高绩效。反之，如果信息不充分且交易成本非常显著，经济从长期来看有可能会陷入低绩效。② 而发展路径一旦被设定在某一个特定的进程（course）上，网络外部性（network externalities）、组织的学习程度，以及来自历史的主观模型，都会不断地强化这一路径，③ 形成所谓的路径依赖。

① 诺思．制度、制度变迁与经济绩效［M］．杭行，译．上海：上海人民出版社，2009：118-119.

② 诺思．制度、制度变迁与经济绩效［M］．杭行，译．上海：上海人民出版社，2009：131.

③ 诺思．制度、制度变迁与经济绩效［M］．杭行，译．上海：上海人民出版社，2009：136.

第四章　典型国家财政转移支付制度比较分析

现代意义上的财政转移支付制度，最早可以追溯到德国魏玛共和国时期颁布的《财政调整法》（*finanzausgleichsgesetz*）。[①] 同时，日本的地方交付税制度被称为世界上较为精确的“收支均衡型”转移支付制度。[②] 基于此，本章选取德国和日本作为实施财政转移支付制度较为成功的典型国家，希望能为中国的财政转移支付制度改革提供可供借鉴的做法。

① 神野直彦．财政学——财政现象的实体化分析［M］．彭曦，顾长江，韩秋燕，等，译．南京：南京大学出版社，2012：283.

② 丁颖，师颖新，户泉巧．“二战”以来的日本财政分权改革［J］．经济社会体制比较，2011（5）：38-46.

第一节　德国财政转移支付制度分析

一、德国财政转移支付制度的背景

第二次世界大战结束后，德国西部被美、英、法三国分区占领，而东部被苏联占领。1949 年，美、英、法三国占领区合并，成立德意志联邦共和国，并同时颁布了《德意志联邦共和国基本法》（*Basic Law for the Federal Republic of Germany*，以下简称《基本法》）。[①] 同年，苏联占领区成立德意志民主共和国。

德意志联邦共和国成立之初，将 1922 年生效的《财政调整法》《帝国预算法》作为暂行法律加以使用。随着政府在公共政策和经济生活中的作用不断增强，尤其是 1966 年德国财政危机不断加剧，原有的暂行法律已难以适应现代国家对公共财政的需要。1969 年，德国对原有的《基本法》进行了相应的修改，并通过了新的预算基本法《稳定—增长法》和财政转移支付基本法《财政平衡法》，将原先属于州政府的增值税作为财政转移支付资源来源的组成部分，建立起了全国统一的财政平衡制度。[②]

1990 年，东德与西德统一。从 20 世纪 90 年代起，德国联邦

① 由于当时德国的政治家们期望德国在未来实现国家统一，为了避免承担国家分裂的历史责任，认为分裂的德国不应该有宪法，所以称为《基本法》。从实际功能来说，《基本法》相当于宪法。

② 朱秋霞．德国政府预算制度［M］．北京：经济科学出版社，2017：56，202.

政府设计的财政转移支付制度重点转为解决原东西德经济发展和财力差距的问题。原西德地区各州的财政实力较为均衡。在1995年以前，东部新州并没有参加西部旧州已经参加的财政平衡制度，而是由德国统一基金负责对东部新州的财政转移支付。[①] 然而，同西部旧州相比，东部新州的经济实力和财政实力较为薄弱。为了缩小东部新州与西部旧州之间经济发展存在的巨大差距，实现财政实力基本均衡，避免再度陷入国家分裂的状态，德国联邦政府于1995年对两德统一前的财政转移支付制度进行改革，对《财政平衡法》进行了修订，将财力较弱的勃兰登堡、梅克伦堡—前波莫瑞、萨克森、萨克森—安哈尔特及图林根等联邦州列为财政转移支付重点支持的对象。

进入21世纪以来，德国各州财政收入情况出现了较大变化，部分原东德地区的经济实力和财政实力已经超过部分原西德地区。同时，继续实施原有的财政转移支付制度，在一定程度上也挫伤了原西德地区增加财政收入的积极性，按照1995年的方案继续实施财政转移支付已不再合理。默克尔总理上台后，于2005年对德国财政转移支付制度作出了进一步改革。

二、德国财政转移支付制度的主要内容

（一）均等化财政转移支付

均等化财政转移支付主要涉及联邦与州两级政府，其设计理

① 朱秋霞．德国政府预算制度［M］．北京：经济科学出版社，2017：217.

念是要实现规则公平与结果公平相结合。德国的均等化财政转移支付按照初次纵向财政平衡、初次横向财政平衡、二次横向财政平衡、二次纵向财政平衡四个步骤进行（见表 4-1）。

表 4-1　德国均等化财政转移支付流程简介

步骤		《基本法》条款
第一步	按照分离或结合体制在联邦和州之间分配收入（初次纵向财政平衡），从而使联邦和各州得到原始财政配备	第 106 条
	——特殊性：增值税分配（纵向）	第 106 条第 3 款第 4 句、第 4 款第 1 句
第二步	按照当地收入原则在各州之间分配收入（初次横向财政平衡）	第 107 条第 1 款第 1 句
	——分割	第 107 条第 1 款第 2 句、第 3 句
	——地方向联邦和州缴付营业税分摊	
	——特殊性：增值税分配（横向：根据居民数量和获得补充的份额分配）	第 107 条第 1 款第 4 句
	结果：财力弱小的州达到各州平均财政实力的 92%	
第三步	在各州之间再分配（二次横向财政平衡），目的是以自有财政资金对初次财政平衡进行修正，从而实现适当的财政配备	第 107 条第 2 款第 1 句、第 2 句
	结果：财力弱小的州达到各州平均财政实力的 95%	
第四步	二次纵向财政平衡，目的是为财力弱小的州提供补充	第 107 条第 2 款
	联邦补充拨款：①一般联邦补充拨款；②特殊需求联邦补充拨款	第 107 条第 2 款第 3 句

资料来源：黑勒．德国公共预算管理［M］．赵阳，译．北京：中国政法大学出版社，2013：98.

1. 初次纵向财政平衡

首先，联邦和州要根据《基本法》第 106 条的规定，按照税收收益权对税收收入进行分配，目的是使联邦和州得到原始财政配备（originare finanzausstattung）（见表 4-2）。

在税收收益权对税收收入进行分配的过程中，增值税的分配具有其特殊性。德国《基本法》第 106 条第 3 款第 4 句规定了增值税分配比例的两项原则：第一项原则是联邦和各州就覆盖其必要支出同等地享有请求权，第二项原则要求对联邦和各州的覆盖需求（deckungsbedurfnisse）加以协调，以实现合理的平衡、避免对纳税人造成过重负担，并保障在联邦境内生活标准的统一性。[①]如果联邦与州的收入和支出关系发生较大变化，应重新确定联邦和州分享增值税的份额。从 1998 年 1 月 1 日起，在增值税收入分享给联邦和州以前，地方先行从中得到一部分。[②] 在 2015 年，联邦、州、地方得到的用于履行其职责的份额分别是 53.2%、44.6%、2.2%。[③]

表 4-2　德国立法权、收益权、管理权概览

税种（依据收益权划分）	《基本法》的规定（财政基本制度）	立法权	收益权（在收入中所分享的份额）	管理权（《基本法》第 108 条）
共享税收				
工薪及个人所得税	第 106 条第 3、第 5、第 7 款	联邦	联邦（42.5%）、各州（42.5%）、地方（15%）	各州

① 唐明，熊蓓珍. 中德增值税收入共享制度比较与借鉴［J］. 地方财政研究，2018（4）：93-104.

② 黑勒. 德国公共预算管理［M］. 赵阳，译. 北京：中国政法大学出版社，2013：106-108.

③ 朱秋霞. 德国政府预算制度［M］. 北京：经济科学出版社，2017：204.

续表

税种（依据收益权划分）	《基本法》的规定（财政基本制度）	立法权	收益权（在收入中所分享的份额）	管理权（《基本法》第108条）
资本利得税（扣除税）	第106条第3、第5、第7款	联邦	联邦（44%）、各州（44%）、地方（12%）	各州
公司所得税	第106条第3款	联邦	联邦（50%）、各州（50%）	各州
增值税	第106条第3、第4、第a5、第7款	联邦	联邦（约55%）、各州（约43%）、地方（约2%）	各州
联邦税收				
机动车税和其他针对机动交通工具征收的税种	第106条第1款第3项，第106b条	联邦	联邦	联邦
能源税（汽油、天然气等）	第106条第1款第2项	联邦	联邦	联邦
电税	第106条第1款第2项	联邦	联邦	联邦
团结附加费	第106条第1款第6项	联邦	联邦	各州
社会保险税	第106条第1款第4项	联邦	联邦	联邦
烧酒、汽酒及酒精混合饮料税；咖啡及烟草税	第106条第1款第2项	联邦	联邦	联邦
遗产及赠与税	第106条第2款第2项	联邦	各州	各州
博彩税	第106条第2款第3项	联邦	各州	各州
啤酒税	第106条第2款第4项	联邦	各州	联邦

续表

税种（依据收益权划分）	《基本法》的规定（财政基本制度）	立法权	收益权（在收入中所分享的份额）	管理权（《基本法》第108条）
赌场税	第106条第2款第5项	各州	各州	联邦
地方税收				
营业税	第106条第6款，第28条第2款	联邦	原则上属于地方，联邦和各州享有营业税分摊	各州、地方
不动产税	第106条第6款	联邦	地方	各州、地方
饮料税	第106条第6款	各州、地方	地方	地方
娱乐机、赌博机税，赌博娱乐税	第106条第6款	各州、地方	地方	地方
狗税	第106条第6款	各州、地方	地方	地方

资料来源：黑勒．德国公共预算管理［M］．赵阳，译．北京：中国政法大学出版社，2013：20-22.

2. 初次横向财政平衡

德国《基本法》第107条第1款第1句规定："州税收收入以及各州在个人所得税和公司所得税的分享部分，应根据各州辖区内财政机构实际征收额（地方财政收入）归各州分享。"[①] 地方财政收入原则是为了保证每个州能够分享该州居民和企业创造的经济成就。但是，如果纳税义务人并非在有征收权的税务机构所在地缴纳税款，就不再适用地方财政收入原则。[②]

---

① 佚名．联邦德国基本法［EB/OL］，2016-10-13［2019-07-31］．https：//wenku.baidu.com/view/d1d29db1e45c3b3566ec8bbd.html.

② 黑勒．德国公共预算管理［M］．赵阳，译．北京：中国政法大学出版社，2013：104.

与其他税收收入不同，德国的增值税不是按照地方财政收入原则，而是按照居民数量进行分配。① 增值税的征税人是企业，销售额通常在不同地点实现，但负税人通常是最终消费者。为了使分配方案更有利于财力相对较弱的州，德国以人均消费大致相同的设计思路，按居民数量分配增值税。根据德国《基本法》第107条第1款第4句的规定，除非该条第2款另有规定，各州应基于各州人均财政实力的情况分享营业税。根据德国《财政平衡法》第2条第3款，计算联邦各州增值税收入分配额的人口基数，以联邦统计局截止会计年度6月30日人口统计数为准。② 在增值税分配中，不对州级市和人口稀少的州的居民数量加权。③ 根据德国《财政平衡法》第2条第1款的规定，属于州政府增值税的75%部分按照各个州人口数分配给各个州。分配的目标是使财力弱小的州达到全国平均财政实力的92%。经过分配后如增值税仍有余额，将仍按照州的居民人数标准进行分配。④⑤⑥

3. 二次横向财政平衡

每个州在依据德国《基本法》第106条和第107条第1款规定确定原始财政配备后，如果各州之间存在较大差距，将根据

---

① 唐明，熊蓓珍．中德增值税收入共享制度比较与借鉴［J］．地方财政研究，2018（4）：93-104.

② 王涛．德国财税体制对我国的启示与借鉴［D］．保定：河北大学，2008.

③ 黑勒．德国公共预算管理［M］．赵阳，译．北京：中国政法大学出版社，2013：108-109.

④ 苏建宏．德国促进新联邦州经济发展经验及对中国西部大开发政策的启示［J］．地方财政研究，2009（11）：76-80.

⑤ 郑涌，等．德国政府间财政关系考察报告［EB/OL］，2011-11-19［2019-07-31］．https：//wenku. baidu. com/view/9b35b69d51e79b8968022642. html.

⑥ 李萍，许宏才，李承．财政体制简明图解［M］．北京：中国财政经济出版社，2010：274.

《基本法》第107条第2款第1、第2句启动二次横向财政平衡。德国《财政平衡法》第4条规定："各联邦州之间财政平衡资金，由有交纳平衡资金义务的联邦州交纳后，转入有接受平衡资金资格的联邦州。"① 而一个州到底是有接受平衡资金资格的联邦州，还是有交纳平衡资金义务的联邦州，取决于财政实力指数（finanzkraftmesszahl）和平衡指数（ausgleichsmesszahl）之比。德国《财政平衡法》第5条规定："有平衡义务的联邦州是指，在会计平衡年度，其财政实力指数超过平衡指数的各个州。有接受补偿权力的联邦州是指，在会计平衡年度，其财政实力指数未达到平衡指数的各联邦州。"②

（1）财政实力指数

财政实力指数=增值税前的税收实力+增值税+补贴税-港口税+地方税。其中财政实力指数主要用于衡量各州的税收实力。考虑到汉堡和不来梅两个州级市的港口维护费用，可在统计其税收收入时分别进行部分扣除。③④⑤

（2）平衡指数

平衡指数1=［（所有州的增值税前的税收实力之和+分配到的增值税+补贴税-港口税）÷所有州测定居民数总和］×各州测

---

① 王涛．德国财税体制对我国的启示与借鉴［D］．保定：河北大学，2008.

② 王涛．德国财税体制对我国的启示与借鉴［D］．保定：河北大学，2008.

③ 郑涌，等．德国政府间财政关系考察报告［EB/OL］，2011-11-19［2019-07-31］．https：//wenku. baidu. com/view/9b35b69d51e79b8968022642. html.

④ 李萍，许宏才，李承．财政体制简明图解［M］．北京：中国财政经济出版社，2010：274.

⑤ 王涛．德国财税体制对我国的启示与借鉴［D］．保定：河北大学，2008.

定居民数；平衡指数 2=（所有州的地方税之和÷所有州测定居民数总和）×各州测定居民数。平衡指数实际上体现的是标准财政支出需求，通过与各州的财政实力指数相比较，确定财力平衡的数值。[①][②] 财政转移支付资金的来源，是经过上述测算后财政实力超过标准的州，按《财政平衡法》规定的比例所贡献的财力。[③]

德国对州财政实力低于全国平均财政实力 97.5%的州进行二次横向财政平衡，保证经过二次横向财政平衡后，每一个州的财政实力至少要达到全国平均财政实力的 97.5%。[④] 根据《财政平衡法》第 2 条第 1 款的规定，属于州政府增值税的 25%部分，将分配给财力相对较弱的州。

4. 二次纵向财政平衡

作为二次纵向财政平衡的联邦补充拨款又称联邦补贴，是联邦政府的一种直接的无条件拨款，一般不规定资金的具体用途，是对增值税共享和各州之间横向财政平衡的一种补充。联邦补充拨款主要用于补贴财力弱小的州，以平衡其财力需求和其他特殊困难。联邦补充拨款不采用公式化的办法，而是根据特殊需求确

① 郑涌，等．德国政府间财政关系考察报告［EB/OL］，2011 - 11 - 19［2019-07-31］. https：//wenku. baidu. com/view/9b35b69d51e79b8968022642. html.

② 王涛．德国财税体制对我国的启示与借鉴［D］. 保定：河北大学，2008.

③ 王涛．德国财税体制对我国的启示与借鉴［D］. 保定：河北大学，2008.

④ 郑涌，等．德国政府间财政关系考察报告［EB/OL］，2011 - 11 - 19［2019-07-31］. https：//wenku. baidu. com/view/9b35b69d51e79b8968022642. html.

定其补助额。①②③

（二）专项转移支付

为了避免联邦政府滥用经济权力，联邦德国议会于 1969 年修订《基本法》，引入了联邦对州的专项转移支付制度。④ 联邦对州的专项转移支付主要集中在五个领域：一是联邦与州的共同任务，如促进经济结构和农业结构调整、海岸线保护等；二是教育项目与研究促进，如跨地区的重要的科学、研发和教育；三是信息技术体系，如信息技术交换的标准和安全需求、联邦与州之间的信息网络；四是绩效比较，如联邦与州会指导比较研究和公布其结果；五是公民寻找就业基本支持。⑤

（三）州对地方的财政转移支付

州对地方的财政转移支付并没有统一的规定，各州根据自己的法律组织财政转移支付。归纳起来，主要包括两种方式：一是州对地方的均衡性财政拨款，其总额一般占州对地方财政转移支付总额的 70%；二是州对地方的专项拨款，其总额一般占州对地

① 王涛．德国财税体制对我国的启示与借鉴［D］．保定：河北大学，2008.

② 苏建宏．德国促进新联邦州经济发展经验及对中国西部大开发政策的启示［J］．地方财政研究，2009（11）：76-80.

③ 李萍，许宏才，李承．财政体制简明图解［M］．北京：中国财政经济出版社，2010：274-275.

④ 王涛．德国财税体制对我国的启示与借鉴［D］．保定：河北大学，2008.

⑤ German Bundestag. Basic Law for the Federal Republic of Germany［EB/OL］，2019-01-01［2019-09-22］．https：//www. btg-bestellservice. de/se/index. php？ sid=045ecbd52d59bb46b50c77532e d1a2bc&navi=1&subnavi=50&anr=80201000.

方财政转移支付总额的30%。①②

2017—2018财年德国各州获得的财政转移支付如表4-3所示。汉堡由于经济发展水平相对较高，基本上每年都是有平衡义务的联邦州。

表4-3　2017—2018财年德国各州所获得的财政转移支付

州	转移支付收入/亿欧元		人口/万人		人均转移支付/欧元		2017—2018财年人均转移支付年平均数/欧元	备注
	2017财年	2018财年	2017财年	2018财年	2017财年	2018财年		
柏林	24.33	23.04	359.4	362.5	677	636	656	东部新州
梅克伦堡—前波莫瑞	10.98	8.24	161.1	161.0	682	512	597	东部新州
图林根	13.07	11.05	215.5	214.5	606	515	561	东部新州
萨克森	10.99	27.61	408.2	407.5	269	678	473	东部新州
巴伐利亚	56.12	65.45	1296.4	1303.9	433	502	467	西部旧州
勃兰登堡	9.96	10.78	249.9	250.7	399	430	414	东部新州
下萨克森	21.45	37.91	795.4	797.9	270	475	372	西部旧州
莱茵兰—普法尔茨	15.16	14.53	407.0	407.8	372	356	364	西部旧州
萨克森—安哈尔特	7.14	8.03	223.0	221.4	320	363	341	东部新州
巴登—符腾堡	13.69	44.03	1098.8	1105.1	125	398	262	西部旧州
黑森	15.49	15.89	622.8	625.0	249	254	251	西部旧州
北莱茵—威斯特法伦	27.13	51.22	1790.1	1791.4	152	286	219	西部旧州

① 郑涌，等．德国政府间财政关系考察报告［EB/OL］，2011-11-19［2019-07-31］. https：//wenku.baidu.com/view/9b35b69d51e79b8968022642.html.

② 李萍，许宏才，李承．财政体制简明图解［M］．北京：中国财政经济出版社，2010：275.

续表

州	转移支付收入/亿欧元		人口/万人		人均转移支付/欧元		2017—2018 财年人均转移支付年平均数/欧元	备注
	2017 财年	2018 财年	2017 财年	2018 财年	2017 财年	2018 财年		
不来梅	1.04	1.83	68.0	68.1	153	269	211	西部旧州
萨尔	0.46	2.96	99.5	99.2	46	298	172	西部旧州
石勒苏益格—荷尔斯泰因	4.16	-16.38	288.6	289.3	144	-566	-211	西部旧州
汉堡	-3.02	-6.04	182.1	183.4	-166	-329	-248	西部旧州

注：柏林、不来梅、汉堡为城市州。

资料来源：德国联邦统计局（https：//www.destatis.de/DE/Home/_ inhalt.html）的 *Financial Balance of the Overall Public Budget* 2017 *and* 2018 和 *Fläche und Bevölkerung nach Ländern*。

三、德国财政转移支付制度的主要特征

德国的财政转移支付从 20 世纪 50 年代实施以来，经过不断改革完善，具备以下几个方面的特征。

（一）实行财政立宪

德国将财政转移支付制度以《基本法》的形式加以明确，① 确保其财政转移支付制度不能被轻易更改。根据德国《基本法》的相关规定，只有获得超过2/3的国会议员认可，才能对《基本法》的条款进行修订，而其他法律一般只要超过1/2的国会议员认可即可修订。换言之，德国联邦议会如果要对《基本法》中有关财政转移支付的条款进行修订，必须在总数不少于598个联邦议院议席中获得至少399张赞成票，即同时获得执政党议员和反对党议员的支持。②

（二）体系完整

德国的财政转移支付制度坚持纵向财政平衡（vertikaler finanzausgleich）和横向财政平衡（horizontaler finanzausgleich）相结合。纵向财政平衡在联邦和州之间、州及其地方之间进行，横

---

① 德国《基本法》第107条第1款规定："州税收收入以及各州在个人所得税和公司所得税的分享部分，应根据各州辖区内财政机构实际征收额（地方财政收入）归各州分享。关于公司所得税、工薪及个人所得税的分享、分配方式和分配范围权限的细节，应按照联邦参议院所批准的联邦法律来执行。该法律还可规定地方在其他财政收入的权限。除非该条第2款另有规定，各州应基于各州人均财政实力的情况分享的营业税。"第107条第2款规定："该法律应确保财政实力不同的各州实现合理的均等化，同时还要考虑到乡镇（联合乡镇）的财政实力和财政需要。为此，各州财政实力的增强与削弱，应在各州所分享的营业税中加以严格管制……该法律还可规定联邦政府从其联邦税收收入中，向财政实力较为薄弱的州实施联邦补充拨款（联邦补贴）。"关于德国《基本法》的更多细节内容，中文文献可查阅：佚名．联邦德国基本法［EB/OL］，2016-10-13［2019-07-31］. https：//wenku. baidu. com/view/d1d29db1e45c3b3566ec8bbd. html；英文文献可查阅：German Bundestag. Basic Law for the Federal Republic of Germany［EB/OL］，2019-01-01［2019-09-22］. https：//www. btg-bestellservice. de/se/index. php？sid=045ecbd52d59bb46b50c77532ed1a2bc&navi=1&subnavi=50&anr=80201000.

② 德国联邦议会（https：//www. bundestag. de/cn/wahlen）。

向财政平衡在各州之间以及一个州的各地方之间进行。[①]

（三）注重发挥税收分配在财政转移支付中的作用

德国的财政转移支付制度注重发挥税收分配在财政转移支付中的作用。[②③] 根据德国的《基本法》，工薪及个人所得税、资本利得税、公司所得税、增值税作为共享税种，是初次纵向财政平衡的主要资金来源（见表 4-2）。

四、对德国财政转移支付制度的评价

（一）各州人均财政收入差距较小

财政转移支付制度的实施，有效地控制了德国联邦各州，尤其是原东西德地区之间人均财政收入的差距。2018 年，德国人均财政收入最高的汉堡为 11437 欧元，最低的莱茵兰—普法尔茨为 6230 欧元，差距仅为 1.84 倍（见图 4-1）。

① 黑勒．德国公共预算管理［M］．赵阳，译．北京：中国政法大学出版社，2013：97.
② 王涛．德国财税体制对我国的启示与借鉴［D］．保定：河北大学，2008.
③ 张青，李农．外国财政制度与管理［M］．北京：高等教育出版社，2015：175.

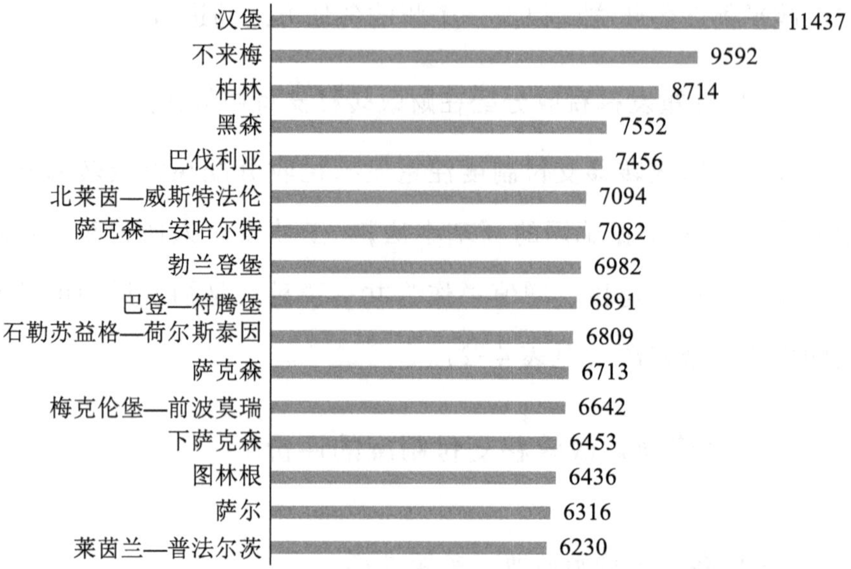

图 4-1　2018 年德国联邦各州人均财政收入（单位：欧元）

资料来源：德国联邦统计局（https：//www. destatis. de/DE/Home/_ inhalt. html）的 *Revenue of the Overall Public Budget* 2017 *and* 2018 和 *Fläche und Bevölkerung nach Lände rn*。

（二）各州人均生产总值差距较小

财政转移支付制度的实施，还有效地缓解了德国联邦各州，尤其原东西德地区之间收入不公平的问题。2018 年，人均生产总值最高的汉堡为 65603 欧元，最低的梅克伦堡—前波莫瑞为 27905 欧元，差距仅为 2. 35 倍（见图 4-2）。

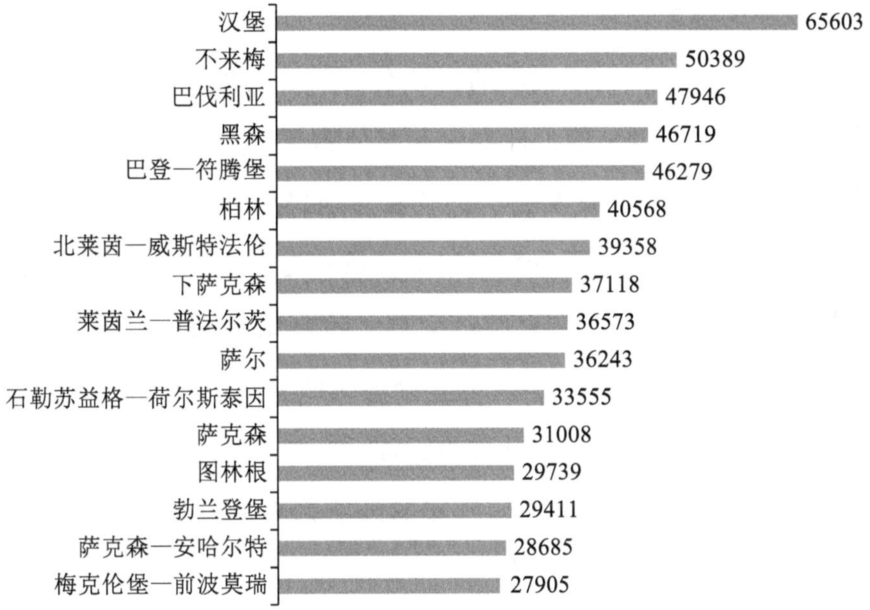

图 4-2 2018 年德国联邦各州人均生产总值（单位：欧元）

资料来源：德国联邦统计局（https：//www. destatis. de/DE/Home/_ inhalt. html）。

第二节 日本财政转移支付制度分析

一、日本财政转移支付制度的背景

日本各地区经济实力参差不齐，税收收入也明显不平衡。2015 财年，财力最为充裕的东京都人均地方税为 381946 日元，而财力最为薄弱的冲绳县人均地方税为 94840 日元，两地之间的差距为 4.03 倍（见图 4-3）。如果对这种情形放任不管，各地区公共服务的标准也将参差不齐，不公平的问题也将加剧。[①]

早在20世纪20年代后期，日本就开始出现财政转移支付制度萌芽。[②] 1932年8月，日本内务省公布了《日本地方行政调整交付金制度大纲》，政友会、民政党、国民同盟等日本各界政党分别向帝国议会提交了一系列法案。虽然这些法案获得众议院的支持，但却遭到贵族院的强烈反对，导致相关改革被迫搁浅。[③] 1940年，日本政府制定了《地方分与税法》，支撑了第二次世界大战和战后初期日本地方财政的正常运转。但“二战”结束后日本爆发了严重的通货膨胀，严峻的经济形势严重动摇了人们对《地方分与税法》的信任。[④]

① 石原信雄．日本新地方财政调节制度概论［M］．米彦军，译．北京：社会科学文献出版社，2016：3.

② 石原信雄．日本新地方财政调节制度概论［M］．米彦军，译．北京：社会科学文献出版社，2016：17.

③ 石原信雄．日本新地方财政调节制度概论［M］．米彦军，译．北京：社会科学文献出版社，2016：21.

④ 石原信雄．日本新地方财政调节制度概论［M］．米彦军，译．北京：社会科学文献出版社，2016：44-45.

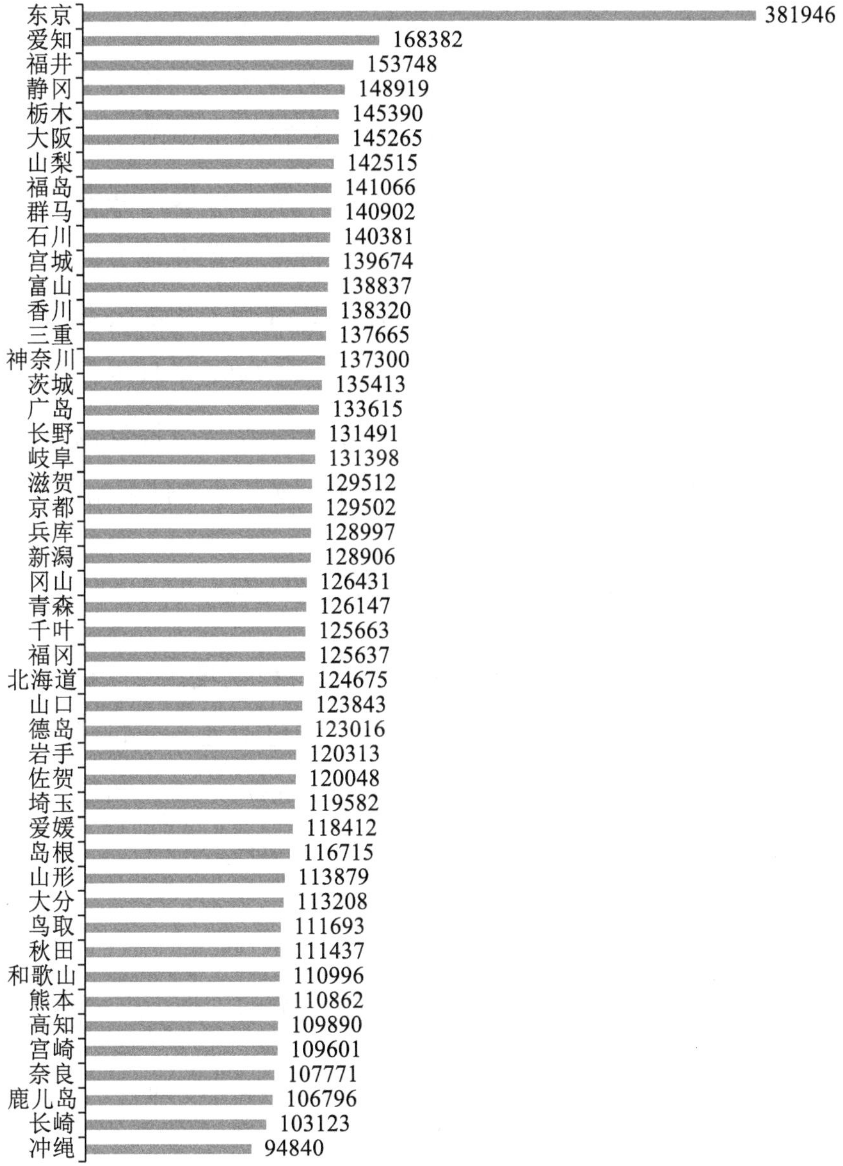

图 4-3　2015 财年日本各都府道县人均地方税（单位：日元）

资料来源：日本总务省统计局（http：//www. stat. go. jp/）的《日本统计年鉴—2019》和日本总务省（http：//www. soumu. go. jp/）的《地方财政统计年报》。

1949 年 4 月，以美国哥伦比亚大学教授卡尔·肖普（Carl Shop）为团长的税制调查使节团受邀来到日本。在经过 3 个月的调查研究后，税制调查使节团向美国占领军总部提交了《日本税制报告书》，对日本税制改革提出了建议案，一般称其为“肖普劝告”。[①] 日本政府按照“肖普劝告”，制定了日本地方财政平衡支付金制度，保障所有地方公共团体都具有标准化的公共服务水准。[②] 但由于这一标准设计过于理想化，在 1952 年日本恢复了法律意义上的国家主权后，日本地方制度调查委员会提议以更加符合日本国情的地方交付税制度取代地方财政平衡交付金制度。[③]

二、日本财政转移支付制度的主要内容

1954 年 5 月，日本开始实施地方交付税制度。[④] 日本中央政府对地方政府所实施的财政转移支付主要包括地方交付税（local allocation tax）、国库支出金（treasury disbursements）和地方让予税（local transferred tax for governments）三种形式。[⑤]

（一）地方交付税

日本的地方交付税被称为世界上最精确的“收支均衡型”转

① 刘广猷．日本税制改革及其经济效应研究［D］．保定：河北大学，2014.

② 石原信雄．日本新地方财政调节制度概论［M］．米彦军，译．北京：社会科学文献出版社，2016：74.

③ 石原信雄．日本新地方财政调节制度概论［M］．米彦军，译．北京：社会科学文献出版社，2016：79.

④ 石原信雄．日本新地方财政调节制度概论［M］．米彦军，译．北京：社会科学文献出版社，2016：80.

⑤ 李萍，许宏才，李承．财政体制简明图解［M］．北京：中国财政经济出版社，2010：290.

移支付制度，属于一般性转移支付的范畴。在日本中央政府的财政转移支付中，普通交付税占地方交付税的比重达到94%。根据2004年修订的日本《地方交付税法》第6条第2款的规定："交付税分为普通交付税和特别交付税。每年度应交付的普通交付税额，为按前条第2项规定计算出的总额的94%的金额。每年度应交付的特别交付税额，为按前条第2项规定计算出的总额的6%的金额。"[①] 地方交付税来自国税中的所得税（32%）、法人税（34%）、[②] 酒税（32%）、消费税（29.5%）、烟税（25%），来源规范、透明、有弹性。其资金由地方政府自主支配，中央政府不附加任何条件。[③④]

日本的地方交付税的设计理念是均衡地区间财政能力的差异。具体公式为：某地分享的地方交付税=该地基准财政需求额-该地基准财政收入额。[⑤]

对支出需求的测算也是日本地方交付税分配过程的主要内容，其中"修正系数"是支出需求评估的关键。某地方政府的基准财政支出需要是指该地方政府达到中央所规定的公共服务水平所必需的财政支出，涵盖了治安与消防、公共市政工程、教育、社会福利与劳动服务、工业与经济发展和行政管理等六项内容。具体

① 王朝才．日本财政法［M］．北京：经济科学出版社，2007：94.

② 2007年度以前为法人税的35.8%。

③ 田贵贤．我国横向财政转移支付制度研究——基于区域基本公共服务均等化视角［D］．保定：河北大学，2013.

④ 杨华．日本政府预算制度［M］．北京：经济科学出版社，2016：20.

⑤ 田贵贤．我国横向财政转移支付制度研究——基于区域基本公共服务均等化视角［D］．保定：河北大学，2013.

公式为：基准财政需要额=测定单位×单位成本×修正系数。[①]

修正系数由总务省地方财政局每年调整一次，共有八种修正系数：类别修正系数、规模修正系数、密度修正系数、寒冷地区修正系数、测定单位骤增修正系数、特定单位骤减修正系数、债务修正系数以及特殊因素修正系数。[②③]

（二）国库支出金

日本的地方交付税是根据一定计算方法计算出来并加以分配的，而地方债发行需要中央政府的许可。因此，地方政府如果要为新规划开辟财源，主要通过国库支出金寻找出路。[④] 国库支出金是根据一定目的和条件，由国库拨付给地方政府并用于特定支出的一种专项拨款，属于专项转移支付的范畴。[⑤] 国库支出金主要包括三种类型：第一种是国库委托金，是一些本应由中央政府负担的事务被委托给地方政府办理，中央政府为了弥补地方政府承担该事务的支出而拨付给地方的补助，譬如国会议员当选费、自卫队驻扎费；第二种是国库负担金，是对于一些由地方负责的

---

① 田贵贤．我国横向财政转移支付制度研究——基于区域基本公共服务均等化视角［D］．保定：河北大学，2013．

② 田贵贤．我国横向财政转移支付制度研究——基于区域基本公共服务均等化视角［D］．保定：河北大学，2013．

③ 李萍，许宏才，李承．财政体制简明图解［M］．北京：中国财政经济出版社，2010：292．

④ 西尾胜．日本地方分权改革［M］．张青松，刁榴，译．北京：社会科学文献出版社，2013：59．

⑤ 李萍，许宏才，李承．财政体制简明图解［M］．北京：中国财政经济出版社，2010：294．

事务，因关系到国家的全局利益，需要由国家统一标准并负担全部或者部分经费而拨付给地方的资金，譬如义务教育中教师的工资；[①] 第三种是国库补助金，是中央政府出于特定的目的和政策需要，为刺激和鼓励地方政府从事某一项目而以补助的形式拨付的资金。[②]

（三）地方让予税

因一系列税制改革，日本中央政府将一些原本属于地方税的税源作为中央税加以课征，该收入按照一定标准部分返还给地方政府，即地方让予税，[③] 属于税收返还的范畴。

2015 财年日本各都府道县所获得的财政转移支付如表 4-4 所示。在日本 47 个都府道县中，东京的经济发展水平相对较高。2015 年，东京都的人均地方税为 381946 日元，远超出其他地区的水平（见图 4-3）。因此，东京当年获得的地方交付税为 0，主要依靠国库支出金和地方让予税获得财政转移支付（见表 4-4）。

表 4-4　2015 财年日本各都府道县所获得的财政转移支付

都府道县	地方交付税/亿日元	国库支出金/亿日元	地方让予税/亿日元	转移支付总额/亿日元	人口/万人	人均转移支付/日元
福岛	2660	5850	370	8880	191.4	463950
岩手	2990	2070	250	5310	128	414844

① 周继良．对日本政府间转移支付制度的再思考［J］．决策借鉴，1996（6）：39-41.

② 张青，李农．外国财政制度与管理［M］．北京：高等教育出版社，2015：177-178.

③ 田贵贤．我国横向财政转移支付制度研究——基于区域基本公共服务均等化视角［D］．保定：河北大学，2013.

续表

都府道县	地方交付税/亿日元	国库支出金/亿日元	地方让予税/亿日元	转移支付总额/亿日元	人口/万人	人均转移支付/日元
岛根	1850	740	140	2730	69.4	393372
高知	1750	750	140	2640	72.8	362637
鸟取	1390	490	110	1990	57.3	347295
冲绳	2100	2390	220	4710	143.4	328452
福井	1310	790	160	2260	78.7	287166
德岛	1460	540	140	2140	75.6	283069
秋田	1940	700	200	2840	102.3	277615
青森	2240	1050	240	3530	130.8	269878
和歌山	1680	720	180	2580	96.4	267635
鹿儿岛	2700	1340	310	4350	164.8	263956
佐贺	1440	570	150	2160	83.3	259304
长崎	2200	1110	240	3550	137.7	257807
宫崎	1830	780	210	2820	110.4	255435
山梨	1330	590	160	2080	83.5	249102
山形	1800	660	220	2680	112.4	238434
宫城	2310	2810	410	5530	233.4	236932
大分	1720	800	220	2740	116.6	234991
熊本	2180	1160	310	3650	178.6	204367
北海道	6490	3480	1020	10990	538.2	204199
山口	1710	830	260	2800	140.5	199288
新潟	2690	1440	440	4570	230.4	198351
爱媛	1670	770	260	2700	138.5	194946
富山	1290	570	210	2070	106.6	194184
石川	1270	630	220	2120	115.4	183709
香川	1110	440	180	1730	97.6	177254
奈良	1530	650	220	2400	136.4	175953
长野	2110	1080	400	3590	209.9	171034

续表

都府道县	地方交付税/亿日元	国库支出金/亿日元	地方让予税/亿日元	转移支付总额/亿日元	人口/万人	人均转移支付/日元
岐阜	1740	940	370	3050	203.2	150098
冈山	1670	730	340	2740	192.2	142560
滋贺	1140	570	250	1960	141.3	138712
三重	1350	780	330	2460	181.6	135463
茨城	2070	1260	520	3850	291.7	131985
群马	1240	940	360	2540	197.3	128738
枥木	1230	890	360	2480	197.4	125633
广岛	1840	1080	510	3430	284.4	120605
京都	1720	880	450	3050	261	116858
福冈	2710	2050	870	5630	510.2	110349
兵库	3030	1940	920	5890	553.5	106414
静冈	1520	1300	660	3480	370	94054
大阪	2830	2490	1580	6900	883.9	78063
千叶	1800	1710	940	4450	622.3	71509
埼玉	2040	1670	1100	4810	726.7	66190
爱知	800	2070	1330	4200	748.3	56127
东京	0	3760	2720	6480	1351.5	47947
神奈川	1010	1780	1390	4180	912.6	45803

资料来源：日本总务省统计局（http：//www.stat.go.jp/）的《日本统计年鉴—2019》《国势调查结果》《人口推计》和日本总务省（http：//www.soumu.go.jp/）的《地方财政统计年报》。

三、对日本财政转移支付制度的评价

（一）各都府道县人均财政收入差距得到有效控制

财政转移支付制度的实施，有效地控制了日本各都府道县人均财政收入的差距。在 2015 财年，日本人均财政收入最高的福岛为 1066876 日元，最低的神奈川为 222113 日元，差距为 4.8 倍。而最富裕的东京仅为 531706 日元，与全日本平均水平基本持平。根据图 4-4，福岛、宫城、岩手人均财政收入显著高于其他地区，主要是因为上述三县均属于 2011 年 3 月 11 日东日本大地震和福岛第一核电站核泄漏事故的重灾区，地震和核泄漏造成的后续影响迄今尚未彻底消除。为了缓解东日本大地震和福岛第一核电站核泄漏事故导致的地方财政收入下行压力，日本一方面在地方交付税中增设震灾复兴特别交付税，另一方面促使中央政府每年给予其大量的国库支出金，以支持福岛、宫城、岩手等地区的灾后重建工作（见表 4-4）。

（二）各都府道县人均生产总值差距较小

财政转移支付制度的实施，还有效地缓解了日本各都府道县收入不公平的问题。在 2015 财年，人均生产总值最高的东京为 7021982 日元，最低的奈良为 2595831 日元，差距仅为 2.7 倍（见图 4-5）。

从以上德国和日本财政转移支付制度的实际成效来看，为保证不同地区之间经济社会发展水平和财力的大致均衡，这两个国家通过调研分析，深入了解不同地区经济社会发展水平的真实情况，然后制定出适合本国国情的财政转移支付相关法律法规，提出具有科学性和可操作性的转移支付计算方法，并在实施过程中不断加以调整和修正，使得这些基本制度能够在国内长期实行。

譬如，在 20 世纪 90 年代初期东西德国合并之初，西德的经济发展水平和财力要明显高于东德，联邦政府就通过实施转移支付制度，向东德部分经济发展水平较低和财力较弱的州拨付了较多的转移支付资金；后来部分东部州的财政状况好于西部地区以后，联邦政府又对原有政策进行了必要调整，保证了全国各州之间地方财力的大致均衡。而在日本，针对东日本大地震和福岛第一核电站核泄漏造成福岛等地区经济增长下滑和财政收入减少等问题，日本中央政府给予这些地方大量的专项转移支付，帮助其重建并迅速恢复经济和社会发展的秩序。

尽管德国和日本两国制度与中国不同，国情也存在很大的差异，但其高度发达的市场经济体制、完善的法治环境、现代化的政府治理体系，以及强大的政府治理能力，已经成为世界各国政府治理的成功典范。其相对科学、规范和完善的财政转移支付制度，使得不同地区之间的经济发展差距得到了有效控制，且地区之间的财力保持在大致均衡的水平上。德国和日本的一些具体做法，值得中国在加快完善社会主义市场经济体制的过程中，尤其是在推进国家治理体系和治理能力现代化的过程中借鉴。

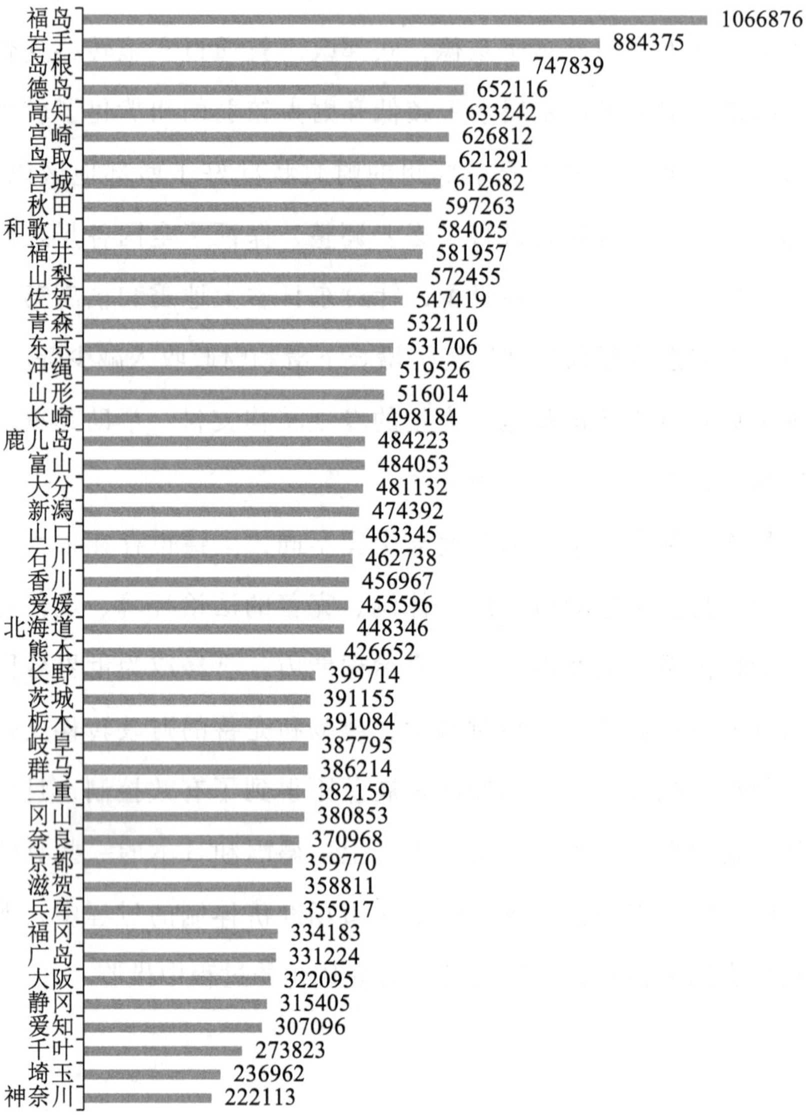

图 4-4　2015 财年日本各都府道县人均财政收入（单位：日元）

资料来源：日本总务省统计局（http://www.stat.go.jp/）的《日本统计年鉴—2019》《国势调查结果》《人口推计》和日本总务省（http://www.soumu.go.jp/）的《地方财政统计年报》。

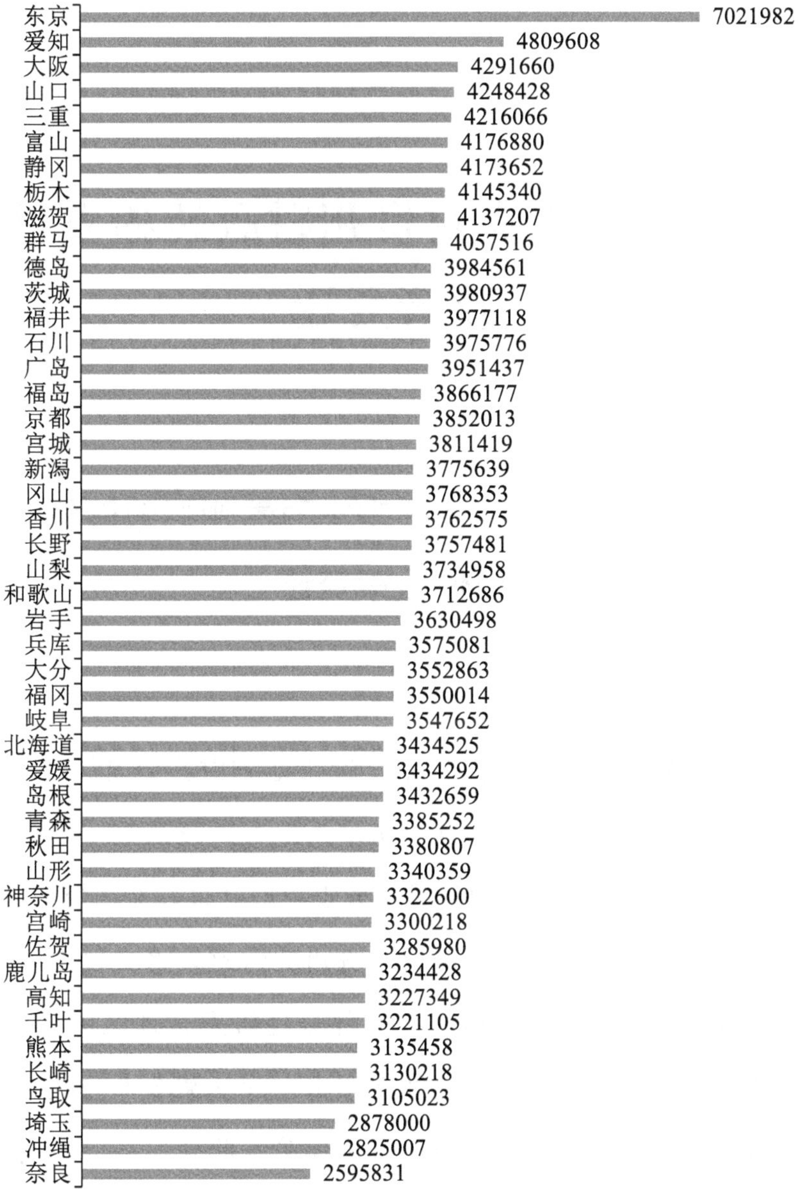

图 4-5　2015 财年日本各都府道县人均生产总值（单位：日元）

资料来源：日本总务省统计局（http：//www. stat. go. jp/）的《日本统计年鉴—2019》《国势调查结果》《人口推计》。

第五章　中央对贵州财政转移支付政策变迁

第一节　明朝至民国中央对贵州财政转移支付政策变迁

自建制为行政省600多年来，贵州地方财力经常入不敷出，主要依赖于中央的财政转移支付来维系地方财政的收支平衡。从明朝到民国时期，当中央政府具备较强权威并很好地掌控全局时，往往能有效地调动全国资源确保对贵州的财政转移支付力度。而当中央政府权威下降，甚至失去对部分经济发达地区的控制时，地方政府对中央政府的命令往往会阳奉阴违，甚至不服从，致使中央对贵州的财政转移支付力度难以保障。此外，当贵州受到中央的重视，中央对贵州财政支持力度较大时，贵州经济社会能保持较好的运行状态，财政收支就能保持大致的平衡；反之，当贵州受中央的重视程度不足，中央对贵州财政支持力度较小时，贵州经济社会就只能维持较差的运行状态，财政就会处于严重的收不抵支的状态。[①] 有效解决好地方财政的收支平衡问题，历来是贵州执政当局的重点工作。尤其在明清时期，历任贵州地方行政主官的主要工作之一，就是不断向朝廷反映贵州的实际困难，力争获得更多的财政转移支付政策支持。

一、明朝中央对贵州财政转移支付政策变迁

自明永乐十一年（1413 年）贵州建制为行政省以来，贵州经济整体发展长期滞后于全国平均水平，地方财力经常入不敷出。早在明嘉靖年间（1522—1566 年）的《贵州通志·财赋》就明确指出："天下布政（使）司十有三，而贵州为最后，故财赋所处，不能当中原一大郡，诸所应用，大半仰给于川湖。倾因有事，铜仁尽所取于川湖者不足以供铜仁一岁之费，不知诸所应用复何以给之，是故开荒芜、教树艺、籍匠户、减戍兵，皆今日所不可缓者。议者又欲割川湖一二州之地以易每岁数万之供，天下一家，彼此何间，当事者傥以上闻，以吾君包不遐，遗之盛德，宜无不可者。不然，贵州之财赋，吾不知其所终也。"[②] 为了维系大一统国家，协济、蠲免、赈济成了明朝中央对贵州财政转移支付政策中的重要举措，其中又以协济政策最为重要。

① 常明明，等．贵州经济六百年［M］．贵阳：贵州人民出版社，2014：100.

② 黎帅．清代黔东北经济开发研究（1644—1840 年）［D］．武汉：中南民族大学，2018.

（一）明朝中央对贵州的协济政策

协济政策不仅是明清时期贵州财政的重要来源，还牵动了四川、湖南、云南等周边省份。[①] 明朝中央对贵州的协济政策主要划分为三种情况：①命湖广、四川两省固定将钱粮解纳贵州确保经常性支出；②因云南过往贵州驿道频繁而给予驿道财政补贴；③遇有战事，令有关省区协济钱粮以作军费。[②]

湖广布政使司协济贵州粮米12.24万石，每石折银3钱，共折银36720两，由长沙府、衡州府、郴州分担。四川布政使司协济贵州粮米10.9753万石，共折银37474两，由重庆府、叙州府（今四川省宜宾市）、泸州分担，另有播州宣慰司（今贵州省遵义市）及乌撒（今贵州省威宁县）、镇雄、乌蒙（今云南省昭通市）、东川四府每年必须按规定协济贵州。

明播州杨氏盘踞的播州地区一直是西南地区财力较为充裕的地区。播州宣慰司原定协济秋粮10625石，屡年拖欠，明隆庆三年（1569年）朝廷责令认纳四分之三，实征5850石。[③] 播州“五司七姓告御状”事件发生后，以时任贵州巡抚叶梦熊等为首的贵州官员力主勘问播州土司杨应龙，而以时任四川巡抚李化龙为首的四川官员则为杨应龙积极辩护，这一事件成为“万历三大征”

① 《贵州通史》编委会．贵州通史：第2卷　明代的贵州［M］．北京：当代中国出版社，2002：323.

② 《贵州通史》编委会．贵州通史：第2卷　明代的贵州［M］．北京：当代中国出版社，2002：323.

③ 《贵州通史》编委会．贵州通史：第2卷　明代的贵州［M］．北京：当代中国出版社，2002：323-324.

中播州之役的重要导火索。明万历二十八年（1600 年），明神宗朱翊钧平定播州世袭土司杨应龙的叛乱后，对播州实行“改土归流”，在原播州之地分别设立遵义军民府和平越军民府，并将平越军民府（下辖黄平州、余庆县、瓮安县、湄潭县）划归贵州布政使司管辖。①

乌撒、镇雄、乌蒙、东川四府秋粮共 21077 石，皆起运乌撒仓。② 贵州为云南出入的重要门户，云南军旅、官员、客商、驿运、朝觐都必须经过贵州。为此，云南每年协济贵州驿站 1500 两，朝觐之年增加 1000 两。明万历年间（1573—1620 年），明神宗应时任贵州巡抚郭子章奏请，经兵部复议，又将协济驿道银增加一倍。③

综上所述，湖广、四川、云南协济总额约占贵州财政总收入的 60%。如果协济银、粮无法如期运达，贵州财政将颇感恐慌。由于贵州协济严重依赖湖广、四川，如果上述两省有事不能按时解纳，朝廷只能采取拆东墙补西墙的办法，借钱粮以为其垫支。至明天启、崇祯年间（1621—1644 年），关（山海关）内有高迎祥、李自成、张献忠等领导的农民起义，关外有后金对中原之地虎视眈眈，朝廷疲于应对兵灾，已很难再维持对贵州的协济。明

① 张韬．地方税体系与产业转型升级联动机制研究：以贵州省为例［M］．北京：中国经济出版社，2019：6.

② 《贵州通史》编委会．贵州通史：第 2 卷　明代的贵州［M］．北京：当代中国出版社，2002：324. 原文出自《贵州通志·兼制志·粮饷》及《省会志协济》。

③ 《贵州通史》编委会．贵州通史：第 2 卷　明代的贵州［M］．北京：当代中国出版社，2002：324-325. 原文出自《黔记》卷十九《协济》。

天启五年（1625 年），时任兵部右侍郎、贵州巡抚（后升任总督）蔡复向明熹宗朱由校上奏："海内之穷，惟黔为最，亦惟今日为甚。练兵则激犒无资，用兵则悬赏无饵。运米以赡兵，缮甲制器以治兵，则料脚无措。佐饷者惟屯田、鼓铸二法，利在半岁之后，而枵腹在旦夕之近，事之不能待也。"①

（二）明朝中央对贵州的蠲免政策

除协济政策外，明朝中央还对贵州实施蠲免政策，类似于税收返还制度。明朝蠲免可分为恩蠲和灾蠲。

1. 明朝中央对贵州的恩蠲政策

恩蠲从贵州建制为行政省以前的明洪武年间（1368—1398 年）② 就已开始实施。明洪武初年（1368 年），朝廷不断在西南地区用兵，军粮不敷，常得土司纳粮相助，其中贵州、播州、思州、思南土司纳粮最多。尤其霭翠和奢香夫人担任贵州宣慰使期间，积极沟通内陆与西南边陲的联系，为巩固边疆稳定、促进贵州经济社会发展作出了杰出的贡献。明太祖朱元璋曾评价："奢香归附，胜得十万雄兵。"③ 因此，虽然中书省、户部等屡次奏请按内地的财政制度要求贵州定额缴纳赋税，但明太祖一直持谨慎

---

① 《贵州通史》编委会．贵州通史：第 2 卷　明代的贵州［M］．北京：当代中国出版社，2002：327-328.

② 明建文四年（1402 年），通过"靖难之役"夺取皇位的明成祖朱棣宣布废除建文年号，复称明洪武三十五年，翌年改年号为永乐。

③ 辛践．奢香夫人：胜得十万雄兵的女政治家［J］．廉政瞭望（上半月），2018（7）：62-63.

态度。明太祖强调，朝廷对贵州的政策要与内陆有别，“务从宽减”。[①] 此后，明朝历代皇帝基本将朝廷对贵州的恩蠲延续下来。

明洪武七年（1374 年），中书省上奏：“播州宣慰司土地既入版图，即同王民，当收其贡赋，请令自洪武四年（1371 年）始，每岁纳粮二千五百石以为军储，贵州、金筑（今贵州省长顺县）、程番（今贵州省惠水县）等十四长官等岁纳粮二百七十三石，著为令。”但明太祖以为不可，诏谕中书省：“播州，西南夷之地，自昔皆入版图，供贡赋，但当以静治之。苟或扰之，非其性矣！朕临天下，彼率先来归，所有田税随其所入，不必复为定额以征其赋。”[②]

明洪武二十一年（1388 年），户部又奏：“贵州宣慰使霭翠，金筑安抚使密定所属，租税累岁逋负……请遣使督之。”太祖又谕：僻远之人“其知畏朝廷纳赋税，是能遵声教矣！其逋负岂故为耶？必其岁收有水旱之灾，故不能及时输纳耳。所逋租，悉行蠲免。今宜定其常数，务从宽减”。[③] 于是，户部议定，以明洪武十九年（1386 年）为始，贵州宣慰司岁输三万石，金筑安抚司岁输两千石，乌撒军民府岁输两万石，较原纳定额大为减少。尽管如此，贵州当地仍不能如数缴纳，于是朝廷又再次减免。

---

① 《贵州通史》编委会．贵州通史：第 2 卷　明代的贵州［M］．北京：当代中国出版社，2002：311．

② 《贵州通史》编委会．贵州通史：第 2 卷　明代的贵州［M］．北京：当代中国出版社，2002：310-311．原文出自《明实录·太祖洪武实录》卷八十八，页一一二。

③ 《贵州通史》编委会．贵州通史：第 2 卷　明代的贵州［M］．北京：当代中国出版社，2002：311．原文出自《明实录·太祖洪武实录》卷一八八，页八。

明洪武二十六年（1393 年），西平侯沐春上奏："水西（今贵州省黔西县、大方县）土官霭翠所纳税粮八万石，连年递减至两万石，然亦不能供也。"太祖又谕："偏远之民不可以中国治之，但羁縻之足矣！其贡赋之负者悉减免，逃徙者招谕复业。"①

2. 明朝中央对贵州的灾蠲政策

灾蠲分为水灾、旱灾、无灾三种情形，遇水旱则免税，无灾时亦择贫瘠之地优先免税。贵州时常暴发自然灾害，明洪武至万历年间（1368—1620 年），朝廷对贵州累有蠲免。蠲免政策的实施，在一定程度上缓解了贵州地方财政拮据的状况，暂时减轻了贵州当地人民的负担。②

然而到了明朝晚期，中央与地方财政关系也出现了重大变化。朝廷不仅直接制定政策与地方争利，而且可能以各种名义要求地方承担朝廷的开支。明万历三十年（1602 年），明神宗为了给最宠爱的第三子福王朱常洵筹备婚礼，要求六部及全国各省凑解银两，连地方财政最为困难的贵州，③ 也被要求凑解两千两。④ 由于

---

① 《贵州通史》编委会．贵州通史：第 2 卷　明代的贵州［M］．北京：当代中国出版社，2002：311. 原文出自《明实录·太祖洪武实录》卷二三，页四。

② 《贵州通史》编委会．贵州通史：第 2 卷　明代的贵州［M］．北京：当代中国出版社，2002：328.

③ 根据《万历会计录》布政司册报数的记载，明万历六年（1578 年），贵州田赋收入占全国比重仅为 0.09%。同期其余省份占全国比重均显著高于贵州，其中南直隶为 20.41%，山东为 17.55%，山西为 13.08%，陕西为 9.34%，河南为 9.21%，浙江为 7.09%，北直隶为 6.40%，江西为 5.15%，湖广为 4.75%，广东和四川均为 2.01%，福建为 1.76%，广西为 0.70%，云南为 0.46%。

④ 根据《明实录·神宗显皇帝实录》记载，南京工部凑解二万五千两，浙江一万两千两，福建九千两，江西、广东、湖广各八千两，山东、河南各六千两，四川、陕西各四千两，山西、云南各三千两，广西、贵州各两千两。

六部和全国各省凑解银两仍难以满足婚礼所需用度，只能又向太仆寺①借银二十余万两。到明万历三十二年（1604年），福王朱常洵婚礼用费共计三十余万两。② 朝廷虽有蠲免之名，却已无蠲免之实。③ 直至明末天启、崇祯年间（1621—1644年），国库空虚，蠲免之事少有记载。④

（三）明朝中央对贵州的赈济政策

除协济、蠲免政策外，明朝中央还对贵州实施赈济政策。明洪熙元年（1425年），贵州都素蛮夷长官司报奏："岁歉民饥，已借仓粮一百五十三石赈济。"明仁宗朱高炽下诏："边方地远民穷，先给济而后奏，是亦长民者得人。"明正统五年（1440年），遣官修备荒之政，贵州则命布、按两司正官办理。明正统九年（1444年），贵州布政使奏报苗民田地禾苗遭受虫鼠灾害，生计困难，担心激起民变。明英宗朱祁镇诏谕："苗民亦吾赤子，可坐视其饥窘邪……勘实附近有粮之处，量给赈济，务使各安其所。"明景泰二年（1451年），贵州因战祸频发，民多流离失所，命省司沿途给粮，督遣复业，仍为经理居址，赈给口食，贷给牛、种。明景泰六年（1455年），巡按贵州监察御史伍星会奏："贵州乌撒卫……今年二月至六月，溪雨不时，二麦苗稼渰损，七月陨霜，

---

① 在明朝，太仆寺受兵部领导，是负责马政和牧政的中央机构，掌握着国家的战略储备资源。

② 蔡文彪，李洵，南炳文，等．中国通史：第八册［M］．北京：人民出版社，1994：411.

③ 朱红琼．中央与地方财政关系及其变迁史［M］．北京：经济科学出版社，2008：134-135.

④《贵州通史》编委会．贵州通史：第2卷　明代的贵州［M］．北京：当代中国出版社，2002：328.

荞菽稻禾俱不成实。夷民饥窘，无以自存，俱发掘蕨根、土瓜，采取栎橡树蕈为食。”明代宗朱祁钰下诏有司开仓赈济，并于附近易米接济。明万历二十九年（1601年）六月十六日，贵阳府定番州发生地震，黔东诸府卫及黄平五司自正月不雨，而至六月思南府及婺川县大雨，冰雹交作，城内水深数尺，米价由每石三钱涨至每斗四钱，军民重困，明神宗应贵州巡抚郭子章奏请，将湖广、四川两省协济拖欠钱粮，如数征解以赈贵州。①

二、清朝中央对贵州财政转移支付政策变迁

（一）清朝中前期中央对贵州的协济政策

在清朝中前期，全国十八个行省中有三分之一的省份可以自给自足，三分之一的省份可以自给，三分之一的省份不能自给。贵州不仅属于不能自给的省份，而且是全国缺额最大的省份。②贵州钱粮赋税收入少，但兵饷开支较多。田赋收入每年只有几十万两，在清乾隆年间（1736—1795年）只占全国田赋总收入的0.4%，而绿营兵额却占全国绿营总数的6%。以战兵而论，当时全省田赋每亩平均纳银三分九厘，而每养兵一人需五百亩之赋。按照贵州当时的财力，实际只能养兵四五千人。三万多绿营兵，远远超过贵州的承受能力。此外，贵州省所收耗羡银也不够官员

① 《贵州通史》编委会．贵州通史：第2卷　明代的贵州［M］．北京：当代中国出版社，2002：328-329.

② 《贵州通史》编委会．贵州通史：第3卷　清代的贵州［M］．北京：当代中国出版社，2002：273.

俸廉的开支。因此，贵州兵饷和部分俸廉必须靠外省协济。①

清朝建立后，继续延续并完善了明朝对贵州的协济政策。协济政策中既包括了朝廷对贵州的协济，即纵向转移支付，也包括了其他省份对贵州的协济，即横向转移支付。② 对贵州实施协济的省份主要有四川、湖南、浙江、广东、江西等。协饷款项有例定的协济，相当于一般性转移支付；也有临时的协济，相当于专项转移支付。例定的协济设定了支出上限。无论是例定的协济还是临时的协济，都作出了较为明确的规定用途，不准挪用。各省协济贵州的款项统一纳入户部会计册，例定的协济主要用于兵饷与官员的俸廉。③

清康熙末年，贵州每年兵饷需银 28 万多两，其中有 20 万两依靠外省协济，由各协济省分摊。以后由于兵额俸廉的增加，各省的协饷也随之增加。各省协饷在正常年份一般都按时拨解，但在荒年或遇到重大战事爆发，协济省往往拖欠协款。这时贵州只能另请中央设法解决。④

清雍正五年（1727 年），为了进一步改善贵州经济发展落后

---

① 《贵州通史》编委会．贵州通史：第 3 卷　清代的贵州［M］．北京：当代中国出版社，2002：274.

② 清朝贵州协款分两种，一种是定时、定额的协款，通常采取月协和岁协，一种是紧急的不定额的临时性协款，根据实际需要而定。关于这方面的问题探讨可见蒋德学．论清代贵州的协款［J］．贵州社会科学，1987（8）：52-56.

③ 《贵州通史》编委会．贵州通史：第 3 卷　清代的贵州［M］．北京：当代中国出版社，2002：273.

④ 《贵州通史》编委会．贵州通史：第 3 卷　清代的贵州［M］．北京：当代中国出版社，2002：274-275.

于全国的状况，同时缓解贵州地方财政收支压力，经时任云南、贵州、广西三省总督并全权办理西南地区“改土归流”事务的鄂尔泰奏请，雍正帝决定将部分原属贵州邻省且有较好经济发展基础的地区划归贵州管辖。譬如，原属四川省的遵义府被划入贵州省，[①]原属湖南省靖州府的天柱县被划入贵州省黎平府，原属广西省泗城府西隆州（今广西隆林）红水江北岸被划入贵州省南笼府（清嘉庆年间更名为兴义府），并设置永丰州（今贞丰县）。[②]这次行政区划的调整，尤其是将遵义府划入贵州省，对完善贵州省行政建制、促进贵州经济社会发展具有十分重要的意义。历经唐朝、宋朝、元朝、明朝播州杨氏700多年的开发，遵义已发展为中国西南经济较为发达的地区，此后成了贵州主要的粮产区。[③④]

（二）清朝后期中央对贵州的协济政策

1. 咸同战事期间中央对贵州的协济政策

清道光后期，贵州全省田赋额征银十二三万两，加上其他杂赋全年总共二十余万两，居全国十八行省之末。而全省全年支出为银一百万两，其中兵饷需银五十余万两，文武俸廉、役食、驿

---

① 张韬．地方税体系与产业转型升级联动机制研究：以贵州省为例［M］．北京：中国经济出版社，2019：6-7.

② 蔡美彪，李燕光，杨余练，等．中国通史：第九册［M］．北京：人民出版社，1994：430.

③ 林建曾．清朝前期完善贵州省建置、开辟“苗疆”及其影响［J］．贵州民族研究，1992（2）：50-57.

④ 何伟福．制度变迁与清代贵州经济研究［M］．北京：中国时代经济出版社，2008：78.

费、公费、马乾、世俸等款需银四十余万两，又年例支零星杂款约五万两，[①] 本省收入仅为支出的五分之一，不足部分由外省协济七八十万两。[②]

在省内财政极度困难的情况下，贵州地方官多次恳请朝廷谕令各协济省按时按数拨解协饷。清同治元年（1862 年）至同治五年（1866 年）间，时任云贵总督兼贵州巡抚张亮基曾先后十二次上疏，要求各协济省按时按数拨解协饷。[③] 然而，西方列强的入侵渗透以及全国各地接连不断的农民起义，尤其清咸丰元年（1851 年）至同治三年（1864 年）间爆发的太平天国运动，已经严重动摇了清王朝的统治根基。而由张秀眉领导的贵州苗民起义持续转战十八年之久，也沉重打击了清王朝在贵州的统治根基。与此同时，以曾国藩、李鸿章、左宗棠、沈葆桢、张之洞等为代表的封疆大吏通过兴办新式企业，获取大量工商税收入，事实上已经独立于国家财政。[④] 随着拥有地方实权的汉族官僚集团势力日益壮大，各省对朝廷的谕令经常阳奉阴违、装聋作哑，只是拨解少量的协饷，杯水车薪，无济于事。针对清朝后期地方财政独立的现象，时任两江总督曾国藩曾进行了总结："前代之制，一州岁入之款，置转运使主之，疆吏不得专擅。我朝之制，一省岁

---

① 原文出自《岑襄勤公遗集·奏稿》卷十四《通盘筹画核实应需饷项折》。

② 《贵州通史》编委会．贵州通史：第 3 卷　清代的贵州［M］．北京：当代中国出版社，2002：523-524.

③ 《贵州通史》编委会．贵州通史：第 3 卷　清代的贵州［M］．北京：当代中国出版社，2002：524.

④ 翁礼华．纵横捭阖：中国财税文化透视［M］．北京：中国财政经济出版社，2004：188-189.

入之款，报明听候部拨，疆吏亦不得专擅。自军兴以来，各省丁、漕等款纷纷奏留，供本省军需。于是，户部之权日轻，疆吏之权日重。”①

直到清同治十年（1871年）中原战事全部结束，时任贵州巡抚曾璧光继续奏请各协济省按数拨解协饷，在朝廷通盘筹划下，各协济省每月共凑足二十一万两，才使贵州财政压力稍有减轻。但直到战事全部结束，各协济省拖欠贵州的应解协款总额仍多达数百万两。②

2. 咸同战后中央对贵州的协济政策

清同治十一年（1872年），随着中原战事全部结束，各协济省“视贵州均无大致肃清，遂谓可以自存”，逐渐不再按时拨解协款。清光绪三年（1877年），江苏、福建、湖南陆续奏请停解黔饷。清政府命令时任贵州巡抚黎培敬通盘查核，如果各省停解黔饷，“黔省能否敷用”，详细奏明。清光绪四年（1878年），黎培敬复奏：“黔省疾苦甲天下……全赖各省协饷源源接济……然若均纷纷停协，黔省势将坐困，大局何堪设想。”请求各协济省照原数按月筹解，如实有困难，至少也应拨解一半。③

清光绪五年（1879年）岑毓英就任贵州巡抚后，在各省一再

① 李翰章．足本：曾文正公全集：第二部［M］．李鸿章，校刊．长春：吉林人民出版社，1995：24.

② 《贵州通史》编委会．贵州通史：第3卷　清代的贵州［M］．北京：当代中国出版社，2002：524-525.

③ 《贵州通史》编委会．贵州通史：第3卷　清代的贵州［M］．北京：当代中国出版社，2002：528-529.

要求停协的情况下，清政府再次谕令岑毓英核实全省收支。岑毓英复奏说：全省“总共每年开支核实，必须饷银一百八十万两，方能应手，较之从前已每年节省银一百余万两，于无可省减之中，省减殆尽，实为必不可少，亦必不可再减之款”。[①] 清光绪九年（1883 年），已升任云贵总督的岑毓英上奏核减饷项，确定今后每年各省拨解协饷 109 万两，[②] 获得朝廷批准。这一协款额较战前增加 30 余万两，一直维持到清宣统时期。[③]

然而，清朝后期中央对贵州的协济政策未能从根本上改变贵州财政的状况。为了筹集财政收入，贵州开始对鸦片种植、远销和吸食征税，并以此作为地方主要财政收入来源。清光绪二十八年（1902 年），每千两鸦片征 8 两厘、8 两捐税。清光绪三十四年（1908 年），又将鸦片改为以斤计，每千斤抽税银 250 两。清光绪二十九年（1903 年），全省鸦片厘税收入约为 13 万两。到清朝灭亡前夕，贵州每年仅鸦片厘税收入一项就可达到二三十万两，超过田赋、盐税，占财政总收入的一半左右。[④] 贵州将鸦片税作为地方主体税种的情况一直维持到了民国时期。

---

① 原文出自《岑襄勤公遗集·奏稿》卷十四《通盘筹画核实应需饷项折》。

② 原文出自《邓和简公奏议》下，卷四，《请饬催协饷拨解折》。

③ 《贵州通史》编委会．贵州通史：第 3 卷　清代的贵州［M］．北京：当代中国出版社，2002：529.

④ 何伟福．制度变迁与清代贵州经济研究［M］．北京：中国时代经济出版社，2008：59-60.

三、民国中央对贵州财政转移支付政策变迁

（一）民国初期中央对贵州财政转移支付政策变迁

辛亥革命爆发前，贵州全省岁入银120余万两，除行销川盐四川协饷、代征盐税及包厘、抵税、赔款加税和缉私收入共80余万两外，本省收入只有丁粮杂税10余万两，百货厘金20余万两。[①] 辛亥革命爆发后，来自四川的援助彻底断绝，新成立的大汉贵州军政府从清藩库及官钱局所得不过20万两，不足一月之需。军政府在成立后立即着手清理收入，通过各项财政、金融手段在3个月内获银83万余两，超过总支出81万余两，在极端困难的条件下实现略有盈余。[②]

袁世凯在窃取辛亥革命的胜利果实后，为了加强对全国政权的控制，将清朝的协款改为补助款，即补助地方公私团体的经费。补助款主要包括私立中小学校、省教育会、省农会、省工会、省商会、华洋义赈分会、义赈医院、红十字会、抗日会、报刊和尚节堂补助费，以及各县孤贫口粮费等。[③] 1914年，川盐官运局撤销，“每年由川省拨付（贵州）洋八十万”，[④] 1916年增加到

① 范松．辛亥革命后贵州资产阶级法制的创建与挫折［J］．贵州社会科学，2014（7）：77-81.

② 《贵州通史》编委会．贵州通史：第4卷　民国时期的贵州［M］．北京：当代中国出版社，2002：11-12.

③ 贵州省地方志编纂委员会．贵州省志·财政志［M］．贵阳：贵州人民出版社，1993：151.

④ 贵州省政府公报第16、第17、第18合期。

1204798 元。[①]

袁世凯死后，继任民国总统的黎元洪无法继续控制全国政权，中国重新陷入了军阀混战的状态。随着中央政府的权威荡然无存，中央和其他各省对贵州的援助几乎全部中断。袁世凯执政时期所确定的四川拨付贵州的补助款于 1917 年降为 659326 元，到 1918 年仅为 3000 元。[②] 1921 年，贵州鸦片经过湖南、湖北地区，曾补助贵州 36 万元，[③] 但到 1922 年又下降到 28051 元。[④⑤] 长期残酷的军阀混战，使得贵州财政始终未能摆脱入不敷出的窘境。在 1921 年春夏之交，贵州迭遭旱灾、蝗灾、洪灾、雹灾，受灾面积达到全省的一半。全省亟须赈济的县达到 60 个，占全省总数的 3/4；除能勉强维持生计的次贫者外，已断绝生计的极贫灾民共计 130 余万人，占全省总人口的 1/5。[⑥] 然而，从 1921 年到 1934 年，贵州每年所获得的补助款始终在 5 万元以下。[⑦]

（二）民国后期中央对贵州财政转移支付政策变迁

在蒋介石的支持下，王家烈于 1932 年 2 月率军入主贵州。虽

---

① 贵州省地方志编纂委员会．贵州省志·财政志［M］．贵阳：贵州人民出版社，1993：112.

② 贵州省财政工作报告书。

③ 贵州省财政工作报告书。

④ 贵州省政府总支金库各项税收及军政费收支报告表。

⑤ 贵州省地方志编纂委员会．贵州省志·财政志［M］．贵阳：贵州人民出版社，1993：112.

⑥ 《贵州通史》编委会．贵州通史：第 4 卷　民国时期的贵州［M］．北京：当代中国出版社，2002：52. 原文出自《卢焘电告灾情》，四川《国民公报》1921 年 12 月 5 日。

⑦ 贵州省地方志编纂委员会．贵州省志·财政志［M］．贵阳：贵州人民出版社，1993：151.

然王家烈曾提出“整顿庶政”的四点计划，但贵州省内日趋激烈的派系斗争，使得王家烈的计划难以执行。① 同时，王家烈本人始终难以获得蒋介石的真正信任，来自中央的财政转移支付难以维持地方日常开支。1933 年，贵州获得的补助款为 37019 元，仅占当年财政总支出的 0.33%。② 为了解决地方财政困难，尤其是黔军的军饷问题，王家烈不惜加大鸦片贸易力度来获取财政收入。然而，在鸦片外销川湘鄂均被对立派截断的情况下，王家烈只能利用自己掌控黔南的条件，通过两广通道外运鸦片。③

1935 年 1 月，薛岳借口对中央红军进行“围剿”，趁机率国民党中央军控制了贵阳，随后王家烈的军政实权被完全剥夺。为了改变此前贵州财政混乱的状况，同时为适应抗日战争的形势需要，国民政府对贵州财政进行了整顿，撤销了饷捐总局等重叠机构，建立起中央、省、县三级财政管理体制，并停征与禁烟不符的捐税，取消百货税，④ 开征营业税、所得税、遗产税等新税，改革盐税。随着抗日战争的全面爆发，大量的工商企业迁入贵州，不但带动贵州工商经济出现前所未有的繁荣景象，而且促使营业

---

① 《贵州通史》编委会．贵州通史：第 4 卷 民国时期的贵州［M］．北京：当代中国出版社，2002：59.

② 贵州省地方志编纂委员会．贵州省志·财政志［M］．贵阳：贵州人民出版社，1993：151.

③ 《贵州通史》编委会．贵州通史：第 4 卷 民国时期的贵州［M］．北京：当代中国出版社，2002：59.

④ 百货税是清朝后期一些府厅州县地方官在所管地方设关向贩运百货者征收的税，也称为关税。各地自订章程，值白抽收一、二、三不等。此种税收大部分留作本官津贴，少部分解缴省藩库，年约四千两。直到国民政府时期才下令取消。

税、田赋、契税收入大幅增加。[①] 但是，由于财政支出的日益膨胀（1939年仅行政费、公安费支出便达到318万元，1941年进一步升至762万元），贵州财政仍然入不敷出。[②]

为了应对贵州财政入不敷出的状况，国民政府从1936年到1941年给予贵州大量补助款，补助款占当年贵州财政支出的60%以上。[③] 国民政府时期对贵州的补助款主要包括以下内容：①四川在盐税项下拨付贵州150万元，另拨教育补助款12万元，每年共162万元。从1939年起，每年又补助贵州建设基金48万元。②国家税务署每年补助贵州24万元，作为贵州停征卷烟百货税和吸户特捐的补偿。此款按当时国民政府紧缩通案，仅七折拨付，每年实拨16.8万元。③财政部每年补助贵州裁厘损失费72万元，也是七折拨付，每年实拨50.4万元。④鸦片税划归国民政府禁烟督察处统制办理，督察处每年拨付贵州220万元，称为特税补助款。[④]

然而从1941年起，由于国民政府统治区域日窄，中央财政难以为继，国民政府被迫将省级财政并入中央财政，县（市）级财政称为自治财政系统，中央对贵州省级的补助款不复存在。[⑤] 随

① 1941年，贵州营业税收入360余万元，较1937年增长了5倍多；田赋收入达到270多万元，较1936年增长了近7倍；契税收入208万元，较1938年增长了9倍多。

② 贵州省地方志编纂委员会．贵州省志·财政志［M］．贵阳：贵州人民出版社，1993：4-5.

③ 《贵州通史》编委会．贵州通史：第4卷　民国时期的贵州［M］．北京：当代中国出版社，2002：322.

④ 贵州省地方志编纂委员会．贵州省志·财政志［M］．贵阳：贵州人民出版社，1993：113.

⑤ 贵州省地方志编纂委员会．贵州省志·财政志［M］．贵阳：贵州人民出版社，1993：4-5.

着抗日战争全面爆发，国民政府于1938年起在贵州省桐梓县、四川省南川区和綦江区交界的万盛一带创办了南桐煤矿，以支持构建西南大后方的战时工业体系。南桐煤矿成为当时日占区外中国重要的产煤区，为中华民族最终取得抗日战争伟大胜利作出巨大贡献。1940—1942年，南桐煤矿的原煤产量分别达到5万吨、9万吨、12万吨，在1945年更是达到14万吨。

抗日战争胜利后，国民政府于1946年7月颁布实施《财政收支系统法》，重新恢复了中央、省、县三级财政管理体制，但大部分财权收归中央，省税只有营业税的五成、土地税（田赋）的二成较为可靠，贵州财政收入较原三级财政管理体制时大为减少。[①] 由于之前迁入贵州的工商企业大量东迁，贵州工商经济重新陷入萧条，加之国民政府悍然对中国共产党领导的解放区发动内战，导致贵州财政困难进一步加剧。1947年，贵州财政支出761亿元，其中补助款高达717亿元，占当年财政支出的94.2%。[②] 时任贵州省主席谷正伦不但向民众强征“自卫特捐”（包括百货、食盐、鸦片，每月约收20万银元），发行银元辅币30万元，还贩卖积存的鸦片、吗啡等毒品，开放烟禁，[③④] 结果进一步加速了国民政府的覆灭。

① 贵州省地方志编纂委员会．贵州省志·财政志［M］．贵阳：贵州人民出版社，1993：115.

② 《贵州财经资料汇编——贵州省民国36年预决算比较》。

③ 贵州省地方志编纂委员会．贵州省志·财政志［M］．贵阳：贵州人民出版社，1993：5-6.

④ 孟雨醉．建国初期西南军政委员会经济建设举措研究［D］．成都：电子科技大学，2017.

第二节　新中国成立以来中央对贵州财政转移支付政策变迁

一、新中国成立初期到改革开放初期中央对贵州财政转移支付政策变迁

1949 年 10 月 1 日，中华人民共和国成立。1949 年 11 月 15 日，中国人民解放军第二野战军五兵团 17 军 50 师进驻贵阳，贵阳市宣告解放。从新中国成立到“一五”时期结束，中央先后实施了“统收统支”和“划分收支、分级管理”的财政管理体制。

新中国成立以来，贵州经济基础薄弱、多民族聚居、财力匮乏，加上财政管理体制等因素，主要依靠中央财政补助维持自身运转。中央财政补助分为定额补助和专项补助两类，前者是上级财政按照财政管理体制拨给下级财政用于当年预算收支不抵的资金，后者是上级财政追加给下级财政的专项资金。然而，1951—1957 年中央共补助贵州 12372 万元，低于同期贵州上解中央的 49569 万元，其中 1950 年和 1955 年补助出现了中断。因此贵州直到 1958 年才正式开始真正接受中央补助。① 为了支持新中国建设，经国务院批准，南桐矿区所在的贵州省遵义专区桐梓县的 17

① 贵州省地方志编纂委员会．贵州省志·财政志［M］．贵阳：贵州人民出版社，1993：297.

个乡于1955年1月21日划归四川省重庆市，[1] 并与四川省涪陵专区南川县1个镇6个乡、四川省江津专区綦江县3个乡共同组建为重庆市南桐矿区（今重庆市万盛经济技术开发区）。

1958—1965年，中国处于“大跃进”和国民经济调整时期，由于贵州财政难以经受“浮夸风”引起的虚收实支的折腾，只能依靠中央财政补助。在国民经济调整时期，贵州财政退赔和“四清运动”损失就高达16000万元。在这段时期，中央为贵州财政补助101404万元，为同期贵州地方财政收入329277万元的30.8%。在“文化大革命”十年期间，贵州地方财政收入急剧下降，而同期“三线建设”支出较高。1974年，全省预算收入仅为7222万元，低于1951年的水平，而同期支出高达6.35亿元。[2] 为此，中央财政共补助贵州351254万元，为同期贵州地方财政收入241231万元的145.6%。在粉碎“四人帮”后的1977年、1978年两年，在“收支挂钩、增收分成”财政激励机制的影响下，贵州工农业逐步恢复发展，财政收入有所增加，但由于在“左”倾政策下对经济工作的急于求成，基本建设投资过多，这两年中央对贵州补助141738万元（已扣除上解分成9162万元），为同期贵

① 1954年7月，重庆直辖市被撤销，重庆与四川合并，重庆从直辖市降为副省级市。1997年3月14日，第八届全国人民代表大会第五次会议批准设立重庆直辖市，撤销原重庆市。1997年6月18日，重庆直辖市政府机构正式挂牌。

② 《贵州通史》编委会．贵州通史：第5卷　当代的贵州［M］．北京：当代中国出版社，2003：517.

州地方财政收入 86863 万元的 163.2%。[①]

党的十一届三中全会胜利召开，标志着中国进入改革开放的新时代。1980 年，中央开始实施“划分收支、分级包干”的财政管理体制，促使贵州财政收支迅速增长。1985 年，财政管理体制进一步改进为“划分税收、核定收支、分级包干”。1979—1987 年，贵州地方财政收入共 213659.9 万元，中央补助收入共 152462 万元，比例是 1∶0.71。同期，贵州所获得的中央补助净收入（即中央补助收入减去上解中央支出）年平均增长率为 8.3%，1985—1986 年更是达到 22.3%。[②] 在中央补助收入中，定额补助占 3/4，这是因为贵州享受了民族自治区体制待遇。[③] 专项补助包括中央统筹基本建设投资、企业挖潜改造资金、流动资金、支农资金及事业费、城镇青年就业经费、文教卫生等事业费、抚恤和社会福利费、支援不发达地区发展资金和价格补贴等项目。[④] 1988 年，国务院对民族地区补助办法实施调整，将 1987 年递增 10%的补助数额固定，每年按照定额补助。[⑤]

---

① 贵州省地方志编纂委员会．贵州省志·财政志［M］．贵阳：贵州人民出版社，1993：297.

② 贵州省地方志编纂委员会．贵州省志·财政志［M］．贵阳：贵州人民出版社，1993：298-299，423-424.

③ 1980—1987 年，中央将贵州、云南、青海 3 个少数民族较多的省份和内蒙古、广西、西藏、宁夏、新疆 5 个自治区作为民族地区，采取“适当照顾”的政策，实行定额补助每年递增 10%的体制。关于这方面的内容探讨可见王玉玲．论民族地区财政转移支付制度的优化——基于历史和现实背景的分析［J］．民族研究，2018（1）：29-38，108.

④ 贵州省地方志编纂委员会．贵州省志·财政志［M］．贵阳：贵州人民出版社，1993：297.

⑤ 国家财政积极扶持民族地区经济和社会发展［J］．中国财政，1992（4）：47-48.

二、20 世纪 90 年代至党的十八大中央对贵州财政转移支付政策变迁

进入 20 世纪 90 年代中期，中央开始逐步完善对地方的财政转移支付制度。1993 年 11 月 14 日，党的十四届三中全会通过的《中共中央关于建立社会主义市场经济体制若干问题的决定》明确提出："实行中央财政对地方的返还和转移支付的制度，以调节分配结构和地区结构，特别是扶持经济不发达地区的发展和老工业基地的改造。"[①] 1993 年 12 月 15 日，《国务院关于实行分税制财政管理体制的决定》（国发〔1993〕85 号）正式印发。为了配合"分税制"改革，确保地方财力，国务院于 1994 年出台《关于分税制财政管理体制税收返还改为与本地区增值税和消费税增长率挂钩的通知》（国发〔1994〕47 号），建立税收返还制度。此外，财政部于 1995 年开始每年印发《过渡期转移支付办法》，并于 2000 年 8 月 7 日发布《中央对地方专项拨款管理办法》（财预〔2000〕128 号）。

中央对地方的财政转移支付分为财力性转移支付和专项转移支付。财力性转移支付为促进各地方政府提供基本公共服务的均等化，包括一般性转移支付、农村税费改革转移支付、调整工资转移支付和缓解县乡财政困难转移支付等；专项转移支付旨在实现特定政策目标，实现专款专用，包括一般预算专项拨款等。为

① 刘佐．中共税收政策发展纵览——为中国共产党成立 90 周年而作［J］．中国税务，2011（7）：8-13.

了进一步规范财政转移支付制度，从2007年起，中央将地方体制性补助列入中央对地方财力性转移支付；从2009年起，原财力性转移支付改称一般性转移支付，并将补助数额相对稳定、原列入专项转移支付的一般公共服务、公共安全、教育、社会保障和就业等支出并入一般性转移支付，原一般性转移支付改称均衡性转移支付。①

1998年10月14日，党的十五届三中全会通过的《中共中央关于农业和农村工作若干重大问题的决定》明确提出："国家要加大财政转移支付力度，调整加工业布局，优先安排基础设施重点建设项目，支持中西部地区经济发展。"2000年10月26日，《国务院关于实施西部大开发若干政策措施的通知》（国发〔2000〕33号）明确要求进一步加大对西部地区转移支付的规模。② 财政部以中央提出西部大开发的战略实施为契机，进一步贯彻落实民族区域自治法，开始设立民族地区转移支付，以增强少数民族地区的财政保障能力，逐步缩小少数民族地区与其他地区的基本公共服务差距。当年，中央确定的财政转移支付对象包括五个省级民族自治区，贵州、云南、青海三个视同民族自治区对待的省份，以及吉林延边、甘肃临夏等八个非民族省区管辖的

① 孙勇．中国财政分权、集权的权衡与区域经济均衡增长［D］．上海：复旦大学，2014.

② 国发〔2000〕33号文件规定："随着中央财力的增加，逐步加大中央对西部地区一般性转移支付的规模。在农业、社会保障、教育、科技、卫生、计划生育、文化、环保等专项补助资金的分配方面，向西部地区倾斜。中央财政扶贫资金的安排，重点用于西部贫困地区。对国家批准实施的退耕还林还草、天然林保护、防沙治沙工程所需的粮食、种苗补助资金及现金补助，主要由中央财政支付。对因实施退耕还林还草、天然林保护等工程而受影响的地方财政收入，由中央财政适当给予补助。"

民族自治州。

从2001年起，财政部主要为推动农村税费改革的顺利进行，统筹考虑了农村执行农村税费改革各项政策因素，对贵州净减收部分，实施农村税费改革转移支付，给予适当补助。此外，财政部还对贵州实施天然林保护工程减收补助、退耕还林还草减收补助等。其中部分项目具有专项性质，但大部分为财力补助性质。2001年，中央安排贵州过渡期转移支付资金9.61亿元。

2002年，中央在实施所得税收入分享的改革中明确，因改革集中的收入要全部用于对财政困难地区，主要是中西部地区的一般性转移支付，并取消过渡期转移支付，将其概念改为“一般性转移支付”，建立了一般性转移支付资金稳定增长的机制。①② 此外，中央从2002年起安排贵州一般性转移支付资金15.88亿元，之后财政转移支付金额逐年增多，至2005年中央安排贵州一般性转移支付资金59.58亿元，按“十五”时期年均增长57.8%。

2003年10月21日，党的十六届三中全会通过的《中共中央关于完善社会主义市场经济体制若干问题的决定》明确要求：“进一步完善转移支付制度，加大对中西部地区和民族地区的财政支持。”2007年，为进一步规范财政转移支付制度，中央从当年起将地方体制性补助列入中央对地方财力性转移支付。在此期

① 金人庆．国务院关于规范财政转移支付情况的报告——2007年6月27日在第十届全国人民代表大会常务委员会第二十八次会议上［J］．中华人民共和国全国人民代表大会常务委员会公报，2007（5）：480-486.

② 孙勇．中国财政分权、集权的权衡与区域经济均衡增长［D］．上海：复旦大学，2014.

间，贵州省财政厅加大了调研力度，不断完善和规范省对下转移支付政策，在“建立省市县乡村五级最低财力保障体系”和“地表起伏对贵州财政公共支出的影响分析”等重大课题研究取得成果后，得到了中央财政更多的支持。同时，贵州省财政厅邀请财政部相关司局领导和干部多次到贵州调研指导，并将调研情况随同贵州省领导每年到财政部汇报。经多次汇报争取，财政部有关司局领导逐渐接受贵州提出的“将总人口因素纳入一般性转移支付算账”（总人口因素权重为30%）、“在地表起伏度对公共支出的影响中考虑贵州的特殊情况”等建议。[①]《中央对地方均衡性转移支付办法》对交通运输标准财政支出进行测算时，纳入了“地表起伏度系数”。[②] 也正是在2007年，贵州获得的中央财政转移支付占全国的比重突破了3%。[③] 2012年，财政部在计算均衡性转移支付时，正式将“地表起伏度”纳入计算公式。[④]

2008年10月12日，党的十七届三中全会通过的《中共中央关于推进农村改革发展若干重大问题的决定》明确提出：“推动流动人口服务和管理体制创新。扩大县域发展自主权，增加对县

① 李岷．小因素　大创新——影响转移支付资金分配客观因素的贵州探析［J］．新理财（政府理财），2015（Z1）：80-81．

② 《中央对地方均衡性转移支付办法》第六条第十一款规定：“交通运输标准财政支出=（公路里程×每公里交通支出×权重+常住人口×人均交通支出×权重+县个数×县均交通支出×权重+民用汽车拥有量×车均交通支出×权重+面积×单位面积交通支出×权重）×地表起伏度系数。地表起伏度系数，按照地表起伏度分类，并根据支出情况确定。其中地表起伏度根据海拔高度、海拔相对高差、地表坡度和地表面积指数合成。”

③ 根据贵州省财政厅提供的数据计算得出。

④ 李岷．小因素　大创新——影响转移支付资金分配客观因素的贵州探析［J］．新理财（政府理财），2015（Z1）：80-81．

的一般性转移支付、促进财力与事权相匹配，增强县域经济活力和实力。”财政部从国家生态安全、生态文明建设的大局出发，在中央对地方均衡性转移支付项下建立重点生态功能区转移支付，并于当年起实施。中央对地方重点生态功能区转移支付按县测算下达到省，省级财政根据本地实际制定省对下分配办法，下达到相关市县财政。财政部逐年完善中央对地方重点生态功能区转移支付办法，除逐年加大对地方生态环境保护的补助力度外，还不断加大对地方激励约束，会同环境保护部等部门对限制开发等国家重点生态功能区所属县进行生态环境监测与评估，并根据评估结果采取相应的奖惩措施，对生态环境明显改善的县，适当增加转移支付，对非因不可控因素而导致生态环境恶化的县，适当扣减转移支付。其中，生态环境明显恶化的县全额扣减转移支付，生态环境质量轻微下降的县扣减其当年的转移支付增量。

从 2009 年 1 月 1 日起，国务院开始实施成品油价格和税费改革。根据《国务院关于实施成品油价格和税费改革的通知》（国发〔2008〕37 号）的有关规定，《财政部关于印发中央对地方成品油价格和税费改革转移支付办法的通知》（财预〔2009〕14 号）要求，对实施成品油税费改革形成的财政收入作出了相应的规定，为保障交通基础设施养护和建设提供了较为可靠的资金来源。[①②]

2009 年，为了提高民族地区转移支付的稳定性和可预见性，财政部以促进少数民族地区财政平稳运行为重点，进一步完善了民族地区转移支付办法，规定转移支付 70%的部分按因素法分配，30%的部分考虑各地前三年中央分享增值税收入增量情况分配。此外，财政部从 2009 年起将原财力性转移支付改称为一般性转移支付，将原一般性转移支付改称为均衡性转移支付。均衡性转移支付按照公平、公正、循序渐进的原则，主要参照各地标准财政收入和标准财政支出的差额可用于转移支付的资金规模等客观因素，按统一公式计算确定。[③] 截至 2010 年，贵州获得的均衡性转移支付达 251. 18 亿元，“十一五”期间年均增长 33. 62%。

2012 年，《国务院关于进一步促进贵州经济社会又好又快发展的若干意见》（国发〔2012〕2 号）第四十五条明确提出：“充分考虑贵州的支出成本差异，进一步加大中央财政均衡性转移支付力度，逐步缩小地方标准财政收支缺口，中央财政在现有资金渠道内加大对交通、水利、教育等领域支持力度。”

总体来看，中央财政已逐步建立起“均衡为主、适当激励、重点扶持、促进转型、点面结合”的财政转移支付体系，为推动

---

① 财政部关于印发中央对地方成品油价格和税费改革转移支付办法的通知 [EB/OL]. 财政部，2011 - 09 - 02 [2019 - 09 - 24]. http://yss. mof. gov. cn/ls/czzxzyzf/201109/t20110902 _ 591465. htm.

② 财政部关于印发中央对地方成品油价格和税费改革转移支付办法的通知 [EB/OL]. 财政部，2012-03-23 [2019-09-30]. http://blog. sina. com. cn/s/blog_ 458d588901011b0h. html.

③ 均衡性转移支付 [EB/OL]. 辽宁省财政厅，2014 - 05 - 14 [2015 - 07 - 14]. http://czt. ln. gov. cn/zyzl/yjsbgzs/ t20150714_ 1733785. html.

贵州乃至全国经济社会改革进程，维护社会稳定和民族团结发挥了重要作用。①

三、党的十八大以来中央对贵州财政转移支付政策变迁

（一）中央财政转移支付制度逐步规范

随着中央对地方财政转移支付规模的快速增长，财政转移支付不但成为中西部地方政府的主要收入来源，而且在解决新时代的社会主要矛盾中发挥着重要作用。在历年的国务院政府工作报告中，中央对财政转移支付给予了高度重视，健全完善财政转移支付制度已成为政府的工作重点（见表5-1）。

表5-1　党的十八大以来中央对财政转移支付的提法及主要内容

年份	总理	次数	提法及主要内容
2013	温家宝	2	大力推进财税体制改革，完善转移支付制度，全面建立县级基本财力保障机制，基层政府提供基本公共服务的能力有所提高。 加快财税体制改革，理顺中央和地方财力与事权的关系，完善财政转移支付制度，健全公共财政体系
2014	李克强	3	优化财政支出，整合压缩专项转移支付。 提高一般性转移支付比例，专项转移支付项目要减少1/3，今后还要进一步减少

① 李萍，许宏才，李承．财政体制简明图解［M］．北京：中国财政经济出版社，2010：99-100.

续表

年份	总理	次数	提法及主要内容
2015	李克强	4	专项转移支付项目比上年减少1/3以上，一般性转移支付比重增加。 改革转移支付制度，完善中央和地方的事权与支出责任，合理调整中央和地方收入划分。 建立财政转移支付与市民化挂钩机制，合理分担农民工市民化成本
2016	李克强	4	中央对地方专项转移支付项目减少1/3，一般性转移支付规模增加。 进一步压缩中央专项转移支付规模，今年一般性转移支付规模增长12.2%
2017	李克强	2	对地方一般性转移支付规模增长9.5%，重点增加均衡性转移支付和困难地区财力补助
2018	李克强	5	中央对地方一般性转移支付规模大幅增加、专项转移支付项目减少2/3。 中央对地方一般性转移支付增长10.9%，增强地方特别是中西部地区财力。 推进中央与地方财政事权和支出责任划分改革，抓紧制定收入划分改革方案，完善转移支付制度。 强化对深度贫困地区支持，中央财政新增扶贫投入及有关转移支付向深度贫困地区倾斜
2019	李克强	2	中央对地方均衡性转移支付增长10.9%。 深化中央与地方财政事权和支出责任划分改革，推进中央与地方收入划分改革。完善转移支付制度
2020	李克强	1	建立特殊转移支付机制，资金直达市县基层、直接惠企利民，主要用于保就业、保基本民生、保市场主体

资料来源：国务院政府工作报告（http：//www.gov.cn/guowuyuan/baogao.htm）。

在党中央坚强有力的领导下，中国财政转移支付制度逐步规范，主要表现在以下几个方面。

首先，中央和地方有关基本公共服务财政事权与支出责任的划分已经纳入转移支付制度的完善要求。2015年2月2日，国务院出台的国发〔2014〕71号文件明确规定："清理整合一般性转移支付。逐步将一般性转移支付中属于中央委托事权或中央地方共同事权的项目转列专项转移支付，属于地方事权的项目归并到均衡性转移支付，建立以均衡性转移支付为主体、以老少边穷地区转移支付为补充并辅以少量体制结算补助的一般性转移支付体系。"2015年12月30日，财政部印发《中央对地方专项转移支付管理办法》（财预〔2015〕230号），取代了2000年制定的《中央对地方专项拨款管理办法》。2018年1月27日，国务院办公厅印发《基本公共服务领域中央与地方共同财政事权和支出责任划分改革方案》（国办发〔2018〕6号），在一般性转移支付下设立共同财政事权分类分档转移支付，首先将8大类18项基本公共服务事项纳入了中央与地方共同财政事权范围。[①] 同时，国办发〔2018〕6号文件明确要求："原则上将改革前一般性转移支付和专项转移支付安排的基本公共服务领域共同财政事权事项，统一纳入共同财政事权分类分档转移支付，完整反映和切实履行中央承担的基本公共服务领域共同财政事权的支出责任。"[②③]

其次，中央明确要求各省（市、区）要结合省以下财政管理体制，合理划分省以下各级政府的支出责任，"加强省级统筹，适当增加和上移省级支出责任"，"上级政府要通过调整收入划分、加

① 张维．兜牢民生底线推进公共服务均等化［N］．法制日报，2018-02-09（6）．

② 李忠峰．科学界定央地权责更好保障百姓民生［N］．中国财经报，2018-02-10（1）．

③ 杨志勇．中国财政70年：建立现代财政制度［J］．China Economist，2019（1）：66-93.

大转移支付力度，增强县级政府基本公共服务保障能力”。[①]

最后，医疗保障中的医疗救助主要包括城乡医疗救助和疾病应急救助，中央财政根据救助需求、工作开展情况、地方财力状况等因素分配对地方转移支付资金。城乡居民基本医疗保险补助项目前面已经明确。卫生健康能力提升（国家统一组织实施的卫生健康人才队伍建设、重点学科发展等项目）、中医药事业传承与发展（包括中医药临床优势培育、中医药传承与创新、中医药传统知识保护与挖掘、中医药“治未病”技术规范与推广等）为中央与地方共同财政事权并共同承担支出责任，中央财政根据工作任务量、补助标准、绩效考核情况等因素分配对地方转移支付资金。[②]

（二）中央财政明显加大了对贵州转移支付的力度

受历史、地理环境和政策等因素的影响，贵州长期是全国脱贫攻坚的主战场，贵州省委、省政府为此提出了确保2020年贵州与全国同步全面建成小康社会的目标。尤其是党的十八大以来，中央财政明显加大了对贵州转移支付的力度，为支持打好“三大攻坚战”、推进供给侧结构性改革、开展“三农”工作、保障和改善民生提供了有力的资金保障。从总量来看，贵州获得的转移性收入（包括一般性转移支付、专项转移支付、税收返还）从

① 国务院办公厅．国务院办公厅关于印发医疗卫生领域中央与地方财政事权和支出责任划分改革方案的通知［J］．中华人民共和国国务院公告，2018（6）：5-10．

② 贵州省发展改革委．贵州省“十四五”时期推进基本公共服务均等化研究报告［R］．贵阳：贵州省发展改革委，2019．

2006年的391.37亿元提高到2019年的3036.82亿元，同期占全国的比重从2.90%提高到4.03%。其中，贵州获得的中央财政转移支付占全国的比重于2014年突破4%，并在2016年达到了最高的4.35%（见图5-1）[①]；从人均来看，中央对贵州人均转移支付水平在全国西南地区已仅次于西藏，其中2018年为7599元（见图5-2）。[②]

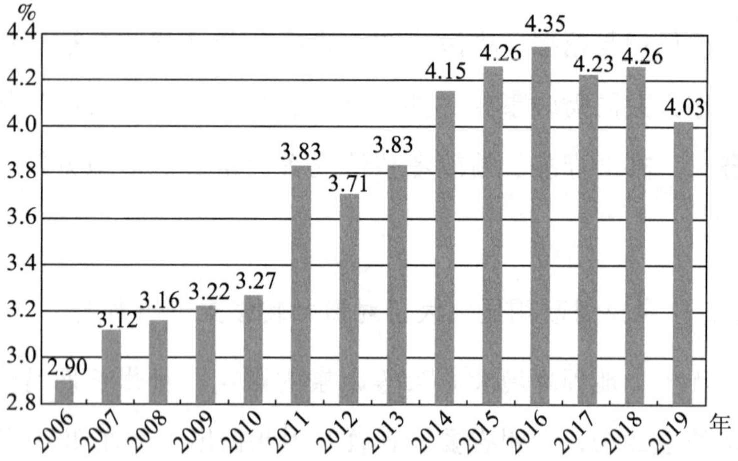

图5-1 2006—2019年贵州所获得的中央财政转移支付占全国的比重

资料来源：2006—2018年全国的原始数据来自财政部历年公布的《全国财政决算》，其中2006—2008年数据来自《中央财政支出决算表》，2009—2018年数据来自《中央对地方税收返还和转移支付决算表》，上述数据均按照权责发生制进行统计。2019年全国的数据来自当年财政部公布的《全国财政决算》，贵州的原始数据由贵州省财政厅提供。

---

① 2012—2014年的数据根据贵州省财政厅提供的数据计算得出，2015—2016年的数据根据财政部公布的《中央对地方一般性转移支付分地区决算表》《中央对地方专项转移支付分地区决算表》计算得出。

② 根据财政部公布的《中央对地方一般性转移支付分地区决算表》《中央对地方专项转移支付分地区决算表》和《中国统计年鉴》计算得出。

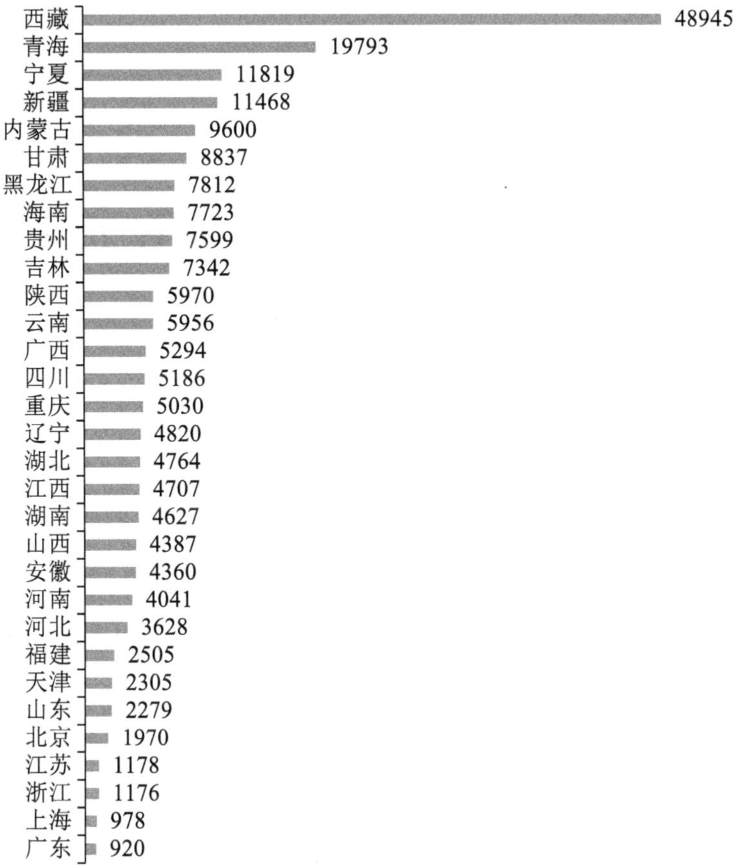

图 5-2　2018 年中央对全国各省人均转移支付决算数（单位：元）

资料来源：根据财政部《2018 年中央对地方一般性转移支付分地区决算表》《2018 年中央对地方专项转移支付分地区决算表》以及《中国统计年鉴—2019》公布的数据计算得出。

第六章　贵州地方财政的主要困难及其原因分析

受历史、区位和国家政策等的影响，贵州作为一个经济体系和产业体系并不完整的省区，其经济发展长期落后于全国其他省（区、市），造成地方财政收不抵支，而财政拮据的问题又成为长期影响贵州经济社会发展的重大问题之一。有效解决好地方财政的收支平衡问题，历来是贵州执政当局的重点工作。在即将完成脱贫攻坚任务和与全国同步实现全面建成小康社会任务的 2020 年后，国家重大战略发生变化，必然会带来中央财政转移支付政策的变化。根据国家政策的新变化，深入准确分析贵州地方财政面临的主要问题及其产生的原因，及时采取科学有效应对策略，对指导贵州乃至欠发达地区的实际工作具有重要的现实意义。

第一节　贵州地方财政的主要困难

一、依靠贵州地方财力难以巩固“脱贫攻坚战”的成果

全面建成小康社会，是中国共产党对全国人民的庄严承诺，而打赢脱贫攻坚战是贵州实现全面建成小康社会目标的重大任务。贵州自 1413 年建制为行政省以来，经济发展严重滞后，贵州历史上长期是全国地方财力最为拮据的地区，是全中国最贫困的地方之一。自从 1994 年中国开始实施“八七扶贫攻坚计划”以来，贵州一直都是全国扶贫攻坚的主战场。中国政府向全世界庄严承诺，要在 2020 年全部消除绝对贫困的目标，使得贵州脱贫攻坚的任务不仅艰巨，而且十分光荣。改革开放以来，尤其是党的十八大以来，为不断缩小区域之间经济和社会发展的差距，在中央政府的大力支持下，贵州人均一般预算收入与全国地方本级人均一般预算收入的差距显著缩小，贵州人均一般预算收入占全国地方本级人均一般预算收入的比重从 2004 年的 41.80%增加到 2015 年的 70.54%。然而从 2016 年起，受减税降费等一系列宏观政策因素的持续影响，贵州人均一般预算收入占全国地方本级人均一般预算收入的比重开始呈现下降趋势，从 2015 年的 70.54%下降到 2018 年的 68.37%（见表 6-1）。

表 6-1 1978—2018 年贵州与全国人均一般预算收入情况

年份	贵州人均一般预算收入/元	全国地方本级人均一般预算收入/元	贵州占全国的比重/%
1978	23	99	23. 45
1979	24	94	25. 53
1980	24	89	27. 16
1981	22	86	25. 87
1982	27	85	31. 45
1983	33	85	38. 7
1984	40	94	43. 01
1985	51	117	43. 74
1986	56	125	44. 98
1987	70	134	51. 96
1988	83	143	58. 24
1989	101	163	62
1990	108	170	63. 64
1991	129	191	67. 63
1992	141	214	65. 83
1993	166	286	57. 92
1994	90	193	46. 83
1995	111	246	44. 87
1996	139	306	45. 44
1997	161	358	44. 87
1998	179	399	44. 72
1999	200	445	45
2000	227	505	44. 9
2001	263	611	42. 95
2002	282	663	42. 57
2003	322	762	42. 23
2004	382	915	41. 8

续表

年份	贵州人均一般预算收入/元	全国地方本级人均一般预算收入/元	贵州占全国的比重/%
2005	489	1155	42.37
2006	615	1392	44.14
2007	785	1784	44.01
2008	972	2157	45.06
2009	1177	2443	48.2
2010	1534	3029	50.65
2011	2229	3900	57.14
2012	2911	4511	64.52
2013	3445	5072	67.92
2014	3896	5547	70.23
2015	4259	6038	70.54
2016	4392	6309	69.61
2017	4508	6580	68.51
2018	4797	7016	68.37

注：贵州和全国人口数均采用常住人口数。

资料来源：贵州人均一般公共预算收入根据《贵州统计年鉴》计算得出，全国地方本级人均一般预算收入根据历年《中国统计年鉴》计算得出。

虽然贵州的88个县（市、区）正逐步完成脱贫攻坚的任务，但完成度不高。譬如，黔东南州的锦屏县和黔南州的罗甸县虽然不是深度贫困县，但贫困发生率仍然较高，脱贫攻坚任务较为艰巨。2019年2月19日，贵州省财政厅发布的《省财政厅关于下达深度贫困县专项扶贫补助资金的通知》（黔财预〔2019〕22

号)，将锦屏县和罗甸县与贵州省14个深度贫困县[①]并列下达专项扶贫补助资金。

党的十九届四中全会《决定》明确提出：“坚决打赢脱贫攻坚战，巩固脱贫攻坚成果，建立解决相对贫困的长效机制。”现实情况表明，即使贵州在2020年完成脱贫攻坚任务，与全国同步全面建成小康社会，但如果未来中央对贵州的财政转移支付不能维持现有的支持力度，贵州部分深度贫困县仍然存在面临脱贫后再度返贫的风险。习近平总书记明确指出：“如果贫困地区长期贫困，面貌长期得不到改变，群众生活长期得不到明显提高，那就没有体现我国社会主义制度的优越性，那也不是社会主义。”[②]要构建起解决相对贫困的长效机制，持续巩固和发展脱贫攻坚已经取得的巨大成果，贵州需要保持全省财政收支的大致平衡。因此，贵州在相当长的一个时期内，还需要得到持续有力的中央财政转移支付政策支持。

二、贵州基本公共服务与全国平均水平相比较仍存在一定差距

要在反贫困问题上取得重大突破，除了单纯的扶贫开发，还必须通过完善教育、医疗、社会保障等基本公共服务实现发展机

① 2018年，贵州的14个深度贫困县包括正安、沿河、纳雍、威宁、赫章、水城、紫云、三都、剑河、榕江、从江、晴隆、望谟、册亨。

② 中共中央宣传部．习近平总书记系列重要讲话读本（2016年版）［M］．北京：人民出版社，2016：219.

会、权利的均等。[1] 改革开放以来，尤其是党的十八大以来，贵州不断加大对基本公共服务的投入力度，并在基本公共服务领域取得了突出进展。“十三五”期间，贵州基本公共教育、基本劳动就业创业、城乡基本社会保险、基本医疗卫生、基本社会服务、基本住房保障、基本公共文化体育、残疾人基本公共服务等公共服务指标基本可以完成（见表6-2），与全国平均水平的差距正在不断缩小。但是，由于贵州基本公共服务历史欠账较多，与全国平均水平相比较仍存在一定的差距（见表6-3）。Stiglitz（2012）在《不平等的代价》中发出警告：“如果广泛存在不平等的社会不能有效运转，其经济从长期来看难以保持稳定可持续增长。”[2]

表6-2　“十三五”期间贵州基本公共服务指标

指标	2010年	2015年	2016年	2017年	2018年	2020年	
						目标	预计
一、基本公共教育							
1. 学前三年毛入园率/%	55	80	83	85	87	90	√
2. 九年义务教育巩固率/%	70	87.6	88	90	91	95	√
3. 高中阶段毛入学率/%	55	86.1	87	87	88	90	√
二、基本劳动就业创业							
1. 城镇登记失业率/%	3.6	3.29	3.24	3.23	3.16	<4.2	√

① 杨颖．中国农村反贫困研究——基于非均衡发展条件下的能力贫困［M］．北京：光明日报出版社，2011：188.

② Stiglitz J E. The Price of Inequality: How Today's Divided Society Endangers Our Future［M］. New York: WWNorton and Company, 2012: 83.

续表

指标	2010 年	2015 年	2016 年	2017 年	2018 年	2020 年	
						目标	预计
2. 城镇新增就业人数/万人	21.89	72.68	75.78	76.93	77.71	350	√
三、城乡基本社会保险							
1. 城镇职工基本养老保险参保人数/万人	257.3	392.09	423.58	588.17	639.81	600	√
2. 城镇城乡居民基本养老保险参保人数/万人	223.72	1649.03	1703.08	1748.55	1802.66	1790	√
3. 城镇基本医疗保险参保人数/万人	602.5	955.45	973.59	1001.34	1040.47	1000	√
4. 新型农村合作医疗参保率/%	96.3	99.1	99.3	99.5	—	≥99	√
四、基本医疗卫生							
1. 每千人床位数/张	3	5.57	5.91	6.51	6.82	6	√
2. 每千人执业（助理）医生数/人	1.2	1.8	1.94	2.11	2.26	2.5	√
3. 每千人注册护士数/人	1.04	2.15	2.42	2.74	3.03	3.14	√
4. 人口自然增长率/‰	7.41	5.8	6.5	7.1	7.05	<8	√
5. 人均期望寿命/岁	71.1	72.4	73	73.78	74	73.5	√

续表

指标	2010 年	2015 年	2016 年	2017 年	2018 年	2020 年	
						目标	预计
五、基本社会服务							
每千老年人拥有养老床位数/张	5.5	31	31	32	32.4	35	√
六、基本住房保障							
1. 城镇棚户区住房改造/万套	—	75.13	42.98	43.03	35.78	130	√
2. 农村危房改造实际完成/万户	30.46	35	30	20	21.13	108	√
七、基本公共文化体育							
1. 广播节目综合人口覆盖率/%	87.6	92.3	93	93.5	93.93	100	
2. 电视节目综合人口覆盖率/%	92.6	96	96.1	96.5	96.74	100	
八、残疾人基本公共服务							
1. 残疾儿童少年义务教育入学率/%	—	83	—	86	—	95	√
2. 城镇残疾居民基本医疗保险参保率/%	—	86	—	100	100	98	√
3. 农村残疾居民新农合参保率/%	—	98	—	100	100	99	√
4. 城镇残疾职工基本养老保险参保率/%	—	80	—	100	100	98	√

续表

指标	2010 年	2015 年	2016 年	2017 年	2018 年	2020 年	
						目标	预计
5. 城乡残疾居民基本养老保险参保率/%	—	70	—	100	100	98	√

注：√代表可以完成。

资料来源：1. 贵州省发展改革委．贵州省“十四五”时期推进基本公共服务均等化研究报告［R］. 贵阳：贵州省发展改革委，2019.

2. 历年《中国统计年鉴》《贵州统计年鉴》以及国家和贵州省统计公报。

表 6-3 “十三五”期间贵州与全国基本公共服务指标对比

指标	贵州				全国			
	2015 年	2016 年	2017 年	2018 年	2015 年	2016 年	2017 年	2018 年
一、基本公共教育								
1. 学前三年毛入园率/%	80	83	85	87	75	77.4	79.6	81.7
2. 高中阶段毛入学率/%	86.1	87	87	88	87	87.5	88.3	88.8
3. 九年义务教育巩固率/%	87.6	88	90	91	93	93.4	93.8	94.2
4. 义务教育基本均衡县（市、区）的比例/%[1]	17	37.5	62.5	96.5	44.48	62.4	81	92.5
二、基本劳动就业创业								
1. 城镇新增就业人数/万人	79.71	82.93	80.58	82.69	1312	1314	1351	1361
2. 城镇登记失业率/%	3.29	3.24	3.23	3.16	4.05	4.02	3.9	3.8

续表

指标	贵州				全国			
	2015 年	2016 年	2017 年	2018 年	2015 年	2016 年	2017 年	2018 年
三、基本社会保险								
1. 基本养老保险参保人数/万人	2041.13	2126.66	2336.72	2442.47	85833.4	88766.8	91548.3	94293.3
2. 基本医疗保险参保人数/万人	955.45	973.59	1001.34	1040.47	66581.6	74391.6	117681.4	134458.6
四、基本医疗卫生								
1. 每十万孕产妇死亡数/人	24.6	27.3	22.8	19.5	20.1	19.9	19.6	18.3
2. 婴儿死亡率/‰	8.7	7.9	7.4	7.5	8.1	7.5	6.8	6.1
3.5 岁以下儿童死亡率/‰	12.2	10.9	10.5	10	10.7	10.2	9.1	8.4
4. 出生率/‰	13	13.43	13.98	13.9	12.07	12.95	12.43	10.94
5. 死亡率/‰	7.2	6.93	6.88	6.85	7.11	7.09	7.11	7.13
6. 人口自然增长率/‰	5.8	6.5	7.1	7.05	4.96	5.86	5.32	3.81
五、基本社会服务								
每千老年人拥有养老床位数/张	31	31	32	32.4	30.3	31.6	30.9	29.9
六、基本住房保障								
1. 城镇棚户区住房改造/万套	75.13	42.98	43.03	35.78	601	606	609	626
2. 农村危房改造实际完成/万户	35	30	20	21.13	>300	158	152.5	157

续表

指标	贵州				全国			
	2015 年	2016 年	2017 年	2018 年	2015 年	2016 年	2017 年	2018 年
七、基本公共文化体育								
1. 公共图书馆年流通人次/万人次	594	604.4	783.9	882.1	58892	66037	74450	82032
2. 广播节目综合人口覆盖率/%	92.3	93	93.5	93.93	98.2	98.4	98.7	98.9
3. 电视节目综合人口覆盖率/%	96	96.1	96.5	96.74	98.8	98.9	99.1	99.3

注：1. 指通过省级评估、国家认定程序认定的义务教育均衡发展县（市、区）占全国所有县（市、区）的比例，国家 2017 年数据来源于教育部网站。

资料来源：1. 贵州省发展改革委．贵州省“十四五”时期推进基本公共服务均等化研究报告［R］. 贵阳：贵州省发展改革委，2019.

2. 历年《中国统计年鉴》《贵州统计年鉴》以及国家和贵州省统计公报。

（一）贵州教育事业与全国平均水平相比仍存在一定差距

1993 年 2 月 13 日，中共中央、国务院印发《中国教育改革和发展纲要》（中发〔1993〕3 号），明确提出：“逐步提高国家财政性教育经费支出占国民生产总值的比例，本世纪末达到 4%，达到发展中国家八十年代的平均水平。”在“穷省办大教育”的背景下，贵州不断加大财政性教育经费的投入力度，财政性教育经费支出占生产总值的比重多年来明显高于全国的平均水平，并于 2001 年实现财政性教育经费支出占地区生产总值比重达到 4%，① 比全国提前 11 年实现中发〔1993〕3 号文件提出的目标

① 2000 年，贵州财政性教育经费支出占地区生产总值比重已达到 3.99%，已非常接近中发〔1993〕3 号文件提出的目标。

（见图 6-1）。2018 年 12 月 11 日，中共贵州省委、贵州省人民政府印发《贵州省推进教育现代化建设特色教育强省实施纲要（2018—2027 年）》（黔党发〔2018〕30 号），进一步提出“到 2020 年，基本建立现代教育体系”“到 2022 年，教育整体水平进入全国教育中等行业”“到 2027 年，基本建成特色教育强省”的工作目标。根据贵州省教育厅公布的《2018 年贵州省教育经费统计快报》的数据，贵州财政性教育经费总投入为 1073.12 亿元，占当年地区生产总值的 7.25%，比全国同期平均水平高出 3.23 个百分点。①

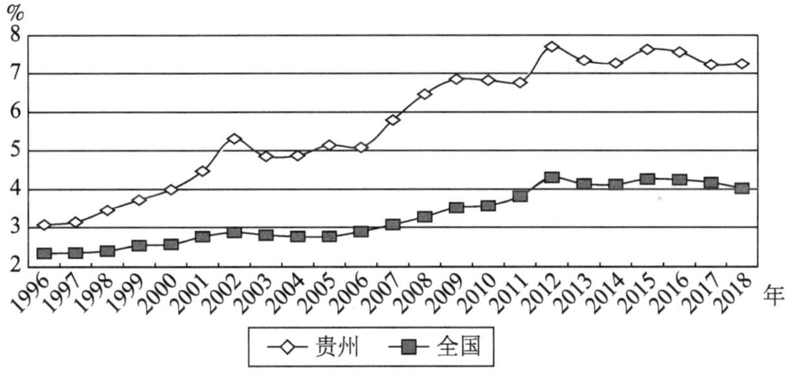

图 6-1　1996—2018 年贵州与全国财政性教育经费占生产总值比例

资料来源：贵州 1996—2016 年数据来自历年《中国统计年鉴》，2017—2018 年数据来自历年《贵州省教育经费统计快报》；全国 1996—2017 年数据来自《辉煌 70 年——新中国经济社会发展成就（1949—2019）》，2018 年全国财政性教育经费数据来自《教育部关于 2018 年全国教育经费统计快报》。

贵州对教育的重视，使得教育得到了较快发展。一方面，贵

① 根据《2018 年全国教育经费统计快报》的数据，全国财政性教育经费总投入为 36990 亿元，占当年 GDP 的 4.02%。2018 年全国 GDP 选择的是国家统计局 2019 年 11 月 22 日公布的修正数 919281 亿元，比初步核算数增加 18972 亿元。

州的教育发展得到了中央的充分肯定和社会的普遍认可；另一方面，贵州教育投入比例之所以较高，是因为存在基础教育相对较为薄弱、地区生产总值总量不高等客观因素。客观现实还表明，目前广东、上海、北京、江苏、浙江等省市，由于经济比较发达，地区生产总值总量较大，即便财政性教育经费支出占地区生产总值的比例达不到4%，其教育经费总量和人均比例相比贵州来说也要充裕很多。

虽然贵州举全省之力在教育支出方面投入大量资金，同时财政性教育经费相当部分是由中央财政配套，[①] 但是贵州教育事业与全国平均水平相比仍存在明显的短板。一方面，贵州教育水平与全国平均水平相比仍存在一定差距。贵州教育历史欠账过多，譬如高中阶段巩固率和九年义务教育巩固率仍落后于全国平均水平。2018年，贵州高中阶段毛入学率为88%，低于全国平均水平0.8个百分点；贵州九年义务教育巩固率为91%，低于全国平均水平3.2个百分点（见表6-3）。另一方面，贵州生均教育经费仍然低于全国的平均水平。受制于较为有限的地方财力，贵州生均教育经费长期落后于全国平均水平。2018年，贵州幼儿园、普通小学、普通初中、普通高中、中等职业学校、普通高校生均教育事业费支出分别为7178.55元、10156.04元、12241.82元、

① 譬如，《国务院关于进一步完善城乡义务教育经费保障机制的通知》（国发〔2015〕67号）规定："落实生均公用经费基准定额所需资金由中央和地方按比例分担，西部地区及中部地区比照实施西部大开发政策的县（市、区）为8∶2，中部其他地区为6∶4，东部地区为5∶5。"

12794.55 元、6781.25 元、19490.04 元,[①] 全国则分别为 10648 元、12733 元、18481 元、20441 元、19742 元、36294 元,[②] 即贵州各阶段生均教育事业费支出仅分别为全国平均水平的 67.4%、79.8%、66.2%、62.6%、34.3%、53.7%。

联合国大会 1948 年 12 月 10 日通过的《世界人权宣言》第 26 条第 1 款明确提出:“人人都有受教育的权利，教育应当免费，至少在初级和基本阶段应如此。”受教育权已经成为公认的人权。Piketty（2014）认为从长期来看，教育投资是降低劳动收入不平等、提高劳动生产率，进而推动经济整体增长的最佳方式。[③] 党的十九届四中全会《决定》明确提出:“推动城乡义务教育一体化发展，健全学前教育、特殊教育和普及高中阶段教育保障机制，完善职业技术教育、高等教育、继续教育统筹协调发展机制。”为了更好地落实党的十九届四中全会《决定》有关精神，除了需要贵州财政在未来继续保持对教育的投入力度，更需要中央财政转移支付的有力支持。

（二）贵州基本医疗卫生事业与全国平均水平相比仍存在一定差距

加大基本医疗卫生事业的公共服务支出，有利于提高劳动力身体素质，而劳动力素质同经济收入存在正相关关系。因此，贵

---

① 资料来源：贵州省教育厅关于 2018 年贵州省教育经费统计快报。

② 资料来源：教育部关于 2018 年全国教育经费统计快报。

③ Piketty T. Capital in the Twenty - First Century [M]. Goldhammer A, Translated from the French. Cambridge: The Belknap Press of Harvard University Press, 2014: 306-307.

州加大基本医疗卫生事业的公共服务支出，有利于缩小与全国平均水平的差距。[①] 党的十八大以来，贵州公共卫生事业取得了显著进步。2015—2018 年，贵州孕产妇死亡数（每十万）从 24.6 下降到 19.5，婴儿死亡率从 8.7‰下降到 7.5‰，5 岁以下儿童死亡率从 12.2‰下降到 10.0‰。但是，与全国平均水平相比，贵州基本医疗卫生事业仍存在一定差距。一方面，贵州公共卫生关键指标普遍落后于全国平均水平。2018 年，全国孕产妇死亡数（每十万）为 18.3，比贵州低 1.2；全国婴儿死亡率为 6.1‰，比贵州低 1.4‰；全国 5 岁以下儿童死亡率为 8.4‰，比贵州低 1.6‰。另一方面，贵州公共卫生部分指标与全国平均水平的差距呈现扩大趋势。2015—2018 年，全国婴儿死亡率年平均下降 0.5‰，贵州仅为 0.3‰；全国 5 岁以下儿童死亡率年平均下降 0.58‰，贵州仅为 0.55‰。

在 2020 年肆虐全国的新冠肺炎疫情中，虽然贵州累计确诊病例数与邻近省份相比较低，但累计治愈出院率与邻近省份相比也是最低的。[②] 从 2020 年 2 月 17 日到 2 月 29 日，贵州全省通过不懈努力，已经连续 13 天无新增新冠肺炎确诊病例。然而截至 2020 年 2 月 29 日，贵州累计治愈出院率仅为 76.7%，而除湖北

---

① 朱凤岐．贫困地区贫困人口的脱贫途径和扶持政策［M］//聂振邦，王建，吴阿南．我国工业化中期农村经济问题研究．北京：中国计划出版社，1996：152-171.

② 根据国家卫生健康委员会 2020 年 2 月 11 日公布的新冠肺炎疫情实时数据，截至 2020 年 2 月 10 日，贵州累计确诊病例为 118 例，但累计治愈出院率仅为 8%，而湖南、广西、重庆、四川、云南同期的治愈出院率分别为 23%、14%、14%、20%、13%。

和港澳台地区外全国累计治愈出院率为 80.8%。[①] 这种情况也可以较为充分地反映出贵州基本医疗卫生事业发展与全国平均水平存在的明显差距。

党的十九届四中全会《决定》明确提出："提高公共卫生服务、医疗服务、医疗保障、药品供应保障水平。"为了更好地落实党的十九届四中全会《决定》有关精神，进一步缩小贵州基本医疗卫生事业与全国平均水平的差距，除了需要贵州财政继续保持对基本医疗卫生事业的投入力度，更需要中央财政转移支付的有力支持。

（三）贵州基本公共文化体育事业与全国平均水平相比仍存在一定差距

"十三五"时期，全国和贵州确立了"广播节目综合和电视节目综合人口覆盖率实现 100%"的目标。虽然贵州的广播节目综合人口覆盖率从 2015 年的 92.3%提高到 2018 年的 93.9%，电视节目综合人口覆盖率从 2015 年的 96.0%提高到 2018 年的 96.8%，但相对缓慢的增速使贵州在 2020 年完成"广播节目综合和电视节目综合人口覆盖率实现 100%"的目标存在较大的难度。

党的十九届四中全会《决定》明确提出："完善城乡公共文化服务体系，优化城乡文化资源配置，推动基层文化惠民工程扩大覆盖面、增强实效性。"为了更好地落实党的十九届四中全会

---

① 根据国家卫生健康委员会公布的新冠肺炎疫情实时数据，截至 2020 年 2 月 29 日，贵州累计确诊病例 146 例，累计治愈出院病例 112 例；除湖北和港澳台地区外全国累计确诊病例 12917 例，累计治愈出院病例 10438 例。

《决定》有关精神，除了需要贵州财政在未来年度内继续保持对基本公共文化体育事业的投入力度，更需要中央财政转移支付的有力支持。

三、因基础设施投资积累的地方政府债务亟待化解

党的十八大以来，贵州为了克服“不沿海、不沿边、不沿江”和“地无三尺平”的自然地理环境对经济发展的制约，依靠中央财政转移支付以及地方政府举债，对以交通运输、水利、环境和公共设施管理等为代表的基础设施进行大量投资。2011—2016年，贵州道路运输业固定资产投资额分别为527.13亿元、695.76亿元、920.42亿元、1263.11亿元、1462.35亿元、1758.43亿元，水利、环境和公共设施管理固定资产投资额分别为474.31亿元、696.96亿元、947.92亿元、1236.21亿元、1713.69亿元、2552.29亿元。①

经过近十年的建设，贵州经济社会发展取得了显著成效。2019年，贵州高速公路总里程达到7004千米，居全国第四位，高速公路综合密度继续保持全国第一位。② 到2015年，贵州成为西部12个省区第一个、全国第六个“县县通高速”的省区，“不沿海、不沿江、不沿边”和“地无三尺平”的自然地理环境已经不再成为制约贵州经济发展的主要瓶颈。

---

① 贵州省统计局．贵州70年：1949—2019［M］．北京：中国统计出版社，2019：275.

② 闵捷．大道映长空　致富坦途宽——2019贵州交通基础设施建设述评［N］．贵州日报，2020-01-07（1）.

2016—2018年，贵州全省固定资产投资同比增速保持在15%以上，其中2018年的增速为15.8%。然而，对以交通运输、水利、环境和公共设施管理等为代表的基础设施进行大量投资，也在短期内加大了贵州的财政负担。在公路和铁路等基础设施建设中，一般中央只负责20%，大部分资金需要贵州筹集，而贵州地方财力相对拮据，主要通过发行地方政府债务或投融资担保的方式筹集资金。但是，对于因发行地方政府债务需要还本付息的资金，只能主要通过争取中央财政转移支付逐步偿还。

随着2019年中央对贵州财政转移支付增幅的下降，地方政府债务需要还本付息的压力明显增加，不利于贵州在未来对基础设施保持现有的投资力度。根据中国民生银行研究院研究团队2020年2月公布的研究报告，2019年贵州固定资产投资增速仅为1%，较2018年回落了14.8个百分点，增速排名由2018年的全国首位骤降至第24位。[①] 贵州固定资产投资增速迅速下滑的情况，无疑会给贵州经济在未来继续保持较快增长带来较大的下行压力。

然而，贵州继续向中央争取更多的财政转移支付也存在着较大的困难。首先，财政部认为对贵州支持力度已经很大。财政部普遍认为，贵州本身是完善基础设施建设的最大受益者，而贵州争取中央财政转移支付占全国的比重已从2006年的2.90%提高到2019年的4.03%。其次，贵州本身“不沿海、不沿江、不沿边”

---

① 中国民生银行研究院．增长压力考验加快转型　疫情促进地方治理升级——2019年我国各省经济形势分析及疫情下的2020年展望［R］．北京：中国民生银行研究院，2020.

的区位劣势，使贵州完善基础设施建设给全国其他地区乃至全国带来的效益相对其他省份较为有限，客观上增加了贵州进一步向中央争取财政转移支付的难度。最后，为了控制地方政府债务风险，中央政府不断加大对地方政府的债务约束力度。由于贵州特殊的省情，一些举措加大了贵州完成脱贫攻坚任务的难度。譬如，受中国银监会下发的《关于印发商业银行委托贷款管理办法的通知》（银监发〔2018〕2号）等政策影响，目前在贵州的各金融机构中止了有关子基金的出资进程，贵州脱贫攻坚投资基金面临募资难瓶颈，全省脱贫攻坚工作受到了较大影响。

第二节　贵州地方财政困难的原因分析

一、“脱贫攻坚战”在短期内难以根除贵州的致贫因素

贵州长期被形容为“天无三日晴，地无三尺平，人无三分银”。无产阶级革命导师弗里德里希·恩格斯1882年在《社会主义从空想到科学的发展》中一针见血地指出：“生产以及随生产而来的产品交换是一切社会制度的基础；在每个历史地出现的社会中，产品分配以及和它相伴随的社会之划分为阶级或等级，是由生产什么、怎样生产以及怎样交换产品来决定的。所以，一切社会变迁和政治变革的终极原因，不应当在人们的头脑中，在人们对永恒的真理和正义的日益增进的认识中去寻找，而应当在生

产方式和交换方式的变更中去寻找；不应当在有关的时代的哲学中去寻找，而应当在有关的时代的经济学中去寻找。”①② 从马克思主义的实践观与历史唯物主义角度考察，由于贵州区位上的边缘分布、交通的闭塞，以及劳动者相对较低的受教育程度，当地早已习惯于“日出而作，日落而息”的自然经济生产方式。③

相对闭塞的自然地理环境以及相对落后的生产方式，在当地滋生出“等、靠、要”的文化糟粕。一方面，部分地方政府官员思想观念严重滞后，缺乏开放发展的意识，没有按照比较优势的原则发展自身产业，导致产业转型升级缓慢、产业出现断层、产业链条短、竞争力不强。另一方面，部分贫困群众“懒汉心态”滋生蔓延，缺乏脱贫动力，甚至出现争当贫困户的现象，将脱贫的任务完全转嫁到政府和扶贫干部身上，严重挫伤了扶贫干部尤其是基层扶贫干部的工作积极性，影响了脱贫工作的顺利进行。④

经济发展的长期滞后，加之“等、靠、要”的文化糟粕，导致部分学者对贵州未来的发展严重缺乏信心。根据原贵州省计划委员会学者谷成彬在1995年的分析预测，贵州人均地区生产总值要赶超四川、云南、广西发展水平约需27年、26年、46年，而

---

① 恩格斯．马克思恩格斯全集：第十九卷［M］．中共中央马克思恩格斯列宁斯大林著作编译局，编译．北京：人民出版社，2006：228.

② 王若宇．社会主义核心价值体系逻辑结构阐释——从哲学的角度［J］．人民论坛，2012（2）：58-59.

③ 赵曦．中国西部贫困地区扶贫攻坚难点问题与战略选择研究［M］．成都：西南财经大学出版社，2001：98-99.

④ 贵州省14个深度贫困县决战决胜脱贫攻坚突出问题与对策课题组．贵州省14个深度贫困县决战决胜脱贫攻坚突出问题与对策［R］．贵阳：贵州省发展和改革委员会，2018.

要赶上全国平均水平约需258年。此外，贵州地区生产总值要赶超四川、云南、广西，约需187年、70年、106年。[①②]

习近平在福建省宁德市工作期间曾明确指出："扶贫先要扶志，要从思想上淡化'贫困意识'。不要言必称贫，处处说贫。"[③④] 要真正落实习近平总书记"扶贫先要扶志，从思想上淡化'贫困意识'"的指示，从根子上铲除致贫因素，不是一朝一夕的事情。贵州需要通过包括财政政策在内的一系列相关政策的支持和长期的艰苦努力，巩固脱贫攻坚成果，才能彻底改变相对落后的生产方式，进而从思想上彻底铲除贫困的根源。

二、贵州现代产业体系尚未完全成形

贵州现代产业体系尚未完全成形，严重制约了贵州地方财政收入的增长。让·巴蒂斯特·萨伊在《政治经济学概论：财富的生产、分配与消费》中对财政与产业体系之间的关系进行了分析。萨伊认为："有一些人，提出财政计划与所谓增加国家财富而不剥夺人民财富的方法。但是，除非财政计划是纯粹冒险性产业计划，否则不取之于民，或不取之于政府本身，就不能有所获得。生财之道，绝不是像变把戏那样，按一下魔棍就可无中生有。

① 谷成彬．缩小贵州与全国及邻省差距的客观选择［Z］．贵州省第二次邓小平理论研讨会材料，1995：4.

② 张韬．地方税体系与产业转型升级联动机制研究：以贵州省为例［M］．北京：中国经济出版社，2019：210-211.

③ 习近平．摆脱贫困［M］．福州：福建人民出版社，2017：7-8.

④ 张志胜，崔执树．习近平精神扶贫思想的基本内涵与时代意蕴［J］．内蒙古大学学报（哲学社会科学版），2018（4）：14-20.

不论工作可弄得那样神秘，不论价值可那样经常地变换，只有两个取得价值的方法，即自己创造和向别人拿取。”① 贵州现代产业体系存在的不足主要体现在以下几个方面。

（一）对资源、能源开采业依赖性较大，装备制造业产业附加值尚未充分挖掘

一方面，将资源、能源开采业等产业作为贵州的产业布局，难以形成较高的附加值。根据国发〔2000〕33 号文件、《中共中央 国务院关于深入实施西部大开发战略的若干意见》（中发〔2010〕11 号）、国发〔2012〕2 号文件的要求，国家对贵州的产业布局的定位是全国重要的能源基地、资源深加工基地、特色轻工业基地、以航空航天为重点的装备制造基地和西南重要陆路交通枢纽。在国家相关文件精神的指导下，贵州的产业布局已基本或正在落实。但是，这些产业处于产业分工价值链的低端，难以形成较高的附加值。② 尤其是贵州在实施“西电东送”工程的过程中，不但付出了电力紧张、生态环境严峻、失地农民问题严峻等综合代价，明显低于全国平均价的定价机制③也严重损害了贵州的利益。④

① 萨伊．政治经济学概论：财富的生产、分配与消费［M］．陈福生，陈振骅，译．北京：商务印书馆，2010：553-554.

② 张韬．地方税体系与产业转型升级联动机制研究：以贵州省为例［M］．北京：中国经济出版社，2019：144-145.

③ 根据原国家发展计划委员会《关于南方电网西电东送价格有关问题的通知》（计价格〔2002〕781 号）的规定，贵州送电价格为 0.24 元/（千瓦·时）。如果加上 0.082 元/（千瓦·时）的输电费，贵州到广东落地电价为 0.322 元/（千瓦·时），比全国平均价低 0.12 元/（千瓦·时）。

④ 胡晓登．“西电东送”电力产业政策研究——以贵州省为典型个案［M］．北京：光明日报出版社，2007：76-81，85-86.

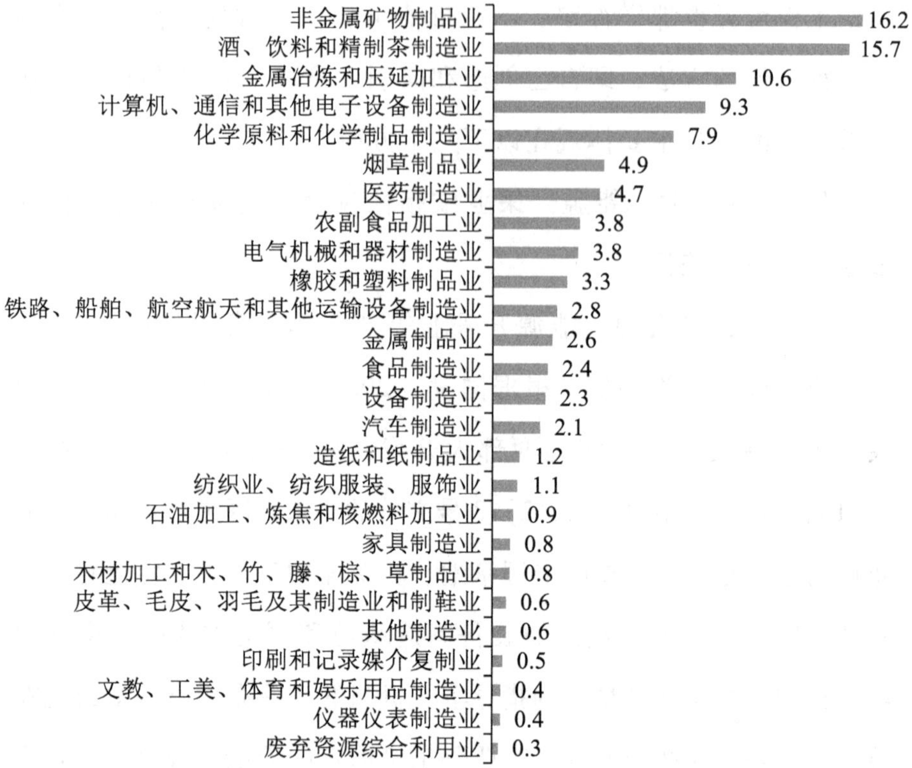

图 6-2　2018 年贵州制造业规模以上工业增加值结构（单位:%）

注：规模以上工业统计口径为年主营业务收入 2000 万元及以上工业企业。
资料来源：根据《贵州统计年鉴—2019》的数据计算得出。

另一方面，贵州的装备制造业产业附加值尚未充分挖掘。由于贵州省装备制造业所有制结构单一，军民结合、军地融合深度不足，部分企业社会化分工程度和专业化水平较低，[①] 导致潜在产业附加值相对较高的航空航天制造业、汽车制造业、计算机制造业、

① 蔡绍洪，王作功，李守伟，等．贵州加快培育和发展战略性新兴产业的对策研究［M］．北京：科学出版社，2016：133.

仪器仪表制造业发展严重滞后（见图 6-2），贵州省以航空航天为重点的装备制造基地的产业布局定位迄今尚未形成。因此，在中央全面实施“营改增”后，贵州难以依靠增值税增加税收收入，高附加值的制造业亟待进一步发展。①

贵州第二产业对资源、能源开采业的依赖性较大。与此同时，由于缺乏龙头主机企业，加之配套装备能力弱，贵州的制造业尚未形成主机带动、配套协同、集群发展的良性格局，② 其产业附加值尚未得到充分有效的挖掘。

更为严峻的是，2016 年以来，贵州制造业规模以上工业增加值整体呈现下行趋势。根据贵州省统计局公布的数据，2016—2018 年，贵州制造业规模以上工业总产值分别为 8500.44 亿元、8080.39 亿元、7603.15 亿元，年平均下降 5.43%。制造业 26 个主要指标中，有 18 个出现了负增长。其中，有 12 个指标的年平均下降幅度超过 10%，有 3 个指标的年平均下降幅度超过 20%，木材加工和木、竹、藤、棕、草制品业年平均降幅甚至达到 44.96%。贵州汽车制造业规模以上工业总产值从 2017 年的 267.30 亿元下降到 2018 年的 160.00 亿元，降幅达到 40.14%（见表 6-4）。

---

① 张韬．地方税体系与产业转型升级联动机制研究：以贵州省为例［M］．北京：中国经济出版社，2019：144-145.

② 陈朝伦，秦占奎，李冬莲，等．贵州省十大千亿级工业产业现状分析与发展建议［J］．贵州商学院学报，2019（9）：1-12.

表 6-4　2015—2018 年贵州制造业规模以上工业总产值

单位：亿元

制造业主要指标	2015 年	2016 年	2017 年	2018 年
农副食品加工业	330.34	390.10	376.06	291.52
食品制造业	162.63	185.21	192.87	184.38
酒、饮料和精制茶制造业	880.11	1055.57	1067.86	1189.80
烟草制品业	367.34	334.42	341.21	371.27
纺织业、纺织服装、服饰业	68.19	88.60	80.66	84.60
皮革、毛皮、羽毛及其制造业和制鞋业	54.77	60.98	53.17	47.26
木材加工和木、竹、藤、棕、草制品业	161.20	192.52	69.67	58.33
家具制造业	32.39	45.68	54.01	59.95
造纸和纸制品业	84.27	105.97	81.80	91.29
印刷和记录媒介复制业	39.47	50.03	50.62	35.74
文教、工美、体育和娱乐用品制造业	29.00	45.40	46.75	29.12
石油加工、炼焦和核燃料加工业	184.91	122.58	79.78	70.95
化学原料和化学制品制造业	777.08	831.46	694.09	601.69
医药制造业	401.60	451.50	380.49	356.76
橡胶和塑料制品业	252.66	253.15	255.80	248.48
非金属矿物制品业	1021.62	1281.43	1311.77	1234.21
金属冶炼和压延加工业	1099.94	1179.30	869.32	808.53
金属制品业	188.67	217.57	225.73	199.99
设备制造业	229.68	271.37	236.68	177.36
汽车制造业	228.90	258.84	267.30	160.00
铁路、船舶、航空航天和其他运输设备制造业	192.22	180.76	203.67	214.85
电气机械和器材制造业	210.30	282.06	275.69	285.20
计算机、通信和其他电子设备制造业	309.57	510.47	766.09	706.60
仪器仪表制造业	14.27	16.42	18.96	27.79
其他制造业	58.09	65.82	59.88	46.37
废弃资源综合利用业	16.77	18.56	17.50	21.08

续表

制造业主要指标	2015 年	2016 年	2017 年	2018 年
制造业规模以上工业总产值	7397.04	8500.44	8080.39	7603.15

资料来源：《贵州统计年鉴—2019》。

2016 年 5 月 1 日，中国全面实施“营改增”。制造业作为工业的重要组成部分，成了增值税改革的主要对象。2018 年 4 月 4 日，财政部、国家税务总局印发《关于调整增值税税率的通知》（财税〔2018〕32 号），决定于 2018 年 5 月 1 日起，将装备制造业等行业的增值税税率由 17%下调到 16%。[①] 2019 年 3 月 5 日，李克强总理在第十三届全国人民代表大会第二次会议上作政府工作报告时宣布，装备制造业等行业的增值税税率从 2019 年 4 月 1 日起将进一步下调到 13%。中央不断出台一系列减税降费政策，希望通过减轻企业宏观税负，促进产业结构的转型升级，但是迄今尚未明显减轻贵州制造业规模以上工业总产值的下行压力。

（二）酒和烟对地方财政贡献相对有限

目前，酒、烟等仍是贵州省的支柱产业。2018 年，贵州酒、饮料和精制茶制造业规模以上工业总产值为 1189.80 亿元，占制造业规模以上工业总产值的 15.7%，仅次于非金属矿物制品业的 16.2%（见图 6-2）。根据国发〔1993〕85 号文件的规定，消费税曾经全部被划为中央税。2019 年 9 月 26 日，国务院正式印发国发〔2019〕

① 财税〔2018〕32 号文件规定：“纳税人发生增值税应税销售行为或者进口货物，原适用 17%和 11%税率的，税率分别调整为 16%、10%。本通知自 2018 年 5 月 1 日起执行。”

21号文件。除了保持2016年“营改增”实施后确定的中央与地方“五五分享”的比例，还提出“后移消费税征收环节并稳步下划地方”。

国发〔2019〕21号文件的实施，虽然有利于缓解“营改增”后地方财政增速的下行压力，但是目前中央的消费税改革试点只局限于高档手表、贵重首饰和珠宝玉石等奢侈品。由于贵州这类产业发展相对滞后，其对贵州地方财政增收的效果相对有限。

（三）第三产业税源对房地产业依赖程度较高，而房地产业发展潜力有限

2018年，贵州房地产业的税收收入为166.91亿元，占第三产业税收收入的26.8%（见图6-3）。虽然通过房地产业为中介的“建筑业→房地产业→制造业”的间接路径传导能力显著强于“建筑业→制造业”的直接路径传导能力，[①] 但是依靠房地产业支撑第三产业存在明显的局限性。首先，土地自身的属性决定其供给十分有限且缺乏弹性，过度依靠房地产业，难以确保地方财政收入增长的可持续性。其次，由于房地产业所能吸纳的就业空间较为有限，很难通过发展房地产业化解就业问题。更为关键的是，过度发展房地产业只能增加地方政府的财政收入，甚至可能助推房价的进一步上涨，却难以在实质上推动产业结构的转型升级。[②]

---

① 刘一欧，黄静，许璞．政府投资变化对我国产业结构的影响——基于社会核算矩阵的结构化路径分析［J］．财政监督，2013（11）：66-70.

② 张韬．地方税体系与产业转型升级联动机制研究：以贵州省为例［M］．北京：中国经济出版社，2019：145.

（四）以现代金融、高新技术为代表的生产性服务业发展相对薄弱

根据《国务院关于印发促进大数据发展行动纲要的通知》（国发〔2015〕50号），贵州成为首个国家级大数据综合试验区。虽然贵州省委、省政府明确提出了以“大扶贫、大数据、大生态”作为贵州的三大战略行动，但是目前贵州的大数据尚未完全与实体经济实现有机结合，因为以现代金融、高新技术为代表的生产性服务业是一项风险系数较高、投资回报周期较长的产业，较难取得立竿见影的成效。

譬如，贵州的电子信息技术产业仍然以基础电子元件制造和平板电视等消费类电子产品为主，以计算机、软件为主的核心产业和以网络、通信产业为主的应用产业尚处于起步阶段。[①][②] 2018年，贵州信息传输、计算机服务和软件业以及科学研究和技术服务业的税收收入占第三产业税收收入的比重仅分别为0.9%和1.5%（见图6-3）。

---

① 蔡绍洪，王作功，李守伟，等．贵州加快培育和发展战略性新兴产业的对策研究［M］．北京：科学出版社，2016：83.

② 张韬．地方税体系与产业转型升级联动机制研究：以贵州省为例［M］．北京：中国经济出版社，2019：146-147.

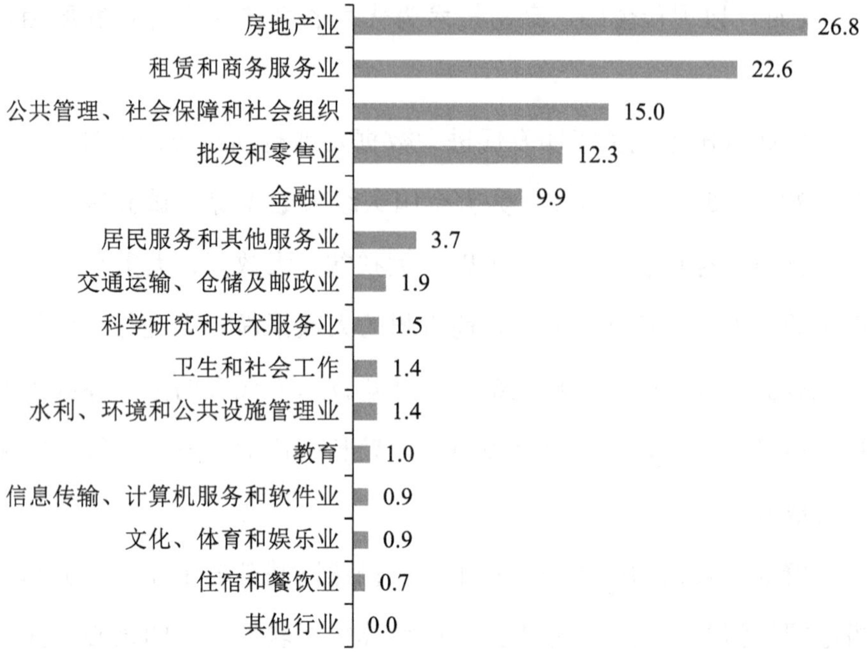

图 6-3　2018 年贵州第三产业税收收入结构（单位:%）

资料来源：根据《贵州统计年鉴—2019》的数据计算得出。

三、贵州特殊的自然环境决定其较高的发展成本

（一）贵州是全国喀斯特地貌分布较广且唯一没有平原支撑的省份

贵州是全国喀斯特地貌分布面积较广的省份。其中，溶蚀区（碳酸盐岩出露区）面积为 49991.31 平方千米，溶蚀—侵蚀区（以碳酸盐岩为主的地层出露区）面积为 59093.78 平方千米，分别占全省面积的 28.38%和 33.54%，合计占全省面积的 61.92%。从市级划分，贵州喀斯特面积分布比例从高到低依次为贵阳

(85.02%)、黔南（81.53%）、毕节（73.34%）、安顺（71.52%）、遵义（65.78%）、六盘水（63.18%）、铜仁（60.60%）、黔西南(60.28%)、黔东南（23.20%）；从县级划分，贵州喀斯特面积占比在60%以上的县共59个，在50%~60%的县共9个，在25%~50%的县共8个，在25%以下的县共10个（见表6-5）。此外，贵州还是全国唯一没有平原支撑的山区省份。贵州的山地和丘陵面积占全省面积的92.5%，地质构造复杂脆弱，地质灾害点多面广，灾害易发区面积约13.6万平方公里，占全省面积的77.2%，是全国石漠化面积最大、类型最多、程度最深、危害最重的省份。

表6-5　喀斯特地貌县的划分

分类名称	喀斯特面积比例	包括的县（市、区）
较高比例喀斯特地貌县	>60% (60.45%~95.17%)	南明、云岩、花溪、乌当、白云、开阳、息烽、修文、清镇、钟山、六枝、水城、红花岗、遵义、绥阳、正安、道真、务川、凤冈、湄潭、余庆、仁怀、西秀、平坝、普定、关岭、紫云、七星关、大方、黔西、金沙、织金、纳雍、威宁、玉屏、石阡、思南、德江、沿河、兴义、兴仁、普安、晴隆、安龙、凯里、黄平、施秉、麻江、都匀、福泉、瓮安、惠水、长顺、龙里、平塘、独山、贵定、荔波、罗甸等59个
较低比例喀斯特地貌县	50%~60% (51.74%~59.08%)	铜仁、盘州、桐梓、岑巩、松桃、赫章、贞丰、镇宁、印江等9个
喀斯特与非喀斯特地貌间插县	25%~50% (27.92%~49.10%)	望谟、镇远、三都、江口、万山、册亨、丹寨、习水等8个
非喀斯特地貌县	<25% (0~13.8%)	天柱、台江、三穗、黎平、锦屏、从江、剑河、榕江、雷山、赤水等10个

资料来源：林俊清．贵州喀斯特与非喀斯特地貌分布面积及其特征分析［J］．贵州教育学院学报（自然科学版），2001（4）：43-46.

贵州受喀斯特地貌发育典型、地表崎岖破碎、山地垂直切割度大等影响，地形地貌复杂。根据中国科学院的研究，综合坡度、相对高差、峰谷密度决定的地貌约束指数，即地表起伏度，贵州为1.39，位列全国第二（云南1.45、贵州1.39、西藏1.18、四川1.13、陕西1.07），对贵州各项建设支出成本影响较大。例如，在交通建设方面，贵州相同等级规格的路面单位建设成本是长三角地区的2倍；在水利基础建设上，贵州饮水工程建设投资平均成本是全国平均成本的2.5倍以上。地表起伏度对贵州经济的影响不仅局限于交通，而且对一般公共服务、教育、交通、水利、城乡社区、农林水、保障性住房等公共支出都会产生一定的影响。

（二）相对脆弱的生态环境决定了主体功能区对贵州的定位

贵州是长江、珠江上游的重要生态屏障，同时生态环境较为脆弱，部分县市被国家划定为限制开发区和禁止开发区。其中，被划定为生态保护红线范围的生态保护面积为5.6万平方公里，占全省总面积的31.92%，长江流域、珠江流域生态保护红线面积分别占全省总面积的21.39%和10.53%。因此，开展生态功能恢复和环境保护，对于“两江”下游地区具有重要意义。

2015年6月16日至18日，习近平总书记在贵州调研时强调贵州要“守住发展和生态两条底线”。贵州作为首批三个国家生态文明试验区之一，肩负着为全国探索可复制可推广经验的重任。特别是贵州自从进入长江经济带建设11个省份名单以来，在长江经济带建设“只搞大保护，不搞大开发”方针的指导下，贵州受到的环境条件约束越来越严格，不仅以磷化工、煤化工等为代表的一大批地方优势产业面临严格控制，相当一部分能给地方经济发展带来良好效益的项目也不能上马。2020 年以后，贵州受特殊的地理和生态环境的多重约束，经济发展的要求和环境保护的约束，给贵州守住“两条底线”带来了空前的压力。

第七章　中央财政转移支付政策建议

2020年后，贵州要想保住完成脱贫攻坚艰巨任务和与全国同步建成全面小康社会的伟大成果，必须要在习近平新时代中国特色社会主义思想的指引下，深入研究国家经济社会重大发展战略的变化趋势以及贵州新的省情，切实把握住国家财政转移支付政策发展变化的新情况，确保在“十四五”乃至相当长的一个时期内，贵州的经济社会发展战略与国家重大战略高度契合，及时准确有效地向中央反映贵州新的发展诉求和现实困难，以得到中央政府政策的有力支持，尤其是财政转移支付政策的有力支持，努力实现中央对贵州财政转移支付“三个不低于”的目标，即中央对贵州的财政转移支付增幅和占比“不低于全国的平均水平、不低于西部12个省区的平均水平、不低于老少边穷地区的平均水平”。

本书之所以提出了中央对贵州财政转移支付“三个不低于”的目标，主要是出于对贵州的历史、地理、政策等因素所形成的特殊省情的考虑。贵州通过自身的艰苦奋斗，保持了近十年来经济增长一直位居全国前列的良好态势，并在大数据、生态文明建设等方面为全国树立了典型。维护好贵州干部群众树立起的难能可贵的干事和“增比进位”的“精气神”，不仅可以不断激励贵州人不甘落后的精神，而且对全国其他经济发展相对滞后的地区具有很好的示范效应。Shah（1999）的研究发现，公平合理科学的财政转移支付制度，有利于完善预算支出的问责制、公共服务供应的竞争机制和财政政策的协调机制。[①] 而要实现中央对贵州财政转移支付“三个不低于”的工作目标，贵州需要在制度设计和政策安排下，科学有效实现与中央政策的上下联动，有序推动贵州经济社会发展与中央财政转移支付政策的有机衔接。本书将围绕这一新的目标要求，从以下几个方面提出对策建议。

第一节　中央层面

一、通过财政转移支付法进一步规范财政转移支付制度

法国著名思想家让·雅克·卢梭认为，强制力并不能构成权力，只有合法的权力人们才有服从的义务。[②] 无产阶级革命导师卡尔·马克思在《关于新闻出版自由和公布省等级会议辩论情况的辩论》中一针见血地指出：“人们为之奋斗的一切，都同他们的利益有关。”[③] 邓小平在《党和国家领导制度的改革》中明确地

① Shah A. Fiscal Federalism and Macroeconomic Governance：For Better or for Worse？[J]. Annals of Economics and Finance，1999，15（1）：200-240.

② 卢梭．社会契约论［M］．何兆武，译．北京：商务印书馆，2008：10.

③ 马克思．马克思恩格斯全集：第一卷　上册［M］．中共中央马克思恩格斯列宁斯大林著作编译局，编译．北京：人民出版社，2006：187.

指出："制度好可以使坏人无法任意横行，制度不好可以使好人无法充分做好事，甚至会走向反面。"①

本书认为，只有坚持依法治国，才能正确疏导政府的财政行为，维护社会的公平正义，实现国家的长治久安。习近平总书记在党的十八届四中全会第一次全体会议上明确指出："依法治国是坚持和发展中国特色社会主义的本质要求和重要保障，是实现国家治理体系和治理能力现代化的必然要求。"党的十九届四中全会《决定》进一步明确指出："优化政府间事权和财权划分，建立权责清晰、财力协调、区域均衡的中央和地方财政关系，形成稳定的各级政府事权、支出责任和财力相适应的制度。"这都意味着中国亟待制定颁布财政转移支付法，从法律的高度来规范财政转移支付制度。

在现实中，西部地区的地方政府在与中央政府的博弈中往往缺乏优势，② 很难争取到更多的财政转移支付。本书建议，中国应尽快制定和颁布财政转移支付法，并将以下内容以法律的形式加以明确。首先，进一步明确各级政府事权与执行责任的关系。目前，中国的事权（即决定办事的权力）主要集中在中央和省级，而县级、乡镇级等基层政府并未享有所谓的事权，更多的是负有相应的执行责任（即办事责任）。③ 明确各级政府事权与执行

① 邓小平．邓小平文选：第二卷［M］．北京：人民出版社，1983：333.

② 陈春建．西部市场发育——西部经济实现大跨越的基础［M］．成都：西南财经大学出版社，2000：294.

③ 李俊生．对政府间事权划分"症结"的剖析［N］．中国财经报，2015-02-03（7）.

责任的关系，并将各级政府事权与执行责任的关系通过相关法律加以规范，有利于更好地构建稳定的各级政府事权、支出责任和财力相适应的制度。其次，各级政府严格按照国家相关法律和政策规定，承担各自的执行责任和支出责任，否则必须追究其违法的责任。[①] 最后，在已构建起稳定的各级政府事权、支出责任和财力相适应的制度的基础上，进一步规范现行的财政转移支付制度，落实法定事权[②]与支出责任。应重点对地方政府自我供给、中央政府纵向供给、援建省份横向供给三种基本公共服务实现机制进行优化整合，[③] 通过建立完整的组织系统、科学的政策和决策保证系统、完善的法律保证系统、有效的考核监督保证系统，[④] 确保财政转移支付的政策取向不会因领导人的变动或者领导人关注点的变动而产生重大的变化，[⑤] 进而充分发挥财政转移支付在解决人民日益增长的美好生活需要和不平衡不充分的发展之间的矛盾中的关键性作用。譬如，可将目前中国形式多样的对口支援加以规范并赋予法律地位，构建并完善具有中国特色的横向转移支付制度。因为在对口支援过程中，财力较强的地区向财力较弱

---

① 李汉文．政府间支出责任划分制度研究［J］．贵州财经大学学报，2015（4）：62-72.

② 刘剑文，侯卓．事权划分法治化的中国路径［J］．中国社会科学，2017（2）：102-122，207-208.

③ 伍文中，唐霏，陈平．民族地区基本公共服务实现机制优化路径研究——基于主从博弈模型［J］．西南民族大学学报（人文社会科学版），2016（9）：147-151.

④ 张晓阳．在西部大开发中建立对口帮扶的政策保证体系［C］//云南省人民政府新闻办公室．中国西南六省区市西部大开发昆明研讨会论文集．昆明：云南科技出版社，2001：295-302.

⑤ 一些研究发现，地方领导人的任期长度可能会对经济建设类的支出结构产生显著的正向影响。相关研究详见姚东旻，朱泳奕，余凯．制度惯性、地方领导人更替与财政支出结构变动［J］．社会学研究，2020（2）：99-123，243-244.

的地区进行的财力转移也是一种横向转移支付。①②

二、进一步完善中央对地方均衡性转移支付制度

（一）进一步完善中央对地方均衡性转移支付中标准收支的测算办法

党的十八届三中全会《中共中央关于全面深化改革若干重大问题的决定》明确要求："完善一般性转移支付增长机制，重点增加对革命老区、民族地区、边疆地区、贫困地区的转移支付。"《中共中央　国务院关于新时代推进西部大开发形成新格局的指导意见》明确要求："中央财政在一般性转移支付和各领域专项转移支付分配中，继续通过加大资金分配系数、提高补助标准或降低地方财政投入比例等方式，对西部地区实行差别化补助，加大倾斜支持力度。"国发〔2014〕71号文件明确规定："建立一般性转移支付稳定增长机制。增加一般性转移支付规模和比例，逐步将一般性转移支付占比提高到60%以上。"而国发〔2017〕9号文件进一步明确要求增加一般性转移支付的规模和比例。③ 从全国范围来看，中国已于2016年实现了一般性转移支付占比达到

① 石绍宾，樊丽明．对口支援：一种中国式横向转移支付［J］．财政研究，2020（1）：3-12，44.

② 欧阳建勇．乡村振兴战略下我国农村公共文化服务建设的财政政策研究［D］．南昌：江西财经大学，2018.

③《国务院关于印发"十三五"推进基本公共服务均等化规划的通知》（国发〔2017〕9号）规定："推进转移支付制度改革，增加一般性转移支付规模和比例，重点增加对老少边穷地区的转移支付，缩小地区间财力差距，提高县级财政保障能力，引导地方将一般性转移支付资金投入到民生等重点领域。"

60%以上的目标。[①] 但是，作为一般性转移支付主体的均衡性转移支付，仍存在进一步完善的空间。

1. 建议在计算标准收入时剔除“民族地区转移支付”

民族问题是关系国家长治久安和社会主义现代化建设事业全局的重大问题。中央在财政转移支付方面给予少数民族地区必要的倾斜，有利于增强少数民族地区的财政保障能力，有利于保持民族地区经济社会的稳定增长，更有利于全局社会的稳定。然而，财政部于2019年5月31日印发的《中央对地方均衡性转移支付办法》（财预〔2019〕108号）在计算标准收入时明确规定：“一般性转移支付”包括“老少边穷转移支付”。若将民族地区转移支付补助纳入标准收入算账，即将民族地区转移支付补助作为中央对地方均衡性转移支付“减法”进行处理，会在一定程度上减弱对民族地区的倾斜力度。[②] 建议财政部未来在修订《中央对地方均衡性转移支付办法》的计算标准收入时，剔除“民族地区转移支付”。

2. 将“地表起伏度”因素扩大到与其高度关联的支出科目

贵州素有“八山一水一分田”之说，是全国唯一没有平原支撑的省份。国发〔2012〕2号文件第四十五条明确提出：“充分考虑贵州的支出成本差异，进一步加大中央财政均衡性转移支付力

① 数据来自财政部预算司地方处的《地方财政运行分析》（2019），这里的一般性转移支付占比的分母为一般性转移支付和专项转移支付之和。

② 财预〔2019〕108号文件第四条规定：“某地区均衡性转移支付=（该地区标准财政支出-该地区标准财政收入）×该地区转移支付系数+增幅控制调整+省对下均等化努力程度奖励资金。”因此，将民族地区转移支付补助纳入标准收入算账，将减少该地区均衡性转移支付。

度，逐步缩小地方标准财政收支缺口，中央财政在现有资金渠道内加大对交通、水利、教育等领域支持力度。”早在2012年1月30日，贵州在向中央申请财政转移支付时，便提出在已将“地表起伏度”因素引入交通运输支出基础上，进一步扩大到一般公共服务、教育、交通、水利、城乡社区、农林水、保障性住房等支出科目，同时引入“冻雨持续时间”“农村人口、少数民族人口占比”等因素，从而加大均衡性转移支付、县级基本财力保障机制奖补资金、民族地区转移支付等一般性转移支付对贵州的倾斜力度。

但是，现行的“地表起伏度”因素只涉及交通运输支出基础，国发〔2012〕2号文件所要求的水利、教育并未计算在内。一方面，建议贵州理论界在原有的研究基础上，进一步加强相关领域的理论研究，为向中央政府积极争取财政转移支付提供更有力的理论依据和更有效的解决方案；另一方面，建议贵州相关部门持续向中央政府反映自己的利益诉求，为贵州经济社会发展争取更多的机遇。

3. 进一步完善县级基本财力保障奖补政策

2019年9月10日，《基本公共服务保障地区标准备案暂行办法》（财预〔2019〕159号）正式印发，进一步规范了中央和地方基本公共服务保障标准。为了进一步完善县级基本财力保障奖补政策，建议对深度贫困县自身财力不能满足基本标准支出需求的算账缺口，由中央、省级财政予以兜底补助。[①][②]

（二）进一步提高均衡性转移支付占一般性转移支付的比重

Egger 等（2010）的研究发现，均衡性转移支付对地方政府的征税行为会产生显著的激励效应，有利于增加地方财政收入。[③]国发〔2017〕9 号文件明确要求增加一般性转移支付的规模和比例。2018 年，全国各地区一般性转移支付为 38791 亿元，专项转移支付为 23131 亿元，一般性转移支付占比为 62.6%。[④] 但是，一般性转移支付的部分科目是由过去的专项转移支付调整过来的，因此均衡性转移支付才是一般性转移支付的核心。均衡性转移支付近年来占一般性转移支付的比重虽有所增加，但截至 2018 年该比重仅为 36.4%（见图 7-1），难以充分发挥均衡性转移支付促进纵向均衡和横向均衡的效用。

---

① 贵州省 14 个深度贫困县决战决胜脱贫攻坚突出问题与对策课题组．贵州省 14 个深度贫困县决战决胜脱贫攻坚突出问题与对策［R］．贵阳：贵州省发展和改革委员会，2018.

② 张韬．地方税体系与产业转型升级联动机制研究：以贵州省为例［M］．北京：中国经济出版社，2019：224-225.

③ Egger P，Koethenbuerger M，Smart M. Do Fiscal Transfers Alleviate Business Tax Competition? Evidence from Germany［J］. Journal of Public Economics，2010，94（3-4）：235-246.

④ 数据来自财政部预算司地方处的《地方财政运行分析》（2019），分母为一般性转移支付和专项转移支付之和。

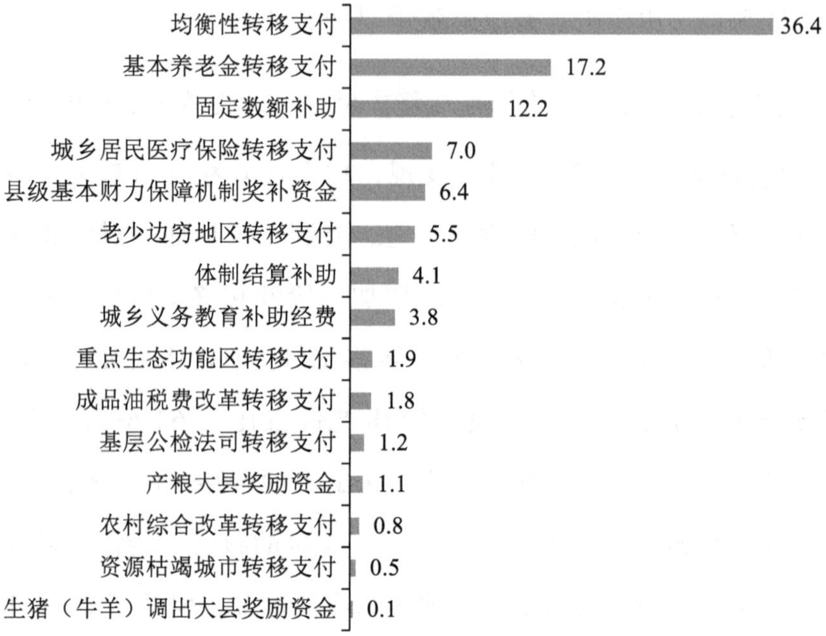

图 7-1　2018 年中央对地方一般性转移支付决算结构（单位:%）

注：图中的均衡性转移支付使用的是小口径均衡性转移支付。

资料来源：根据财政部公布的《2018 年中央对地方税收返还和转移支付决算表》计算得出。

2018 年 11 月 18 日，《中共中央　国务院关于建立更加有效的区域协调发展新机制的意见》（中发〔2018〕43 号）正式出台实施。为了贯彻落实中发〔2018〕43 号文件的精神，建议进一步提高均衡性转移支付占一般性转移支付的比重，更加充分发挥均衡性转移支付的功效，促进区域协调发展。

（三）将增值税按照各省的常住人口数进行分配

习近平总书记在党的十九大报告中明确提出：“中国特色社会主义进入新时代，我国社会主要矛盾已经转化为人民日益增长的美好生活需要和不平衡不充分的发展之间的矛盾。”① 要解决不平衡不充分的矛盾，完善现行经济制度和分配制度是不可或缺的重要手段。习近平总书记在省部级主要领导干部学习贯彻党的十八届五中全会精神专题研讨班上指出：“要坚持社会主义基本经济制度和分配制度，调整收入分配格局，完善以税收、社会保障、转移支付等为主要手段的再分配调节机制，维护社会公平正义，解决好收入差距问题，使发展成果更多更公平惠及全体人民。”党的十九届四中全会《决定》提出：“健全以税收、社会保障、转移支付等为主要手段的再分配调节机制，强化税收调节，完善直接税制度并逐步提高其比重。”

自从2016年全国全面实施“营改增”后，增值税已经成为中国的第一大税收。2018年，全国增值税收入为61529.33亿元，占当年全国税收收入的比重为39.3%。② 建议中国考虑借鉴德国的财政转移支付制度，譬如将全国增值税的一部分收入作为均衡性转移支付的重要资金来源之一，按照全国各省（区、市）的居民数量进行分配，以更好地贯彻党的十八届五中全会、十九大、十九届四中全会的有关精神，使发展成果更多、更公平地惠及全体人民。

---

① 习近平．决胜全面建成小康社会　夺取新时代中国特色社会主义伟大胜利——在中国共产党第十九次全国代表大会上的报告［M］．北京：人民出版社，2017：11.

② 根据财政部发布的《2018年全国一般公共预算收入执行情况表》计算得出。

三、将“石漠化治理”列入政府收支分类科目“项”级科目

目前针对石漠化治理，中央财政尚未有明确且可持续的专项资金加以保障。根据财政部2019年制定的《2020年政府收支分类科目》，在一般公共预算支出功能分类科目的“类”级科目“211节能环保支出”下，虽然已在“项”级科目列入了针对荒漠化治理的“07风沙荒漠治理”,[①] 但目前尚未将“石漠化治理”列入政府收支分类科目“项”级科目。

将“石漠化治理”列入政府收支分类科目“项”级科目对贵州具有特殊意义。贵州的喀斯特分布面积占全省面积的61.92%，是全国喀斯特地貌分布面积比例最大的省区。[②] 由于贵州特殊的地质结构，石漠化问题也是长期困扰贵州经济社会发展的主要瓶颈。此外，相较沙漠化而言，石漠化不可逆性的特征更为显著，治理难度更大。因此在同等面积下，政府对石漠化治理的财政资金支持力度不应低于沙漠化治理。

2015年6月16日至18日，习近平总书记在贵州进行调研，指示贵州省委、省政府要“守住发展和生态两条底线”。党的十九届四中全会《决定》明确提出：“开展大规模国土绿化行动，加快水土流失和荒漠化、石漠化综合治理，保护生物多样性，筑

① 根据中国财政部制定的政府收支分类科目，“风沙荒漠治理”主要针对“京津风沙源治理工程建设”。

② 林俊清．贵州喀斯特与非喀斯特地貌分布面积及其特征分析［J］．贵州教育学院学报（自然科学版），2001（4）：43-46.

牢生态安全保障。”《中共中央　国务院关于新时代推进西部大开发形成新格局的指导意见》明确要求：“考虑重点生态功能区占西部地区比例较大的实际，继续加大中央财政对重点生态功能区转移支付力度，完善资金测算分配办法。”因此，建议将“石漠化治理”列入政府收支分类科目“项”级科目“211 节能环保支出”中，并将喀斯特地区面积占比、喀斯特地区常住人口数等因素作为石漠化治理的主要因素，为贵州争取到更多的财政转移支付。

四、对西部地区的债务与投融资项目实施差异化政策

根据《中共中央　国务院关于打赢脱贫攻坚战的决定》（中发〔2015〕34 号）、《中共中央　国务院关于打赢脱贫攻坚战三年行动的指导意见》（中发〔2018〕16 号）、《关于进一步加强东西部扶贫协作工作的指导意见》（中办发〔2016〕69 号）等文件的精神，打赢脱贫攻坚战已成为全国当前的重大政治任务。贵州是全国脱贫攻坚的主战场。截至 2018 年，贵州全省仍有 33 个贫困县，其中包括 14 个深度贫困县，20 个极贫乡镇，① 1721 个深度贫困村和贫困发生率在 10%以上的 144 个非极贫乡镇；全省贫困人口 155 万，贫困发生率为 4.29%。

① 2018 年，贵州的 20 个极贫乡镇包括水城县营盘乡、盘州市保基乡、务川县石朝乡、镇宁县简嘎乡、紫云县大营镇、纳雍县董地乡、威宁县石门乡、赫章县河镇乡、石阡县国荣乡、德江县桶井乡、晴隆县三宝乡、贞丰县鲁容乡、望谟县郊纳镇、册亨县双江镇、黄平县谷陇镇、榕江县定威乡、从江县加勉乡、雷山县大塘镇、平塘县大塘镇、长顺县代化镇。

《中共中央　国务院关于新时代推进西部大开发形成新格局的指导意见》明确要求："考虑西部地区普遍财力较为薄弱的实际，加大地方政府债券对基础设施建设的支持力度，将中央财政一般性转移支付收入纳入地方政府财政承受能力计算范畴。"为了更好地支持贵州打赢脱贫攻坚战，并在2020年后更好地巩固脱贫攻坚的成果，建议中央对包括贵州在内的西部地区在债务与投融资项目上实施差异化政策。一方面，进行分类指导，将脱贫攻坚、棚户区改造形成的相关债务单列，不作为安排新增专项债券和中央资金项目的考虑因素，从而增大贵州债务余额限额空间。另一方面，充分考虑贵州经济社会发展的实际情况，适当放宽对包括贵州在内的西部地区在投融资项目上的限制。①②③

第二节　地方层面

一、积极争取中央对贵州补助占比低于4%的重点项目

本书发现，贵州近年来获得的财政转移支付，尤其是一般性转移支付的增速及其占全国比重呈下行趋势。2014年，贵州获得

① 贵州省深入实施西部大开发战略重大问题研究课题组．贵州省深入实施西部大开发战略重大问题研究［R］．贵阳：贵州省发展和改革委员会，2018.

② 贵州省14个深度贫困县决战决胜脱贫攻坚突出问题与对策课题组．贵州省14个深度贫困县决战决胜脱贫攻坚突出问题与对策［R］．贵阳：贵州省发展和改革委员会，2018.

③ 张韬．地方税体系与产业转型升级联动机制研究：以贵州省为例［M］．北京：中国经济出版社，2019：225-226.

的中央补助收入占全国的比重突破 4%，达到 4.12%，而之后的 2015—2018 年基本维持在 4%以上的水平。各地区中央补助收入由返还性收入、一般性转移支付、专项转移支付组成，其中一般性转移支付所占的比例最大。然而从 2015 年开始，贵州获得的一般性转移支付占全国的比重却连续四年呈下降趋势（见图 7-2）。

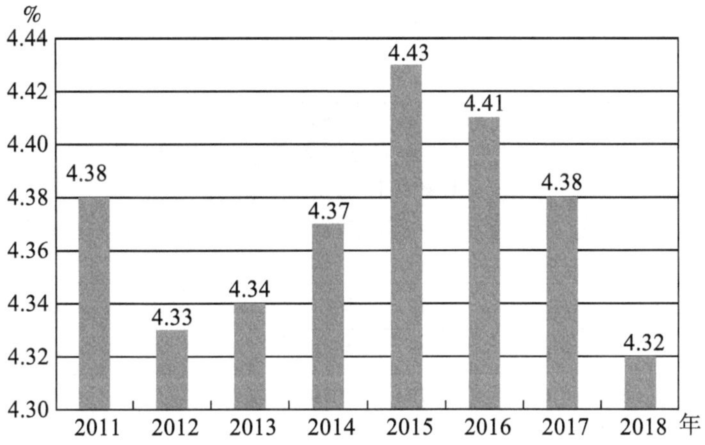

图 7-2　2011—2018 年贵州一般性转移支付占全国比重

资料来源：财政部预算司地方处的《地方财政运行分析》(2019)。

目前，中央对地方的一般性转移支付除均衡性转移支付外，还包括 22 个重点项目。[①] 然而，根据 2014—2018 年贵州省财政厅

① 中央对地方补助重点项目包括均衡性转移支付、重点生态功能区转移支付、县级基本财力保障机制奖补资金、资源枯竭城市转移支付、老少边穷地区转移支付、城乡义务教育补助经费、基本养老金转移支付、学生资助补助经费、就业补助资金、困难群众基本生活救助补助、城乡居民基本医疗保险补助、公共卫生服务补助资金、节能减排补助资金、农业综合开发补助资金、农业生产发展资金、水利发展资金、车辆购置税收入补助地方资金、中小企业发展专项资金、服务业发展资金、外经贸发展资金、中央财政城镇保障性安居工程专项资金、基建支出。其中，节能减排补助资金、农业生产发展资金、水利发展资金在 2018 年以后转为一般转移支付共同事权。

提供的数据，贵州共有8个重点项目获得的中央财政转移支付的全国占比低于4%。其中，基本养老金转移支付、资源枯竭城市转移支付、节能减排补助资金、农业综合开发补助资金、外经贸发展资金等5个项目获得的中央财政转移支付的全国占比低于3%（见表7-1）。

表7-1　2014—2018年贵州争取中央财政转移支付全国占比低于4%的重点项目

（%）

年份	基本养老金转移支付	资源枯竭城市转移支付	就业补助资金	公共卫生服务补助资金	节能减排补助资金	农业综合开发补助资金	中小企业发展专项资金	外经贸发展资金
2014	3.15	1.24	3.91	2.40	0.57	1.38	2.11	0.98
2015	2.15	1.24	2.78	3.71	1.33	2.20	0.09	1.54
2016	2.14	1.32	3.05	3.78	1.01	2.24	5.09	1.17
2017	2.06	1.46	2.73	3.79	1.76	2.20	5.91	0.69
2018	2.13	1.60	2.94	3.78	0.18	2.17	3.34	1.50
平均水平	2.31	1.38	3.08	3.54	0.91	2.05	3.09	1.19

资料来源：根据贵州省财政厅的数据计算得出。

针对上述5个项目，本书认为贵州应从以下方面争取更多中央财政转移支付。

现行的基本养老金转移支付主要包括企业职工基本养老保险补助经费、城乡居民基本养老保险补助经费和机关事业单位养老保险改革补助经费三部分。基本养老金转移支付是中央转移支付22个重点项目中除均衡性转移支付外最大的项目。2019年，中央对地方补助重点项目合计48792.75亿元，其中基本养老金转移支付为7391.87亿元，占比达到15.1%。但是，基本养老金转移支付主要是根据提高机关事业单位和企业退休人员基本养老金标准有关政策据实安排，贵州若想在短期内实现比例提升难度较大。

现行的资源枯竭城市转移支付资金管理办法是财政部2017年印发的《中央对地方资源枯竭城市转移支付办法》（财预〔2017〕103号）。转移支付采用因素法分配，补助额度由资源枯竭城市补助、独立工矿区补助组成。贵州获得的资源枯竭城市转移支付从2012年的1.1%增长到2018年的1.6%。根据国家2008年、2009年、2011年确定的69个典型资源枯竭型城市，贵州只有铜仁市万山区（汞）入选。由于典型资源枯竭型城市是根据国家相应标准认定的，在短期内实现比例提升难度较大。

现行的节能减排补助资金管理办法是财政部2015年印发的《节能减排补助资金管理暂行办法》（财建〔2015〕161号），该文件明确了设立目的、支持范围、支持方式、监督管理等内容。在2014—2018年贵州争取中央财政转移支付的重点项目中，节能减排补助资金占比最低，2018年仅为0.2%。为了更好地落实习近平总书记对贵州“守住发展和生态两条底线”的指示精神，贵州应进一步加大节能减排力度，包括推广高效电机、推动公共建筑节能改造、鼓励新能源汽车使用，进而从中央争取到更多的财政转移支付。

关于现行的农业综合开发补助资金,① 贵州应积极做好农业综合开发产业化发展项目申报工作，从中央争取到更多的财政转移支付。

根据《中华人民共和国对外贸易法》等法律法规有关规定，中央财政于2010年设立外经贸发展资金，用于促进外经贸事业发展。2014年，财政部会同商务部共同制定了《外经贸发展专项资金管理办法》（财企〔2014〕36号），规定专项资金采取因素法和项目法相结合的分配方式，由商务部组织项目申报和评审、提出资金支持方案，财政部审核并拨付资金。关于外经贸发展资金，贵州应积极融入长江经济带、“一带一路”倡议，积极申报外经贸发展专项资金区域协调发展项目以及支持加工贸易项目，从中央争取到更多的财政转移支付。

二、以毕节新发展理念示范区为新契机，积极向中央争取财政转移支付

毕节地处贵州西北部，与四川、云南相邻，是贵州全省贫困人口最多、贫困程度最深、脱贫难度最大的地区。改革开放以来，毕节曾得到历任中央领导人的关怀与支持。1985年6月4日，时任中共中央书记处书记习仲勋作出批示，提出改变毕节贫困面貌的时限。同年7月22日，时任贵州省委书记胡锦涛在到任后第三天专赴毕节调研。在贵州省委、省政府的大力倡导下，经国务院

① 根据党中央、国务院有关决策部署和文件要求，中央财政将原农业综合开发资金、原土地整治工作专项资金、原水利发展资金（用于农田水利部分）整合为农田建设补助资金。

批准，毕节试验区于1988年6月9日正式设立，确定了“开发扶贫、生态建设、人口控制”三大发展主题。①

党的十八大以来，习近平总书记多次对毕节试验区作出重要批示和指示。2014年5月15日，习近平总书记对毕节试验区作出重要批示，赋予毕节试验区“为贫困地区全面建成小康社会闯出一条新路子”和“在多党合作服务改革发展实践中探索新经验”的历史使命。②③ 2018年7月18日，习近平总书记再次作出重要指示，要求2020年确保毕节试验区按时打赢脱贫攻坚战，努力把毕节试验区建设成为贯彻新发展理念的示范区。④ 2018年8月17日，贵州省委、省政府召开支持毕节试验区发展推进大会，出台了《关于支持毕节试验区按时打赢脱贫攻坚战夯实贯彻新发展理念示范区建设基础的意见》。⑤ 2018年，贵州省一般公共预算对市县转移支付补助为2471.42亿元，其中毕节市为387.43亿元，占全省的比重为15.7%。2019年，贵州省一般公共预算对市县转移支付补助（预算数）为1534.80亿元，其中毕节市为257.50亿元，占全省的比重为16.8%，增长了1.1个百分点。⑥

---

① 张一凡，李克．贵州回应中央对毕节试验批示 总结发展经验［EB/OL］，2014-06-22［2018-07-20］．http：//www.chinanews.com/gn/2014/06-22/6306986.shtml.

② 张吉勇．闯新路作示范 建好毕节试验区［J］．当代贵州，2014（26）：26-27.

③ 张一凡，李克．贵州回应中央对毕节试验批示 总结发展经验［EB/OL］，2014-06-22［2018-07-20］．http：//www.chinanews.com/gn/2014/06-22/6306986.shtml.

④ 习近平对毕节试验区工作作出重要指示［EB/OL］．新华网，2018-07-19［2018-07-20］．http：//www.xinhuanet.com/politics/leaders/2018-07/19/c_1123150609.htm.

⑤《孙志刚、谌贻琴同志在支持毕节试验区按时打赢脱贫攻坚战建设贯彻新发展理念示范区推进大会的讲话》。

⑥ 数据由贵州省财政厅提供。

在党中央、国务院的关怀与支持以及贵州省委、省政府的不懈努力下，毕节的贫困发生率已经从 2012 年的 29.95%下降到 2018 年的 5.45%。但是截止到 2018 年年末，毕节试验区还有建档立卡贫困人口 44.41 万人，占全省的 28.63%。[①] 仅依靠贵州本省的地方财力，毕节难以从根本上摆脱贫困落后的现状。

为了从根本上解决问题，贵州应以习近平总书记对毕节新发展理念示范区作出的重要指示为新契机，充分向中央反映毕节试验区脱贫攻坚任务的艰巨性和时间的紧迫性。一方面，进一步加大争取中央支持的力度，积极争取国家有关部委设立试验区开发扶贫专项资金；另一方面，积极争取中央将财政专项扶贫资金增量部分，向除“三区三州”外其他深度贫困地区如威宁县、赫章县、纳雍县等倾斜。通过积极争取到更多的中央财政转移支付，确保毕节试验区基本公共服务达到国家的保障标准。

三、进一步加大对贵州在中国革命中重大贡献的宣传力度

2019 年 4 月 10 日，财政部印发的《革命老区转移支付资金管理办法》（财预〔2019〕61 号）规定：“中央安排的革命老区转移支付属于一般性转移支付，用于加强革命老区专门事务工作和改善革命老区民生，向对中国革命作出重大贡献、经济社会发展相对落后、财政较为困难的革命老区县、自治县、不设区的市、市辖区倾斜。”财预〔2019〕61 号文件同时规定：“财政部采取

① 贫困发生率数据和建档立卡贫困人口来源于贵州省财政厅农业处。

因素法分配革命老区转移支付资金”“转移支付系数按照革命老区转移支付总额、各地区革命贡献程度以及各地区财政困难程度等因素确定。”

中央红军在贵州长征期间，中共中央先后召开了黎平会议、猴场会议、遵义会议、泗渡会议、扎西会议、苟坝会议，除召开扎西会议的主要区域位于“鸡鸣三省”的云南省威信县外，其余重要会议都在贵州省境内召开。[①] 中共中央通过一系列会议，最终确立并巩固了毛泽东同志在党中央和红军中的领导地位，开始形成了以毛泽东同志为核心的党的第一代领导集体，[②] 领导中国革命实现了伟大转折。娄山关战斗是中央红军长征以来取得的首次大捷，而“四渡赤水”彻底粉碎了国民党反动派围歼中央红军于川黔滇边境的阴谋。此外，红三军在贵州省德江县境内召开了枫香溪会议，创建了黔东革命根据地，并孕育了由贺龙、任弼时同志领导的红二方面军。在抗日战争时期，贵州作为中国西南的大后方，为中国取得抗日战争的胜利提供了战略支撑点。尤其1944 年修通的“史迪威公路”，为中国抗日战场运送了 5 万多吨急需物资，被誉为“抗日生命线”，而“史迪威公路”的标志“二十四道拐”位于贵州省晴隆县境内。贵州为中国共产党领导新民主主义革命，并最终取得伟大胜利作出了不可磨灭的贡献。

① 黎平会议位于贵州省黎平县，猴场会议位于贵州省瓮安县，泗渡会议位于遵义市汇川区，苟坝会议位于遵义市播州区。

② 陈保健，张庆．遵义会议的经过与启示［C］//贵州省科学社会主义暨政治学学会．中国特色社会主义与贵州发展——纪念中国共产党成立九十周年理论研究．成都：西南交通大学出版社，2012：47-51.

建议进一步加大对贵州在中国革命中重大贡献的宣传力度，并深入探寻贵州在中国革命中的重大贡献的证据，以进一步提高贵州作为革命老区贡献程度的转移支付系数，尤其要向中央充分反映德江县、黎平县、瓮安县、晴隆县的财政困难程度。

四、构建预算绩效管理嵌入年度预算机制

由于一些地区和部门年度预算编制的意识不足，相关配套改革尚未到位，年度预算与绩效管理“两张皮”的问题仍然存在。譬如，一些地区和部门年度预算执行的完成数甚至还不到本级人大常委会批准的预算调整数的 50%，[①] 预算编制和执行的严肃性受到了严重的影响。这种现象不但损害了政府的公信力，还成了地方财政部门向中央争取财政转移支付的不利因素。

预算绩效管理是推进国家治理体系和治理能力现代化的内在要求，是深化财税体制改革、建立现代财政制度的重要内容。2018 年 9 月 2 日，《中共中央　国务院关于全面实施预算绩效管理的意见》（中发〔2018〕34 号）正式发布。2018 年 12 月 10 日，《国务院办公厅关于对真抓实干成效明显地方进一步加大激励支持力度的通知》（国办发〔2018〕117 号）正式发布，要求有关中央部委进一步加大对地方 30 项督查激励措施的激励支持力度。2019 年 11 月 21 日，《中共贵州省委　贵州省人民政府关于

① 经济下行压力、上级减税降费政策的影响，是目前地方政府预算执行出现较大偏差的主要外部因素。但是，一些地区和部门不够严谨的财务管理制度，才是预算编制和执行出现较大偏差的根本原因。

全面实施预算绩效管理的实施意见》（黔党发〔2019〕29号）正式印发。目前，贵州财政部门正在研究制定一系列配套措施，构建涵盖预算编制、执行和结果评价“全过程”的监管机制，积极开展中央对地方专项转移支付、属地中央单位部门预算等“多层次”绩效管理，探索推进预算和绩效管理一体化的有效路径。[①]为了更好地落实中央、省委和省政府对全面实施预算绩效管理的相关要求，在提高预算资金使用效率的同时，能争取到更多的中央财政转移支付，本书建议可以从以下两个方面构建预算绩效管理嵌入年度预算机制。

（一）以规划项目预算制度改革为动力完善项目库

党的十九届四中全会《决定》明确提出：“完善国家重大发展战略和中长期经济社会发展规划制度。完善标准科学、规范透明、约束有力的预算制度。”建议中国根据自身的政治与管理体制，借鉴美国的规划项目预算制度，在贵州省发展改革委、省财政厅进行试点。待条件成熟后，由国家发展改革委牵头、财政部配合编制规划项目预算。以规划项目预算制度改革为动力，促使国家发展改革委与财政部合作完善项目库，为预算绩效管理提供有力支撑。[②]

① 宗禾．贵州监管局建立全过程监管机制［N］．中国财经报，2019-12-17（8）．

② 张韬．规划项目预算制度——中国预算管理改革的新途径［J］．财经论丛，2018（4）：42-48．

（二）完善绩效管理监督问责机制

1. 构建以个人为主体、“谁批准，谁负责”的问责机制

党的十九届四中全会《决定》明确指出：“支持和保证人大及其常委会依法行使职权，健全人大对‘一府一委两院’监督制度。”要真正贯彻预算绩效管理，必须将各级地方人大、政府纳入预算绩效管理的责任主体中。然而，部分地方人大代表由退居二线的行政官员担任，[①] 对预算审查与监督缺乏足够的能力或动力，[②] 部分地方人大代表对预算报告的具体内容和数据“雾里看花”，难以胜任预算的审议工作，[③] 很少能对重要绩效目标、绩效评价结果等涉及预算绩效管理的内容提出具有针对性的审查意见，只是对预算报告的一些文字表述和结论性内容进行简单评价。建议构建以个人为主体、“谁批准，谁负责”的问责机制，将人大常委会、人大财政经济委员会、人大常委会预算工作委员会主要负责同志纳入问责的范围，以更好地贯彻落实党的十九届四中全会《决定》的有关精神。[④]

2. 地方政府主要领导应负督查领导责任

目前，地方政府对脱贫攻坚和环境保护开展的包括预算绩效管理领域在内的审计工作一般较为到位。但是，部分其他项目预

① 午言．让人大代表看懂看清财政报告［N］．人民日报，2015-02-09（18）．

② 譬如，在某次省级地方人大常委会会议上，共邀请了30多位人大常委会委员以及部分专家学者依次对有关会议议程进行审议，但只有极个别委员和专家对预算报告提出询问或质询。

③ 张韬．中期预算与年度预算联动机制研究［D］．北京：中央财经大学，2016.

④ 张韬．对预算绩效管理嵌入年度预算机制的思考［J］．中央财经大学学报，2020（6）：12-19.

算绩效管理审计工作开展相对滞后。由于审计部门本身就是一个政府部门，在对预算绩效管理开展审计监督的过程中，可能存在“同级之间不好监督”的现象。目前，中央本级的审计工作由国务院总理主持召开国务院常务会议来落实，建议地方政府主要领导负督查领导责任，譬如省本级的审计工作可通过省主要领导主持召开省政府常务会议来落实。

五、进一步深化对贵州财政转移支付的相关理论研究和实证分析

现有对贵州争取财政转移支付的理论研究，除基本财力保障、生态补偿机制、地表起伏度等外，新的理论研究成果相对较少。建议进一步深化对贵州财政转移支付相关理论和实证分析的研究，这些转移支付理论研究和实证分析主要包括以下几个方面的内容。

第一，国家治理体系和治理能力现代化对财政转移支付的影响：重点分析研究财政转移支付对实现国家和地方治理体系和治理能力现代化的影响。

第二，区域间经济社会发展平衡与均衡性转移支付的关联：重点分析和研究社会主义市场经济体制完善和健全的背景下，要保持住区域经济和社会发展的大致均衡，维护社会公平正义的发展目标，需要不断加大均衡性转移支付所占的比重。

第三，贵州不完整的产业体系和产业结构中较低的地位对贵州经济社会发展的影响：贵州在产业分工布局中，被国家长期定位为能源和原材料加工基地，导致其在主导产业链条中处于较低

地位，价值链难以在省内得到延伸，处于价值“双重流失”的尴尬境地。

第四，历史和政策影响下贵州不完整的经济结构研究：从600多年前作为一个独立行政省出现之日起，贵州的经济结构就有着先天性的致命缺陷，期望在新一轮全国行政区划调整中，从行政省的区划调整上彻底解决贵州经济社会发展的根本问题。

第五，2020年后国家经济社会发展重大战略的变化与贵州发展战略的契合度研究：贵州经济社会发展要想得到国家重大发展政策的持续支持，其发展战略必须尽力同国家经济社会发展重大战略高度契合。

第六，中央财政转移支付计算公式改革研究：在加大均衡性转移支付比重的前提下，改革和完善转移支付的计算公式，体现各个区域之间更加公平合理和可持续发展的新诉求。

第八章　结论与展望

本书以我国欠发达省区之一的贵州省为切入点，根据中国政治和经济体制改革目标的总体要求，提出了中国建立更加公平合理的财政转移支付制度的新思路，同时提出为贵州争取到更多中央财政转移支付的基本思路和一系列对策建议。本书的研究结论包括以下几个方面。

首先，笔者发现，2020年后，由于我国经济社会发展重大发展战略和中央财政转移支付政策的调整变化，贵州获得的中央财政转移支付出现了“两个下降”。一是贵州获得的中央财政转移支付增幅下降，且低于同期西部地区甚至全国平均增长率。2016—2018年，中央对贵州的财政转移支付年平均增长率为7.16%。同期，中央对西部地区12个省份的财政转移支付年平均增长率为7.63%，全国各省（区、市）年平均增长率为7.17%。二是贵州获得的中央财政转移支付在全国的占比在持续下降。贵州获得的中央财政转移支付占全国的比重从2016年的4.35%下降到2019年的4.03%。在现行政策不变的情况下，预计2020年贵州获得的中央财政转移支付占全国的比重将进一步下降到

4.02%，相较于2016年低0.33个百分点。

其次，本书通过对贵州建制为行政省600多年来相关文献的梳理，从历史的视角进一步证实了贵州贫困现象的特殊性。建制为行政省600多年来，贵州地方财力经常入不敷出，主要依赖中央的财政转移支付。从明朝到民国时期，当中央政府具备较强权威并很好地掌控全国时，往往能有效地调动全国资源确保对贵州的财政转移支付力度。而当中央政府权威下降，甚至失去对部分经济发达地区的控制时，地方政府对中央政府的命令阳奉阴违，致使中央对贵州的财政转移支付力度难以保障。此外，当贵州受到中央的重视时，贵州经济社会就能保持较好的运行状态，财政收支就能保持大致的平衡；反之，当贵州受中央的重视程度不足时，贵州经济社会只能维持较差的运行状态，财政就会处于严重的收不抵支的状态。有效解决好地方财政的收支平衡问题，历来也是贵州执政当局的重点工作，尤其在明清时期。

最后，本书根据2020年后中央财政转移支付政策新取向及其对贵州的影响，比较系统地分析了产生该影响的原因，有针对性地提出了一系列应对策略。在此基础上，本书对贵州财政工作提出了“三个不低于”的目标，即中央对贵州的财政转移支付增幅和占比“不低于全国的平均水平、不低于西部12个省区的平均水平、不低于老少边穷地区的平均水平”。为了落实“三个不低于”的工作目标，中央应通过财政转移支付法进一步规范财政转移支付制度，尤其进一步完善中央对地方均衡性转移支付制度。同时，将“石漠化治理”列入政府收支分类科目“项”级科目，对西部地区的债务与投融资项目实施差异化政策。对贵州而言，应尤其关注中央对贵州补助占比低于4%的重点项目，把握好毕节新发展理念示范区的新契机，并进一步加大对贵州在中国革命中重大贡献的宣传力度。此外，贵州应构建预算绩效管理嵌入年度预算机制，进一步深化对贵州财政转移支付的相关理论研究和实证分析，争取得到持续有力的中央财政转移支付政策支持。

本书在完成过程中，受限于作者的学术水平以及数据的可获取性，研究可能存在一定欠缺。

首先，本书提出的相关对策建议仍有待实践的检验。为了落实本书对贵州财政工作提出的“三个不低于”目标，本书从中央层面与地方层面分别提出了相应的对策建议。同时，为了缩小理论与实践之间的差距，笔者到相关实务部门进行了顶岗实践。但是，本书提出的对策建议的科学性、完整性、可行性，仍有待实践的检验。

其次，本书构建的中央对全国各地和贵州补助收入的回归方程，受到考察年份的限制，在指标预测上可能会出现一定的偏差。此外，在本书写作过程中，在全世界蔓延的新冠肺炎疫情造成的影响尚未结束，本书未能将新冠肺炎疫情作为自变量考虑在内，这可能会对2020年预测的结果产生一定的影响。

参考文献

[1] Wilson L S. 均衡性转移支付计算的宏观公式 [M] //鲍德威，沙安文. 政府间财政转移支付：理论与实践. 庞鑫，等，译. 北京：中国财政经济出版社，2010.

[2] 阿罗. 社会选择与个人价值 [M]. 丁建峰，译. 第二版. 上海：上海人民出版社，2010.

[3] 奥茨. 财政联邦主义 [M]. 陆符嘉，译. 南京：译林出版社，2012.

[4] 奥尔森. 国家的兴衰：经济增长、滞胀和社会僵化 [M]. 李增刚，译. 上海：上海人民出版社，2007.

[5] 奥尔森. 集体行为的逻辑 [M]. 陈郁，郭宇峰，李崇新，译. 上海：上海人民出版社，2014.

[6] 白佘清. 改进现行分税制中的税收返还办法实行规范化的转移支付制度 [J]. 中央财政金融学院学报，1995 (2)：27-31.

[7] 白宇飞，杨武建. 转移支付、财政分权与地方政府非税收入规模 [J]. 税务研究，2020 (1)：115-120.

[8] 鲍曙光，符维，姜永华. 上级转移支付与地方财政努力——基于中国县级数据的实证分析 [J]. 财经论丛，2018 (11)：22-30.

［9］庇古．福利经济学：上［M］．金镝，译．北京：华夏出版社，2013.

［10］庇古．福利经济学：下［M］．金镝，译．北京：华夏出版社，2013.

［11］布坎南．民主财政论［M］．穆怀朋，译．北京：商务印书馆，2015.

［12］布朗芬布伦纳．收入分配理论［M］．方敏，刘翱，刘振楠，等，译．北京：华夏出版社，2009.

［13］财政部关于印发中央对地方成品油价格和税费改革转移支付办法的通知［EB/OL］．财政部，2011-09-02［2019-09-24］．http：//yss.mof.gov.cn/ls/czzxzyzf/201109/t20110902_ 591465.htm.

［14］蔡美彪，李燕光，杨余练，等．中国通史：第九册［M］．北京：人民出版社，1994.

［15］蔡绍洪，王作功，李守伟，等．贵州加快培育和发展战略性新兴产业的对策研究［M］．北京：科学出版社，2016.

［16］蔡文彪，李洵，南炳文，等．中国通史：第八册［M］．北京：人民出版社，1994.

［17］曾红颖．我国基本公共服务均等化标准体系及转移支付效果评价［J］．经济研究，2012（6）：20-32，45.

［18］曾金华，董碧娟．对冲影响，财政政策如何更加积极有为［N］．经济日报，2020-03-10（1）．

［19］常明明，等．贵州经济六百年［M］．贵阳：贵州人民出版社，2014.

［20］陈保健，张庆．遵义会议的经过与启示［C］//贵州省科学社会

主义暨政治学学会．中国特色社会主义与贵州发展——纪念中国共产党成立九十周年理论研究．成都：西南交通大学出版社，2012：47-51.

［21］陈朝伦，秦占奎，李冬莲，等．贵州省十大千亿级工业产业现状分析与发展建议［J］．贵州商学院学报，2019（9）：1-12.

［22］陈春建．西部市场发育——西部经济实现大跨越的基础［M］．成都：西南财经大学出版社，2000.

［23］陈国强，罗楚亮，吴世艳．公共转移支付的减贫效应估计——收入贫困还是多维贫困？［J］．数量经济技术经济研究，2018（5）：59-76.

［24］陈挺．非市场环境主义下中国生态转移支付制度研究［D］．北京：中央财经大学，2014.

［25］《党的十九大报告辅导读本》编写组．党的十九大报告辅导读本［M］．北京：人民出版社，2017.

［26］邓小平．邓小平文选：第二卷［M］．北京：人民出版社，1983.

［27］邓小平．邓小平文选：第三卷［M］．北京：人民出版社，1993.

［28］迪屈奇．交易成本经济学［M］．王铁生，葛立成，译．北京：经济科学出版社，2000.

［29］丁颖，师颖新，户泉巧．“二战”以来的日本财政分权改革［J］．经济社会体制比较，2011（5）：38-46.

［30］董艳梅．省级区域获取中央财政转移支付的影响因素研究［J］．云南财经大学学报，2016（6）：33-42.

［31］杜受祜．建立我国西部地区生态环境建设补偿机制［C］//云南省人民政府新闻办公室．中国西南六省区市西部大开发昆明研讨会论文集．昆明：云南科技出版社，2001：181-187.

[32] 段晓红．促进公共服务均等化：均衡性转移支付抑或专项性一般转移支付——基于民族地区的实证分析 [J]．中南民族大学学报（人文社会科学版），2016（4）：135-140.

[33] 恩格斯．马克思恩格斯全集：第十九卷 [M]．中共中央马克思恩格斯列宁斯大林著作编译局，编译．北京：人民出版社，2006.

[34] 樊丽明，解垩．公共转移支付减少了贫困脆弱性吗 [J]．经济研究，2014（8）：67-78.

[35] 范柏乃，张鸣．基于面板分析的中国省级行政区域获取中央财政转移支付的实证研究 [J]．浙江大学学报（人文社会科学版），2011（1）：34-44.

[36] 范松．辛亥革命后贵州资产阶级法制的创建与挫折 [J]．贵州社会科学，2014（7）：77-81.

[37] 范子英，李欣．部长的政治关联效应与财政转移支付分配 [J]．经济研究，2014（6）：129-141.

[38] 方元子．政府间转移支付与区域基本公共服务均等化 [M]．北京：经济科学出版社，2017.

[39] 弗鲁博顿，芮切特．新制度经济学——一个交易费用分析范式 [M]．姜建强，罗长远，译．上海：上海人民出版社，2006.

[40] 伏润民，常斌，缪小林．我国地区间公共事业发展成本差异评价研究 [J]．经济研究，2010（4）：81-92.

[41] 付文林，沈坤荣．均等化转移支付与地方财政支出结构 [J]．经济研究，2012（5）：45-57.

[42] 傅光明．充分发挥政府间事权支出责任和财力相适应制度在国家治理体系和治理能力现代化中的重大作用 [J]．预算管理与会计，2019

(12): 19-21.

[43] 高菠阳，王萌，任建宇．财政转移支付的空间格局及其对中国县域社会经济发展的效应 [J]．经济地理，2018 (11): 30-38.

[44] 葛筑英．财政支持西部大开发战略的政策取向、方式和途径 [J]．财经科学，2001 (S1): 55-56.

[45] 谷成彬．缩小贵州与全国及邻省差距的客观选择 [Z]．贵州省第二次邓小平理论研讨会材料，1995.

[46] 贵州省 14 个深度贫困县决战决胜脱贫攻坚突出问题与对策课题组．贵州省 14 个深度贫困县决战决胜脱贫攻坚突出问题与对策 [R]．贵阳：贵州省发展和改革委员会，2018.

[47] 贵州省财政厅，贵州财经学院课题组．贵州省建立生态补偿机制及生态补偿财政政策体系研究 [M]．北京：中国财政经济出版社，2012.

[48] 贵州省财政厅．贵州省 2019 年全省和省本级预算执行情况与 2020 年全省和省本级预算草案的报告 [N]．贵州日报，2020-03-08 (8).

[49] 贵州省地方志编纂委员会．贵州省志·财政志 [M]．贵阳：贵州人民出版社，1993.

[50] 贵州省发展改革委．贵州省"十四五"时期推进基本公共服务均等化研究报告 [R]．贵阳：贵州省发展改革委，2019.

[51] 贵州省人民政府办公厅．省人民政府办公厅关于实施支持农业转移人口市民化若干财政政策的意见 [J]．贵州省人民政府公报，2017 (4): 48-50.

[52] 贵州省深入实施西部大开发战略重大问题研究课题组．贵州省

深入实施西部大开发战略重大问题研究［R］．贵阳：贵州省发展和改革委员会，2018.

［53］贵州省统计局．贵州70年：1949—2019［M］．北京：中国统计出版社，2019.

［54］《贵州通史》编委会．贵州通史：第2卷　明代的贵州［M］．北京：当代中国出版社，2002.

［55］《贵州通史》编委会．贵州通史：第3卷　清代的贵州［M］．北京：当代中国出版社，2002.

［56］《贵州通史》编委会．贵州通史：第4卷　民国时期的贵州［M］．北京：当代中国出版社，2002.

［57］《贵州通史》编委会．贵州通史：第5卷　当代的贵州［M］．北京：当代中国出版社，2003.

［58］郭春艳，苏维词，李安定．地表起伏度对林业生产成本的影响［J］．贵州科学，2015（6）：58-61，66.

［59］国家财政积极扶持民族地区经济和社会发展［J］．中国财政，1992（4）：47-48.

［60］国务院办公厅．国务院办公厅关于印发医疗卫生领域中央与地方财政事权和支出责任划分改革方案的通知［Z］．中华人民共和国国务院公告，2018（6）：5-10.

［61］韩一多，付文林．垂直财政不对称与收入不平等——基于转移支付依赖的门槛效应分析［J］．财贸经济，2019（6）：40-54.

［62］汉密尔顿，杰伊，麦迪逊．联邦党人文集［M］．程逢如，在汉，舒逊，译．北京：商务印书馆，2015.

［63］郝凤霞，朱琪．中央对地方的转移支付结构对地区经济增长的

影响研究——基于产业结构的分组回归［J］. 工业技术经济，2020（2）：101-109.

［64］何伟福. 制度变迁与清代贵州经济研究［M］. 北京：中国时代经济出版社，2008.

［65］何涌. 西方经济学社会福利函数理论现状［J］. 经济学动态，1987（5）：55-57.

［66］黑勒. 德国公共预算管理［M］. 赵阳，译. 北京：中国政法大学出版社，2013.

［67］侯景新，张志军，郑志国. 东部西进战略［M］. 南宁：广西人民出版社，2001.

［68］胡晓登. "西电东送"电力产业政策研究——以贵州省为典型个案［M］. 北京：光明日报出版社，2007.

［69］黄亮，张凡，王德远，等. 地表起伏对区域扶贫成本的影响浅析［J］. 绿色科技，2019（14）：305-308.

［70］《辉煌 70 年》编写组. 辉煌 70 年——新中国经济社会发展成就（1949—2019）［M］. 北京：中国统计出版社，2019.

［71］吉富星，鲍曙光. 中国式财政分权、转移支付体系与基本公共服务均等化［J］. 中国软科学，2019（12）：170-177.

［72］贾康，傅志华，梁季，等. 建立省、市、县、乡、村五级基本财力保障体系研究——以贵州为例的实证分析［R］. 北京：财政部财政科学研究所，2014.

［73］蒋德学. 论清代贵州的协款［J］. 贵州社会科学，1987（8）：52-56.

［74］解垩，宋颜群. 中国财政资金扶贫绩效及其影响因素分析

[J]. 财政研究，2020（5）：36-50.

[75] 解垩. 税收和转移支付对收入再分配的贡献 [J]. 经济研究，2018（8）：116-131.

[76] 金人庆. 国务院关于规范财政转移支付情况的报告——2007年6月27日在第十届全国人民代表大会常务委员会第二十八次会议上 [J]. 中华人民共和国全国人民代表大会常务委员会公报，2007（5）：480-486.

[77] 均衡性转移支付 [EB/OL]. 辽宁省财政厅，2014-05-14 [2015-07-14]. http：//czt.ln.gov.cn/zyzl/yjsbgzs/t20150714_ 1733785.html.

[78] 凯恩斯. 就业、利息和货币通论（重译本）[M]. 高鸿业，译. 北京：商务印书馆，2009.

[79] 科尔奈. 增长、短缺与效率：社会主义经济的宏观动态模型 [M]. 潘英丽，译. 北京：商务印书馆，2016.

[80] 孔卫拿，肖唐镖. 财政转移支付、地方治理结构与中国农村基本公共品供给质量——基于2011年全国23省149村抽样调查的实证分析 [J]. 人文杂志，2013（12）：110-118.

[81] 雷根强，黄晓虹，席鹏辉. 转移支付对城乡收入差距的影响——基于我国中西部县域数据的模糊断点回归分析 [J]. 财贸经济，2015（12）：35-48.

[82] 黎帅. 清代黔东北经济开发研究（1644—1840年）[D]. 武汉：中南民族大学，2018.

[83] 李丹，裴育，陈欢. 财政转移支付是"输血"还是"造血"——基于国定扶贫县的实证研究 [J]. 财贸经济，2019（6）：22-39.

[84] 李稻葵，徐欣，江红平. 中国经济国民投资率的福利经济学分

析［J］. 经济研究，2012（9）：46-56，71.

［85］李汉文. 建立省、市、县、乡、村五级最低财力保障体系研究——以贵州省为例［M］//李汉文，黄静，等. 促进富民兴黔的财税政策研究. 北京：中国财政经济出版社，2010：57-83.

［86］李汉文. 政府间支出责任划分制度研究［J］. 贵州财经大学学报，2015（4）：62-72.

［87］李翰章. 足本：曾文正公全集：第二部［M］. 李鸿章，校刊. 长春：吉林人民出版社，1995.

［88］李杰，邓磊，廖慧. 民族地区财政转移支付与乡村振兴：机理与对策［J］. 广西社会科学，2019（3）：71-75.

［89］李俊生. 财政在我国改革开放进程中的基础功能与支柱作用是如何体现的？——对我国改革开放四十年历程的财政理论思考［J］. 辽宁大学学报（哲学社会科学版），2018（5）：31-44.

［90］李俊生. 对政府间事权划分"症结"的剖析［N］. 中国财经报，2015-02-03（7）.

［91］李克强主持召开国务院常务会议　确定新增财政资金直接惠企利民的特殊转移支付机制等［EB/OL］. 中国政府网，2020-06-09［2020-06-13］. http：//www.gov.cn/premier/2020-06/09/content_ 5518245.htm.

［92］李岷，林宏，帅牧，等. "十二五"推进我省财政改革与发展的思路与对策研究［C］//中国财政学会. 中国财政学会2010年年会暨第十八次全国财政理论讨论会交流资料汇编（二）. 北京：中国财政学会，2010：221-252.

［93］李岷. 小因素　大创新——影响转移支付资金分配客观因素的贵州探析［J］. 新理财（政府理财），2015（Z1）：80-81.

[94] 李萍，许宏才，李承．财政体制简明图解［M］．北京：中国财政经济出版社，2010.

[95] 李万慧．“后营改增”时代中国税收返还制度改革方向探索——为税收返还制度正名［J］．现代经济探讨，2017（2）：27-30，51.

[96] 李永友，张子楠．转移支付提高了政府社会性公共品供给激励吗？［J］．经济研究，2017（1）：119-133.

[97] 李永友．转移支付与地方政府间财政竞争［J］．中国社会科学，2015（10）：114-133，206.

[98] 李忠峰．科学界定央地权责更好保障百姓民生［N］．中国财经报，2018-02-10（1）．

[99] 联邦德国基本法［EB/OL］，2016-10-13［2019-07-31］.https：//wenku.baidu.com/view/d1d29db1e45c3b3566ec8bbd.html.

[100] 林建曾．清朝前期完善贵州省建置、开辟“苗疆”及其影响［J］．贵州民族研究，1992（2）：50-57.

[101] 林俊清．贵州喀斯特与非喀斯特地貌分布面积及其特征分析［J］．贵州教育学院学报（自然科学版），2001（4）：43-46.

[102] 刘冰．西部开发的路径选择与制度创新［J］．甘肃社会科学，2001（4）：80-81.

[103] 刘成奎，齐兴辉．公共转移支付能授人以渔吗？——基于子代人力资本的研究［J］．财政研究，2019（11）：77-90.

[104] 刘贯春，周伟．转移支付不确定性与地方财政支出偏向［J］．财经研究，2019（6）：4-16.

[105] 刘光华，郝宽国．“驻京办”、“跑部钱进”与财政分配体制的完善［J］．甘肃社会科学，2011（6）：119-123.

[106] 刘广献．日本税制改革及其经济效应研究 [D]．保定：河北大学，2014.

[107] 刘佳．公共转移支付的减贫效应：文献述评与研究展望 [J]．内蒙古社会科学（汉文版），2019（5）：203-212.

[108] 刘剑文，侯卓．事权划分法治化的中国路径 [J]．中国社会科学，2017（2）：102-122，207-208.

[109] 刘炯，王芳．转移支付对地方政府履责的影响 [M]．上海：上海交通大学出版社，2017.

[110] 刘兰秋．有何医疗救治与保障措施 [N]．检察日报，2020-02-26（3）.

[111] 刘亮．既得利益、均等化与政府间财政转移支付影响因素——基于河北省的实证分析 [J]．软科学，2011（3）：8-12，17.

[112] 刘明．财政转移支付、地方政府治理和制造业增长 [J]．南方经济，2016（2）：1-12.

[113] 刘尚希，王志刚，程瑜，等．公共风险视角下的财政事权与支出责任划分——基于贵州、陕西的调研报告 [J]．财政科学，2018（3）：5-16.

[114] 刘一欧，黄静，许璞．政府投资变化对我国产业结构的影响——基于社会核算矩阵的结构化路径分析 [J]．财政监督，2013（11）：66-70.

[115] 刘一伟，汪润泉．"加剧"还是"缓解"：社会保障转移支付与老年贫困——基于城乡差异视角的分析 [J]．山西财经大学学报，2017（2）：12-21.

[116] 刘佐．中共税收政策发展纵览——为中国共产党成立90周年

而作［J］. 中国税务，2011（7）：8-13.

［117］楼继伟，郭筑英. 贵州省转移支付尝试与支出缺口估算［J］. 经济社会体制比较，1997（5）：18-23.

［118］卢盛峰，陈思霞，时良彦. 走向收入平衡增长：中国转移支付系统“精准扶贫”了吗？［J］. 经济研究，2018（11）：49-64.

［119］卢梭. 社会契约论［M］. 何兆武，译. 北京：商务印书馆，2008.

［120］卢现祥，徐俊武. 公共政策、减贫与有利于穷人的经济增长——基于1995—2006年中国各省转移支付的分析［J］. 制度经济学研究，2009（2）：112-125.

［121］卢现祥，朱巧玲. 新制度经济学［M］. 北京：北京大学出版社，2007.

［122］罗雪尔. 历史方法的国民经济学讲义大纲［M］. 朱绍文，译. 北京：商务印书馆，1997.

［123］吕冰洋，毛捷，马光荣. 分税与转移支付结构：专项转移支付为什么越来越多？［J］. 管理世界，2018（4）：25-39，187.

［124］吕炜，赵佳佳. 中国转移支付的粘蝇纸效应与经济绩效［J］. 财政研究，2015（9）：44-52.

［125］马光荣，郭庆旺，刘畅. 财政转移支付结构与地区经济增长［J］. 中国社会科学，2016（9）：105-125，207-208.

［126］马海涛，任致伟. 转移支付对县级财力均等化的作用［J］. 财政研究，2017（5）：2-12，113.

［127］马克思. 马克思恩格斯全集：第一卷 上册［M］. 中共中央马克思恩格斯列宁斯大林著作编译局，编译. 北京：人民出版社，2006.

［128］马骁，赵艾凤，王妤．转移支付的区域分配及其对财政收入差异的调节效果［J］．财贸经济，2013（12）：47-56.

［129］毛晖，张胜楠．推进我国环境保护的财税政策取向研究［J］．环境保护，2016（1）：21-25.

［130］毛泽东．毛泽东选集：第五卷［M］．北京：人民出版社，1977.

［131］孟雨醉．建国初期西南军政委员会经济建设举措研究［D］．成都：电子科技大学，2017.

［132］闵捷．大道映长空 致富坦途宽——2019贵州交通基础设施建设述评［N］．贵州日报，2020-01-07（1）．

［133］缪小林，王婷，高跃光．转移支付对城乡公共服务差距的影响——不同经济赶超省份的分组比较［J］．经济研究，2017（2）：52-66.

［134］娜仁，陈艺，万伦来，等．中国典型流域生态补偿财政支出的减贫效应研究——来自2010—2017年安徽新安江流域的经验数据［J］．财政研究，2020（5）：51-62.

［135］诺思．经济史上的结构和变革［M］．厉以平，译．北京：商务印书馆，2007.

［136］诺思．制度、制度变迁与经济绩效［M］．杭行，译．上海：上海人民出版社，2009.

［137］欧阳建勇．乡村振兴战略下我国农村公共文化服务建设的财政政策研究［D］．南昌：江西财经大学，2018.

［138］庞伟，孙玉栋．税收分享、财政努力与税收增长——基于政府竞争的视角［J］．山西财经大学学报，2019（10）：1-14.

［139］配第．赋税论［M］．邱霞，原磊，译．北京：华夏出版

社，2017.

［140］乔俊峰，张春雷．转移支付、政府偏好和共享发展——基于中国省级面板数据的分析［J］．云南财经大学学报，2019（1）：15-28.

［141］秦坤．论早期贵阳城市的兴起与文化基础［J］．教育文化论坛，2011（6）：68-73.

［142］曲哲涵．中央财政累计安排有关防控资金257.5亿元［N］．人民日报，2020-03-25（2）．

［143］全国各省（市、区）地表起伏度及其对区域开发成本的影响分析课题研究组．全国各省（市、区）地表起伏度及其对区域开发成本的影响分析［R］．贵阳：贵州省财政厅，2011.

［144］萨缪尔森．经济分析基础（增补版）［M］．何耀，等，译．大连：东北财经大学出版社，2006.

［145］萨伊．政治经济学概论：财富的生产、分配与消费［M］．陈福生，陈振骅，译．北京：商务印书馆，2010.

［146］申学锋，赵云旗．财税改革40年大事记［J］．中国财政，2018（24）：33-43.

［147］神野直彦．财政学——财政现象的实体化分析［M］．彭曦，顾长江，韩秋燕，等，译．南京：南京大学出版社，2012.

［148］石绍宾，樊丽明．对口支援：一种中国式横向转移支付［J］．财政研究，2020（1）：3-12，44.

［149］石原信雄．日本新地方财政调节制度概论［M］．米彦军，译．北京：社会科学文献出版社，2016.

［150］斯密．国民财富的性质和原因的研究：上卷［M］．郭大力，王亚南，译．北京：商务印书馆，2009.

[151] 斯密．国民财富的性质和原因的研究：下卷［M］．郭大力，王亚南，译．北京：商务印书馆，2008.

[152] 宋小宁，苑德宇．公共服务均等、政治平衡与转移支付——基于1998—2005年省际面板数据的经验分析［J］．财经问题研究，2008（4）：92-97.

[153] 宋颜群，解垩．政府转移支付的扶贫效率、减贫效应及减贫方案选择［J］．当代经济科学，2020（2）：1-15.

[154] 苏建宏．德国促进新联邦州经济发展经验及对中国西部大开发政策的启示［J］．地方财政研究，2009（11）：76-80.

[155] 苏维词，张贵平．地表起伏对区域发展成本影响浅析——以贵州为例［J］．经济研究导刊，2012（6）：144-146，156.

[156] 孙勇．中国财政分权、集权的权衡与区域经济均衡增长［D］．上海：复旦大学，2014.

[157] 塔洛克．公共选择［M］．柏克，郑景胜，译．北京：商务印书馆，2018.

[158] 谭洁．民族地区横向生态转移支付的法治化构建——以广西金秀瑶族自治县为例［J］．广西民族研究，2020（1）：128-135.

[159] 汤玉刚，宋琪．转移支付促进区域经济收敛吗？［J］．经济与管理研究，2016（7）：19-28.

[160] 唐明，熊蓓珍．中德增值税收入共享制度比较与借鉴［J］．地方财政研究，2018（4）：93-104.

[161] 田贵贤．我国横向财政转移支付制度研究——基于区域基本公共服务均等化视角［D］．保定：河北大学，2013.

[162] 田国强．经济机制理论：信息效率与激励机制设计［J］．经济

学（季刊），2003（2）：271-308.

［163］田嘉莉，赵昭．国家重点生态功能区转移支付政策的环境效应——基于政府行为视角［J］．中南民族大学学报（人文社会科学版），2020（2）：121-125.

［164］田勇，殷俊，薛惠元．“输血”还是“造血”？面向农户的公共转移支付的减贫效应评估——基于农业产出的视角［J］．经济问题，2019（3）：78-86.

［165］图洛克．收入再分配的经济学［M］．范飞，刘琨，译．第二版．上海：上海人民出版社，2008.

［166］汪剑．推进贵州农业转移人口市民化财政政策的思考［J］．中国财政，2017（19）：43-44.

［167］王朝才．日本财政法［M］．北京：经济科学出版社，2007.

［168］王瑞民，陶然．中国财政转移支付的均等化效应：基于县级数据的评估［J］．世界经济，2017（12）：119-140.

［169］王若宇．社会主义核心价值体系逻辑结构阐释——从哲学的角度［J］．人民论坛，2012（2）：58-59.

［170］王绍光．中国财政转移支付的政治逻辑［J］．战略与管理，2002（3）：47-54.

［171］王淑宜，哈杨婧心．2018 年我省降低实体经济企业成本逾 500 亿元［N］．贵州日报，2019-01-07（1）．

［172］王涛．德国财税体制对我国的启示与借鉴［D］．保定：河北大学，2008.

［173］王宇昕，余兴厚，黄玲．转移支付对基本公共服务支出水平及结构效应研究——基于川渝地方政府的经验数据［J］．财政研究，2019

(12): 48-60.

[174] 王玉玲. 论民族地区财政转移支付制度的优化——基于历史和现实背景的分析 [J]. 民族研究, 2018 (1): 29-38, 108.

[175] 翁礼华. 纵横捭阖: 中国财税文化透视 [M]. 北京: 中国财政经济出版社, 2004.

[176] 吴强, 李楠. 我国财政转移支付及税收返还变动对区际财力均等化影响的实证分析 [J]. 财政研究, 2016 (3): 27-38.

[177] 伍文中, 唐霏, 陈平. 民族地区基本公共服务实现机制优化路径研究——基于主从博弈模型 [J]. 西南民族大学学报 (人文社会科学版), 2016 (9): 147-151.

[178] 午言. 让人大代表看懂看清财政报告 [N]. 人民日报, 2015-02-09 (18).

[179] 西尾胜. 日本地方分权改革 [M]. 张青松, 刁榴, 译. 北京: 社会科学文献出版社, 2013.

[180] 习近平. 摆脱贫困 [M]. 福州: 福建人民出版社, 2017.

[181] 习近平. 决胜全面建成小康社会 夺取新时代中国特色社会主义伟大胜利——在中国共产党第十九次全国代表大会上的报告 [M]. 北京: 人民出版社, 2017.

[182] 习近平对毕节试验区工作作出重要指示 [EB/OL]. 新华网, 2018-07-19 [2018-07-20]. http://www.xinhuanet.com/politics/leaders/2018-07/19/c_1123150609.htm.

[183] 习近平主持召开中央财经委员会第五次会议 [EB/OL]. 新华网, 2019-08-26 [2019-08-26]. http://www.xinhuanet.com//2019-08/26 c_1124923884.htm.

［184］辛践．奢香夫人：胜得十万雄兵的女政治家［J］．廉政瞭望（上半月），2018（7）：62-63.

［185］邢春娜，唐礼智．中央财政转移支付缩小民族地区与沿海地区收入差距研究［J］．贵州民族研究，2019（2）：168-171.

［186］徐博．关于分税制下税收返还问题的思考［J］．财政研究，2010（4）：69-71.

［187］徐艺．转移支付对中国县级财力差距的影响研究［M］．北京：中国社会科学出版社，2016.

［188］杨华．日本政府预算制度［M］．北京：经济科学出版社，2016.

［189］杨良松，余莎．地方上级政府对转移支付的截留研究——基于省级与地级数据的实证分析［J］．公共管理学报，2018（2）：14-27，154.

［190］杨颖．中国农村反贫困研究——基于非均衡发展条件下的能力贫困［M］．北京：光明日报出版社，2011.

［191］杨志勇．中国财政70年：建立现代财政制度［J］．China Economist，2019（1）：66-93.

［192］姚东旻，李静，陈翊婧．专项转移支付是否带动了地方的专项支出？——一个基于政策文本与省市数据的理论机制及其实证检验［J］．财经研究，2019（10）：21-34.

［193］姚东旻，王麒植，李静．事权属性与专项转移支付——来自省级差异的博弈均衡［J］．经济科学，2018（5）：30-42.

［194］姚东旻，朱泳奕，余凯．制度惯性、地方领导人更替与财政支出结构变动［J］．社会学研究，2020（2）：99-123，243-244.

［195］尹彦辉，缪言，白仲林．发展不平衡现状下财政政策的收入分配效应——基于异质性家庭新凯恩斯 DSGE 模型［M］//李平，石磊，李富强，向其凤．21 世纪数量经济学：第 19 卷．北京：经济管理出版社，2019：61-81.

［196］尹振东，汤玉刚．专项转移支付与地方财政支出行为——以农村义务教育补助为例［J］．经济研究，2016（4）：47-59.

［197］苑德宇，宋小宁．转移支付与地方政府投资决策［J］．财贸经济，2015（3）：43-54，87.

［198］詹新宇，白晨曦．中央对地方转移支付的经济发展不平衡效应研究——基于省际面板数据的经验分析［J］．南京审计大学学报，2019（3）：92-102.

［199］张冬梅，李茂生，吴凡．中央对民族地区转移支付和税收返还的效果评价与调整建议［J］．西南民族大学学报（人文社会科学版），2018（8）：82-91.

［200］张吉勇．闯新路作示范　建好毕节试验区［J］．当代贵州，2014（26）：26-27.

［201］张凯强．转移支付与地区经济稳定——基于国家级贫困县划分的断点分析［J］．财贸经济，2018（1）：54-69.

［202］张楠，卢洪友，黄健．资源枯竭城市转移支付对经济增长的影响［J］．中国人口·资源与环境，2019（4）：147-156.

［203］张青，李农．外国财政制度与管理［M］．北京：高等教育出版社，2015.

［204］张蕊．基于公共价值的县级政府一般性转移支付绩效评价［J］．社会科学，2019（4）：53-63.

[205] 张蕊．职能转变背景下县级政府转移支付绩效评价——以甘肃省县级政府为例 [D]．兰州：兰州大学，2018.

[206] 张韬．地方税体系与产业转型升级联动机制研究：以贵州省为例 [M]．北京：中国经济出版社，2019.

[207] 张韬．对预算绩效管理嵌入年度预算机制的思考[J].中央财经大学学报，2020 (6)：12-19.

[208] 张韬．规划项目预算制度——中国预算管理改革的新途径 [J]．财经论丛，2018 (4)：42-48.

[209] 张韬．西江流域水源地生态补偿标准测算研究 [J]．贵州社会科学，2011 (9)：76-79.

[210] 张韬．中国收入不公平问题剖析 [J]．财经论丛，2014 (5)：24-29.

[211] 张韬．中期预算与年度预算联动机制研究 [D]．北京：中央财经大学，2016.

[212] 张韬．珠江流域水资源生态补偿政策体系研究——以贵州省为例 [J]．贵州财经学院学报，2011 (4)：105-109.

[213] 张维．兜牢民生底线推进公共服务均等化 [N]．法制日报，2018-02-09 (6)．

[214] 张维迎．博弈论与信息经济学 [M]．上海：上海人民出版社，2004.

[215] 张晓阳．论建立对口帮扶的制度保证系统 [J]．贵州社会科学，2000 (1)：29-32.

[216] 张晓阳．在西部大开发中建立对口帮扶的政策保证体系 [C] //云南省人民政府新闻办公室．中国西南六省区市西部大开发昆明研

讨会论文集．昆明：云南科技出版社，2001：295-302.

［217］张一凡，李克．贵州回应中央对毕节试验批示　总结发展经验［EB/OL］，2014-06-22［2018-07-20］. http：//www.chinanews.com/gn/2014/06-22/6306986.shtml.

［218］张志胜，崔执树．习近平精神扶贫思想的基本内涵与时代意蕴［J］. 内蒙古大学学报（哲学社会科学版），2018（4）：14-20.

［219］赵曦．中国西部贫困地区扶贫攻坚难点问题与战略选择研究［M］. 成都：西南财经大学出版社，2001.

［220］赵早早．中央预算执行审计与公共预算改革的关系研究——基于1996年至2014年全国人大常委会公报的内容分析［J］. 审计研究，2015（3）：41-48.

［221］郑海霞．中国流域生态服务补偿机制与政策研究——基于典型案例的实证分析［M］. 北京：中国经济出版社，2010.

［222］郑新业，王宇澄，张力．政府部门间政策协调的理论和经验证据［J］. 经济研究，2019（10）：24-40.

［223］郑涌，等．德国政府间财政关系考察报告［EB/OL］，2011-11-19［2019-07-31］. https：//wenku.baidu.com/view/9b35b69d51e79b8968022642.html.

［224］制定和完善财政转移支付办法　助推户籍制度改革［EB/OL］. 贵州省财政厅，2019-08-28［2019-08-30］. http：//czt.gui zhou.gov.cn/xwzx/czdt/201908/t20190827_ 2956171.html.

［225］中共中央宣传部．习近平总书记系列重要讲话读本［M］.2016年版．北京：人民出版社，2016.

［226］中国民生银行研究院．增长压力考验加快转型　疫情促进地方

治理升级——2019年我国各省经济形势分析及疫情下的2020年展望［R］. 北京：中国民生银行研究院，2020.

［227］周广肃，张牧扬，樊纲. 地方官员任职经历、公共转移支付与居民消费不平等［J］. 经济学（季刊），2020（1）：61-80.

［228］周继良. 对日本政府间转移支付制度的再思考［J］. 决策借鉴，1996（6）：39-41.

［229］周黎安. 转型中的地方政府：官员激励与治理［M］. 第二版. 上海：上海人民出版社，2017.

［230］朱德云，孙若源. 地方财政对转移支付长期依赖问题：理论机制及治理选择［J］. 财政研究，2018（9）：81-92，105.

［231］朱凤岐. 贫困地区贫困人口的脱贫途径和扶持政策［M］//聂振邦，王建，吴阿南. 我国工业化中期农村经济问题研究. 北京：中国计划出版社，1996：152-171.

［232］朱光，李平，姜永华. 专项转移支付、一般性转移支付与地方政府公共服务支出——基于专项转移支付分项数据的空间计量分析［J］. 华东经济管理，2019（3）：145-151.

［233］朱红琼. 中央与地方财政关系及其变迁史［M］. 北京：经济科学出版社，2008.

［234］朱秋霞. 德国政府预算制度［M］. 北京：经济科学出版社，2017.

［235］宗禾. 贵州监管局建立全过程监管机制［N］. 中国财经报，2019-12-17（8）.

［236］宗晓华，张绘，叶萌. "省直管县"财政改革与县级财政教育投入——基于贵州县级数据的双重差分估计［J］. 教育与经济，2017

(3): 9-16.

[237] Abubakari M. Determinants of Resource Allocation: Do Bureaucratic Factors Matter? [J]. Environmental Management and Sustainable Development, 2017, 6 (2): 334-346.

[238] Agostini C A, Brown P H, Gongora D P. Public Finance, Governance, and Cash Transfers in Alleviating Poverty and Inequality in Chile [J]. Public Budgeting & Finance, 2010, 30 (2): 1-23.

[239] Ahmad J. Incentives for Fiscal Discipline in New South Africa [M] // Rodden J, Eskeland G S, Litvack J. Decentralization and the Challenge of Hard Budget Constraints. Cambridge: The MIT Press, 2003: 325-351.

[240] Akerlof G A. The Market for "Lemons": Quality Uncertainty and the Market Mechanism [J]. The Quarterly Journal of Economics, 1970, 84 (3): 488-500.

[241] Alperovich G. The Economics of Choice in the Allocation of Intergovernmental Grants to Local Authories [J]. Public Choice, 1984, 44 (2): 285-296.

[242] Ansolabehere S. Party Control of State Government and the Distribution of Public Expenditures [J]. Scandinavian Journal of Economics, 2006, 108 (4): 547-569.

[243] Arrow K J. Uncertainty and the Welfare Economics of Medical Care [J]. American Economic Review, 1963, 53 (5): 941-973.

[244] Arulampalam W, Dasgupta S, Amrita D, Bhaskar D. Electoral Goals and Center-State Transfers: A Theoretical Model and Empirical Evidence from India [J]. Journal of Development Economics, 2009, 88 (1):

103-119.

[245] Ben W. Do Government Transfers Reduce Poverty in China? Micro Evidence from Five Regions [J]. China Economic Review, 2018, 51 (5): 59-69.

[246] Bergson A. A Reformulation of Certain Aspects of Welfare Economics [J]. Quarterly Journal of Economics, 1938, 52 (2): 310-334.

[247] Bhagwati J N, Hatta B T. The Generalized Theory of Transfers and Welfare: Exogenous (Policy-Imposed) and Endogenous (Transfer-Induced) Distortions [J]. The Quarterly Journal of Economics, 1985, 100 (3): 697-714.

[248] Bird R M, Tassonyi A. Constraining Subnational Fiscal Behavior in Canada: Different Approaches, Similar Result? [M] //Rodden J, Eskeland G S, Litvack J. Decentralization and the Challenge of Hard Budget Constraints. Cambridge: The MIT Press, 2003: 85-132.

[249] Borck R, Owings S. The Political Economy of Intergovernmental Grants [J]. Regional Science and Urban Economics, 2003, 33 (2): 139-156.

[250] Buchanan J M. Federalism and Fiscal Equity [J]. American Economic Review, 1950, 40 (4): 583-599.

[251] Buchanan J M. An Economic Theory of Clubs [J]. Economica, 1965, 32 (125): 1-14.

[252] Bucheli M. Public Transfers and the Poverty of Children and the Elderly in Uruguay [J]. Poverty & Public Policy, 2016, 8 (4): 398-415.

[253] Case A. Election Goals and Income Redistribution: Recent

Evidence from Albania [J]. European Economic Review, 2001, 45 (3): 405-423.

[254] Coase R H. The Nature of the Firm [J]. Economica, 1937, 4 (16): 386-405.

[255] Coase R H. The Problem of Social Cost [J]. Journal of Law and Economics, 1960, 3 (4): 1-44.

[256] Coase R H. The Institutional Structure of Production [M] // Menard C, Shirley M M. Handbook of New Institutional Economics. Berlin: Springer-Verlag, 2008: 31-40.

[257] Cuperus R, Bakermans M M G J, Haes H A U D, et al. Ecological Compensation in Dutch Highway Planning [J]. Environmental Management, 2001, 27 (1): 75-89.

[258] Egger P, Koethenbuerger M, Smart M. Do Fiscal Transfers Alleviate Business Tax Competition? Evidence from Germany [J]. Journal of Public Economics, 2010, 94 (3-4): 235-246.

[259] Gandullia L, Leporatti L. Subnational Fiscal Balance, Interregional Redistribution and Risk-sharing in Italy [J].Regional Studies, 2019, 54 (3): 1-11.

[260] German Bundestag. Basic Law for the Federal Republic of Germany [EB/OL], 2019-01-01 [2019-09-22]. https: //www. btg-bestellservice. de/se/index. php? sid = 045ecbd52d59bb46b50c77532ed1a2 bc& navi = 1&subnavi = 50&anr = 8020100.

[261] Gramlich E M. Intergovernmental Grants: A Review of the Empirical Literature [M] //Oates W E. The Political Economy of Fiscal Feder-

alism. Lexington: D. C. Heath and Company, 1977: 219-239.

[262] Hamilton J H. The Flypaper Effect and the Deadweight Loss from Taxation [J]. Journal of Urban Economics, 1986, 19 (2): 148-155.

[263] Harberger A C. Taxation, Resource Allocation, and Welfare [M] //The National Bureau of Economic Research and the Brookings Institution. The Role of Direct and Indirect Taxes in the Federal Reserve System. Princeton: Princeton University Press, 1964: 25-80.

[264] Hardin G J. The Tragedy of the Commons [J]. Science, 1968, 162 (3859): 1243-1248.

[265] Heyndels B. Asymmetries in the Flypaper Effect: Empirical Evidence for the Flemish Municipalities [J]. Applied Economics, 2001, 33 (10): 1329-1334.

[266] Hindriks J, Myles G D. Intermediate Public Economics [M].2nd Ed. Cambridge: MIT Press, 2013: 690.

[267] Hurwicz L. The Design of Mechanisms for Resource Allocation [J]. American Economic Review, 1973, 63 (2): 1-30.

[268] Inman R P. Transfers and Bailouts: Enforcing Local Fiscal Discipline with Lessons from U. S. Federalism [M] //Rodden J, Eskeland G S, Litvack J. Decentralization and the Challenge of Hard Budget Constraints. Cambridge: The MIT Press, 2003: 35-83.

[269] Jalil A Z A. Fiscal Efficiency of Malaysian State Governments: Effects of Inter - governmental Grants [J]. Malaysian Journal of Economic Studies, 2017, 47 (1): 55-72.

[270] Jarocinska E. Political Economy of Intergovernmental Grants

[D].Ciutadella: Universitat Pompeu Fabra, 2006.

[271] Jarocihska E. Intergovernmental Grants in Russia: Vote-buying or Bargaining Power of Regions? [J]. Economics of Transition, 2010, 18 (2): 405-427.

[272] Johansson E. Tactical Redistribution between Regions When Parties and Voters Care about Ideology [J]. Journal of Public Economic Theory, 2003, 5 (1): 95-120.

[273] Kaldor N. Welfare Propositions of Economics and Interpersonal Comparisons of Utility [J]. The Economic Journal, 1939, 49 (195): 549-552.

[274] Kaldor N. Welfare Propositions of Economics and Interpersonal Comparisons of Utility [M] //Hausman D M. The Philosophy of Economics: An Anthology. 3rd Ed. Cambridge: Cambridge University Press, 2007: 222-225.

[275] Krueger A O. The Political Economy of the Rent-Seeking Society [J]. American Economic Review, 1974, 64 (3): 291-303.

[276] Maitra P, Ray R. The Effect of Transfers on Household Expenditure Patterns and Poverty [J]. Journal of Development Economics, 2003, 71 (1): 23-49.

[277] Martinez-Vazquez J, Qiao B, Zhang L. The Role of Provincial Policies in Fiscal Equalization Outcomes in China [J]. China Review, 2007, 8 (2): 135-167.

[278] Mckinnon R I, Pill H. International Overborrowing: A Decomposition of Credit and Currency Risks [J]. World Development, 1998, 26 (7): 1267-1282.

[279] Mehiriz K. The Use of Intergovernmental Grants to Municipalities for

Electoral Purposes by Subnational Governments [J]. Local Government Studies, 2017, 43 (2): 274-290.

[280] Mukherjee S. Inter-governmental Fiscal Transfers in the Presence of Revenue Uncertainty: The Case of Goods and Services Tax (GST) in India [J]. Journal of Development Policy and Practice, 2020, 5 (1): 74-102.

[281] Musgrave R A. The Theory of Public Finance: A Study in Public Economy [J]. Journal of Political Economy, 1960, 68 (2): 194.

[282] Raiser M. Subsidising Inequality: Economic Reforms, Fiscal Transfers and Convergence across Chinese Provinces [J]. Journal of Development Studies, 1998, 34 (3): 1-26.

[283] Rattso J. Vertical Imbalance and Fiscal Behavior in a Welfare State: Norway [M] //Rodden J, Eskeland G S, Litvack J. Decentralization and the Challenge of Hard Budget Constraints. Cambridge: The MIT Press, 2003: 133-159.

[284] Rawls J. A Theory of Justice [M]. Cambridge: The Belknap Press of Harvard University Press, 1999: 229, 231, 235-236, 244-245, 249.

[285] Rodden J. Soft Budget Constraints and German Federalism [M] // Rodden J, Eskeland G S, Litvack J. Decentralization and the Challenge of Hard Budget Constraints. Cambridge: The MIT Press, 2003: 161-186.

[286] Sagbas I, Saruc N T. Intergovernmental Transfers and the Flypaper Effect in Turkey [J]. Turkish Studies, 2004, 5 (2): 79-92.

[287] Samuelson P A. The Pure Theory of Public Expenditure [J].Review of Economics & Statistics, 1954, 36 (4): 387-389.

[288] Sandler T, Tschirhart J T. Club Theory: Thirty Years Later [J]. Public Choice, 1997, 93 (3-4): 335-355.

[289] Schady N R. The Political Economy of Expenditures by the Peruvian Social Fund (FONCODES), 1991-1995 [J]. American Political Science Review, 2000, 94 (2): 289-304.

[290] Schwartz M, Moskowitz J. Fiscal Equity in the United States, 1984-1985 [R]. Washington D C: The Office of Planning, Budget, and Evaluation of the Department of Education, 1988.

[291] Sen A K. Informational Bases of Alternative Welfare Approaches: Aggregation of Income Distribution [J]. Journal of Public Economics, 1974, 3 (4): 387-403.

[292] Sen A K. Real National Income [J]. The Review of Economic Studies, 1976, 43 (1): 19-39.

[293] Sen A K. The Welfare Basis of Real Income Comparisons: A Survey [J]. Journal of Economic Literature, 1979, 17 (1): 1-42.

[294] Shah A. Fiscal Federalism and Macroeconomic Governance: For Better or for Worse? [J]. Annals of Economics and Finance, 1999, 15 (1): 200-240.

[295] Sircar N R, Friedman E A. Financial Security and Public Health: How Basic Income and Cash Transfers Can Promote Health [J]. Global Public Health, 2018, 13 (12): 1878-1888.

[296] Slack E. Grants to Large Cities and Metropolitan Areas [M] // Boadway R W, Shah A. Intergovernmental Fiscal Transfers, Principles and Practice. Washington D C: World Bank, 2007: 453-481.

[297] Snoddon T, Wen J F. Grants Structure in an Intergovernmental Fiscal Game [J]. Economics of Governance, 2003, 4 (2): 115-126.

[298] Sorensen R J. The Political Economy of Intergovernmental Grants: The Norwegian Case [J]. European Journal of Political Research, 2010, 42 (2): 163-195.

[299] Stiglitz J E. The Price of Inequality: How Today' s Divided Society Endangers Our Future [M]. New York: W W Norton and Company, 2012: 83.

[300] Tiebout C M. A Pure Theory of Local Expenditures [J].The Journal of Political Economy, 1956, 64 (5): 416-424.

[301] Umezurike C. Federalism and Local Governance in Africa: The Case of Intergovernmental Relations in Nigeria [J]. Pakistan Journal of Social Sciences, 2014, 11 (2): 118-128.

[302] Veiga L G, Pinho M M. The Political Economy of Intergovernmental Grants: Evidence from a Maturing Democracy [J]. Public Choice, 2007, 133 (3-4): 457-477.

[303] Williamson O E. Transaction Cost Economics [M] //Menard C, Shirley M M. Handbook of New Institutional Economics. Berlin: Springer-Verlag, 2008: 41-68.

后 记

本书系我主持完成的贵州省哲学社会科学规划青年课题“2020年后中央财政转移支付政策新取向及贵州对策研究”（项目编号：19CZQN01）的研究成果，也是我以独立作者身份完成《中期预算与年度预算联动机制研究》《地方税体系与产业转型升级联动机制研究：以贵州省为例》两部专著后，以独立作者身份完成的第三部专著。

在我完成专著期间，我的工作单位贵州财经大学为我提供了很好的研究平台。我要特别感谢赵普教授、徐梅教授、杨杨教授、刘明显教授、王超教授、陈波老师对我的关心与支持。在我申请贵州省哲学社会科学规划课题和课题研究过程中，得到了贵州省社会科学院胡晓登研究员、贵州省委讲师团谢一研究员、贵州省政府发展研究中心曹安勇研究员、贵州师范学院的陈杨教授、贵阳学院的毛有碧教授、中南财经政法大学的常明明教授等专家的悉心指导，使我受益匪浅。没有他们的鼎力支持，我是不可能取得这一成果的。在此，对他们的辛勤付出表示由衷的感谢。

为了更好地完成研究报告和专著，我在2019年9月到2020年2月赴贵州省财政厅预算处顶岗实践。在贵州省财政厅预算处六个多月的顶岗实践，为我较好地弥补在财政转移支付实务方面存在的短板创造了条件。在顶岗实践期间，我同贵州省财政厅何建明副厅长、石化清副厅长、林宏副厅长，贵州省财政厅预算处张羽振处长、汪剑副处长，地方财政处万艳处长，投资评审中心李龙主任，以及贵州省人大财政经济委员会副主任委员黄剑川、贵州省人大财政经济委员会办公室主任向波、贵州省发展和改革委员会副主任张志宏、财政部预算司地方处副处长隋心、北京市人大常委会办公厅苏超进行了充分的交流，使我对财政转移支付的实务有了更深刻的认识。同时，我要感谢顶岗实践期间与我一起并肩战斗的同仁李静、黄幸、黎利，她们为我更好地完成研究报告和这部专著提供了许多宝贵的资料。

研究成果能较快出版面世，还要衷心感谢中国经济出版社耿园老师精湛的业务能力和认真负责的精神，以及曹娅老师的倾力帮助。

张　韬

2020 年 6 月 17 日

深圳大学政府管理学院政府运行保障管理系列丛书

Research on Operation Guarantee Administration of Government Offices: Multiple Perspectives

多维视阈下的机关运行保障管理

曾锡环 编著

中国经济出版社
CHINA ECONOMIC PUBLISHING HOUSE
北 京

图书在版编目（CIP）数据

多维视阈下的机关运行保障管理 / 曾锡环编著.
北京 ：中国经济出版社，2024. 10. -- ISBN 978-7
-5136-7904-6

Ⅰ. D630.1

中国国家版本馆 CIP 数据核字第 20248F0M02 号

策划编辑 姜 静
责任编辑 王西琨 马伊宁
责任印制 马小宾
封面设计 李 萌

出版发行 中国经济出版社
印 刷 者 天津嘉恒印务有限公司印刷
经 销 者 各地新华书店
开 本 710mm × 1000mm 1/16
印 张 17.5
字 数 293 千字
版 次 2024 年 10 月第 1 版
印 次 2024 年 10 月第 1 次
定 价 78.00 元
广告经营许可证 京西工商广字第 8179 号

中国经济出版社 **网址** http://epc.sinopec.com/epc/ **社址** 北京市东城区安定门外大街 58 号 **邮编** 100011

前 言

PREFACE

本书辑录了深圳大学机关事务研究院专职与兼职研究员、教师与研究生的机关运行保障管理阶段性研究作品，包含“学术论文”和“调研报告”两大类。研究作品主要从改革发展、模式创新、标准化、信息化、数字化、法治化等多维视角展开分析、比较与探讨。本书为“深圳大学政府管理学院政府运行保障管理系列丛书”之一。

深圳大学机关事务研究院（以下简称“研究院”）成立于2021年7月，由深圳市机关事务管理局与深圳大学合作共建，是粤港澳大湾区第一家致力于机关事务及政府运行保障管理研究的学术机构。成立以来，研究院与深圳市、区两级机关事务部门紧密联系，在调查研究、建言献策、人才共育等方面发挥积极作用，在国家机关事务管理局、全国机关事务研究会举办的理论研究、专题调研活动中获得多个奖项，成绩显著，有力助推深圳机关事务工作高质量发展。作为与政府部门合作共建的研究机构，深圳大学机关事务研究院与机关事务管理部门一起，致力于共析实践难题、共推咨政服务、共育专业人才，打造“专业、精干、特色、创新”智库样本。

2022年，国务院学位委员会办公室印发《关于推进“政府运行保障管理”专业方向（二级学科）建设的通知》，决定在公共管理等一级学科下设置“政府运行保障管理”二级学科，开展专业学位或学术学位研究生培养。机关事务研究机构的研究主题与“政府运行保障管理”二级学科建设对应关联。深圳大学机关事务研究院在提供“咨政服务”的同时，责无旁贷地将“公共管理学科建设”作为其中一项重要任务，“提供一流咨政服务”及“推进政研学一体化发展”成为机关事务研究院的双重使命。

“政府运行保障管理”是新兴研究领域，研究起步时间不长，学界知之者不多，研究基础相对薄弱。笔者作为研究院的负责人之一，自2021年成立之日起，克服各种困难，积极组织相近领域教师、研究员及研究生开展“机关事务及政府运行保障管理”主题的研究。本书即为2021年7月至2023年12月间的部分研究成果辑录，这些研究成果在成书过程中均进行了编辑技术方面的修改与调整。

本书的顺利出版，首先要感谢耿旭副教授。她聪敏勤奋，善于协调，为人热情，深圳大学机关事务研究院的顺畅运转有她辛勤的付出，本书的诸多研究篇章有她无私的奉献。与此同时，还要感谢深圳大学机关事务研究院兼职研究员梁雨晴副教授、苏娇妮博士以及深圳大学政府管理学院公共管理专业学术型研究生——黄钦旭、李洪浩、黄梓锋、谭茜、蒋燕霞、黄则轶、李想、彭各显、雷蕾、黄淑敏、卢诗滢、程意、龙馨怡、黄嘉嘉、罗玲、王梓悠（排名不分先后）。黄钦旭在论文与报告撰写、书稿编辑过程中付出许多时间、精力与智慧，在这里表示特别感谢。

本书能出版，还应该感谢深圳大学政府管理学院领导的大力支持，感谢吴海燕副院长、罗文恩系主任的亲自过问与督促。

最后，要感谢本书的策划编辑姜静老师以及责任编辑王西琨、马伊宁两位老师，感谢她们的辛勤付出，感谢她们专业、细致及耐心的编辑服务。

期待本书出版能拓宽公共管理理论研究视野，推动机关事务实践进步，为政府运行保障管理学科建设添砖加瓦。

曾锡环

2024年10月

目　录
CONTENTS

第一篇

改革发展视阈下的机关运行保障管理研究

第一章 机关事务“一体”与“两翼”关系论析

【内容提要】机关事务系统确立“一体两翼”发展思路，有助于解决我国机关事务系统长期存在的管理分散问题，建构现代政府运行保障体系，提升政府行政效能及治理能力。本章结合我国机关事务改革实践及发展历史，分析机关事务“一体”与“两翼”的互构关系，总结我国机关事务“一体”与“两翼”的运行规律，探寻机关事务改革发展的创新路径、方法及策略。

“一体两翼”是我国机关事务发展的基本方向，“一体”代称“坚持集中统一管理”，“两翼”代称“标准化”与“信息化”。《机关事务管理术语》将“集中统一管理”定义为“机关事务管理部门按照统一项目、统一标准、经费归口、资源共享的原则，集中履行机关事务管理职能，统筹保障机关运行的管理行为”，将“标准化”定义为“把标准化的理念、原理、原则和方法运用到机关事务保障和管理领域，通过制定和实施标准，全面提升保障和管理效能，进而保障机关规范高效运行的过程”，将“信息化”定义为“借助现代化信息技术，对传统机关事务业务流程进行重塑，通过数字化应用场景建构，将信息化手段嵌入机关事务服务、管理、保障各项工作，提升机关事务运行效率、管理能力和服务保障水平的过程”。探讨机关事务“一体两翼”内涵及意义的研究论文较多，但分析“集中统一管理”与“信息化”“标准化”关系，即“一体”与“两翼”关系的论文少见。本章拟结合机关事务改革实践及发展历史，对机关事务“一体”与“两翼”内在关系进行分析探讨，总结机关事务“一体”与“两翼”的运行规律，深化机关事务改革发展思路的认识，探寻机关事务改革发展的创新路径、方法及策略。

一、机关事务“一体两翼”发展思路的提出

2016 年，《机关事务工作“十三五”规划》提出加快建立健全统一集中、资源统筹、集约高效的现代机关事务管理体制；2018 年 12 月，全国机关事务系统召开庆祝改革开放 40 周年工作研讨会议，时任国务院副秘书长、国家机关事务管理局局长李宝荣同志提出“坚持集中统一管理，坚持以标准化、信息化为支撑”的改革发展思路。此后，诸多会议及相关主要领导均重点提及“一体两翼”改革发展思路，参见表 1–1，地方机关事务系统均将“一体两翼”作为机关事务改革与发展的基本工作思路。

表 1–1 机关事务“一体两翼”改革会议主旨观点摘要

会议名称	时间	会议文件观点表述摘要
全国机关事务系统庆祝改革开放 40 周年工作研讨会	2018 年 12 月 25 日	国务院副秘书长、国家机关事务管理局局长李宝荣强调，要以习近平新时代中国特色社会主义思想和党的十九大精神为指引，高举新时代改革开放伟大旗帜，坚持以政治建设为统领，坚持集中统一管理，坚持以标准化、信息化为支撑，进一步加强法治建设，着力提升保障和管理效能，下大力气打造专业化人才队伍，推动新时代机关事务工作高质量发展，不断提升机关事务工作在国家治理中的地位和作用
长三角区域机关事务工作一体化高质量协同发展座谈会	2020 年 11 月 10 日	国家机关事务管理局党组成员、副局长赵峰涛指出，推进机关运行保障区域一体化是机关事务管理部门服务党和国家中心工作的重要体现，是落实党和政府过紧日子要求的重要手段，也是落实机关事务工作“一体两翼”发展方向的生动实践
全国机关事务管理标准化工作组全体会议	2020 年 12 月 23 日	会议强调，要坚持以资产管理为基础的集中统一管理和标准化、信息化建设为重点的“一体两翼”发展思路，依托机关事务标准化全国上下“一盘棋”的大好形势，抓住跨部门协调合作的良好局面，持续推进机关事务标准化建设，突破制度惯性、革新工作理念、解决矛盾问题，推动质量变革、效率变革、动力变革，支撑机关事务工作高质量发展
2021 年全国机关事务工作视频会议	2021 年 1 月 8 日	会议强调，要按照国家治理体系和治理能力现代化要求，推进以资产管理为基础的集中统一管理，以“厉行节约、保障公务”为主线，切实履行好行政事业单位国有资产管理职责。从构建新发展格局的高度出发，着力提升法治化水平，推动出台机关运行保障的基础性、综合性法律，推进标准化、信息化融合，进一步提高管理效率、提升规范化水平

续表

会议名称	时间	会议文件观点表述摘要
2022 年全国机关事务工作会议	2022 年 1 月 10 日	会议提出，机关事务部门要坚持“一体两翼”发展思路，加强以资产管理为基础的集中统一管理，实现资产的集中统一管理、资源的统筹调配使用，推进事权统一、权责匹配

资料来源：作者整理。

提出“坚持以推进集中统一管理为方向，以标准化信息化建设为支撑”的“一体两翼”改革思路，有其历史与现实的背景，归纳起来主要有两大方面：一是针对机关事务长期以来的“分散化管理”现象而提出。我国机关事务工作“分散分割”状态主要表现在：管理职能分隔，党政系统均设有机关事务管理局，部门间互不统属、互不沟通，管理内容和职能不统一，多头管理现象突出；管理标准不衔接，各级各地机关事务部门工作缺乏统一标准，办公用房、公车管理等缺乏统一制度规矩，机关事务管理职能、权限与程序难以实现规范化管理[①②]。二是针对机关事务高效能管理需求而提出。机关事务分散化管理，造成了信息堵塞、资源浪费以及利益分割等低效率问题，机关事务改革发展的当务之急是提高机关运行保障效能。为了能够高质量保障党政机关的有效运行，达成机关事务“运行保障”新要求，通过标准化和信息化路径，提升机关事务系统的运行效能，是机关事务改革发展的工作关键。在上述背景下，一方面，将分散的机关运行保障职能集中起来，实行统一规划、统一管理、统一政策、统一制度，以及统一采购与配置资源；另一方面，围绕集中统一高效管理，推行标准化与信息化管理改革，“一体两翼”改革发展思路应时、应势、应需而生。从行政管理改革角度认识，正如学者朱萌、王浦劬所言，这是我国机关事务管理的“再行政化”发展过程，即进一步坚持将分散的管理权限集中起来，建构全链条、全环节的自上而下的机关事务管理体制，并通过标准化与信息化机制建设，强化机关事务集中统一管理职能[③]。

除上述之外，提出机关事务“一体两翼”发展思路，还有另一层面的目

① 彭宗超，曾学华，曹峰.我国机关事务集中统一管理改革的理论与实践分析［J］. 理论与改革，2020（1）：110–119.

② 余少祥.关于机关事务管理体制改革的若干思考［J］. 中国行政管理，2019（3）：30–33.

③ 朱萌，王浦劬.从“去行政化”到“再行政化”：机关事务管理体制变迁研究（1983 至今）［J］. 云南大学学报（社会科学版），2021，20（4）：121–129.

的，即针对建立现代政府治理体系及提升现代政府治理能力需求而提出。

长期以来，人们将机关事务工作理解为“负责党政机关工作人员‘吃喝拉撒’后勤服务工作”，机关事务管理处于政府管理的“边缘地位”。现代政府运行保障管理的发展，需要彰显国家机关事务工作的管理角色，需要从“管理后台”转向“管理中前台”，正如著名学者丁煌和王光良所言，“当前，我国机关事务管理要实现从传统的‘后勤服务’向现代的‘运行保障’转变”①。

2016年编制出台的《机关事务工作“十三五”规划》提出，“加快建立健全统一集中、资源统筹、集约高效的现代机关事务管理体制”，2018年党和国家进入深化国家治理体系与治理能力现代化建设阶段。在国家治理体系与治理能力现代化建设的大背景下，时任国家机关事务管理局局长李宝荣在全国机关事务系统庆祝改革开放40周年工作研讨会上，提出“以集中统一为方向，以信息化、标准化为支撑的‘一体两翼’改革发展思路”，此次会议讲话标志着机关事务管理现代化的改革进入深化发展阶段。在机关事务实践层面，机关事务亟须摆脱“后勤服务”旧范式，将机关后勤服务“划桨人”转变为政府运行保障“掌舵人”，理顺机关事务管理职能体系，建立“现代运行保障”治理新体系。机关事务实施“一体两翼”改革发展思路，正是机关事务工作在定位和发展上与国家治理体系现代化建设同步，在管理方式上不断满足现代国家治理标准和要求的过程②。

二、机关事务“一体”与“两翼”的互构关系

从我国机关事务管理与改革实践看，机关事务“一体两翼”思路是机关事务治理现代化的实现路径，也是机关事务管理改革的基本实现方式；而机关事务“一体”与“两翼”的关系，是“实现目标”与“实现手段”之间的一种互构关系。下面对这种关系展开具体的讨论。

---

① 丁煌，王光良. 国家治理语境下机关事务管理的角色定位与改革创新［J］. 中国行政管理，2020（12）：15–20.

② 朱春奎，廖福崇. 机关事务治理现代化的上海样本：成效、挑战与对策［J］. 中国行政管理，2019（3）：23–29.

（一）机关事务“一体”改革内涵

机关事务“一体两翼”发展思路中的“一体”是“集中统一管理”。集中统一管理按照“一类事项原则上由一个部门统筹、一件事情原则上由一个部门负责”的要求，推进职能权力的集中管理，推动资金资产资源的归口统筹，并且在机构名称、隶属关系、规章制度、服务规程等方面，实现各层级各部门的衔接与统一管理。早在 2012 年，很多省市就推进机关事务职能配置的集中集约，不断摸索办公用房、公务接待、机关食堂、公共机构节能、政府采购等领域的统一管理模式。集中统一管理发挥着统筹集约的重要功能，能突破物理空间限制，实现人、财、物、权等要素的集中与统一[①]。

机关事务“一体”改革内涵可大致分为“集中管理”与“统一管理”两大类。先看机关事务工作的集中管理。各级机关事务管理机构实施管理调整，主要是为了解决机构设置、职能、权力的分散问题，意在实现横向与纵向上的集中管理。在横向上，中央与地方存在机关事务工作碎片化与分散化现象突出，党委、人大、政府、政协四套班子各自开设机构，独立开展机关服务工作，互不隶属。针对这一现象，“一体”改革要求将分散的后勤服务职能集中起来，交由专门的机关事务管理部门进行集中管理。《机关事务管理条例》规定，“政府各部门应当对本部门的机关事务实行集中管理，执行机关事务管理制度和标准”。这意味着县级以上政府原则上只设置一家机关事务管理机构，整合同级政府其他部门的机关事务职能，集中行使同级政府机关事务资源的所有权、调配权以及处置权。推行集中统一管理，既优化了机关事务管理的机构设置与职能配置，又加强了各类资源的归口统筹管理。以四川省和山西省为例，四川省在 2012—2017 年，通过整合设立、撤销建立、挂牌设立等途径，在 21 个市（州）以及 153 个县（市、区）建立机关事务管理机构或主管部门，大力推动了机关事务机构设置与职能配置的集中统一管理；山西省则建设了 12 个集中办公区，推动 28 个省直厅局、72 个事业单位，将近 4900 名职工实现集中办公。山西省的实践，在省直机关层面极大促进了办公资源的统筹整合与优化布局。此外，在纵向上，集中统一管理要求机关

---

① 孙维维 . 机关事务集中统一管理体制改革透视［J］. 理论探索，2021（5）：83-89.

事务管理系统建立自上而下的业务指导关系，即县级以上政府机关事务主管部门在规章制度安排、改革方案拟定、信息数据统计等方面指导下级开展工作，旨在提升机关事务管理的纵向控制水平。例如上海市大力调整各级机关事务管理系统，梳理上下级机关事务管理关系，形成“主管本级、指导下级、协调全局”的机关事务纵向集中管理体制，增强各级对资源的控制与配置能力。

再看机关事务工作的统一管理。《机关事务工作条例》规定，“县级以上人民政府应当推进本级政府机关事务的统一管理，建立健全管理制度和标准，统筹配置资源”。这意味着县级以上政府原则上需要在发展规划、机构名称、政策标准、资金资产以及规章制度等方面，推动各级部门相关工作的统一管理。在机构层面，目前仍存在机关事务机构不统一的问题，例如，一些省级机关事务管理局在改革之前，存在“机关服务中心”“省级机关事务管理局”“省直机关事务管理局”等名称；机构属性有的是正式行政编制，有的是参公管理，有的隶属政府，有的是隶属党委或其他管理机构等。机关事务工作统一管理要求在机构名称、性质、职能、规格、隶属关系等方面，形成统一的管理规定；在业务层面，要求对公务用车、国有资产、办公用房、公共机构节能以及政务接待等业务实施统一管理。核心工作在于，要对各项业务工作环节进行全流程、全过程的统一规定，为不同层级相同业务提供统一的行动遵循。这实质是机关事务管理在业务流程上实现集中管理的过程。实施机关事务统一管理，一方面减少了机关事务管理差异的冲突，提升均衡保障水平；另一方面也破除上下级以及平级部门间的各类隔阂，促进机关事务管理上下联动以及协同发展，比如山西省部分市区近年大力推进公务用车管理“统一编制、统一标准、统一购置经费、统一采购配备、统一更新处置”改革，实现省、市、县三级跨域公务的无障碍出行；兰州市则制定了适用于全市机关事业单位办公用房管理的统一制度，实行“五统一”管理模式，推进办公用房统一规划、统一权属、统一配置、统一维修、统一处置，实现办公用房维修、建设、使用与维护的全流程管理。

“一体”改革是对机关事务管理体制的系统性重塑，对机关事务治理现代化发展具有决定性的影响。但是由于机关事务工作具有点多、线长、面广的特征，集中统一管理目标的顺利实现还需要发挥机关事务标准化和信息化建设的核心抓手作用[①]，因此，集中统一管理作为“一体”，与标准化、信息化作为“两翼”的关系密切。

（二）机关事务“一体”与“标准化”的关系

标准是一种约束，也是一种制度规范。随着机关事务治理现代化的深入推进，标准日益成为机关事务工作体系运行的“内在逻辑”，标准化建设则成为“一体”改革的“制度抓手”。机关事务标准化建设通过制定各类技术性规范与配套规则，调节、约束与控制机关事务管理、服务与保障职能的履行。《机关事务标准化工作“十四五”规划》提出，要在“基础通用、经费管理、资产管理、后勤服务、公共机构节能、社会事务管理、应急保障和信息化”等重点领域，建设“覆盖全面、布局均衡、重点突出、结构合理”的机关事务标准体系。标准化的机关事务管理，其目标在于促进要素与规范的有机整合，构成运转稳定、协调高效的机关事务工作运行体系[②]，从而推动“一体两翼”改革效力达到“纵向到底、横向到边”的效果。作为一种具有规范性与操作性的治理工具，机关事务标准化通过精细操作、协调统一、秩序建构的路径，支撑集中统一管理的全面落实。“形而下”的具体表现，主要有三个方面：

第一，精细操作。优化机关事务管理机构职能体系，集中配置资金资产资源，统一管理公务用车、会务接待、食堂服务等工作，均由大量复杂细化的业务活动构成。若不能有效调节复杂业务流程，则容易产生重复建设、利益冲突等问题，阻碍集中统一管理工作的开展。借助机关事务标准化方式，可以通过制定可操作性较强的各类标准，将各项业务活动分解为精细清晰的行动规定，包括具体环节、数值指标、行为要求、时间限定、质量规定等。标准化建设通过行为指引与操作规程，有效实现机关事务微观层面活动的精细操作行为。这对于划清各项业务内容以及界定各类利益关系范畴具有很大的帮助。在“一体”改革过程中，精细操作模式压缩了职能权力行使的“自主裁量空间”，用各类标准贯通了分散化的业务管理活动，用规范文件替代了

---

① 李宝荣．加强机关事务理论研究　推动机关事务工作高质量发展［J］．中国行政管理，2020（12）：6–8.

② 尹利民，丁杰，吴茗．机关事务标准化：理论逻辑、实践困境与路径选择［J］．理论与改革，2020（2）：113–121.

随意操作的主观行为。标准化建设是一双“有形的手”，使“一体”改革工作实现流程化、可量化、可操作化以及可控制发展。

第二，协调统一。标准制定既有灵活性，也有统一性。标准通常以体系化、整体化的形式出现，能够对各类要素起到梳理串联的作用[①]。开展集中统一管理工作，会经常遇到不同区域、不同层级或不同部门间管理要求不一致的问题，这导致了很多业务活动与工作流程难以实现有效协调。借助标准化手段，可以不同程度解决上述问题。一方面，标准化基于对具体情景条件进行充分考虑，灵活调整业务活动的相关规定，促进国家标准、地方标准以及团体标准的衔接；另一方面，标准化建设按照“同一事权、同一尺度、同一标定”的原理，在形式、语言、行为、流程以及结构上，推行统一的机关事务管理行为规范，解决业务相同但标准不同的矛盾问题。例如湖南省益阳市在国有资产、办公用房、公务用车、公共机构节能、机关食堂、办公区物业以及经费保障等领域，确定了十一大类的标准，形成内容丰富的机关事务管理标准化体系。从而实现各类业务标准的梳理串联，为集中统一管理提供协调统一的标准体系支撑。

第三，秩序建构。“一体”改革往往通过执行标准来推动机关事务的集中统一管理。标准具有重复使用与共同使用的重要特征。这意味着，各项机关事务管理要求变化不定的问题可以进一步避免。标准一经制定，则要求各机关事务主体必须严格遵守，避免管理冲突事件的发生。这充分说明机关事务标准化建设能够建构稳定的管理秩序。这正是实现机关事务集中化统一的重要保障因素。因为很多集中统一管理工作需要在高度稳定的环境下才能顺利开展，诸如资金资产资源的统筹管理与优化配置、各类管理服务保障活动的流程管理、机关事务的跨域跨部门协作以及政策规划的统一制定与实施等。因此，机关事务标准化建设确实是“一体”秩序建构的核心抓手。江苏省常州市在通用基础标准、管理标准以及服务标准的分类上，制定了涵盖办公用房、公务用车与机关餐饮等领域的 20 类 174 项标准规定，建立起机关运行保障的“四梁八柱”，在制度上营造了稳定的机关事务管理秩序。

---

① 蔡好荻.治理创新：构建以标准为基础的制度体系［J］. 江西师范大学学报（哲学社会科学版），2018，51（3）：33-39.

（三）机关事务“一体”与“信息化”的关系

数据信息是机关运行保障管理的重要资源。机关办公用房、公务用车、公共机构节能、会务接待、机关食堂以及政府采购等业务系统，均会产生规模庞大的数据信息资源。“十四五”发展时期，加快推进信息化建设与数字化转型，是我国机关事务管理的重要任务。信息化建设具有数据整合、跨域联通、精准预测与智能管理等重要功能。将信息化技术嵌入机关运行保障过程，能极大增强机关事务数据分析与应用能力，提升整合与分析复杂信息的效率。机关事务信息化通过应用大数据、云计算、互联网以及人工智能等数字化技术，能够系统重塑机关事务管理机制与运行模式，实现业务体系的流程再造。信息化建设是实现科学化决策、高效化运行、精细化管理以及人性化服务的重要手段①，是机关事务集中统一管理的“技术抓手”。机关事务信息化通过平台建设、流程再造与数据联通，支撑集中统一管理工作的开展。

第一，信息平台建设。从横向的职能体系来看，建设综合性机关事务管理信息平台，能够为机关事务职能体系运行提供智慧技术的支持。信息化拥有数据整合与智能管理的重要功能。借助机关事务管理信息平台，机关事务工作的人、财、物等各类数据信息能实现高效集中，并且通过复杂的数据统计与模型演算，各类资金资产资源也能够得到有效整合、科学管理与统筹配置。这提高了机关运行保障管理的效率性、科学性与精准性。浙江省利用“信息化＋机关事务”模式，打造数字化机关事务系统体系，推动基础设施、数据、应用与业务的融合发展，实现公务用车、办公用房、采购管理、公共机构节能管理以及综合服务保障管理等业务集成管理。既实现了数据信息的高度集中，也促进了业务模块的统一管理。

第二，业务流程再造。从纵向的业务线来看，机关事务信息化建设打通了独立闭塞的业务线，促进业务系统的创新优化与重新组合，建立起相互联通的业务流程体系。信息化技术的应用，能促进机关运行保障业务链条的延

---

① 罗亮，郭名谦.智慧机关事务：机关事务管理大数据应用框架研究［J］. 领导科学，2021（24）：76–78.

展，推动形成核心业务的全链条管理模式①。在以数字技术实现机关事务管理流程再造的同时，也推动了各类业务活动的集中统一管理。因为业务流程再造使机关事务工作呈现集成化、体系化与流程化发展态势。这有助于以集中统一的方式处理各类管理服务保障活动。譬如公物仓的信息化建设，能推动构建覆盖资产入库、调剂、借用、盘点与处置等环节的全流程管理体系，实现入库资产的集中统筹、统一调配与循环利用。正是在信息化建设的支持下，公物仓资产管理的流程体系得以重塑，形成高度集成的全链条管理模式，盘活了党政机关的“静置”资产，提高了资金资产资源的配置效率与使用效能。

第三，数据资源联通。机关事务管理“信息孤岛”“信息烟囱”现象突出，影响“一体”改革的效率效果。数字信息技术所具有的联通优势，对于发挥机关事务集中统一管理效力的帮助很大。一方面，机关事务信息化建设促进数据信息的跨域跨界联通。应用数字云、物联网、区块链以及大数据等技术，能够建设各类支撑信息交换的数据基础设施，有效链接各个业务模块的信息平台，推进机关事务数据信息资源实现跨地区、跨层级、跨部门、跨业务的整合与共享，实现机关运行保障业务的网络化管理。正如杭州市近年探索机关事务“一件事”联办的管理实践，就是通过数据共享来联通不同业务系统以及市、区两级的信息资源，从而为机关职工提供一站式的综合服务。互联互通、共享共用的数据信息网络，使“一体”改革效力突破物理空间的限制，为机关事务管理与服务的集中统一提供科技支撑。另一方面，机关事务信息化建设促进了管理上的联动协同。不同业务系统的数据信息连接，也能够打破机关事务“管理空间”的限制。通过各类业务数据信息的共享共用，不同管理系统建立连接联动的管理关系，很多机关事务管理工作能够实现跨域跨界协同处理。例如在提供跨域跨界服务时，不同机关事务管理部门借助互联互通的数据信息网络，能够做到同时了解服务需求、共同制定服务方案、协同提供服务内容以及联合监管服务活动等。机关事务数据信息联通，强化了区域机关事务一体化发展的能力，推动形成“一张网”“一盘棋”的机关事务管理格局。

以集中统一为主线，以标准化与信息化为抓手的“一体两翼”改革，强

① 丁煌，王光良.机关运行保障的科技赋能：基本面向、现实困境与可能路径［J］. 中国行政管理，2022（6）：27-32.

调发挥“一体”改革与“两翼”建设各自的功能作用。如图 1-1 所示，促进职能权力、机构设置、政策法规以及制度标准等要素的集中统一，始终是机关事务“一体两翼”改革的工作主线。“一体”改革对“两翼”建设具有目标引领的作用，决定着信息化与标准化建设的核心目标方向。作为实现集中统一管理目标的两种核心手段，标准化成为集中统一管理“软层面”的制度抓手，而信息化则成为集中统一管理“硬层面”的技术抓手。机关事务标准化通过做标准、做规范，在微观层面为开展机关运行保障业务提供精细操作指引，促进不同管理层级与系统间的标准衔接，为“一体”改革创造稳定有序的“顶层保障”秩序；机关事务信息化建设借助数字化技术做平台、做网络，在实现机关运行保障业务流程整体重塑的基础上，建构全流程或全链条的机关事务管理体系，支撑协同联动开展跨域跨界业务活动。“一体”改革与“两翼”建设相互影响、相互支撑，共同促进了机关管理体制机制的创新发展，激发机关事务工作更强的管理、服务与保障效应。

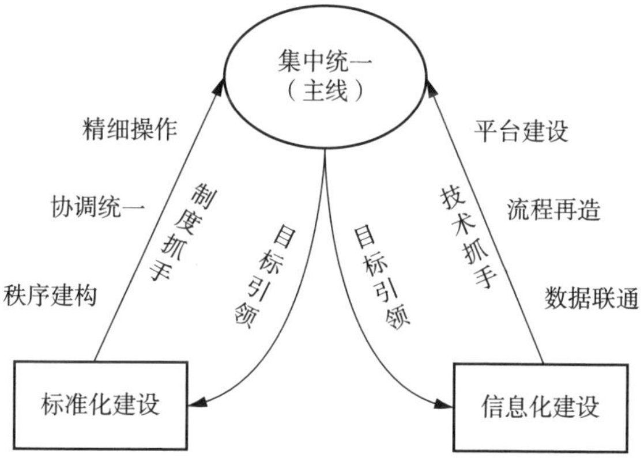

图 1-1 “一体”与“两翼”的互构关系

图片来源：作者自绘。

三、机关事务“一体”与“两翼”关系新发展

随着改革的深入，数字化大数据的广泛应用，“一体两翼”改革逐渐走向“两翼融合、三线联动”的融合模态。机关事务信息化与标准化深度融合，集中统一管理与信息化、标准化系统联动，“一体”改革与“两翼”建设关系呈

现新形态。这是机关事务工作高质量发展、机关事务治理现代化的必然历程。

（一）“两翼融合”：机关事务信息化与标准化融合发展

随着“一体两翼”改革的深化，以独立运行与功能单向发挥为特征的“两翼”建设，对“一体”改革的支撑效应不断弱化。一方面，各类业务活动标准没有得到有效执行，因为信息化建设忽视了为独立标准体系的融合与执行提供支持；另一方面，各地单点重复整合数据信息，忽视了信息化管理的标准制定与衔接，导致数字技术应用、业务数据融合、数据信息对接等缺少具体的操作指引。为满足“一体两翼”改革需求，信息化与标准化融合发展理念逐渐兴起。信息化与标准化具有内在的融合基础，两者能在业务开展的全周期阶段实现深度契合[①]。这实质是“标准建设信息化、信息建设标准化”的过程。

首先，机关事务标准建设的信息化，主要是借助信息化技术支持标准的执行与实施，固化标准化效果。《机关事务标准化工作“十四五”规划》指出要借助新兴信息技术为标准提供科学支撑，实现标准建设的信息化操作。应用信息化技术，能够实现机关运行保障业务标准的电子化。通过联通的数据信息网络，标准“上传下达”的效率得到很大提高。业务标准的覆盖度与参与度在机关事务管理实践中得到很大提升。另外，信息化建设也会加快标准的制定、整合、监控与更新速度。由于标准是对微观行为的具体规定，可能未来会出现数量规模庞大、主题类型繁多的机关事务标准。信息化可以借助自身强大的数据处理能力，高效完成各工作领域标准的整合与分类，模型建构出内在联系紧密的机关运行保障标准化管理系统。这有助于监控标准实施的效果，提高标准制定的准确性；也有助于挖掘更具适用性的业务标准，推动标准的普及应用。

其次，机关事务信息建设的标准化，主要是以标准来规范机关运行保障信息管理流程的建设与发展。信息化建设也是机关运行保障管理的重要内容。机关运行保障既注重效率效益，也重视秩序稳定。为机关事务信息化建设的工作环节、职责权限、技术应用等制定详细标准，能有效规范复杂的信息化

---

① 丁婵，杨玲，唐海辉. 机关事务标准化信息化“两化融合”发展现状及方法路径研究［J］. 中国标准化，2022（12）：11–15.

实践，进而保证党政机关数据整合应用的保密性与可控性，提高机关运行保障业务管理的安全性与稳定性。此外，各类管理信息平台建设也需要标准化支撑。针对业务信息平台系统内部数据的整合与共享，需要对基础设施、应用技术、业务模块三个层面进行标准衔接，促进信息资源的纵向流动。针对业务信息平台系统外部数据的互联互通，需要借助标准的协调统一优势，实现不同层级、区域、部门以及业务间信息管理的横向协同发展。建构“纵向贯通、横向连接”的数据信息资源共享格局，需要在机关事务信息化标准管理体系的整体支撑下完成。

总的来说，标准化与信息化的“两翼融合”发展，既实现了标准化建设的信息化操作，也实现了信息化建设的标准化引领。“一体”改革的深化发展得到标准信息化体系以及信息标准化体系的双重支撑，有助于激发机关事务工作高质量发展动能。

（二）“三线联动”：集中统一管理与标准化、信息化的整体联动

党的十九大报告强调，只有着力增强改革的系统性、整体性、协同性，才能不断把改革引向深入，实现全面深化改革发展。新时代机关事务工作高质量发展，要求将“一体两翼”改革看作一项系统性工程，需要从系统角度把握“一体”改革与“两翼”建设的关系。学者认为实现整体性治理是重中之重。机关事务整体性治理主要采用交互的、协作的和一体的治理技术，通过全方位、多层次的协同合作路径，促使各类治理要素实现功能整合，从而推动机关事务由“碎片化”管理走向“整体性”治理[①②]。

在机关事务整体性治理背景下，“整体联动”是“一体”改革与“两翼”建设关系的核心特征。集中统一管理与信息化、标准化三者之间，形成相互支撑、协同优化与整体发展的内在联系。具体表现在，“一体”改革与“两翼”建设间具有稳定的双向互动关系。集中统一管理除在目标上实现实践指引外，还强化了对“两翼”建设的统筹规划与整合吸纳作用。机关事务标准化与信息化建设也是内容繁多、流程复杂的活动。机关事务管理部门需要制定完整

---

① 李雪松.整体性何以弥合碎片化：机关事务治理的现代化思路［J］.领导科学论坛，2020（3）：50-59.

② 彭宗超，曾学华，曹峰.整体性治理视角下党政机关事务的整合与协同［J］.北京行政学院学报，2019（1）：44-51.

的发展规划，统筹信息化与标准化建设的整体布局。此外，集中统一所具有的资金资源整合与吸纳能力，也为信息化与标准化持续发展提供了保证。坚持集中统一管理的主线地位，既将信息化与标准化建设工作控制在正确的改革方向上，也为信息化与标准化的有序融合提供动力支撑。“两翼”建设则实现与机关事务管理理念、方法、机制与结构等要素的深度联系，为集中统一管理提供更有力的“规范”与“技术”抓手。信息化与标准化融合发展，促进了技术、标准与业务的深度耦合，极大增强机关事务管理流程与体制机制的系统重塑能力，激发协同联动效应。“一体”改革与“两翼”建设的关联性和耦合性得到提升，“三线联动”特征明显。集中统一管理、信息化与标准化形成了“三位一体”的机关事务管理体系，促进管理改革发挥“1+1>2”的整体效应。

机关事务信息化与标准化的“两翼融合”，机关事务集中统一管理与信息化、标准化的“三线联动”，催生了“一体”改革与“两翼”建设的整体性关系。如图 1–2 所示，集中统一管理、信息化与标准化三者间形成良性互动、动态调节与系统发展的融合生态，构成了整体性的机关事务现代化治理体系。“一体”改革与“两翼”建设关系的新发展，提升了机关事务管理的集成化水平，提高了机关事务服务的精准化程度，也增强了机关运行保障的系统化效能。这为机关事务“一体”改革的持续发展提供核心动力。

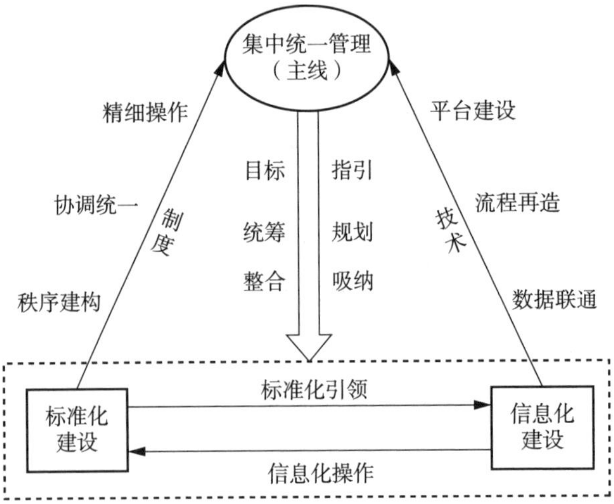

图 1–2 “一体”与“两翼”的整体融合关系

图片来源：作者自绘。

结　语

“一体”改革与“两翼”建设的关系问题，内生于机关事务治理现代化发展过程。本章将两者的联系视为“主线—抓手”的关系。在“一体两翼”改革实践中，集中统一管理以目标牵引着信息化与标准化的创新发展，后者则以制度与技术支撑着前者的目标实现。随着机关事务管理改革的深化，信息化与标准化不断走向融合，集中统一管理与信息化、标准化联系持续加深，逐渐形成机关事务整体融合的治理生态，构成机关事务治理现代化的丰富内涵。对“一体”改革与“两翼”建设关系的探讨，在丰富机关事务集中统一管理理论体系的同时，也为机关事务工作高质量发展提供思路启示。本书认为，新时代机关事务管理改革，需要坚持以集中统一为原则，推动管理模式实现系统化、协同化与融合化转型，促进机关事务体系高质量创新，形成强大的政府运行保障能力。基于此，笔者提出三个方面的策略：第一，强化集中统一管理的主线主导地位，以协同高效与分级分类的思路，加快职能转变、业务集成与标准统一发展，增强对信息化与标准化的统筹引领作用；第二，将全生命周期管理理念融入“一体两翼”改革过程，推动资金、资产、资源、服务的系统整合与流程控制，实现统筹、决策、管理、监督和评价的功能集成，促进集中统一、信息化与标准化互融互通，建立科学化、精准化、规范化的高质量工作体系；第三，推进信息化、标准化与法治化融合发展，加快形成系统完备、科学规范、运行有效的机关事务法规制度体系，高水平保障信息的标准化与标准的信息化，促进机关运行保障技术、标准、法律与业务的融合发展。

（作者：曾锡环、黄钦旭）

第二章　政府运行保障高质量发展评估框架构建与实证研究

【内容提要】党的十九大作出我国经济已由高速增长阶段转向高质量发展阶段的重大判断，必须坚持质量第一、效益优先。高质量发展成为新时代我国经济发展的基本特征，成为全面建设社会主义现代化国家的首要任务。具体到机关事务管理工作，2021 年 6 月国家机关事务管理局印发《机关事务工作“十四五”规划》，其中明确强调：“进一步提升保障水平和管理效能，实现新时代机关事务工作高质量发展。”在此背景下，把握高质量政府运行的理论内涵，通过构建科学系统的政府运行保障高质量发展评估框架与指标体系，结合深圳市机关事务管理局的实证运用情况，探讨政府运行保障高质量发展的评估框架，并给予相应的政府运行保障高质量发展建议。

一、机关事务高质量发展何以重要

（一）贯彻习近平总书记重要指示的时代使命

2022 年，习近平总书记对机关事务工作作出了“两个重大”“一个表率”“两个更好服务”的重要指示精神，为政府运行保障高质量发展指明了方向。一是领会重大意义，提高政治站位。始终坚持在思想上、政治上、行动上同以习近平同志为核心的党中央保持高度一致，把坚持党的全面领导作为做好政府运行保障的最根本保证，把讲政治要求体现为鲜明的政治立场、有效的工作举措、显著的工作成效。二是围绕中心大局，做好运行保障。政府运行保障是党和政府治理体系的重要组成部分，为党和人民事业发展提供重要保障，更要全面贯彻落实总书记关于更好地服务党和国家中心工作，更好地服务国家治理体系和治理能力现代化建设。三是厉行勤俭节约，争当先锋表率。进一步发扬艰苦奋斗的作风，贯彻落实党中央关于厉行勤俭节约、反对铺张浪费的要求，大力推进节约型机关创建，以党政机关“紧日子”换人民群众“好日子”。在此背景下，深刻把握习近平总书记重要指示的核心要义和精神实质，做优服务品质、做强保障能力、做实管理绩效，推动政府运行保障高质量发展是新时代政府工作的光荣使命。

（二）助力我国经济高质量发展的客观需要

党的十九大作出我国经济已由高速增长阶段转向高质量发展阶段的重大判断，必须坚持质量第一、效益优先。这是首次提出高质量发展的新表述。高质量发展成为新时代我国经济发展的基本特征，成为全面建设社会主义现代化国家的首要任务。政府运行保障旨在保障党政机关的正常运行，是系统性、复合性、平衡性要求很高的服务管理工作，同时也存在保障服务“有没有”和保障质量“好不好”的问题。少花钱、多办事、办好事，追求高的工作效率和优的工作绩效，达成“质量第一、效益优先”的工作局面，应该是政府运行保障讲求高质量发展，坚持政治站位和政治效果，体现政治性和保障性的客观需要。

（三）推动政府运行保障改革创新的内在要求

2021 年 6 月，国家机关事务管理局印发《机关事务工作“十四五”规划》，其中明确强调：“进一步提升保障水平和管理效能，实现新时代机关事务工作高质量发展。”国家机关事务管理局将实现新时代机关事务工作高质量发展作为“十四五”规划的总体要求，并体现在深化机关事务管理体制机制改革和强化实施支撑等具体措施中。这意味着高质量发展已是机关事务工作的大势所趋。推动机关事务工作高质量发展是各级机关事务管理部门工作开展的关键抓手与核心目标。“十四五”期间，机关事务管理部门应贯彻落实好机关事务工作高质量发展的各类政策部署及要求，不断提高政府运行保障能力。

二、高质量政府运行保障理论阐释

（一）政府运行保障的核心要义

面对新的社会经济发展情形，机关事务管理的时代使命发生了深刻变化，建构高质量的政府运行保障体系成为当前机关事务管理工作的主旋律。早在2005年，王德已经对于机关事务工作的定位与职能作了阐释，并指出机关事务管理要对政府组织所拥有的各种资源进行理性的配置、组织和使用①。陶雪良就机关事务的本质属性②与机关事务工作的政治性③进行了讨论。党的十八大以来，我国的发展进入新阶段，党的十九大首次提出高质量发展这一新表述。丁煌、王光良在国家治理语境下清晰地阐释了机关事务管理的变革过程，认为我国传统的机关事务管理方式要向现代的“运行保障”模式转变，强调运用以集中统一管理与前后联动为导向的机构改革措施，来更好地适应国家治理体系与治理能力现代化的发展进程④；吴志攀则从时代发展的客观角度分析了改革开放以来我国从“机关事务管理”到“政府运行保障”的概念转变，认为融合了新时代话语体系的政府运行保障具有大局性、人民性、节约性的核心特征⑤。

而落到机关事务管理的工作实际，张晓天明确将机关事务管理定义为“以政府资产管理为核心，以提供物质和劳务技术服务为手段，以保证政府职能高效运转为目标的保障性工作”，并指出了此项工作在建立高效廉洁政府中的地位和作用⑥。党的十八大以来，面对国家治理体系与治理能力现代化的要求，机关事务管理作为体制建设中必不可少的一环，同样应该受到重视，以更好地服务于国家发展战略大局。尹兴阐释了机关事务治理体系与治理能力

---

① 王德.科学把握当前机关事务工作的定位与职能［J］. 中国行政管理，2005（1）：62-64.

② 陶雪良.论机关事务的本质属性［J］. 中国机关后勤，2018（1）：35-36.

③ 陶雪良.论机关事务工作的政治性［J］. 中国机关后勤，2018（2）：41.

④ 丁煌，王光良.国家治理语境下机关事务管理的角色定位与改革创新［J］. 中国行政管理，2020（12）：15-20.

⑤ 吴志攀.新时代下“政府运行保障”概念建构、特征和意义［J］. 中国行政管理，2022（7）：149-151.

⑥ 张晓天.充分认识强化政府机关事务管理在建立高效、廉洁政府中的地位和作用［J］. 中国行政管理，2001（1）：46.

现代化之间的五大关系[①]，王浦劬、梁宇、李天龙则就省级机关事务管理体制改革的发展进行了阐述与思考[②]。可见机关事务管理的发展与改革势在必行，实现高质量政府运行保障既是更好实现治理体系现代化的基石，也是政府深化改革，响应新时代、新形势、新号召的必然选择。

综上所述，当前机关事务管理的主旋律已经从低质量的供给与后勤服务转变为高质量的运行保障，即通过更为科学准确的定位，以及一系列高效系统的做法，更好地实现物质与服务的供给，高质量完成保障政府行政管理活动的服务工作。

（二）政府运行保障高质量发展的理论阐释

党的十九大首次提出高质量发展的新表述，高质量发展是全面建设社会主义现代化国家的首要任务。中央经济工作会议作出高质量发展强调："推动高质量发展，是保持经济持续健康发展的必然要求，是适应我国社会主要矛盾变化和全面建成小康社会、全面建设社会主义现代化国家的必然要求，是遵循经济规律发展的必然要求。"

高质量发展阶段意味着经济社会的发展进入了注重品质，注重持续性和稳定性的时代；意味着经济质量、社会质量、文化质量、服务质量等多方面的平衡协调发展；意味着从总量扩张向结构优化转变，就是从"有没有"向"好不好"转变。按照当前理论研究和实践需求，其核心含义包括三个层面：①高效率的发展，即在发展中要坚持投入—产出的基本理念，做好发展的成本控制与优化，实现在统筹各方面需要基础上的科学发展；②新理念的发展，即在发展中坚持新发展理念，以创新为不竭动力、以协调为内在要求、以绿色为基本遵循、以开放为必由之路、以共享为价值导向的发展；③人民性的发展，即在发展中坚持以人民为中心，以人民需求的实现和满足为出发点和归宿点，在质的大幅度提升中实现量的有效增长，给人民群众带来更多的获得感、幸福感、安全感。

---

① 尹兴．机关事务治理体系和治理能力现代化的五大关系问题［J］．中国行政管理，2018（6）：154-156.

② 王浦劬，梁宇，李天龙．十八大以来我国省级机关事务管理体制改革的发展及其思考［J］．中国行政管理，2018（3）：8-14.

三、政府运行保障高质量发展评估框架与指标体系

延续党和国家层面高质量发展的含义，政府运行保障高质量发展需要大力推行由“数量供给”到“质量供给”的机关事务供给侧改革，高质量的政府运行保障可从三个目标维度理解（见表 1–2）。

表 1–2　政府运行服务高质量发展的内涵与目标

内涵维度	目标	主要释义
高效能保障	保障充沛性	要确保机关的高效运转，按照职能科学、结构优化、廉洁高效、人民满意的服务型政府的建设目标，为党政机关正常运转提供所需且充足的资产、资源、能源、设备及必要后勤服务资源
	保障平衡性	坚持需求导向，通过统筹使用、合理配置、优化共享确保机关高效运转
	保障敏捷性	机关事务管理部门要能够快速回应应急所需，在最短的时间内调动资源，为应急管理指挥部提供必要的办公场所、办公设备、后勤物资和通勤保障
	保障多维性	通过机关事务服务做好机关中人的关怀工作，为机关工作人员提供集物质、精神和发展于一体的多维保障
高品质服务	服务可获得性	服务对象能够低成本、高效率获取的服务，机关事务工作要做好管理服务的布局，实现从时空便捷的物理空间扩展到以逻辑、流程、发展为核心职能的可及空间，做好服务获取的终端优化处理和流程优化
	服务可选择性	机关事务工作必须针对服务对象推出能够被选择的服务，尊重和保障服务对象的选择权，并通过选择机制来优化服务的内容、方式和效果
	服务可持续性	在“紧日子”的财政约束下，要以建设节约型政府为目标，践行绿色服务理念，构建“勤俭节约、节能环保、绿色低碳、文明健康”的低碳机关新模式
	服务可发展性	机关事务管理工作要面向未来的发展，按照发展要求、问题导向和理论研究趋势，主动研究未来的服务需求，引导未来的服务需求，创新未来的服务需求，实现对于服务的未来性治理

续表

内涵维度	目标	主要释义
高效率管理	管理规范性	实现机关事务管理法治化和标准化，推动机关事务管理工作有法可依，要明确机关事务管理的职能边界，将职能、流程、效果标准化，推动机关事务的科学化、有序化管理
	管理集成性	推动机关事务管理系统的整合，以机关事务管理局为主体整合分散在各个职能部门的机关事务管理组织和业务，按照资源整合、业务联动和标准统一实现集成化治理；以机关事务为链条推动政府部门协同，实现政府部门在应急管理、资产管理、节能减排、工程项目管理等方面职能联动，推动整体性政府建设
	管理协同性	按照共建共治共享理念，以机关事务为切口推动市场、社会和政府的功能整合，充分利用市场和社会组织优势，推动机关事务工作的市场化和社会化改革
	管理智慧性	通过机关事务数字化改革，使用数据化手段将机关事务工作推上信息化、智能化平台，通过大数据、人工智能、新算法实现机关事务的智慧化管理

资料来源：作者整理。

（一）高效能保障

保障机关有效运行是政府运行保障工作的缘起与核心职能。对此，高效能保障要实现以下目标：一是保障充沛性。要确保机关的高效运转，按照职能科学、结构优化、廉洁高效、人民满意的服务型政府的建设目标，为党政机关正常运转提供所需且充足的资产、资源、能源、设备及必要后勤服务资源。二是保障平衡性。坚持需求导向，通过统筹使用、合理配置、优化共享确保机关高效运转。三是保障敏捷性。政府运行保障要能够快速回应应急所需，在最短的时间内调动资源，为应急管理指挥部提供必要的办公场所、办公设备、后勤物资和通勤保障。四是保障多维性。通过政府运行保障做好机关中人的关怀工作，为机关工作人员提供集物质、精神和发展于一体的多维保障。

（二）高品质服务

高品质服务是政府运行保障工作适应现代化转型的重要内容。传统上的公共服务强调普及性和均等化，这是由紧缺的物质条件和有限的治理手段所决定的。而随着治理理念、治理方式和治理工具的发展与创新，更加体现需求导向、人本导向的服务价值取向。对于政府运行保障而言，“以人为本”的高品质服务正是当前政府运行保障工作的重要方向，也是实现有限治理资源高效使用、实现制度优势转向治理效能的重要举措。

对此，高品质服务要实现以下目标：一是服务可获得性。即政府运行保障提供的服务是能够深入服务对象工作、生活和行为之中的服务，是服务对象能够低成本、高效率获取的服务，而不是束之高阁的“表象服务”。这就要求政府运行保障要做好管理服务的布局，实现从时空便捷的物理空间扩展到以逻辑、流程、发展为核心职能的可及空间，做好服务获取的终端优化处理和流程优化。二是服务可选择性。政府运行保障的服务是以传统的供给侧改革为主要特征，强调通过供给侧改革来降低管理服务成本、优化服务效果；而服务对象的个性化需求满足将成为未来的发展趋势，政府运行保障必须针对服务对象推出能够被选择的服务，尊重和保障服务对象的选择权，并通过选择机制来优化服务的内容、方式和效果。三是服务可持续性。在“过紧日子”的政策背景下，要以建设节约型政府为目标，践行绿色服务理念，构建“勤俭节约、节能环保、绿色低碳、文明健康”的绿色低碳运行新模式。四是服务可发展性。要实现服务的“未治”性，即政府运行保障工作要面向未来的发展，按照发展要求、问题导向和理论研究趋势，主动研究未来的服务需求，引导未来的服务需求，创新未来的服务需求，实现对于服务的未来性治理。

（三）高效率管理

高效率管理是政府运行保障工作从传统的“后勤服务”走向“机关运行保障”的必然要求，也是机关事务管理部门融入国家治理体系与治理能力现代化的必然要求。对于政府运行保障高质量发展，需要从“运行保障”的功能定位出发，努力实现角色转型，通过统筹党政机关内部的资源和资产，为党政职能机构提供充沛的治理资源，通过引入社会化专业机构参与运行保障，为党政职能机构供给专业化的服务，通过运用现代化治理技术和治理手段有效运作各类资源，保障党政职能机构的日常工作，使其在国家治理中发挥更大的效能，从而为充当着国家治理体系中“前台”角色的党政职能机构提供保障，从“后台”有效助力国家治理体系和治理能力现代化，最终实现为人民群众服务的宗旨。

对此，高效率管理要实现以下目标：一是管理规范性。实现管理法治化和标准化，推动管理工作有法可依，要明确管理的职能边界，将职能、流程、效果标准化，推动政府运行保障的科学化、有序化管理。二是管理集成性。即在管理之中要实现两个方面的整合，一方面是管理系统的整合，要以机关事务管理局为主体来整合分散在各个职能部门的管理组织和业务，按照资源整合、业务联动和标准统一实现集成化治理；另一方面是以政府运行保障为链条推动政府部门协同，实现政府部门在应急管理、资产管理、节能减排、工程项目管理等方面职能联动，推动整体性政府建设。三是管理协同性。按照共建共治共享理念，以政府运行保障为切口推动市场、社会和政府的功能整合，充分利用市场和社会组织的优势，推动政府运行保障工作的市场化和社会化改革，将企业和社会组织的优势理念、先进方式方法引入政府运行保障管理之中，实现政府运行保障的现代化治理。四是管理智慧性。通过数字化改革，使用数据化手段将政府运行保障工作推上信息化、智能化平台，通过大数据、人工智能、新算法实现政府运行保障的智慧化管理。

四、政府运行保障高质量发展评估框架实证运用

面对新形势新任务新要求，深圳市机关事务部门深刻认识习近平总书记和党中央赋予深圳的新时代历史使命，坚持目标导向、问题导向、结果导向，坚持勤俭办一切事业，秉持“忠诚、勤俭、无私、担当”精神作风，切实把立足新发展阶段、贯彻新发展理念、构建新发展格局要求落实到机关事务工作各领域、各环节，积极探索机关事务工作高质量发展的先行示范路径，不断提升现代治理效能和高质量发展水平，更好融入大局、服务大局、保障大局，取得了一定的成效，形成了良好的机关事务工作高质量发展基础。

（一）高效能保障

1. 评估成果

深圳市政府运行保障的保障效能持续提升：在保障充沛性上，一是公务用房保障顺利推进，二是公务用车保障不断规范，三是配套设施保障逐步完善。在保障平衡性上，一是能够平衡“点”的临时性保障与“面”的日常性

保障，二是能够确保保障结构平衡性。在保障敏捷性上，一是紧急工程的敏捷保障，不折不扣落实任务；二是突发事件的敏捷保障，行动迅速。在保障多维性上，一是在综合环境上抓提升，二是在保障文化创新上抓提升。

2. 评估问题

深圳市政府运行保障的机关保障工作的敏捷性有待进一步提高。一是需要进一步探索具有韧性的风险管理模式：当前的应急管理保障更多关注事后处理以及应急处理中的物资保障，缺乏主动“把脉”的风险管理机制，难以构建起具有自适性和成长性的机关事务保障韧性体系。二是需要进一步探索应急管理信息化和智慧化：在应急风险信息的传递和报送上，目前仍采用较为传统的方式；在对风险的捕获上，应急保障工作中对风险的监测仍未形成智能终端的有效监测；在数据共享和应用方面，尚未形成风险信息数据共享的信息平台。

（二）高品质服务

1. 评估成果

深圳市政府运行保障的服务品质持续提升：在服务可获得性上，一是做好餐饮服务创新改革，不断推陈出新；二是做好会务服务圆满完成；三是做好车辆、文印服务安全顺利进行。在服务可选择性上，一是服务满意度不断提升，二是多样性服务不断提供。在服务可持续性上，一是控制机关运行成本，二是践行绿色服务理念，三是坚决制止餐饮浪费。在服务可发展性上，一是探索建立咨询性组织，二是聚焦管理模式创新。

2. 评估问题

深圳市政府运行保障的机关服务品质有待进一步改进。一是服务标准在“量”和“质”层面需要加快步伐：目前深圳机关事务法治化和标准化的步伐相对较慢。二是机关运行服务能力需要继续提高：整体性人力资源结构需要优化，同时缺乏一定的服务竞争机制导致服务质量改进动力不足。三是机关服务品牌效应还需要进一步打造：对标高质量发展理念和高质量服务需要，目前各个部门以“服务品牌”促“品牌服务”的新发展理念还比较薄弱，在机关“服务品牌”打造上还缺乏力度。四是缺少对机关服务的可持续性和

“未来性”的关注：高质量机关事务要强调“未来”理念，要用未来的思维、未来的需求以及未来的工具来设计和实施服务管理。

（三）高效率管理

1. 评估成果

深圳市政府运行保障的管理效率不断提升：在管理规范性上，一是法治化建设步伐加快，二是标准化建设多点突破，三是制定其他规范性文件。在管理集成性上，一是整合处室，二是理顺职责，三是跨部门联动解决问题。在管理协同性上，一是项目上政企合作，二是研究上政校共建，三是服务上社会化改革。在管理智慧性上，一是推进智慧化平台建设，二是推进智慧化应用落地实践。

2. 评估问题

深圳市政府运行保障的机关事务管理的整体效率有待进一步提升。一是机构性质影响权力和资源匹配：由于对应事权的限制，很多部门职能定位就是统筹管理，对其他部门只能起到鼓励和督促作用，对于没有完成任务的情况也无实质性的措施和约束作用。二是机关事务管理内部集成性较弱：现有机关在事务管理工作中与党政管理其他部门的联动性较弱，有些业务工作缺乏常态化的联动机制，有些虽然已经建立常态化协调机制但是没有实质性落实。三是机关事务管理外部协同性较弱：当前实践一方面在购买服务等社会化改革中还需要加大力度，另一方面在构建机关事务行业生态链、联结企业资源方面还有提升空间。

五、政府运行保障高质量发展建议

针对政府运行保障高质量发展实证研究中存在的问题，按照政府运行保障高质量发展的“高效率管理、高效能保障、高品质服务”三个目标，研究提出政府运行保障高质量发展的总体思路，即构建“一全”管理链条、夯实“五化”推进路径以及执行“三高”创新举措（如图 1–3 所示），从而真正把政府运行保障高质量发展作为主攻方向，举机关事务系统之力，探索机关事务管理自身运行规律，为机关有序运转提供更加坚强的保障支撑，全方位推动服务质量提升，为干部职工带来更加美好的服务体验。

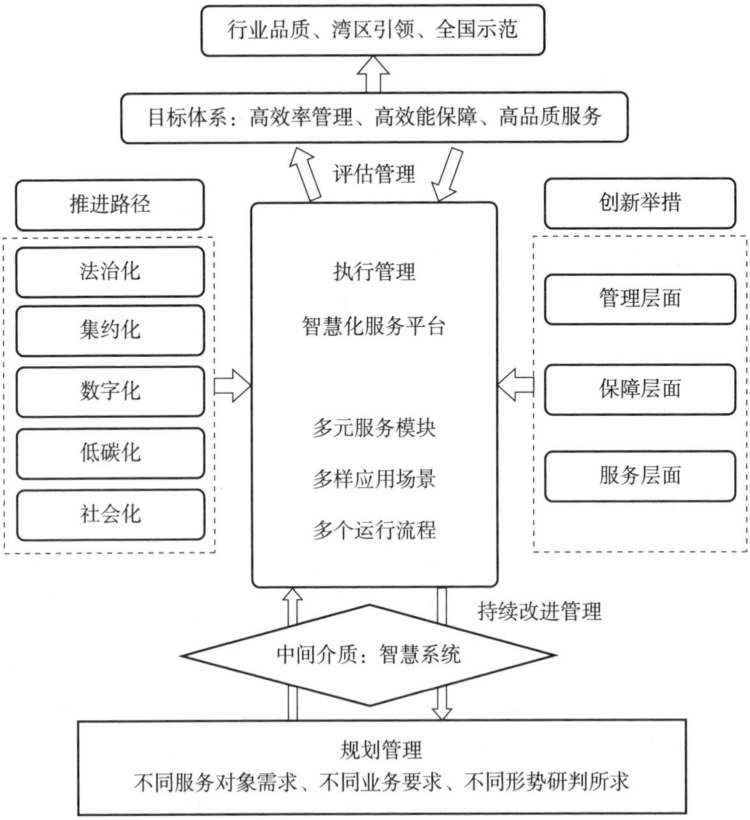

图 1-3　政府运行保障高质量发展的总体思路

图片来源：作者自绘。

（一）政府运行保障高质量发展的“一全”管理链条

“一全”管理链条是指一个全周期管理过程链条。为了确保运行保障服务持续提供高质量的支持和服务，首先需要从全局建立一个完整的管理过程全链条。主要包括从规划管理、执行管理、评估管理到持续改进管理四个方面，推行全面质量管理，实现对运行保障服务的可持续改进。

1. 规划管理阶段

在规划管理阶段，要明确制定政府运行保障的目标和愿景。同时，进行需求分析是非常重要的，要深入了解服务对象的需求和期望。通过明确需求，可以更好地设计和提供具有针对性的运行保障服务。除此之外，制定策略和计划是规划管理的关键一环。通过制定策略和计划，可以明确服务的范围、服务水平、资源配置和工作计划，以指导后续的执行和评估管理工作。

2. 执行管理阶段

在执行管理阶段，关注的焦点是资源的分配与管理、流程设计与优化以及人员培训与管理。合理分配和管理运行保障服务所需的人力、物力、财力等资源，是确保机关运行保障服务可持续性和高效性的关键。流程设计和优化是为了确保政府运行保障服务的各个环节有序衔接、高效运作。可通过引入自动化工具和技术，减少人工操作，提升工作效率。人员培训和管理是为了确保团队成员具备必要的知识和技能，并能够有效地开展工作。同时，对团队成员进行绩效管理和激励，可以激发团队成员的积极性和推动服务质量的提升。

3. 评估管理阶段

在评估管理阶段，重要的任务是制定评估指标和标准，以衡量政府运行保障服务的质量和效果。这些指标可以包括客户满意度、服务响应时间、问题解决率等。通过建立数据收集机制，包括用户反馈、服务记录、执行情况等，对数据进行分析和解读，可以发现问题和改进机会。定期对运行保障服务团队的绩效进行评估，提供及时的反馈和建议，对于推动绩效提升和团队成长至关重要。

4. 持续改进管理阶段

持续改进管理阶段，是保持运行保障服务质量的关键。通过收集用户反馈和需求，了解用户的期望和改进点。同时，鼓励团队成员发展创新思维，建立内部创新机制，促进改进和创新的实施。此外，持续优化和学习也是不可或缺的。基于数据和用户反馈，持续改进流程、技术和服务质量，不断学习和提升团队的能力和素质。

构建政府运行保障服务全周期管理过程链条，为政府运行保障建立一套科学、规范的管理机制，不仅可以及时发现和解决存在的问题，还能够提高服务质量和效率，满足用户的需求和期望。通过持续的规划、执行、评估和改进，运行保障服务可以实现持续优化和提升，为机关或组织的运行提供可靠的支持和保障。

（二）政府运行保障高质量发展的“五化”推进路径

1. 法治化推进路径

法治化是支撑保障和管理服务规范化的重要途径。法治化可以简单概括为“有法可依，有法必依”，一方面政府运行保障法规要完整，要推动机构、职能、权限、程序、责任法定化，做到“有法可依”。另一方面要严格落实法律法规和一系列制度规范，在实际工作中要严格按规行事，把法治化落到实处。用法治思维谋划政府运行保障工作，用法治方式推动政府运行保障工作。推进机构、职能、权限、程序、责任法定化，建立机关事务标准化体系，确保依法依规强管理，依程序依标准优服务。

在具体实践中体现为加快出台一系列政府运行保障法规，建立健全相关政府运行保障工作指标体系，加大标准实施力度。在提供政府运行保障服务过程中坚持以法律法规和指标体系内容为标准，严格落实，用到实处。加大标准化与法治化、数字化、社会化、专业化协同融合力度，组织开展标准实施监督评估，注重标准实施效果，以标准强管理、以标准优服务，形成更多可复制、可推广的标准化建设经验，为全国政府运行保障工作标准化建设提供借鉴。

2. 集约化推进路径

集约化是通过优化机关事务的管理方式、流程和资源配置，推进政府运行保障进一步提升管理效能，严控机关运行成本，持续深入推进节约型政府建设重要抓手。集约就是要实现资产集中统一管理、资源统筹调配，在此基础上提高资金、资产、资源的配置效率，以达到提高管理质量和效益的目标。

贯彻落实党和政府“过紧日子”要求，深入推进节约型政府建设，加强政府运行成本管理，做好节约能源资源资金各项工作，充分发挥党政机关的示范引领作用。以集中统一、集约高效为目标，统筹利用好资金、资产、资源等服务保障要素。持续抓好以资产管理为基础的集中统一管理，全面加强政府运行成本统计、分析和绩效评价，逐步推动政府运行保障成本核算科学化、开支标准化，实现运行经费支出和能源资源消耗有效控制，促进资金、资产、资源配置管理效能进一步提升。

3. 数字化推进路径

数字化与其他四个推进路径相辅相成，不仅可以作为更好地实现集约化、法治化和低碳化的技术工具，还可以直接地提升工作效率，简化业务流程，为政府运行保障高质量发展带来实质性的便利。在具体实践中，不断落实“一盘棋”“一张网”的政府运行保障体系建设，在机构节能、政府运行成本核算等多领域推进数字化应用。

4. 低碳化推进路径

低碳化是响应国家“双碳”目标，努力推动公共机构绿色低碳转型，建立建成绿色节能政府的重要路径。在政府“过紧日子”的政策背景下，严格加强政府机关绿色低碳化改革可以实现资源循环使用，带来实际的经济效益，为早日实现“双碳”目标贡献力量。政府运行保障高质量发展，不仅要求实现机关事务管理局部门自身的低碳化运作，还要推进各类公共机构践行绿色低碳环保理念，为节能减排作出实质性贡献。

5. 社会化推进路径

社会化是促进服务保障资源合理配置、政府运行保障能力提升的重要路径，同时也是坚持政府机构改革创新的重要体现。《机关事务工作“十四五”规划》提出机关事务管理改革全面深化要求：“坚定不移推进改革，推进政事分开、管办分离，机构精简、职能优化，管理内置、服务外购，统分结合、保障有力，持续增强机关事务工作创新发展的动力和活力。”其中“服务外购”作为社会化的一条合理路径值得思考与实践。当然，由于政府运行保障的保密性和安全性要求很高，为了避免外包带来的风险，可以探索“有限社会化”模式，通过合理的制度设置与执行评估降低风险，保证高质量服务不打折，不断探索政府运行保障改革创新新路子。

（三）政府运行保障高质量发展的“三高”创新举措

1. 推进政府运行保障高效率发展

在推进政府运行保障高效率发展中，在管理规范性方面，要做到标准制度与程序规范相结合：一是建立和完善政府运行保障法规与制度标准；二是推进制度建设科学化；三是规范政府运行保障管理服务程序。在管理集成性方面，要做到职能划分与绩效考核相结合：一是着力解决职能划分归属问题；二是强化服务绩效导向；三是创新共建共治共享的政府运行保障新方式与新方法。在管理协同性方面，要实现政企合作与政校共研相结合：一是优化政府运行保障社会化体制机制；二是实施全过程合同履约监管；三是加强与研究院共建研究式、学习型的机关事务管理系统。在管理智慧性方面，要实现流程再造与数据驱动相结合：一是建设政府运行保障全领域在线服务平台；二是推进流程优化与简化；三是强化数据整合与分析。

2. 促进机关保障高效能发展

在促进机关保障高效能发展中，在保障充沛性方面，要实现存量利用与外部获取相结合：一是合理规划和利用物资资源；二是优化人力资源管理；三是拓宽外部资源渠道。在保障平衡性方面，要做到需求评估与资源调配相结合：一是全面评估需求；二是统一规划和优化配置；三是跨部门协同和沟通，加强不同部门的沟通和协作，促进资源的共享和整合。在保障敏捷性方面，要促进敏捷理念与快速响应相结合：一是预测和应对风险；二是建立突发事件快速决策机制；三是树立敏捷意识。在保障多维性方面，要实现文化建设与暖心服务相结合：一是强化内外兼修，以文化引导“赋能”；二是做好“关键小事”，将“操心事”变成“暖心事”。

3. 助推机关服务高品质发展

在助推机关服务高品质发展中，在服务可获得性方面，要做到渠道优化与体系建设相结合：一是优化服务获取渠道；二是构建基于服务的全周期管理体系。在服务可选择性方面，要实现多样服务与个性服务相结合：一是推进多样化服务图景；二是推进个性化服务和精细化管理。在服务可持续性方面，要落实成本控制与节能建设相结合：一是运行成本可持续；二是节能发展可持续。在服务可发展性方面，要坚持持续创新与改进优化相结合：一是鼓励政府运行保障积极探索创新方式和方法，推动管理模式的更新和改进；二是引入新技术、新工具和新理念，优化工作方式，提高工作效率和绩效质量，在技术、制度、服务方面力求创新。

（作者：耿旭、李想）

第三章　系统集成视角下智慧机关优化路径研究

【内容提要】各个地方机关事务管理部门在智慧机关建设上存在先行先试型、后发追赶型和起步酝酿型三种类型。观察已有智慧机关建设实践，发现问题集中体现为碎片化现象。深圳市作为后发追赶型，从系统集成视角进行规划布局，在平台集成、管理集成、层级集成、业务集成四个方面做出探索，逐渐树立大数据支撑政府运行保障的典型。本章在解读系统集成视角下智慧机关相关理论基础上，总结深圳市智慧机关建设主要做法，分析遇到的难点问题，并提出了智慧机关优化路径，以期为全国其他地区智慧机关建设提供有益的参考。

一、问题提出

（一）智慧机关建设已经成为数字化政府战略的必然趋势

党的十九届五中全会强调，要加强数字社会、数字政府建设，提升公共服务、社会治理等数字化智能化水平。数字政府建设是党和国家制定的重要战略，是推进政府治理体系和治理能力现代化的必由之路。政府运行保障管理作为政府治理体系的重要组成部分，其数字化、智能化改革是大势所趋。2021 年 12 月，国家机关事务管理局（以下简称国管局）发布《机关事务信息化工作“十四五”规划》（以下简称《规划》），为“十四五”时期全国机关事务信息化建设作出了总体设计，并提出全面推进机关运行保障方式、业务流程和服务模式数字化智能化的目标。对此，《规划》进一步指出，推进智慧机关事务建设，聚焦智慧办公区、智慧社区两个业务板块，着力研发升级办公用房、公务用车、公共机构节能、机关运行成本、国有资产管理、工程项目管理、物业管理、综合服务保障等智慧机关事务管理与服务应用系统，推动保障方式数字化转型与智慧化升级。这为今后机关事务数字化智能化改革指明了方向。

（二）碎片化问题已经成为智慧机关建设中的首要难题

从进度而言，各个地方机关事务管理部门在智慧机关建设上存在三种类型：一是先行先试型。早在国管局发布《规划》之前，这类机关事务管理部门已经开始探索智慧机关。例如，上海早在2018年，建设了“综合数据一网通”平台，将国有资产管理系统、市级机关办公用房管理系统、全市公务用车管理系统、公共机构能源分项计量系统4个核心业务系统集成到管理局大数据平台，通过6个数据库，从3个维度提供数据整合。又如，杭州市机关事务管理局早在2018年就探索在市民中心开设机关事务集中办理中心，为干部职工提供19项线下集中办理服务。随后陆续开发建设智慧机关事务综合平台。2020年启动机关事务管理服务数字化转型三年行动。二是后发追赶型。这类智慧机关相比先行先试起步较晚，但是能够进行政策学习，从已有的其他城市实践中获得成熟经验。例如，深圳在2018年开启了智慧机关项目的立项工作，2021年正式启动，目前相关业务板块正在陆续落地实施。三是起步酝酿型。这类智慧机关建设起步较晚，目前还在论证或者准备论证中。

通过对已有智慧机关建设实践的观察，发现目前智慧机关建设仍存在一些普遍性问题，集中体现为碎片化问题，比如技术与业务融合度不够、数据标准与业务实践匹配度不够、硬件设施建设与软性制度安排协同度不足等。归根结底，这是由于智慧机关建设过程中缺乏耦合性和整体性，机关服务保障业务割裂且信息分散，让系统数据难以与具体综合应用系统联通，因此出现互联互通难、资源共享难、业务协同难的“老三难”现象①。如何使智慧机关具有系统集成的形态与内核，充分形成以数据为流动要素的管理价值链，释放数据的价值与潜力是当前重要的研究问题。

（三）系统集成视角成为解决碎片化问题的可行性路径

深圳市机关事务管理局作为后发追赶型，在充分借鉴其他地区智慧机关和数字化政府建设经验的基础上，充分总结建设中可能存在的问题，从系统集成视角进行规划布局，围绕人、事、物的关联，结合业务需求，逐步打造

① 张勇进，章美林.政务信息系统整合共享：历程、经验与方向［J］. 中国行政管理，2018（3）：22-26.

以“1+4+10”为总体架构的智慧机关，目前已取得了初步成效。因此本章以深圳市智慧机关建设为例，从系统集成视角分析深圳市在智慧机关建设中的主要做法，遇到的困难和问题，并尝试提出可行的重塑路径，以期为全国其他地区智慧机关建设提供参考。

二、文献回顾与研究框架

（一）理解智慧机关与系统集成论

当前，学界对智慧机关的理解已有初步共识。在智慧机关的界定上，智慧机关是通过整合机关事务管理的多方信息和资源，以大数据应用为核心，利用智能互联和智能物联等方式，将机关事务管理业务系统融为一体，打造智能化的服务、保障和管理体系，以满足广大机关干部职工和人民群众的智能化服务和保障需求的机关[①]。也就是说，智慧机关利用信息化手段和互联网技术，将保障机关运行的资源数字化，再通过一体化平台实现数据的共享，最终接入机关事务管理业务应用系统，以实现对机关运行的保障和监管[②]。在智慧机关的功能上，智慧机关以信息技术为载体，以 App 软件、智能终端为依托，能够有效解决卡证繁多、跨部门信息孤岛、管理复杂、资源重复建设、信息化不足、决策滞后等一系列问题。同时，智慧机关还能够支撑机关事务管理局数字化转型，促进机关事务管理局形成现代机关事务管理体制和运行机制，全面提升管理科学化、保障法治化、服务社会化水平，有效控制机关运行成本，保障机关运行。

习近平总书记在浦东开发开放 30 周年庆祝大会上的讲话中特别强调，要加强改革系统集成，激活高质量发展新动力。系统集成是指将不同的独立子系统、组件或模块，通过合适的方法和技术，结合在一起以创建一个完整、协调运作的整体系统的过程。系统集成不仅是一种技术手段，更是一种思维方式。在政府部门领域，它有助于将各个信息系统、服务平台和数据源整合，

---

① 罗亮，郭名谦.智慧机关事务：机关事务管理大数据应用框架研究［J］. 领导科学，2021（24）：76–78.

② 朱萌.技术与制度的变奏：数字化驱动下的机关事务集中统一管理改革——基于N市“智慧机关事务建设”的实践分析［J］. 中国行政管理，2022（8）：37–42.

实现信息共享和协作。从政策制定到资源规划，从改革衔接到发展推动，系统集成思维能够帮助我们更全面地认知和驾驭复杂系统，为实现高质量发展提供智慧和支持[①]。

治理话语下的系统集成视角的理论基础是集成论，它是系统科学的一个组成部分，作为解决复杂系统问题的新方法和新手段，越来越受到研究学者的广泛重视，成为管理科学近年来发展较为快速的一个领域。在政府信息化建设中，信息孤岛问题一直是困扰我国政府的难题。集成的本质是要素的整合和优势互补，它能够有效解决信息孤岛问题，推动各级政府管理部门之间的信息交流，真正实现政府信息化，促进跨部门跨区域的政府信息共享[②]。

（二）系统集成视角下的智慧机关运行框架

智慧机关的系统集成是一项关键性的战略举措，它涉及将多元的信息系统、先进的技术工具、丰富的数据资源以及复杂的业务流程有机融合，以打造一个高度协同、高效运转的数字化和智能化机关。

第一，平台集成。系统集成视角下的智慧机关建设首先要形成系统化的智慧平台，为机关的日常运作和常规工作提供一套方便、智能、节能的设施[③]。智慧平台内含海量数据，不仅能够解决传统办公的程序多、技术含量低、资源消耗大、内部沟通障碍等一系列问题，还能够提高机关工作人员的办事效率，从而对机关的服务水平与办事效率起到重要作用[④]。目前，机关内部各部门自行建设各自的智慧平台，直接导致部门之间数据不能进行对接，造成信息孤岛。并且，机关事务管理部门尚未统筹建设使各个部门衔接顺畅、数据共享的综合信息平台[⑤]。因此，在智慧机关建设过程中，应该对机关内部的各个智慧平台进行统筹改造，构建集成一体化的信息平台，实现数据共享、业务协同[⑥]。

第二，管理集成。在构建系统化的智慧平台的基础上，智慧机关还需要

---

① 黄菁 . 集成视角下的政府信息资源管理［D］. 武汉：武汉大学，2009.

② 张晖明 . 加强改革系统集成　激活高质量发展新动力［J］. 红旗文稿，2020（24）：21–23.

③ 关静 . 智慧城市中的智慧政府：核心特征与目标设定［J］. 长白学刊，2013（3）：70–74.

④ 向超 . 大数据背景下我国智慧政府建设研究［D］. 昆明：云南大学，2016.

⑤ 肖景培 . 惠州市建设智慧政府的问题与对策研究［D］. 武汉：华中师范大学，2017.

⑥ 尚珊珊，杜娟 . 大数据背景下智慧政府功能建设分析及路径设计［J］. 情报理论与实践，2019，42（4）：45–51.

一套标准化的数据管理模式以实现高效的管理。然而，由于缺少统一的标准，各部门数据的互联互通受到限制。此外，标准的缺失还可能造成数据的重复收集、重复分析以及资源浪费，机关事务管理部门难以破除信息壁垒、信息孤岛等困境[①]。只有标准统一的数据，才能在机关内部流畅运行，真正实现“数据跑腿”。因此，在机关事务管理部门统领下进行数据标准化建设，构建标准化的数据管理模式，才能推动数据在不同层级、不同部门、不同区域顺畅流动，提高机关的协同工作效能[②]。

第三，层级集成。系统集成视角下的智慧机关的运行离不开跨部门、跨层级的协同运行机制。我国传统的政府组织结构依然是“条块分割”的模式，即纵向上是层级式的“条条”管理，横向上是不同部门之间的“块块”分割[③]。这种模式导致纵向上，各级政府无法实现良好对接，不能更好地起到领导与监督的作用；横向上，各职能部门相互隔离，缺乏沟通和协调，无法发挥协同合作的效能[④]。因此，打造跨部门、跨层级的协同运行机制是智慧机关建设的关键步骤。纵向上，对各级政府进行整合，减少管理层次，让上级政府的触角更加敏锐地延伸到基层，从而减少上下级政府之间信息传递失真，提高信息传递效率[⑤]；横向上，统筹各部门职能，打破各部门之间各自为政、碎片化以及数据壁垒状态，实现部门间的良性互动，形成政府内部的动态协作[⑥]。打破纵向层级限制的藩篱，实现政府部门间快捷有效的协同合作，才能增强政府机关的协同能力和整体管理水平[⑦]。

第四，业务集成。智慧机关建设的主要目的是利用先进的信息技术，在了解不同部门、群体的服务需求和变化趋势的前提下，建立有针对性的服务内容体系，满足服务对象的个性化、实时性需求，提升机关事务管理的服务质量和水平[⑧]。根据国管局的政策部署，智慧机关建设应聚焦智慧办公区和智慧社区两个“智慧”业务板块，还应创新服务应用，着重打造七个“升级”，

---

① 张斌．我国智慧政府建设研究［D］．济南：中共山东省委党校，2017.

② 李星．智慧政府流程优化与结构调适研究［D］．重庆：中共重庆市委党校，2020.

③ 白文杰．大数据背景下智慧政府建设中的问题研究［D］．西安：陕西师范大学，2016.

④ 张斌．我国智慧政府建设研究［D］．济南：中共山东省委党校，2017.

⑤ 肖景培．惠州市建设智慧政府的问题与对策研究［D］．武汉：华中师范大学，2017.

⑥ 司林波，刘畅．智慧政府治理：大数据时代政府治理变革之道［J］．电子政务，2018（5）：85-92.

⑦ 戴建华．智慧政府视野下的治理能力现代化［J］．理论与改革，2020（4）：126-138.

⑧ 罗亮，郭名谦．智慧机关事务：机关事务管理大数据应用框架研究［J］．领导科学，2021（24）：76-78.

即升级机关运行成本控制、国有资产管理、办公用房管理、公务用车管理、公共机构节能、物业管理和综合服务保障。有学者根据大数据在机关事务管理中应用的八个实践场域，构建了一个智慧机关事务的业务系统，具体包括智慧综合服务管理、智慧资产管理、智慧社区治理、智慧节能管理、智慧公务用车管理、智慧办公用房管理、智慧供应链、智慧办公等八大业务板块，它们共同构成智慧机关事务管理与服务系统。因此，智慧机关应聚焦机关事务的主要业务板块，研发升级智慧机关事务管理与服务应用系统，实现机关运行保障的智慧升级。

在系统集成的视角下，首先，智慧机关应整合各部门的信息系统，搭建一个系统化的智慧平台，实现平台集成。其次，智慧机关应该打造一套标准化的数据管理模式，统一数据管理标准，促进机关内部数据的互联互通，实现管理集成。此外，智慧机关应该改革传统政府组织体制的条块分割模式，纵向上贯通上下级部门的信息传递通道，横向上打破部门之间的信息壁垒，从而提高政府机关的协同合作效能，实现层级集成。最后，智慧机关应该聚焦机关事务的主要业务板块，研发升级智慧机关事务管理与服务应用系统，实现业务集成（见图 1–4）。

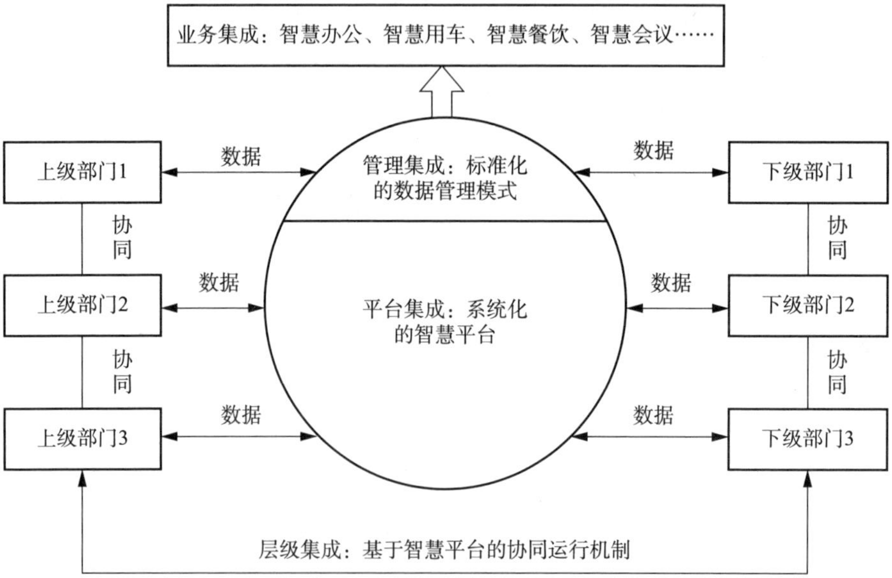

图 1–4　系统集成视角下的智慧机关运行框架

图片来源：作者自绘。

三、系统集成视角下深圳市智慧机关建设实践

近年来，深圳市机关事务管理局（以下简称深圳市管理局）作为智慧机关事务探索的后发追赶型，尽管起步相比上海、杭州等地较晚，但是站在高起点，以高标准进行探索，在战略布局中基于系统集成视角解决碎片化问题，在智慧机关建设方面进行了不少探索。

（一）深圳智慧机关建设历程

2018 年 5 月，国管局印发《关于推进新时代机关事务工作的指导意见》，明确提出要"增强运用互联网、大数据、云计算、人工智能等新技术能力，推进'互联网 +'深度融入机关事务工作，理顺优化职责体系和业务流程"。在此背景下，深圳市启动了智慧机关建设项目。经过三年的筹备，深圳市智慧机关建设项目于 2021 年 9 月正式开工。深圳市智慧机关建设项目按照"数据集成化、管理智慧化、流程标准化"的设计理念，主要建设内容为"1+4+10"，即一套基础设施，视频云分析平台、物联网平台、大数据平台、地理信息平台等四大平台，智慧一卡通、智能安防、智慧通行、智慧餐饮、智慧会议、智慧停车、智慧文印、资产管理、设备智管、智慧用房十大应用板块，如图 1–5 所示。项目建设范围涵盖市委、市政府等六大集中办公区和通新岭、笔架山等两大驻地。

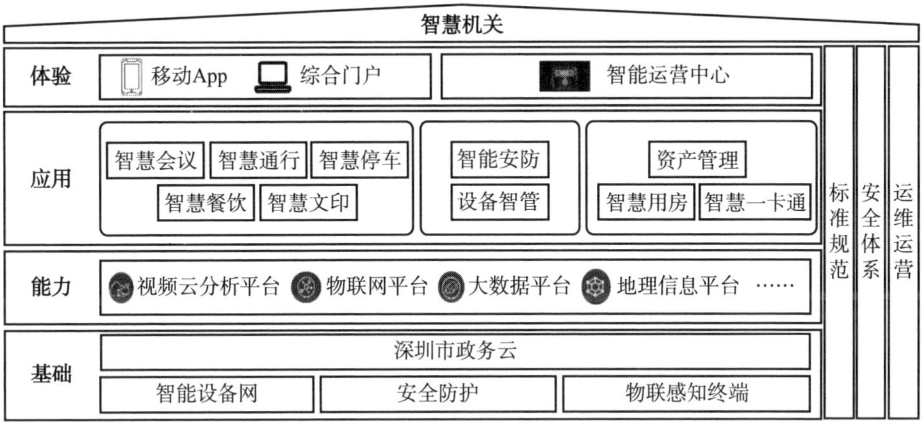

图 1–5　深圳市智慧机关建设项目构架

图片来源：作者自绘。

（二）深圳市智慧机关建设的主要措施

深圳市智慧机关的整体框架为“四横三纵”，其中三纵是未来会输出整体的标准规范、安全体系、运维运营机制，四横是新基础设施、新能力平台、围绕人、事、物三个场景建设的十个新应用以及包含两个新建业务入口的新体验。

第一，从系统集成的视角来看，在平台集成方面，深圳市搭建了一个数字化支撑平台，数字化支撑平台由物联网、大数据、视频云、地理信息四大平台共同构成。物联网平台支持各种感知设备统一接入，并且设备接入不再受品牌限制，实现了设备与上层应用系统的解耦。物联网平台已接入综合安防、人员通行、智慧参与等八大板块合计 7389 台感知设备。大数据平台实现了系统用户的统一信息管理和授权，实现了十大板块应用的互联互通，汇集融合了全域数据，构建了六大主题和十大专题库，为智慧运营提供了有力的数据支撑。视频云分析平台实现了视频数据的集中存储、管理、转发，具备多种视图分析能力。视频云分析平台已接入分散在六大集中办公区的 2511 余路摄像头。地理信息平台提供了全量感知、双向互动、孪生可视的数字功能框架，实现了地图模型与业务数据的交互联动。地理信息平台已覆盖市委和市民中心两个集中办公片区，室外 110 万平方米、室内 37 万平方米及市民中心周边地标建筑。深圳市的数字化支撑平台初步实现了“设备全连接、场景全联动、数据全融合、全智能全开放”的“四全”目标，迈出了打通数据孤岛，实现万物互联、使能业务创新的重要一步。

第二，在管理集成方面，深圳市管理局遵循统一设计原则，制定了“总体规范”“支撑系统应用规范”“数据规范”“开发标准规范”“测试标准规范”等技术标准和规范，使不同的数字机关之间可以进行数据共享和互联互通。此外，深圳市管理局还根据智慧机关建设特点制定了“安全管理规范”，以保障智慧机关的安全和稳定运行。深圳市管理局从“基础通用、运营管理、技术保障、智慧应用”四方面搭建机关事务智慧运营标准体系。2023 年 7 月，深圳市管理局被批准为广东省机关事务智慧运营标准化试点单位，迈出了全局业务标准化全覆盖的关键一步。

第三，在层级集成方面，深圳市管理局顺利完成局属 5 家事业单位改革，理顺职责分工，突出“集中统管”和“管办分离”原则，推动资源配置更优化、权责关系更协同、保障服务更高效。具体而言，深圳市管理局整合成立了智慧运营中心，有效提升了智慧化管理水平；成立了公物与工程事务中心，实现了机关资产的配置、保管、调剂、回收、处置全生命周期管理。文印中心由差额事业单位转为全额事业单位，强化了公益属性，有效解决了既抓经营又抓业务的问题。此外，深圳市管理局还会同市规划和自然资源局、市住建局、深圳税务局等相关单位制定了 2023 年政府办公物业确权工作方案，在前期工作基础上总结出台确权工作指引，加强了对市直各单位和各区确权工作的指导检查。

第四，在业务集成方面，深圳市管理局采用开放的技术架构和数据标准，集成智慧会议、人员通行、一卡通、资产管理、智慧停车等十大不同应用，并支持未来新建设系统的接入及外部系统无缝集成。在资源共享方面，深圳市管理局通过智慧化形成了共享办公、共享停车模式，大大推进了公共区域的共享共用。在智慧餐饮方面，深圳市管理局实施了“光盘行动”，制止餐饮浪费，餐厨垃圾减量达到了 35%。在智慧会议方面，深圳市管理局推行了一键订会、自助会议模式，会议室利用率提升了 70%。在资产管理方面，深圳市管理局推动了市党政机关办公用房大数据管理，统计了市直 69 个单位、11 个区（新区、合作区）、74 个街道，共 928 个单位合计 3352 处总建筑面积 1311.03 万平方米办公用房。

总体而言，深圳市智慧机关建设项目取得了初步成效。深圳市管理局在搭建系统化的智慧平台的基础上，制定了一系列的数据管理规范，服务范围覆盖了市内主要机关单位，平台应用涵盖了机关事务的主要领域，基本实现了智慧机关的四大集成。深圳市智慧机关建设项目促进了机关单位的互联互通，有力地推动了机关事务数字化、智能化改革。

四、系统集成视角下深圳智慧机关建设中的难点

从系统集成视角切入，深圳市智慧机关建设当前取得了一定的成效，也逐渐在大数据支撑机关事务运行保障方面树立典型，在整个建设过程中，主要存在以下难点问题。

（一）平台集成：智慧平台尚未完全建成

由于智慧机关建设项目正式动工时间较晚，系统化的智慧平台尚未完全建成，已经建成的部分仍然无法满足机关各部门的使用需求。例如，后勤应急治理信息平台仍在建设中，还没有实际性运行，当下难以开展跨部门风险信息数据共享及研判。车辆管理中心的日常工作仍然依赖于广东省公务用车平台。广东省公务用车平台的主要功能在于监管，业务部门在这一平台上办理车辆报废和注销业务、车辆信息更新维护业务等公务用车相关业务并不方便。但是，深圳市的公务用车平台仍然处于建设阶段，还没有完全建成并投入使用，这就给业务部门造成了极大的困扰。

（二）管理集成：数据源不清

深圳市在数据的标准化管理方面，存在数据源不清的问题，具体表现为数据不一致、数据丢失和数据不明。不同部门或系统中的数据格式、标准和命名规则不一致，导致数据难以进行比对和整合，甚至出现矛盾和错误。此外，由于大部分数据采用纸质登记，数据记录不清，数据采集、存储和传输等环节存在漏洞，数据可能因此丢失或损坏，无法判断数据的精准性，从而影响政府机关的运行和决策。

（三）层级集成：纵向联动不足，横向“各自为政”

在深圳市智慧机关建设中，纵向上出现了上下级机关事务管理部门统筹、联动不足的问题，进而导致上下级部门之间资源共享不足。首先，由于缺乏一个统一的协调规划框架，不同层级的机关部门在日常工作中往往按照各自的节奏和目标行事，导致整体合作效率不高。其次，由于缺乏有效的资源协调和共享机制，上下级部门往往出现相同或相似的资源投入，造成了资源浪费的现象。最后，由于缺乏跨层级决策的统一标准和协调机制，上下级部门在策略制定和执行方面可能产生分歧，影响整体目标的实现。

横向上则出现平级部门各自为政的问题。不同部门之间信息共享和协同合作困难，导致工作效率低下、重复劳动增加，同时可能引发信息不对称和错失政策执行机会等一系列问题。以一卡通为例，市民中心 C 区出入口闸机通行、门禁出入、食堂出入和消费是几套独立系统，权限下发需要不同人员进行手工操作，人员信息变更无法同步更新。同时，市委大院和市民中心的一卡通系统标准不一，员工需要随身携带多张卡进行不同地点的操作。这不仅影响了员工的便捷体验和办事效率，还给管理层带来了额外难题。

（四）业务集成：业务流程标准化不足，工作效率有待提高

深圳市智慧机关建设项目在推进主要业务板块的应用时，仍然存在两方面的问题。一方面，业务执行存在标准缺失或难以实施的情况。这主要源于政府机关内部部门之间职责划分不清，工作任务分配不合理，因此工作流程不畅，协同效应难以形成。同时，政府机关对下属单位的监管存在不足，对不合规行为的发现和处理存在盲区，导致问题得不到及时解决。另一方面，在工作流程上，政府工作流程过于烦琐，手续复杂，文件繁多，审批环节众多。这些问题导致政府部门对公众和企业的服务质量下降，工作效率低下。例如，人员通行、停车管理、餐饮管理等方面，往往依赖人工或半人工方式进行管理，存在诸多问题。

五、系统集成视角下智慧机关建设重塑路径

针对深圳市智慧机关建设中的各种问题，本文从系统集成的视角提出以下四个方面的优化路径。

（一）加强板块联动，加快建成系统化的智慧平台

在系统集成的视角下，平台集成强调要搭建系统化的智慧平台，这也是智慧机关建设的核心工作。首先，应该制订详细的计划，确定建设总目标、阶段性目标等。这将为整个建设过程提供指导。平台建设可分为不同的阶段逐步推进，可以从一个具体的部门或业务领域开始，逐步拓展到其他部门，这有助于加强各板块之间的联动。其次，应该选择合适的技术和平台，确保能够支持平台的扩展性、稳定性和安全性。考虑到平台的长期发展，应选择先进且可持续的技术。同时，应该确定智慧平台的关键功能，如信息共享、业务处理、数据分析等，并根据这些功能来确定系统架构和模块划分。最后，在建设过程中，应该确保各部门之间紧密合作。这将有助于平台的整合和共享，以及确保各个环节的顺利推进。

（二）统一数据标准，制定标准化的管理模式

在系统集成的视角下，管理集成强调制定一套标准化的数据管理模式。首先，应该在机关事务管理部门的统领下，经过广泛调研和充分研讨，制定统一的数据标准和格式，确保不同部门、系统之间数据的一致性和互操作性。这有助于消除因数据差异导致的不匹配和冲突。同时，还应该推动数字化数据采集和管理流程，通过自动化和数字化手段获取数据，提高数据收集的准确性和效率，降低错误率。其次，对于已有数据，可以采用数据整合和清洗技术，将之前分散在不同系统中的数据整合到一个统一的数据库中，并通过清洗数据以去除重复、错误或不准确的数据，提高已有数据的质量。最后，应该建立数据质量管理制度，对数据进行监控和评估，及时发现和纠正数据质量问题，确保数据的准确性和可靠性。

（三）建立协调运行机制，制定统一政策

在系统集成的视角下，层级集成强调建立跨部门、跨层级的协同运行机制。首先，应建立一套协调机制，例如成立协调委员会或工作组，负责协调上下级部门之间或平级各部门之间的事务管理，统筹规划、制定政策和资源分配。该机制可以促进信息共享共用，确保各级各部门的行动更加协调一致。其次，应该制定统一的政策和规范，明确各级各部门的职责和权限，避免重复劳动和混淆责任。这有助于减少各自为政的现象，推动资源的合理分配和利用。再次，应该充分利用智慧平台，促进各级各部门之间的资源共享，推动数据和信息的高效流通。这有助于避免资源的重复采购和浪费，提高资源的利用效率，促进各级各部门的协同工作。最后，应广泛开展内部培训活动，增强各级各部门合作意识和能力，从而加强各级各部门的沟通，减少信息孤岛问题。

（四）明确职责分工，简化工作流程

在系统集成的视角下，业务集成不仅要聚焦主要的业务板块应用，还要打造便捷高效的业务流程。首先，应进一步明确机关内部各部门的职责和任务，避免重复、交叉和冲突。同时，应优化工作任务分配，确保每个部门的职责清晰，减少工作流程混乱。其次，应对现有业务流程进行详细的分析，

识别冗余、重复的步骤，以及可能存在的“瓶颈”，然后进行优化，确保流程更加合理和高效。再次，针对不同业务领域，应制定标准化的业务流程和操作规范。确保有关工作按照统一的标准进行，减少个体行动的主观判断，提高工作的规范性和一致性。最后，应该设立与标准化流程和工作效率相关的绩效考核机制，鼓励工作人员按照标准流程操作，提高工作效率。同时，应加强对各部门的监管，建立定期审查和评估机制，及时发现和纠正不合规行为，避免问题滋生蔓延。

结　语

自党的十九届五中全会以来，推进政府运行保障管理的数字化、智能化改革已是大势所趋。深圳市作为中国特色社会主义先行示范区，秉持着“先行先试”的理念开启了探索建设智慧机关的道路。本章从系统集成的平台集成、管理集成、层级集成、业务集成等四个方面出发，归纳概括了深圳市在智慧机关建设中的一系列成效。在此基础上，本章从系统集成的四个方面分析了深圳市在智慧机关建设中存在的问题，具体包括智慧平台尚未完全建成；数据源不清；上下级部门统筹联动不足，平级部门之间各自为政；业务流程标准化不足，工作效率低下等。最后，本章从系统集成的四个方面提出了优化路径，具体包括加快建成系统化的智慧平台；统一数据标准，制定标准化的管理模式；建立协调运行机制，制定统一政策；明确职责分工，简化工作流程等。以系统集成的视角探讨智慧机关建设，有利于为其他地区智慧机关建设提供有益的参考。

（作者：耿旭、彭各显）

第四章　香港特区政府运行保障模式研究

【内容提要】优良的政府运行保障对于政府职能的实现具有重要的作用。本章对香港特别行政区政府（简称香港特区政府）运行保障的基本情况进行详细介绍，总结出香港特区政府运行保障以法治为保障、重视可持续发展及环境保护、充分整合市场及社会资源的运行模式特点。同时，通过吸收和借鉴香港特区政府运行保障的相关经验，为机关事务发展提供相应启示，以期促进我国政府机关事务管理水平的提升，进而推进国家治理体系和治理能力现代化。

香港地处我国东南沿海、亚洲中点，是一座高度繁荣的国际金融商业中心和国际大都市，拥有成熟的市场经济体系，被冠以“东方之珠”的美誉。香港地区的繁荣发展得益于多方面因素，其中，政府作为社会治理中心，其职能及角色定位对于整个经济社会系统的建构和发展均具有重要的影响。香港特区政府素以廉洁、高效著称。诸多研究认为，香港特区政府成熟高效的现代官僚体制运作对于香港优良营商环境的形成具有促进作用①。值得注意的是，香港特区政府的高效运作，优良的政府运行保障在其中扮演着不可或缺的角色。政府运行保障部门负责为其他各部门职能实现提供必要的物质服务，显著影响其他部门的工作效率，对整个政府的正常运转具有至关重要的作用。

与内地政府设有专门的机关事务管理部门负责政府内部运行的保障工作不同，香港特区政府的运行保障虽然并无专门的机构统一管理，但是物流服务署、库务署等部门各司其职，从不同方面负责相应保障职能，并通过法治化保障、可持续发展、社会化服务，形成了高效运转、协调规范的运行体制，为香港特区政府活动的有序开展提供了有力保证。香港特区政府运行保障的

① 陈晓玲 . 香港营商环境现状评价及经验借鉴［J］. 广东经济，2019（5）：46-51.

一些先进经验，可以为我国强化政府运行保障功能、完善机关事务运行模式提供一定的借鉴和参考。

一、香港特区政府运行保障的基本情况

香港特区政府自身的服务保障工作由专门的机构负责，建设多种职能部门联合行动的组织架构，并在具体业务开展中，形成制度化、专业化的职责分工体系，保障政府机关有效运转。

（一）机构职能

香港特区政府机构设置为三司十五局的架构。纵向分为四个层级：最高层为行政长官；第二层为律政司、政务司和财政司“三司”；第三层为十五个决策局，负责不同管理领域的政策制定；第四层为各署（处），负责具体的执行工作（见图 1–6）。针对政府运行保障领域，香港特别行政区采用专项管理模式，由财政司统领。财政司下辖财经事务及库务局，负责制定各项规章政策，包括政府采购的政策和程序、财政相关的计划等。政府物流服务署、政府产业署、库务署则根据财经事务及库务局的规划计划，负责政府运行保障方面具体的执行工作，如具体的采购工作等。香港各个署的组织结构具有高度扁平化的特征，除署长及副署长统领本署事务之外，具体的工作事项交由各署下设的科室或部门执行。其中，政府物流服务署下设的采购科、车辆管理科、物料供应管理科及印务科，分别负责政府采购、车辆管理、物料管理及印刷服务；库务署下设的库务会计部负责编制和备存政府账目、为各政府部门支付所需的物资和服务费用，人事部负责公务员薪酬福利发放等财会管理服务；政府产业署下设的办公室及宿舍的租售和编配部、租赁及商业用途部、物业管理部，负责政府办公用房的修建、维护、分配和经营管理。三署职能明晰、各司其职，体现了专业化分工的理念，保证了政府运行保障运转高效。

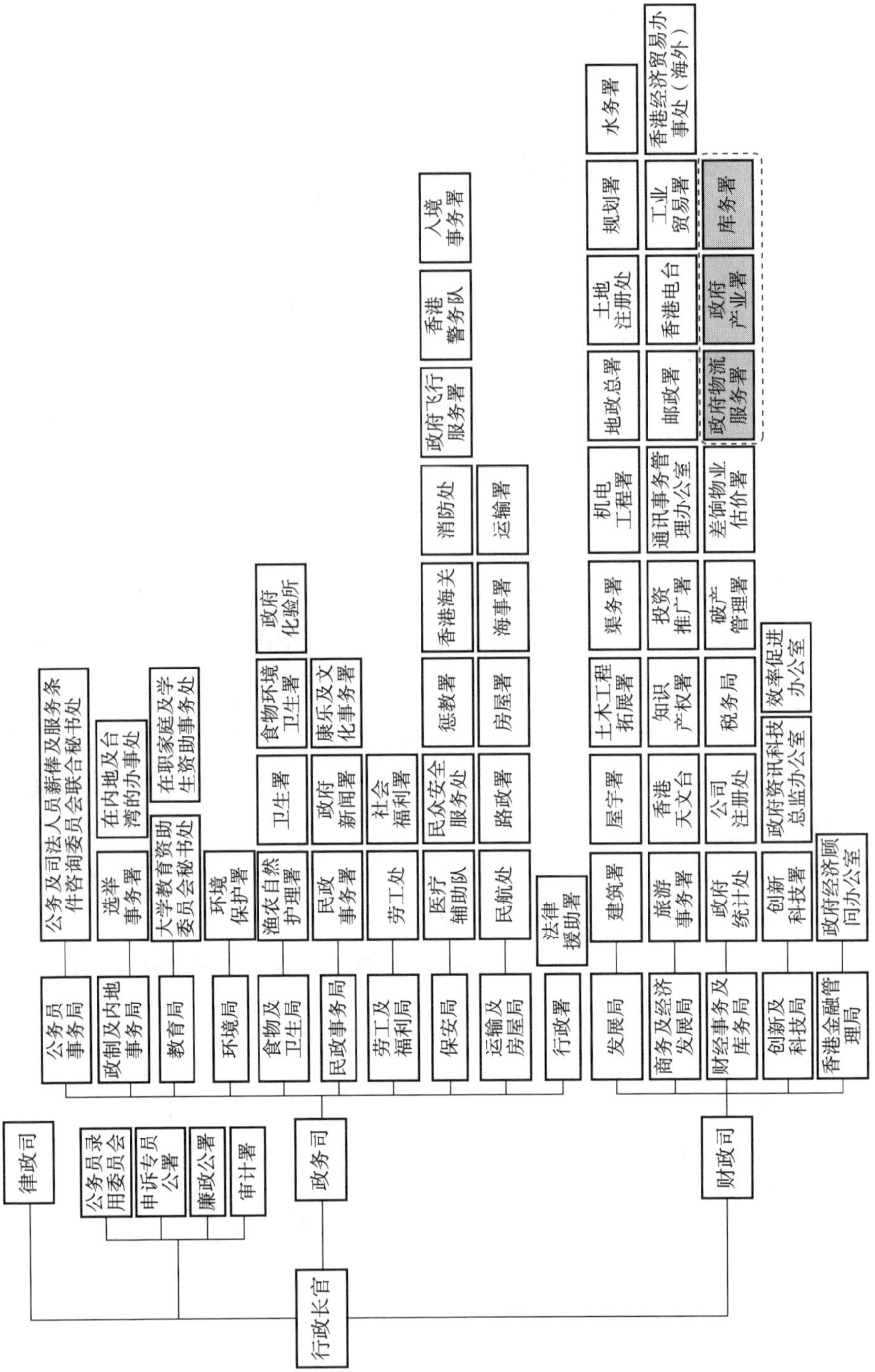

图1-6 香港特区政府职能架构

图片来源：作者自绘。

（二）业务开展

与各国政府内部运行保障工作组成类似，政府采购、公务用车、物业管理构成我国香港特区政府运行保障的主要业务内容。

1. 政府采购

香港具有成熟的法治系统和环境。政府采购作为政府的主要经济职能之一[①]，同样需要在法律的规范下开展相关工作，以保障政府采购的高效、透明。作为世贸组织中政府采购协定的一员，香港特区政府采购行为首先受到世贸组织制定的《世界贸易组织政府采购协定》的约束。为规范公共财政管理，香港特区政府制定了《公共财政条例》，对香港公共财政相关法案条例、主体、时间、范围、开支分类设计、管理职权等进行详细规定；财政司在前者的基础上补充制定了《物料供应及采购规例》，规定了政府采购的权限、责任以及采购程序。

以上述三部法律法规为基础，香港特区政府打造了规范有序的政府采购模式，并且建立权责明晰的政府集中采购体制。其中，政府物流服务署下设的采购科是香港特区政府的中央采购代理。采购科在上述三大法规的框架内，负责制订招标策略、安排招标工作、规范各政府部门招标程序、备存供应商名册以及进行市场调查。采购科设有专门的采购小组，负责香港特区政府各个部门办公用品的采购事宜，包括大批量采购电脑器材、车辆、文具、清洁用品等常用物品，并协助香港各个政府部门和部分非政府组织采购特定的物料及设备，如政府飞行服务队的飞机、运输署的电子停车收费表等，极大程度地保障了采购工作按制度运行。除此之外，对于不超过规定限额的商品和服务，可由政府其他部门自行负责，无须经过政府物流服务署，例如小额的货物和所有一般服务（清洁、安保）、工程服务及咨询服务，而建筑服务的采购由工务部门自行采购，由发展局监督。

在采购流程上，香港特区政府采购遵循公开公平竞争、合乎效益、程序规范以及对公众负责的原则，以实现对资源的最佳利用和更大的社会效益。主要采购形式包括公开竞标和应邀报价两种。其中，采购价值超过 140 万港

---

① 白志远.我国政府采购规模制约采购绩效的根源及对策研究［J］. 湖北社会科学，2016（11）：73–79.

币的货物或服务、超过300万港币的顾问服务以及超过700万港币的工程服务，需要采用公开竞标的程序，而单一或限制性招标程序的使用受到法律的严格限制，只有在《物料供应及采购规例》规定的特殊情况下才可使用；对于不超过上述价格的物品或服务，则可直接从选定的供应商中按照价格高低选购，程序较为简单。此外，香港特区政府推行“绿色采购”模式，现行的采购政策要求各采购部门按照环境保护署制订的环保规格采购环保产品，以支持可持续发展战略。

为了提高采购效率和采购透明度，香港特区政府招标遵循严格的流程控制与信息公开要求。在传统采购的基础上，香港地区注重运用先进的信息化手段，建立完善的电子采购程序。早在2010年，香港特区就推出了电子投标箱，开辟了线上采购的渠道。目前而言，政府物流服务署利用采购及合约管理系统（Purchase Card Management System，PCMS）和电子投标箱（Electronic Tender Box，ETB）两套计算机系统处理电子政府采购工作，所有程序无纸化、不见面操作，并且及时公开招标公告、参与招标供应商名录及招标结果等信息，极大提升了政府采购的效率和透明度。

2. 公务用车

香港特区政府的公务用车管理以《总务规例》和《公务员事务规例》中的相关规例为指导，打造了严苛的公务车辆管理制度。按照《总务规例》的要求，香港特区政府对公务用车配备的标准做出严格规定。其中，高官专车仅供行政长官、各司长、终审法院首席法官和各决策局局长使用，规定决策局常秘及以下级别的公务员通常情况下选择公共交通出行，如若用车须与公职有关，并且需经过严格的审批。目前，香港的公务车的数量为6863辆，在编司机为2408人。

香港特区政府物流服务署下设的车辆管理科负责全港公务车辆的管理工作，包括一般用途车辆的采购及分配、审核各部门有关用车及更换车辆的需求。政府物流服务署针对车队的合适规模、车辆组合及使用情况方面进行定期检讨，通过不断调整优化车辆供给模式，达到控制用车数量、提高车辆使用效率以及降低成本开支的目的。在车辆采购方面，环保车辆具有优先级，并通过不断购买清洁能源、低耗能的环保车辆替代传统车辆。截至2020年底，政府车辆中环保车辆的占比为57%。为满足多样化的出行需求，车辆管理科还负责客车、轻型货车及巴士等商用车辆的租用事宜。此外，政府物流服务署培养了专业的运输小组，承担运输服务小组建设以及政府司机培训工作，在紧急和特殊情况下为政府公职人员提供专业的运输服务。政府物流服务署每两年进行一次“十大优秀司机”及“安全驾驶奖”的评比，以嘉奖表现优异的司机。

此外，为了提高公车使用的透明度，车辆管理科打造了先进的车辆管理信息系统，对车辆信息进行统一登记管理。在车辆信息管理系统当中，政府部门公用车辆的基本情况，包括所有采购信息、数量、型号都可以公开查阅。香港特区政府重视对公务用车的严格监控，每一部公务车辆都备有行车记录簿，条例规定用车人须于行车记录簿上详细记录该辆公车每日运行情况，包括行驶的始终点、途经路线、驾驶里程数、维修项目、违法违章情况等信息，从而实现精确管理、严防公车私用的目标。

3. 物业管理

香港特区政府物业管理以兼具经济及成本效益的方法，满足办公用房及员工住宿的需求，并提供配套的物业服务，从而为政府部门高效运转创造良好的办公环境。香港地少人多，楼宇物业长期处于紧张状态，因而提高物业使用效率成为政府管理的重要目标之一。香港特区政府与其他私人及商业市场主体相同，均受《建筑物管理条例》《清新空气约章》等法律规制。在此基础上，政府产业署采用集中配置、统筹管理的举措，遵循成本效率原则，对以办公用房及员工宿舍为主的政府物业进行统一管理，以便政府能提供高效率的服务。

政府产业署的工作主要涵盖三个范畴，分别是获取及分配物业、管理物业和闲置物业处理。在物业供给方面，政府产业署向立法会财务委员会申请拨款，进行规划、建造、购买或租赁一般用途的办公场所，实现办公室和宿舍的供给。在分配方面，政府产业署遵循审慎和经济原则，比如将需求迫切性、是否影响申请部门的运作、能带来多少效益等作为分配指标，针对一般用途办公室制订分配标准，对各个部门办公用房及宿舍进行需求评估，依照评估结果进行用房分配，从而有效地提升政府物业的使用效率。政府的所有用房需求，包括楼宇用途及面积分配标准，都须经过政府产业署的审议后方能进行编配，确保办公用房的使用处于监管之下。在成本控制及资源节约方面，政府产业署采用年检的机制，鼓励各个政府部门定期审查中短期内所需办公场所，从而确认办公场所是否闲置或浪费。政府产业署再根据结果进行租赁及用途上的调整，确保办公用房占用率维持在 100% 的水平，以达到节约资金、提高资源利用效率的目的。

针对物业管理，政府产业署借助市场化手段，采取服务外包的方式对政府物业进行管理。政府产业署为政府各个部门租用、购置物业管理服务，签订物业管理服务合约，并每半年一次对物业公司进行监管和考核，以督促承办商提高其服务效率和效益。倘若结果不达标，政府产业署有权对其解聘，从而雇佣别的物业公司。政府产业署严格遵守目标管理模式，将物业管理的阶段性目标及目标完成情况在官网上公布，接受市民监督。

香港特区政府物业管理遵循节约环保的理念，一方面，对于闲置物业处理，政府产业署将过剩的政府物业用作商业或社会福利，例如出租、出售剩余宿舍，让闲置物业产生更大的经济及社会效益。另一方面，香港特区政府在新建或翻新楼宇时采用一系列可持续发展的设计，在楼宇管理上推行节能措施、监控能源消耗，以确保物业管理符合低碳节能的可持续发展原则。

二、香港特区政府运行保障的模式特点

香港特区政府的运行保障工作围绕政府采购、公务用车和物业管理三大内容展开，呈现出以法治为保障、环保先行、市场和社会化资源有效整合的模式特点，为香港特区政府的顺畅运转提供重要的保障。

（一）以法治为保障

香港的法治建设在实践中经历了长期的完善过程，具有主体明晰、执法程序严格规范、切合实际、可操作性强的特点，细密程度相当于内地法律的实施细则。在优良的法治传统之下，香港特区政府重视用法规约束行政行为，政府活动置于法律调控之下，政府的任何权力都必须依附有明确依据的条例而存在[①]。

同样地，政府运行保障工作也在相应的法规条例约束范围内有序进行，

① 胡锦光 . 香港行政法［M］. 郑州：河南人民出版社，1997：11–12.

政府采购、公车使用、物业管理均是在相应的法规条例指导下开展相应工作，以提高政府运行保障事务管理的透明度和可预测性。以政府采购为例，《物料供应及采购规例》对采购的权责划分和招投标程序等作出了明确规定，确保了政府采购的高效廉洁。比如，《物料供应及采购规例》第三章规定了公开招标过程中应遵循的详细程序，并对招投标范围、招标委员会的组建、招标类型和方式、招标文件的拟定、投标规范、标书评审、投标谈判、接受标书与合同授予、信息发布等相关环节进行了详细的梳理。另外，香港的法律条文细致且可操作性强，有效减少执行者的自由裁量权。例如在招标类型上，香港严格规定单一或限制性招标程序的适用范围，列举了能够使用单一或限制性招标程序的七种情况，并且规定采用单一或限制性招标程序时，需要对各部门提供相关材料进行情况说明。在物业管理方面，《建筑物管理条例》规定了应当将法团注册证书等文件展示在建筑物内的显眼处，若违反法律属于犯罪，将予以罚金等。

除详细的法律条文之外，完善的司法体系为香港特区政府依法行政提供保障。早在 20 世纪 60 年代，香港就逐步建立起了司法审查制度，司法监督具有广泛性，几乎不存在行政处罚的概念，违反行政规范的行为大多被指控为犯罪，由裁判法院依法处以刑罚。行政行为同样受到法律的约束，比如《物料供应及采购规例》规定招投标主体不得擅自披露或利用任何投标信息，不得与潜在投标人或投标人过度交往，违者将会受到处罚。香港廉政公署颁布的《防止贿赂条例》中，直接将公职人员索取或接受利益定为犯罪行为。由于法律细致明确且公开，执法人员自由裁量权少，因此香港公务人员如若行政违法，很容易被发现，这无疑降低了行政权力被滥用的可能性。

（二）环保先行

自然环境是与人类生存发展休戚与共的不可再生资源，香港特区政府历来重视环境保护。早在 20 世纪 90 年代，香港特区政府就将环境保护理念纳入发展目标，例如环境保护署制定了《环境影响评估条例》等专门性法律，将香港从环境保护的事后救济转向事前预防，大力宣传可持续发展理念①。

① 邓嘉咏．香港环境污染管制立法发展：理念定位、模式选择与内容变迁［J］．社会科学动态，2020（12）：95–99.

2015 年，联合国提出人类 17 项可持续发展目标（Sustainable Development Goals，SDGs），其中包括应对气候变化、发展清洁能源、促进资源利用等。香港特区政府也积极融入国际社会，更加重视环境保护和资源利用方面的内容。每个部门都需要遵循环境保护署发布的有关规例，全力支持环保工作，将环境保护纳入年度考核内容。

在政府运行保障方面，香港特区政府重视环保指标管理，用规范化的环保指标、能耗指标来约束主体行为，以促进环保目标实现。例如在政府采购上，政府物流服务署利用环保指标推行“绿色采购”模式。在采购招投标环节，采购科将环保因素纳入招标规格以及标书评分标准，例如对采用循环再造材料、持有 ISO 14001 证书的投标商进行加分。并且，在招标要求上鼓励环境保护，例如在招标文件中加入包装物料使用成分的明确规定（规定使用 100% 再造纤维的纸皮箱），以避免供应商使用不环保的包装品。在物资采购方面，根据环境保护署制订的环保规格进行筛选，比如选择符合低排放车辆及新能源车辆，含回收、再造成分高的印刷纸张和物品等。此外，政府物流服务署对招标规格进行定期检讨，删除非环保用品，用更环保的产品进行替代。

香港特区政府的环保理念同样体现在物业管理上，为了降低建筑能耗、减少对周边环境的污染，政府产业署重视对节能建筑、绿色建筑的推广，以达到最大限度节约资源、保护环境的目的。香港特区政府产业署于 2003 年成立了由副署长任主席的环保管理委员会，专门负责本署环保事业的协调和推进，包括制订环保目标、汇报环保措施、开展环保培训活动等，体现了对环保工作的高度重视。针对新建、翻新楼宇的工程，政府产业署与建筑署、机电工程署等有关部门达成紧密合作，采用不同的环保和节能装置，例如低总热传送值的高效能外墙设计和电力再生设施等，着力推动绿色建筑工程，积极参与绿色建筑认证计划并曾获得最高评级。在政府楼宇中实行节能工程，安装具备变速驱动节能器的气冷式制冷机、具备光暗调节功能的照明系统等，促进用电量逐年递减，并且在每个楼层安装能源监察计量仪，对办公楼用电量进行监测并进行月度汇总，根据汇总情况进行针对性调整。在碳排放管理上，政府产业署对政府楼宇和宿舍的发展项目进行碳审计，并推进有关降低碳排放的措施，比如推动节约能源、废物源头分类等。在现实成效上，政府产业署管理的楼宇每年均能取得室内空气质素检定证书“良好”及以上的级别，为各部门提供健康舒适的办公环境的同时达到了节能减排的目标。

（三）市场和社会化资源的有效整合

市场具有高效、专业化的特点。香港在政府运行保障的事务上部分采用社会化供应的方式，利用更为专业的市场化服务，充分提高政府运行保障的效率效能。香港特区政府市场化力量的引入主要体现在物业管理方面，政府产业署将需要的物业服务分别纳入六份物业管理服务合约，并外包给专业的物业管理公司承办，涵盖香港岛、九龙及新界 6 个地区。在这六份物业管理服务合约中，每一份均规定了对物业服务的详细要求，内容包括站点管理服务、清洁服务和安全服务三大板块，例如从搬出房屋的租户 / 住户处领取钥匙、保存可回收废物的数量记录等，具有可操作性和可检验性。并且，香港特区政府产业署每半年进行一次用户满意度调查，并根据调查结果、巡视报告及用户意见，对承办商进行考核，以确保服务水平达到合约指定要求。完善的合同管理模式实现了物业管理的高效率，在 2020 年，各物业管理服务合约均有效执行，全部超越目标表现水平（95%）。

除此之外，政府产业署将合适的政府物业改造成商业、社会福利用途，实现过剩政府物业的市场化、社会化再利用，节约了公共资源，也进一步推动了社会的综合发展。针对过剩的政府物业，政府产业署将合适的政府自置物业改造成商业用途，即拟定租约，以招标方式向非政府机构出租具有商业价值的政府物业，以赚取额外租金。并且，政府产业署根据市场需求情况和过剩政府物业的状况等，不断调整出租方式及策略。针对过剩的政府宿舍，政府产业署进一步委托聘任私人物业租赁代理，负责物业的出租事宜，内容包括政府物业的市场推广、准租户物业视察、租户资料收集以及合约签订的相关工作。

香港特区政府还将过剩的政府物业用作社会福利，即邀请政策局编配剩余的政府物业用作公益事宜，比如直接编配给政策局以提供社会福利和献血服务；或者象征性收取部分租金，再直接编配给接受其资助和政策支持的非营利组织。除开直接编配的部分，政府产业署还依据劳工及福利局、社会福利署和民政事务局提供的名单，邀请非政府组织和社会企业竞投承租该等物业，成功竞标者只需支付固定的租金，就可以低成本使用政府物业开展社会服务，充分体现了政府对社会非营利组织的优待。

三、结论和启示

良好的政府运行保障是政府正常履职的基础。近年来，随着党和国家对机关事务发展的重视度不断提高，国家机关事务管理局于2021年6月颁布了《机关事务工作“十四五”规划》，提出立足新发展阶段，深化机关事务管理体制改革，进一步提升机关事务保障水平和管理效能。但是由于起步晚，内地的机关事务工作的制度化程度尚显薄弱，表现为法治化程度不高、保障手段缺乏创新、管理模式不够规范、资源配置效率不高等。这些问题在客观上影响着政府运行的效率，急需构建一套适应我国体制机制、科学合理的机关事务运行管理体系。香港特别行政区政府运行保障模式的制度化、法治化程度较高，具有廉洁透明、运转高效、节约环保的优点，对我国机关事务管理的建设探索具有以下借鉴意义和启示：

第一，立足内地实践，加强法治化和制度化建设。法治先行是推进机关事务建设的必然要求。香港特区政府的经验表明，健全的法律法规可以促使政府运行保障活动透明有序、权责明晰、职能明确，进而实现高效运作。内地应健全机关事务法律法规体系，做好顶层设计，使机关事务运行有法可依，降低主观性和随意性。并且，通过法律法规加大对违法行为的惩处力度。在此基础上优化机构设置，明确划分机关事务管理部门的职责，从而推进集约化、标准化管理，通过完善的制度体系和规范的流程运作保证机关事务运转体制统一、权责明晰、责任落地，全面提高机关管理的规范化和科学化水平。

第二，重视环境保护。当前而言，发展经济与保护环境的矛盾仍然突出，需要政府部门发挥模范带头作用，将环保理念内化于政府工作的方方面面。我国机关事务改革可以采用环保指标管理方式，将环境保护有关事宜纳为机关工作的考核标准，比如设立碳排放指标并赋予考核权重。通过正向激励，督促机关事务管理部门采取更切实的举措推动公共机构能源节约和保护环境工作，最终打造资源节约型、环境友好型机关，从而为实现建设美丽中国的终极目标助力。

第三，积极探索市场化、社会化途径参与政府运行保障工作。发达国家及地区的市场化、社会化水平较高，对于降低机关运行成本、提高资源利用效率具有重要作用。未来我国机关事务发展可以更多整合市场和社会资源，一方面，发挥市场力量参与政府相关事务，如通过租赁、外包等方式满足物业管理需求、餐饮服务需求等；另一方面，对于一些闲置的公共资源，应探索纳入社会运转范围的途径，流入市场或作为社会福利，有效提升公共资源的使用效率、降低成本。

现代化、高效化的政府机关事务管理对于促进政府良好运作具有重要意义。香港特区政府具备世界先进的行政管理模式。通过借鉴香港经验，结合内地实际情况及相应体制优势，打造适应我国国情的机关事务管理体制，为实现国家治理体系和治理能力的现代化助力。

（作者：梁雨晴、黄则轶）

第五章　粤港澳大湾区机关事务一体化发展研究

【内容提要】为了破除机关事务管理机构间“孤岛式”的桎梏，机关事务一体化发展成为机关事务工作的重要议题。本章在把握“机关事务一体化”内涵的基础上，明确区域机关事务一体化发展中“机制衔接、标准共建、数字平台、资源共享、交流合作”的“五位一体”基本面向。结合粤港澳大湾区“9+2”城市机关事务管理实际情况，深入剖析粤港澳大湾区机关事务一体化发展中的现实挑战，并据此提出粤港澳大湾区机关事务一体化高质量发展策略。

近年来，机关事务不仅是政务工作的重要一环，也被视作我国党政机关运行保障和国家治理体系的有机组成部分。目前，不同城市、不同层级、不同部门间的机关事务发展存在不平衡、不充分的问题，如何通过统筹、共享、协调与联动，破除机关事务管理机构间“孤岛式”的桎梏成为区域机关事务发展的重要议题。2018 年，国务院发布《关于建立更加有效的区域协调发展新机制的意见》，要求坚决破除地区之间利益藩篱和政策壁垒，增强区域发展的协同性、联动性、整体性，为机关事务区域一体化发展提供了政策上的支撑。2021 年，国家机关事务管理局《机关事务工作“十四五”规划》指出机关事务工作需要加强区域整体性建设，“注重上下联动、左右贯通、区域联合、内外统筹，推进不同层级、不同区域协同发展”，并着重强调“要推动京津冀、长三角、粤港澳、成渝等区域机关运行保障一体化发展”。因此，将机关事务工作放在区域间的层面上整体性推进，形成机关事务区域一体化的发展格局，有助于推动机关事务治理体系不断完善与优化。基于此，本章在把握“机关事务一体化”内涵的基础上，明确区域机关事务一体化发展的“五位一体”基本面向，结合粤港澳大湾区“9+2”城市机关事务工作的实际情况，深入剖析粤港澳大湾区机关事务一体化发展中目前面临的挑战，并据此提出粤港澳大湾区机关事务一体化高质量发展策略。

一、机关事务一体化内涵及其意义

（一）机关事务一体化概念释义

目前，全国多地提出机关事务一体化，但各地对机关事务一体化的理解与落实不尽相同。通过梳理不同地方关于机关事务一体化的表述，主要包括两类：一类是基于不同主体形成的联动协作型区域机关事务一体化，以长三角机关事务一体化、京津冀机关事务一体化、川渝机关事务一体化为典型代表，形成了以“区域联动、高效协作”为核心目标的机关事务一体化体系；另一类是基于各类事务形成的服务平台型机关事务一体化，如泸州市机关事务管理局、常州市机关事务管理局、安康市机关事务服务中心等机关事务管理部门推进服务平台一体化，其核心是通过“互联网 + 大数据 + 机关事务”模式，借助现代化管理手段，保证平台全域覆盖、全程可控，实现政府运行保障事务管理上的服务平台一体化，促使机关服务高效运行的能力和水平得到进一步提升。笔者认为，采用服务平台打造的事务一体化管理，更倾向于借助数字化手段形成的集中统一管理。在这个意义上，机关事务服务平台一体化仅可视为新时代实现机关事务一体化的一种重要手段。而机关事务一体化关键在于通过体系上的优化，将分散的机关事务主体及其事务形成“有机体”，在整体性上实现机关运行保障效能的提升。

笔者认为，机关事务一体化具有三个核心的本质特征：一是机关事务一体化必须具有多个机关事务管理机构，同时这些机构在机关事务工作中共同发力形成“有机体”。同时，这种机关间的联动可以是横向上的，也可以是纵向上的。二是从系统性的角度出发，机构间联动所带来的机关运行保障效能要比系统内任何一个机关事务管理机构产生的保障效能高。三是需要通过机制、标准、资源、数据、合作等方面的优化来不断提高机关间的协作顺畅度。基于此，笔者将“机关事务一体化”界定为横向上或纵向上不同的机关事务管理机构或部门通过机制衔接、标准共建、数字平台、资源共享、交流合作等方式突破行政壁垒，形成区域内机关事务工作的高效联动，统筹保障质量、降低运行成本，从整体性、系统性、协调性等维度提高机关事务工作管理和保障效能。

（二）机关事务一体化基本面向

国家机关事务管理局在《机关事务工作“十四五”规划》中对区域机关运行保障一体化提出明确要求：推动京津冀、长三角、粤港澳、成渝等区域机关运行保障一体化发展，构建机关事务政策共研、标准共建、信息共享、干部共训合作机制，探索资产保障、公务出行区域一体化建设，实现跨部门、跨区域资源共享，为区域协同发展提供高质量服务保障。目前，长三角、京津冀、川渝等地正不断探索促进机关事务一体化的发展思路。2020 年 11 月 10 日，安徽省机关事务管理局局长朱艾勇在长三角区域机关事务工作一体化高质量协同发展座谈会上提出：在“十四五”期间，长三角区域机关事务一体化高质量协同发展应朝着“在制度上衔接统一、在保障上协作协同、在服务上便利共享、在信息上互联互通、在改革上先行先试”的思路发展。此外，重庆市机关事务管理局与四川省机关事务管理局已经围绕成渝区域机关事务一体化战略形成了《服务成渝地区双城经济圈建设合作协议》《川渝地区机关事务标准化协同联动工作指导意见》《机关事务团体标准管理办法》等多个区域内的规范性文件，指出从政策协同、公共服务信息互联、标准互认、资源共享等方面推进川渝机关事务一体化。由此可见，机关事务一体化目前聚焦于区域整体性的机关运行保障体系的优化，以期通过横向部门间贯通、纵向机构联动形成不同层级、不同区域协同的发展格局，并提供高质量的服务保障。

其中，机制衔接是推进机关事务一体化的关键。各地机关事务工作的差异往往会使得保障内容和实际效果存在差异，机关事务一体化首先需要形成区域内各地机关事务工作的互通渠道。

标准共建是实现机关事务一体化的尺度。区域机关事务工作标准化体系尚未完善，导致目前各地机构建设相对分散、物资难以有效整合、主体协同不顺畅。标准的共建、互认的程度将直接反映机关事务一体化的整体性协作程度。

资源共享是推进机关事务一体化的保障。机关事务的管理是以资源、资产等物为核心进行的管理，资源作为机关事务工作的核心要素，各地的资源能否进行优质整合从而形成资源的系统性流动，并在区域内跨层级、跨部门、跨业务形成连通，是推进机关事务一体化过程中的重要保障。

数字平台是实现机关事务一体化的抓手。一方面依托数字平台，能够将机关事务工作中繁杂的事务进行整合，由分散管理走向统一管理；另一方面依托数字平台加强“上下联动、左右贯通”，形成机关事务数字化平台运营运维体系，实现机关事务工作的业务协同、数据资源共享。

交流合作是推进机关事务一体化的延伸。机关事务一体化需要区域内各地机关事务管理部门通过发挥自身的优势，促进系统性的机关事务保障效能提升，达到 1+1>2 的效果。通过各地机关事务工作的积极沟通交流协作，能够不断推进机关事务一体化在更多方面形成联动协作，不断优化政府保障运行治理体系。

总的来说，发展机关事务一体化，需要重点把握住“机制衔接、标准共建、资源共享、数字平台、交流合作”等维度，这五大维度相辅相成，紧密关联，构成了“五位一体”的机关事务一体化基本面向（见图 1–7）。

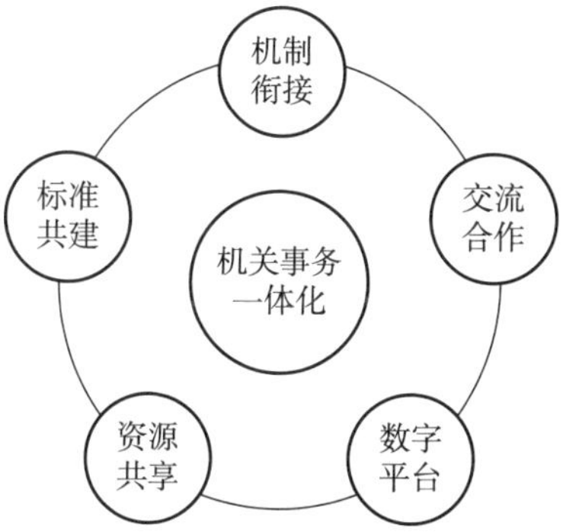

图 1–7　机关事务一体化“五位一体”基本面向

（三）机关事务一体化重要意义

推进机关事务一体化发展具有重要意义。其一，机关事务一体化是区域治理体系现代化的重要组成部分。机关事务的区域发展往往因工作规范、服务标准不一致，呈现出碎片化、分散化的状态，以至于无论是在纵向贯通上还是在横向联动上都存在阻碍，难以形成积极有效的部门间合作与联动。机关事务一体化在机制、标准、资源等方面形成有效衔接与联动，将机关事务一体化发展融入区域治理体系现代化高质量发展中。其二，机关事务一体化是区域机关事务高效化管理的重要保障。在党和政府过“紧日子”的背景下，如何降低机关运行成本，提供更精准、高效的服务保障，推进机关事务工作体系高效有序运转，成为机关事务管理的一大挑战。机关事务一体化通过形成服务协同式机关事务保障体系，统筹区域内政府运行保障质量和降低运行成本，更加专注提高管理和保障效能，为机关事务高效化管理提供重要保障。

二、粤港澳大湾区机关事务一体化发展现状

粤港澳大湾区主要指大湾区“9+2”城市群，包括广州市、深圳市、珠海市、佛山市、惠州市、东莞市、中山市、江门市、肇庆市等 9 个地级市以及澳门和香港等 2 个特别行政区。作为中国第一大城市群，同时作为连通澳门与香港的重要区域，推进并实现粤港澳大湾区机关事务一体化的意义极其重大。然而，目前粤港澳大湾区区域内各地机关事务发展程度参差不齐，要实现其机关事务一体化可谓“任重道远”。因此，笔者通过全方位了解粤港澳大湾区机关事务一体化进程中各个城市机关事务管理机构的发展现状，从各地区机关事务管理机构的成立情况（是否成立统一机构、机构名称、是否有单独官网）、内设部门情况（内设部门职能范围）、机构属性（机构定位）等三大维度，共五个指标进行全面梳理（见表 1–3）。

表 1–3　粤港澳大湾区各地区机关事务管理机构设置情况

区域	是否成立统一机关事务管理机构	机构名称	是否有单独的机构网站	内设部门职能范围	机构定位（所属系统）
广州市	是	中共广州市委机关事务管理局	无	经费预算管理、办公用房管理、会议活动管理、后勤服务管理、信息保障管理	党委系统
		广州市人民政府机关事务管理局	无	经费预算管理、会议活动管理、后勤服务管理	政府部门
深圳市	是	深圳市机关事务管理局	无	经费预算管理、固定资产管理、办公用房管理、公务用车管理、会议活动管理、政府采购管理、工程建设管理、节能环保管理、信息保障管理、后勤服务管理	政府部门

续表

区域	是否成立统一机关事务管理机构	机构名称	是否有单独的机构网站	内设部门职能范围	机构定位（所属系统）
珠海市	是	珠海市机关事务管理局	无	经费预算管理、固定资产管理、办公用房管理、公务用车管理、会议活动管理、工程建设管理、后勤服务管理	政府部门
佛山市	是	佛山市机关事务管理局	有	经费预算管理、固定资产管理、办公用房管理、公务用车管理、工程建设管理、后勤服务管理	政府部门
惠州市	是	惠州市机关事务管理局	无	经费预算管理、固定资产管理、办公用房管理、公务用车管理、会议活动管理、政府采购管理、工程建设管理、节能环保管理、后勤服务管理	政府部门
东莞市	是	东莞市机关事务管理局	无	经费预算管理、固定资产管理、办公用房管理、公务用车管理、工程建设管理、后勤服务管理	政府部门
中山市	否	—	—	—	—
江门市	是	江门市机关事务管理局	有	经费预算管理、固定资产管理、办公用房管理、公务用车管理、会议活动管理、政府采购管理、工程建设管理、后勤服务管理	政府部门
肇庆市	是	中共肇庆市委机关事务管理局	无	经费预算管理、固定资产管理、办公用房管理、公务用车管理、会议活动管理、节能环保管理、信息保障管理、后勤服务管理	党委系统
		肇庆市机关事务管理局	无	经费预算管理、固定资产管理、办公用房管理、公务用车管理、会议活动管理、政府采购管理、工程建设管理、后勤服务管理	政府部门

续表

区域	是否成立统一机关事务管理机构	机构名称	是否有单独的机构网站	内设部门职能范围	机构定位（所属系统）
澳门特别行政区	是	政府总部事务局	有	固定资产管理、会议活动管理、工程建设管理、后勤服务管理	政府部门
香港特别行政区	否	政府物流服务署、库务署	有	公务用车管理、政府采购管理、固定资产管理	政府部门
		政府产业署		办公用房管理、后勤服务管理	

（一）机关事务管理机构成立情况

目前，粤港澳大湾区各地机关事务管理机构成立情况仍然参差不齐，机构成立情况是粤港澳大湾区机关事务一体化的立足之本。关于是否成立统一的机关事务管理机构，广州市、深圳市、佛山市、珠海市、惠州市、东莞市、江门市、肇庆市、澳门特别行政区等9个区域均设置了机关事务管理机构。其中，广州市和肇庆市分别设立了市委机关事务管理局和机关事务管理局，尚未在区域内部形成一体化。此外，中山市尚未成立统一的机关事务管理机构，不同部门仅设立了各自的机关后勤服务中心；香港特别行政区虽然有涉及政府运行保障的相关部门，但是并未形成统一的机构。在机构名称设置上，粤港澳大湾区的“9+2”城市群中的8个城市均以机关事务管理局命名，澳门特别行政区将机关事务管理机构称为政府总部事务局，而香港则是没有统一的部门，其相关职能分散在不同的政府下设机构中，如政府物流服务署、库务署等。此外，是否搭建起独立的机关事务机构网站是一种对机关事务重视与否的侧面反映。通过梳理发现，仅有佛山市、江门市、澳门及香港4个区域建立了单独的机关事务机构网站。

（二）机关事务管理机构内设部门职能范围

机关事务管理机构的部门设置反映了其对机关事务管理机构的定位及职能定位，机关事务一体化关键在于各地部门及职能之间的高效对接、形成合力。通过梳理粤港澳大湾区各地机构内设部门情况发现，各地机关事务管理机构在部门设置上存在一定的差异，其数量在6~13个不等。本章参考全国机关事务管理研究会第一届理论研讨会关于机关事务管理机构的职能定位研讨共识，提出现代机关运行保障管理的十大方面内容，具体包含经费预算管理、固定资产管理、办公用房管理、公务用车管理、会议活动管理、政府采购管理、工程建设管理、节能环保管理、信息保障管理、后勤服务管理。目前，粤港澳大湾区各个地区所设立的机关事务管理机构均有“后勤服务管理”这一主要职能，这也和过去几十年将机关事务管理机构定位为“后勤保障部门”相吻合。另外，除了澳门特别行政区没有涉及“办公用房管理”，其他的机关事务管理机构均有所涉及。需要注意的是，随着“双碳”目标的提出，节能环保管理逐渐成为一项国家重视的管理，而机关事务管理机构作为政府运行的保障部门，需要“以身作则”，因此，目前有城市将节能环保管理作为一项职能纳入机关运行保障的工作中。

（三）机关事务管理机构定位

机关事务管理机构的属性不同，往往其领导和管理上级机构也有所不同。在粤港澳大湾区一体化的过程中，可能会导致对同一事务的多头管理，从而降低政府运行保障效率，甚至产生利益的冲突，难以形成横向和纵向上较好的贯通；而机构属性的不同会影响不同机构间资源统筹的能力及管理职能上的差别，从而影响政府运行保障效率。通过梳理发现，各地均倾向于将机关事务管理机构定位为政府的一个机构，只是与其他职能部门不同的是，机关事务管理机构主要负责向内提供公共服务，为政府职能部门更好地对外提供公共服务予以保障性服务。其中，广州市和肇庆市均设立了两套机关事务管理机构班子，分别成立了市委机关事务管理局和人民政府机关事务管理局，而前者在其机构定位上隶属党委系统。

三、粤港澳大湾区机关事务一体化的现实挑战

目前，粤港澳大湾区机关事务一体化进程处于起步发展时期，仍面临诸多发展挑战。这主要体现为五大方面的挑战：机制衔接不畅通、标准衔接不紧密、资源共享不流通、数字平台不连通、交流合作不深入等。

（一）机制衔接不畅通

目前，粤港澳大湾区各地机关事务工作仍是以“管好自己的后院”为核心工作，缺乏机关事务区域间的“共享、共建、共用”工作理念，尚未形成有效的区域协作高效机制，区域内机关事务管理的业务与其他领域的整体性协作缺乏有效联动。机制衔接不畅通主要有两方面的原因：一方面是区域内各地机关事务机构工作的开展水平参差不齐。如中山市尚未成立单独的部门对各类纷繁的机关事务进行管理，香港特别行政区虽有相关职能及部门却尚未建立起集中统一管理的部门。从整体来看，这导致推进粤港澳大湾区机关事务一体化过程中的“跛子效应”，制约区域机关事务整体性、一体化的高效发展。另一方面在于机关事务区域一体化的法规和制度有待完善。目前，《机关事务管理条例》是指导机关事务工作的最高法规，而机关事务工作的繁杂性导致了机关事务一体化推进存在无法可依的现象，制约了机关事务法治化和规范化的发展。另外，粤港澳大湾区三地制度的差异限制，也在一定程度上对其区域内机关事务工作协同形成阻碍。

（二）标准衔接不紧密

2018 年，国家机关事务管理局印发《机关事务标准化发展规划（2018—2020 年）》，将标准化作为重点工作加以推进。尤其是在区域机关事务工作的共同协作中，缺乏区域间的标准化体系，会导致各地在机关事务运行体系中，难以形成有机联系和支撑，可能导致工作中协同成本的增加，制约区域机关事务工作的协调性、整体性和联动性治理效能发挥。目前在粤港澳大湾区机关事务一体化的标准化建设中，正面临两大关键的挑战：一是粤港澳大湾区由于制度的差异，在标准设置上各自为政，具有较大差异，三地难以有效衔接，必然在机关事务标准化建设中具有一定困难。同时，在推进粤港澳大湾区标准化建设过程中，也存在各地标准化建设的不平衡，会产生区域内的“孤岛效应”。二是粤港澳大湾区机关事务区域标准化起步晚，与其他区域机关事务标准化发展进度相差甚远。目前，粤港澳大湾区机关事务标准化仍处在探索初期，标准化体系尚未形成，尤其是在公务用车管理、会议活动管理、政府采购管理、后勤服务管理等多项标准的制定中，各地机关事务管理机构建设相对分散，在人员、资产、物资等方面的管理中缺乏对其主体、边界、范围、责任等的明确界定。

（三）资源共享不流通

机关事务管理本质是对以资源、资产等物为核心进行的管理。资源作为机关事务管理部门的核心要素，在机关事务一体化中发挥着物质性保障的重要作用，需要从保障源头入手，关键在于各地的资源能否进行优质整合从而形成资源的系统性流动，并在区域内跨层级、跨部门、跨业务形成连通。目前，粤港澳大湾区机关事务工作各地资源尚未形成有效、高效的共享流通，各地仍然是以做好各自的政府后勤保障为主要工作任务，在公车使用、政府采购等各类资源上缺乏互通。其关键的挑战主要在于两方面：一方面在于区域内缺乏资源整合平台。各地的各类资源仍然是以服务自家政府内部为主，不同城市机关事务管理机构难以有效互通信息、共享资源，这导致在区域内的整体性效率难以得到有效优化。另一方面在于粤港澳大湾区机关事务资源共享、信息流通等缺乏法规性政策的有效约束。对各地机关事务管理机构而言，资源共享不仅会直接增加额外成本，而且难以看到治理效益。同时也因为在“如何资源共享与信息互通”的问题上仍然没有成熟的法规性指导意见，各地机关事务管理机构参与一体化的内生意愿不足，以致机构管理较为分散。

（四）数字平台不连通

国家机关事务管理局在《机关事务工作“十四五”规划》中明确指出要全面推进机关运行保障方式、业务流程和服务模式的数字化、智能化，同时也对区域间机关事务一体化的数字化建设提出了要求。目前，国家机关事务管理局开发建设“数正云”平台，以建立全国机关事务云平台为核心打造“1+8+N”模式。目前，粤港澳大湾区各城市的机关事务管理机构尚未接入国家“数正云”平台，各地机关事务管理机构内部也均尚未形成以数字化平台为保障的一体化管理方式，难以从区域上形成对机关事务工作的整体性统筹。数字平台建设的不足，一方面会使得粤港澳大湾区区域内的机关事务工作供给与需求的匹配受限，因为传统的机关事务工作是以供给主体为中心，对服务对象的需要缺乏必要的了解，也就容易导致公共服务低效、难以满足治理需求的情况。另一方面数字平台的力量不足，不仅会使得粤港澳大湾区机关事务工作在协作中因业务的多样性而导致职能碎片化，还会引起能力建设和资源重复投入。

（五）交流合作不深入

机关事务一体化应当放置于整个区域机关事务工作中进行，往往涉及多部门、多事务，是纷繁复杂的。如果缺乏有效的区域内交流合作，在实际机关事务工作协作中，就难以形成契合的局面，从而影响机关事务一体化的效能。目前，粤港澳大湾区机关事务工作仍缺乏常态化的协调机制，也缺乏在机关事务工作领域具有绝对优势的领军型城市或单位，以致区域间各地机关事务管理机构几乎没有任何交流合作。粤港澳大湾区机关事务交流合作不深入的原因主要有两个重要方面：一方面在于各地仍然仅将机关事务工作定位为当地政府的“内部事务”，对粤港澳大湾区机关事务工作缺乏整体性谋划。俗话说“不谋万世者，不足谋一时；不谋全局者，不足谋一域”，若粤港澳大湾区机关事务工作没有从全局的角度去谋划和推进，即使区域内的机关事务具有一定优势也难以得到发挥。“各唱各的戏”无法形成机关事务工作的整体联动优势，自然就会形成区域竞争性不强的局面。另一方面在于粤港澳大湾区区域内各地机关事务管理机构没有形成合作交流的平台，没有进行工作间的学习和交流分享，在机关事务工作上相关经验的不足使得改革缺乏方向，容易陷入“一叶障目”的困境，难以发现和获取机关事务工作中的问题和解决办法，致使改革只是“头痛医头、脚痛医脚”的循环，难以深入。

四、粤港澳大湾区机关事务一体化发展策略

针对粤港澳大湾区机关事务一体化在实际中面临的挑战，提出粤港澳大湾区机关事务一体化的发展策略与方向，包括：建立机关事务协调机制、推进机关事务标准衔接、促进机关事务资源整合、打造机关事务数字平台、加强机关事务协作交流。

（一）建立机关事务协调机制

首先，在推进粤港澳大湾区机关事务一体化中，粤港澳大湾区各地机关事务管理机构需要转变既有的“只管好自己的后花园”的观念，从系统性的观念上加强机关事务机制对接建设，形成区域机关事务的协作理念。通过理念助推实践创新，不断完善革新粤港澳大湾区协作机制。将机制层面的优势转化为机关高效运转的治理效能，使制度更加成熟定型，发展更有质量水平，运行更有保障，成本更加低廉。在职能层面，需要精准识别不同区域机关事务工作职能协同的需求、优势和难点。结合不同区域发展水平与实践背景、不同事务的领域属性与协作基础，采取差别化的方式有序形成机关事务职能协调机制。其次，协调性机制需要形成法治化保障。形成并完善统一的相关法律、政策、标准等，其中最主要的是制定一部基础性兼具指导性的《机关事务一体化运行保障管理法》，明确粤港澳大湾区机关事务各城市的协作范围与协作程序，形成具有一定可操作性的机关事务一体化法规制度体系，并通过制度体系的构建来明确“由谁发起、和谁联动、如何一体、保障什么”等问题，形成纵向上和横向上的共治协调机制。如川渝两地在探索机关事务一体化中提出《协同联动工作方案》，为双城机关事务一体化发展提供“大协同、大联动”机制保障。目前，广东省机关事务管理局如何与各地机关事务管理机构实现良性互动，尤其是广东省机关事务管理局与香港、澳门的机关事务管理机构之间的关系是什么，需要在粤港澳大湾区层面上积极达成政策共识。因此，建立一体化统筹、城市化协同、集约化联动机制，打通三地共治机制，实现机制对接，是实现粤港澳大湾区机关事务一体化高质量发展的关键。

（二）推进机关事务标准衔接

通过标准化建设，可以形成一把“尺”高效地规范粤港澳大湾区机关事务各项工作的管理、服务与保障，同时也可以用来度量粤港澳大湾区机关事务一体化中管理、保障、服务的效率和质量。因此，需要对粤港澳大湾区机关事务的发展进行规范化的标准建设。首先，需要制定粤港澳大湾区区域内机关事务各项事务协作的标准，同时促进区域内不同层级政府部门之间的标准互认，以及不同层级主体之间的有序联动。例如，长三角地区江苏、浙江、安徽、上海的机关事务管理局强调围绕“共享、共建、共用”的理念进行长三角区域机关事务一体化的标准互认，从而推进一体谋划、整体联动。其次，加快机关事务工作区域协同的政策制定与制度创新，需要在粤港澳大湾区区域内形成三地认可的且具有区域特色的区域标准、团体标准等。目前，川渝地区机关事务管理局正通过标准衔接实现区域间的协同联动，已经制定了一批区域地方标准、团体标准来推进川渝区域机关事务运行保障一体化，如《川渝地区机关事务标准化协同联动工作指导意见》等。最后，要根据标准评估粤港澳大湾区机关事务一体化的实际效果，形成以机关事务标准化指标体系为依托的评估体系。此外，不仅要发挥标准的度量一体化作用，还要不断评估标准的实用性与可操作性，提高机关事务管理的精细化、规范化水平。

（三）促进机关事务资源整合

资源作为机关事务工作的核心要素，在区域中如何有效整合、高效流通是需要进一步完善与提高的。目前，资源整合可以从两个方向加以完善：一是搭建资源整合平台。如在《国务院关于进一步深化预算管理制度改革的意见》中强调，通过建立公物仓提高资源配置效率、推动物资集中共享，为资源的循环使用与区域性资源整合利用提供了资产的平台基础。此外，安徽省搭建了全省一体化的公务用车管理信息平台，从车辆招标到车辆使用全流程管理，为粤港澳大湾区机关事务工作资源整合提供了经验借鉴。二是促使资源在区域内有效流动。目前，川渝地区形成资源共享机制，集中优势资源把区域协作工作组织好。长三角地区则采用“后勤服务市场协同”的方式积极促进资源要素有序流动，通过有效扩大机关后勤服务企业服务保障的覆盖面和辐射度来提高长三角机关事务一体化的资源整合水平。当然，资源的有效整合除了保障资源的有效流动优化保障体系，还以粤港澳大湾区区域内资源整合为契机，打造节约型机关，在粤港澳大湾区层面上推进治理效能现代化。

（四）打造机关事务数字平台

机关事务管理的数字化、职能化是机关事务一体化的重要抓手，能够不断打通区域内部横向上与纵向上的协作障碍，将机关事务多样的管理职能碎片“拼接”起来，从而为提升粤港澳大湾区机关事务一体化管理水平与效能提供有力保障。打造粤港澳大湾区机关事务数字化平台需要重点把握两点：一是事务上的数字化。也就是要将区域内的各项工作与以大数据为依托的信息管理方式相结合，利用网络技术、计算机技术和通信技术等数字化与智能化的方式，对办公用房、公务用车、物业管理、公共机构节能、资产管理、车辆管理以及餐饮管理等各项事务进行优化组合和规范调整，大力推进“互联网＋机关事务”，实现从传统的粗放式、分散式、经验式保障向精细化、集约化、科学化保障转变。二是要形成以区域内的“数据共享”为核心的区域数字智能管理模式，围绕技术嵌入、数据平台、服务优化等方面为机关事务管理数字化与智能化区域协作提供保障。目前，长三角科技资源共享服务平台、公共服务长三角一体化平台等的推进，为长三角地区机关事务一体化在横向上提供了数据互通的平台。北京市则是提出在市、区两级机关事务部门间形成数据资源共享机制，搭建市、区两级业务发展共享共用平台，部署全市机关事务“一张网”，实现纵向上的一体化发展。推动机关事务管理运行保障数字化、智慧化进程，实现粤港澳大湾区区域内机关事务的大数据管理和集约化运营，促进区域内机关事务一体化保障方式的转型升级。

（五）加强机关事务协作交流

在机关事务管理工作中，会不断遇到新问题、新“瓶颈”，各地机关事务管理部门通过积极沟通交流协作，形成互通情况、通力合作的工作格局，从而不断更新和延伸对机关事务一体化的观念和理解，是不断优化政府运行保障体系的重要手段。对于粤港澳大湾区机关事务一体化而言，通过考察学习、座谈交流、论坛会议、专题培训、合作协议等方式形成区域间的交流合作，从而推进区域内部的协调互动。一方面，在横向上各地区间的机关事务管理机构要搭建交流平台，强化机关事务工作信息交流机制，形成互通情况、通力合作的工作格局。2017 年 12 月天津市机关事务管理局组织召开京津冀沪渝机关事务工作座谈会，发出《京津冀沪渝机关事务工作倡议》。2020 年 9 月，重庆市、四川省共同签署《重庆市机关事务管理局、四川省机关事务管理局服务成渝地区双城经济圈建设合作协议》，明确了共同推动成渝地区机关事务工作协同发展的目标与内容。另一方面，在纵向上要加强上级机关事务机构对各地机关事务机构的指导，畅通粤港澳大湾区区域内省级与各城市之间的机关事务系统沟通渠道，定期组织各地业务骨干开展交流培训，建立机关事务资源共建共享平台，及时分享机关事务管理、服务保障、队伍建设、理论研究、创新探索等好经验、好做法。通过交流与合作，促进粤港澳大湾区机关事务的整体性革新，从而不断完善和优化机关事务一体化的运行保障体系。

（作者：耿旭、李洪浩）

第二篇

创新视阈下的机关运行保障管理研究

第一章　敏捷式机关事务应急保障管理探析

【内容提要】“前期预防、迅速响应”是新发展阶段机关事务应急保障管理的全新要求。本章将敏捷治理理论引入机关事务应急保障研究领域，在阐述敏捷治理核心内涵的基础上，构建基于感知力、响应力、联动力、调试力、数据力的敏捷式机关事务应急保障管理体系，并以深圳市为例，揭示机关事务应急保障管理挑战以及提出敏捷式机关事务应急保障优化路径。

一、机关事务应急保障管理概述

近年来，自然灾害、社会安全事件、公共卫生事件等公共危机频发，使政府机关的运行工作常常处于高复杂性与强不确定性的环境之中，给机关运行保障管理施加了较大的“治理压力”。如何快速、高效响应公共安全问题和突发性危机事件已然成为机关事务运行保障管理中需要解答的重要问题，应急保障效能被视为检验机关事务管理体系和能力现代化的重要指标。所谓机关事务应急保障，主要指机关事务部门为应对突发公共事件，围绕应急指挥组织和执行机构展开的后勤保障工作，包含物资配置、救援人员接待、资产使用与资金运用管理、会务保障、关联的社会组织对接以及舆情管控等事项。

机关事务应急保障作为一种内部支持体系，具有显著的内部性与保障性，尤其是在特殊时期、非常态时期的机关事务应急保障工作。当发生突发事件时，机关运行保障管理部门需要及时响应，保障政府机关的高效平稳运行。国家机关事务管理局对机关事务应急保障管理实践提出了“指挥更精准、行动更迅速、落实更高效”的更高实践标准，在《机关事务工作“十四五”规划》中明确提出“不断健全机关运行常规保障和应急保障相结合的机制”的要求。近年来，多地也在积极推进机关事务应急保障管理工作，从完善保障职责、制定机关应急处置预案、建立应急保障机制等维度着手进行机关应急保障改革。

构建完善的机关事务应急保障体系是提升工作效益和质量的关键。该体系以机关事务部门为核心，对内联通政府各部门，对外联络市场、社会各方面，通过积极筹措、调配、使用各种资源，确保政府机关能够及时、高效地应对突发公共事件。具体来说，机关事务应急保障体系包含了权力主体、行动资源、响应机制三大条件。其中，机关事务部门是负责机关事务应急保障响应的权力主体，承担了牵头、统筹、指挥的角色功能。行动资源不仅包括日常储备好的应急物资，还涵盖了人力、资金、数据信息等一系列组织资源。而应急保障响应机制的完善程度决定了机关事务应急保障工作的成败。一般来说，当政府机关发生突发事件时，机关事务部门应当第一时间对应急需求进行感知、识别、评估、研判、预警并响应（如图 2-1 所示），并在此基础上形成危机感知机制、危机识别机制、危机评估机制、危机研判机制、危机预警机制、危机响应机制等，在特大型公共危机事件中，还可能涉及多主体联动协调机制和信息沟通机制。

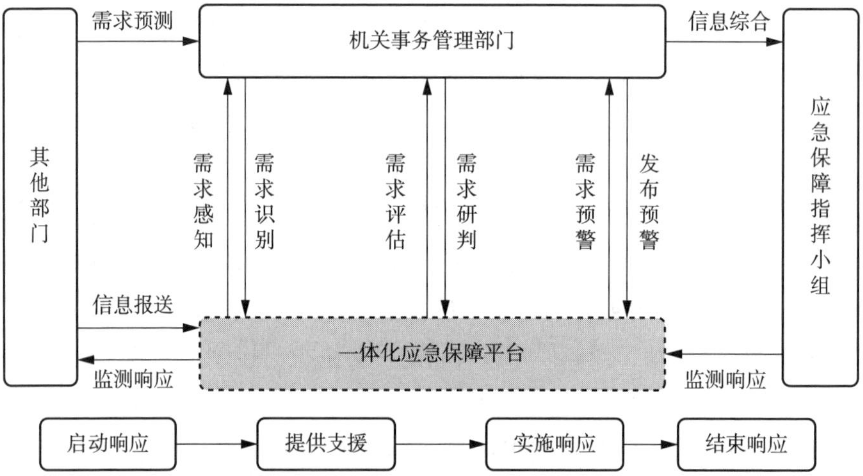

图 2-1 机关事务应急保障响应机制

事实上，我国的应急管理往往强调对政府外部公众及其生命财产安全的保障，对行政机关及公职人员等内部的应急保障管理鲜少关注。在某种程度上，这容易导致对公职人员“公民”身份所具有的人身安全权利的忽视。而如何突破这一桎梏，保障政府机关正常开展应急处置工作，最大限度提升机关工作人员的人身和职业安全，是目前机关事务应急保障值得深入探讨的课题。基于此，本章引入敏捷治理理论，在对其理论溯源与核心内涵阐释的基础上，试图为机关事务应急保障提供新的理论解释与实践指向。

二、敏捷治理：机关事务应急保障的新视角

（一）敏捷治理理论溯源与核心内涵

“敏捷”这个概念于 1991 年出现在《21 世纪制造企业研究：一个工业主导的观点》报告中。该报告把“敏捷制造”视为一种新的制造体系，认为敏捷制造可以为美国产业重新获得领导力提供机会。“敏捷”最初的概念是指企业根据环境变化迅速做出反应的能力。之后，“敏捷”概念进入软件设计领域。2001 年，17 位软件开发者发表《敏捷宣言》，提出 4 种核心价值和 12 项原则，由此掀起软件开发领域著名的敏捷运动。2007 年，Qumer 提出敏捷治理概念，认为敏捷治理的目标是实现敏捷的软件开发。近些年，“敏捷”概念出现在公共管理领域，比如，世界经济论坛发布《敏捷治理：重新设想第四次工业革命中的政策制定》白皮书。该白皮书详细阐述了第四次工业革命时代治理发生转变的原因，以及敏捷治理的概念、方法和工具。Greve 等人指出，面对高度易变和不确定性的环境，政府需要吸收外部思想并敏捷地进行行政改革，迅速响应变化的公共需求，从而更快地提供更好的机关保障服务。①

本研究认为，敏捷治理是通过各种管理方式和技术手段的运用，使内外部环境的变化能够被迅速感知，从而改变战略或策略，把环境中的不确定性或风险控制在合理范围内的组织活动。这意味着敏捷治理是一套具有柔韧性、流动性、灵活性或适应性的方法，强调组织的自适应、以人为本以及包容性和可持续性。敏捷治理具有如下特征：一是参与广泛度。敏捷治理模式下的政策发展不再局限于政府，而是通过让更多的利益相关者参与流程并允许快速迭代来实现对治理目标的逼近，还通过建立机制来持续监控和升级管理新兴技术的政策，维持各方制衡机制确保长期可持续性。二是时间灵敏度。与传统基于计划的决策方法不同，敏捷治理需要为快速发展中的变化做出持续

① 王本刚，马海群.基于敏捷治理理念的公共数据治理概念框架［J］. 大学图书情报学刊，2023（4）：52–59.

准备，主动或被动地接受变化并从变化中学习，同时为实际的或可感知的最终用户价值作出贡献。政策制定中敏捷性的提高也旨在解决“政策衰退”问题，及时进行政策反馈。①

（二）敏捷治理理论在机关事务应急保障中的适用性分析

一方面，机关应急保障的环境特征与敏捷治理理念相契合。机关事务应急保障需要机关事务管理部门在突发事件中能够快速调配资源，为保障政府正常运行提供物质基础。在机关事务应急保障中，机关事务管理部门往往面临着多变（Volatile）、不确定（Uncertain）、复杂（Complex）和模糊（Ambiguous）的环境条件，即 VUCA 环境，使得机关事务管理部门在应对重大自然灾害、事故灾难、公共卫生事件和社会安全事件等各类突发事件时具有强烈的现实紧迫性，同时还需要在这样的环境中快速感知与响应，完成一场与时间的赛跑。而敏捷治理强调“快捷”“灵敏”“协调”的治理理念，“快捷”代表在尽可能短的时间内做出响应，“灵敏”代表治理主体能够在复杂多变的环境中不断创新、优化自己的响应行动，“协调”代表组织通过充分调配资源与合作者参与行动。其本质是一种在治理过程中发挥治理主体应变性、回应性、适应性的治理方法，尤其强调在复杂多变环境中的思维转变，但不能因追求速度而牺牲治理的严谨性和有效性，这与机关应急保障的实践特征不谋而合。

另一方面，敏捷治理能够优化机关应急保障的实践特征。首先，在治理模式方面。传统机关事务应急保障下，缺乏有效的目标和应急预案，具有“重处置，轻预防”的特征。在面对突发事件时，应急保障工作小组易陷入“职责任务不明晰”的窘态，应急保障处置往往缺乏效率。在敏捷治理下，机关应急保障工作能够快速反应并进行动态调试，在应急保障工作实践中不断调试，并形成应急保障响应体系，将机关应急保障工作由“事后被动型”转变为“事前主动型”。其次，在治理手段方面。传统机关事务应急保障下，由于外部风险的突发性、紧急性与不确定性，应急保障信息传递的及时性与准确性会被极大削弱，因此突发应急保障的信息传递常常出现滞后，产生信息

---

① 薛澜，赵静．走向敏捷治理：新兴产业发展与监管模式探究［J］．中国行政管理，2019（8）：28–34.

的割裂与断层。敏捷机关事务应急保障下，强调大数据技术的应用，在一体化平台上实现突发事件信息的快速传递与反馈，不仅能打通突发事件的信息渠道，还能够为突发状态下各应急保障主体的协作与各类资源要素的调配提供更充裕的时间。最后，在治理机制方面。传统机关事务应急保障下，通常是将突发事件视为一个个独立的事件，因为外部环境的复杂性与多变性，发生某个突发事件难以对后续的突发事件产生直接的处置借鉴。敏捷机关事务应急保障下，强调人工智能等大数据不断学习与版本的快速更新迭代，能够对既有的应急保障管理响应体系进行动态适应性优化。

因此，将敏捷治理应用于机关事务应急保障具有较高的契合性与适用性（如图 2-2 所示），作为机关事务应急保障研究的一个新视角，具有重要的理论意义与现实意义。

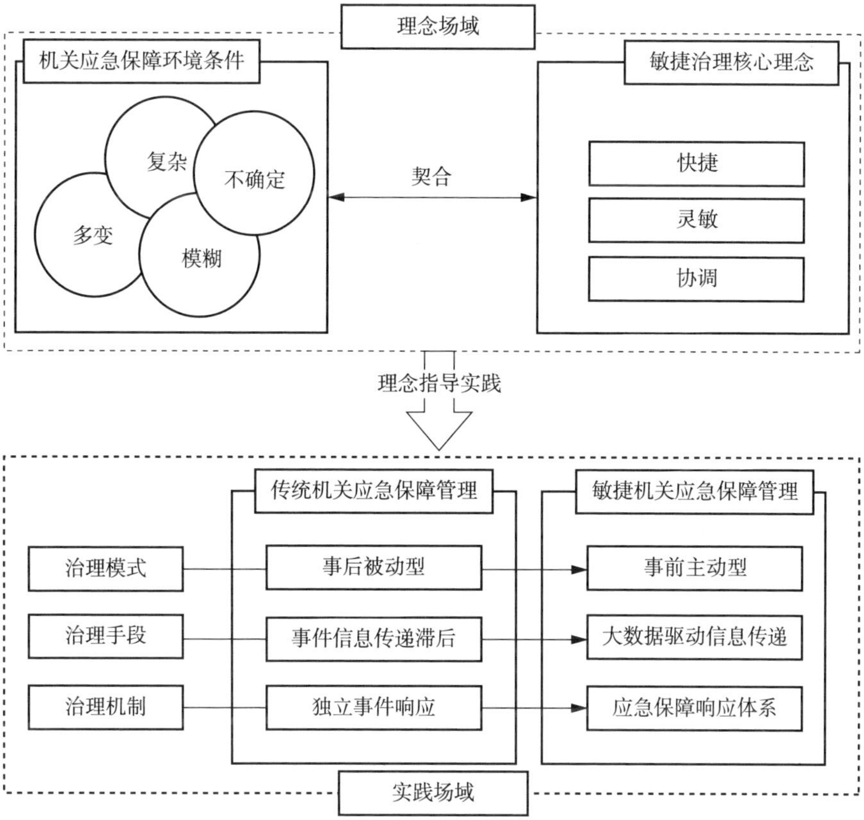

图 2-2　敏捷治理理论对机关事务应急保障实践的适用性

（三）五力模型：敏捷式机关事务应急保障管理的分析框架

着眼于机关事务应急保障效能提升，引入敏捷治理这一新视角，有助于推动对现行机关应急保障运作体制机制的优化与重塑。遵循敏捷治理的指引，能够切实有效地剖析当前机关事务应急保障在实践中的不足，从而推进敏捷机关事务应急保障的效能提升。基于此，本部分将敏捷治理的核心理念与机关事务应急保障的实践特征相结合，构建出“敏捷式机关事务应急保障管理的五力模型”分析框架（如图 2-3 所示）。该框架的核心要素包括感知力、响应力、联动力、调试力、数据力，其要素理蕴分别为机关应急保障的监测敏锐性、处置迅捷性、组织协调性、动态适应性、全程贯穿性。

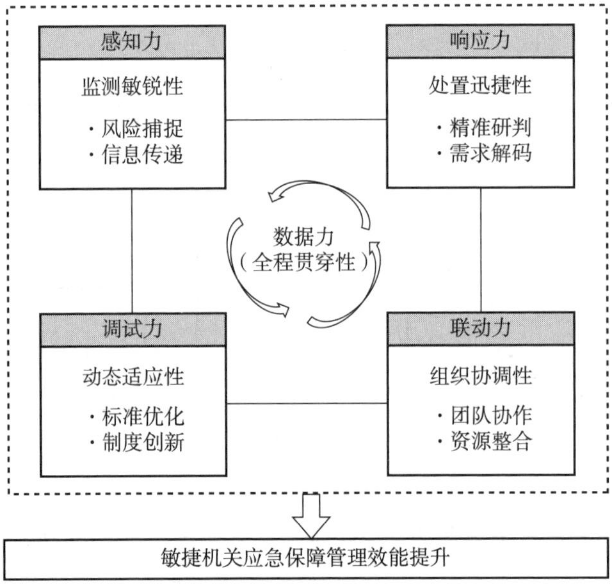

图 2-3 “敏捷式机关事务应急保障管理的五力模型”分析框架

1. 感知力：监测敏锐性

在敏捷式机关事务应急保障管理的五力模型中，感知力是首位核心要素。感知力体现在机关事务应急保障全流程的第一环，与风险初步接触，此时的风险往往以一种“不易被关注”的方式存在着。在机关运行保障过程中，除了如极端天气、自然灾害能够进行一定预测的突发风险，由于机关事务工作的繁杂性，极易与风险源未知性高产生强烈的叠加效应，并产生风险盲点[①]。因此，感知力对于敏捷式机关事务应急保障极为重要，其内涵体现为风险捕捉和信息传递，即敏锐地捕捉机关运行过程中的显性风险或隐性风险，监测各类未知的、潜在的风险，并及时将所捕获的风险信息传递出去。在此过程中，敏捷式机关对风险进行全周期监测，保证对风险形成动态化感知，竭力降低潜在风险的威胁，从源头减少风险扩散。从敏捷式机关事务应急保障的治理理念来看，将感知力的要素理蕴理解为监测敏锐性，它不仅是实现敏捷式机关事务应急保障的基础，也是建设应急保障管理中回应性机关的前提。

2. 响应力：处置迅捷性

在敏捷式机关事务应急保障管理的五力模型中，响应力是关键性要素。响应力是机关事务应急保障中需要“直面实践”的一环，而机关运行保障工作中的突发事件往往呈现出紧急且繁杂的双重特征，这可能会给机关正常运行带来影响。因此，需要对风险信息进行“实践化解码”，在最短时间内作出有效的处置反应，响应力在敏捷式机关事务应急保障中发挥着不可替代的重要作用。响应力的核心内涵体现为精准研判和需求解码，即在采取具体行动之前，需要对获得的风险进行研判，明确并聚焦风险信息所传递的需求，并在最短时间内对突发事件形成保障应急预案，明确在处置这一突发事件中所需要采取的措施。当多个突发事件同时发生时，需要根据传递的风险初步研判信息，对不同风险进行分级分类处理，根据应急预案对突发事件形成处置先后优先级，并有序进行逐个突破。从敏捷式机关事务应急保障的治理理念来看，将响应力的要素理蕴理解为处置迅捷性，它不仅是实现敏捷式机关事务应急保障的关键，也是应急保障管理中提升机关生存发展能力的重要环节。

3. 联动力：组织协调性

在敏捷式机关事务应急保障管理的五力模型中，联动力是支撑性要素。在机关事务应急保障中，对突发事件的处置常常是与时间“赛跑”，许多风险也往往难以仅靠单一部门就能够轻松地将风险化解。因此，如何在面对突发风险时，短时间内高效地形成组织内外部力量的联动发力对于风险化解尤为

---

① 孙祁祥，周新发.为不确定性风险事件提供确定性的体制保障——基于中国两次公共卫生大危机的思考［J］. 东南学术，2020（3）：12-23.

重要。在敏捷式机关事务应急保障中，联动力是组织内外部合力的核心体现，对于机关应急保障的效能发挥起着支撑性的重要作用。联动力的核心内涵体现为团队协作与资源整合，即在机关事务应急保障的过程中，一方面需要形成机关应急保障主体间的有效联动与团队协作，在应急状态下有明确的牵头部门、主管部门、协调部门和监管部门，在保证明确分工的同时，也能够相互紧密协作。另一方面，要对实物资源进行有效整合，尤其是在机关应急保障中的财力保障和各类物资保障，避免出现因缺乏物资供应而影响应急响应效率。从敏捷式机关事务应急保障的治理理念来看，将联动力的要素理蕴理解为组织协调性，它不仅是实现敏捷式机关事务应急保障的支点，也是应急保障管理中机关应急保障效能优化的驱动力量。

4. 调试力：动态适应性

在敏捷式机关事务应急保障管理的五力模型中，调试力是持续性要素。在机关事务应急保障中，外部环境往往复杂且多变，不同的突发事件之间往往是相互独立的，使得机关事务应急保障在实践中的处理经验难以直接挪移与嫁接。因此，对机关事务工作进行风险管理，构建起一套能够不断学习、不断调试、不断优化的现代化机关事务应急管理体系尤为重要。在敏捷式机关事务应急保障中，调试力是组织内应急保障管理能力尺度的直接表现，对于机关应急保障的效能发挥着持续性的重要作用。调试力的核心内涵体现为标准优化与制度创新，即在机关事务应急保障的过程中，需要通过对既往应急保障管理中的突发事件进行反复回溯，形成保持制度层面的学习能力，并不断优化应急系统中的预警制度和程序，从而形成更加有效与完备的应急保障管理制度设计来应对新的突发事件。从敏捷式机关事务应急保障的治理理念来看，将调试力的要素理蕴理解为动态适应性，它不仅是实现敏捷式机关事务应急保障的尺度，也是应急保障管理中效能得以持续优化的重要纽带。

5. 数据力：全程贯穿性

在敏捷式机关事务应急保障管理的五力模型中，数据力是驱动性要素。在机关事务应急保障中，数据是快速识别、准确分析和有效化解各类风险的重要手段，并不局限于技术手段与治理实践的简单结合，而是赋予了其提升行政效率与实现政治价值的目标要求。在风险监测与信息传递阶段，大数据平台能够迅速获得或自动捕捉到存在的风险点，能够在最短的时间内将风险信息传递给机关事务应急处置部门。在风险研判与需求解码阶段，大数据能够灵敏地感知内外部环境变化，预测外部环境的发展方向和内部环境面临的风险，为机关事务应急处置部门采取行动提供有效的分级分类指导依据。在组织协调与资源整合阶段，大数据平台能够准确高效地调动各类组织人力资源与机关应急保障中的财力保障和各类物资保障。在标准优化与制度创新阶段，人工智能等大数据能够通过不断学习既有的应急保障管理实践，对既有的应急保障管理响应体系进行动态适应性优化。从敏捷式机关事务应急保障的治理理念来看，将数据力的要素理蕴理解为全程贯穿性，它不仅是实现敏捷式机关事务应急保障的核心动力，也是促进应急保障管理体系不断发挥更高效率的推力。

三、敏捷式机关事务应急保障管理的深圳实践

（一）深圳敏捷式机关事务应急保障管理的实践现状

1. 感知力：现场排查，敏锐监测风险隐患

目前，深圳市机关事务管理局形成了“物防”“人防”“技防”的新型风险感知模式。常态化阶段，局负责人会带领有关人员全面排查管辖区域的风险点和隐患点，督导各区域做好风险物资调配、沟渠疏通、树木加固等各项防御措施，保证隐患早发现、早处置，并通过发放温馨提示、电子大屏幕实时滚动播放相关风险危机预警信息等措施，提醒各办公单位工作人员及驻地居民做好防御措施。以应对台风为例，2023 年 7 月，为做好防御 2023 年第 5 号台风“杜苏芮”相关工作，市机关事务管理局相关领导人带队到市委大院、市政协办公区、市民中心、深圳会堂以及领导驻地开展安全检查，重点检查围墙边坡、低洼易涝点、天面、施工现场等，督促各有关部门将各项防范措施和安全工作落细落实；加强隐患排查，增加重点部位巡查频次，发现问题及时报告处置；加强值班值守，备齐应急物资，成立抢险救援队伍，严防低洼易涝区域；实时关注天气预报，及时了解台风动态和路径，提前做好各项应对准备工作，确保万无一失。目前，福田区委大院集中办公区已引入物联网消防，无人机参加消防演习，实现全流程无死角监控，不断提升对风险现

象的监测感知能力。

2. 响应力：迅捷处置，及时恢复服务秩序

深圳市机关事务管理局党组着力发挥党建引领作用，带领全局党员干部，认真做好市直机关服务保障和危机防控工作。针对公共场所相关危机风险，坚持抓早抓实抓小抓细抓关键，全面提升服务安全感。同时，局党组成员分区划片，对机关办公区、会议室、驻地小区等重点区域实施常态化巡查；一旦发现安全隐患，直接通过现场办公、手机视频督办等方式协调解决。此外，市机关事务管理局还优化了机关服务保障值班协调机制，全天候 24 小时快速响应；优化餐饮、物业、会务、车辆、文印五大服务流程，严谨细致组织服务保障，做到日常服务不中断，应急保障及时到位。2023 年 7 月台风“杜苏芮”过后，物业管理中心迅速组织人员清理区域内积水、清扫枯枝落叶，第一时间恢复集中办公区和领导驻地小区的工作和生活秩序，并对各项设备设施再次进行全面排查检查，及时恢复服务秩序，确保层层压实责任、不出任何疏漏。

3. 联动力：建立机制，形成多部门联动战线

目前，深圳市正整合机关应急保障管理资源，推动应急、公安等专网通信资源共享，形成融合互通的专网共用平台，定期开展应急指挥调度演练，打造平战结合、常备不懈的应急通信联动机制。在此基础上，全力打造市领导点将、局领导挂帅，“机关事务 + 应急管理 + 消防救援”的综合性消防战线，推动多部门有效联动，实现“市委大院 + 公检法属地 + 外办部门”的链条型消防安全屏障。2023 年 4 月，深圳市福田区委大院志愿消防队正式成立，2023 年度第一次联合消防演练在福田区委大院集中办公区上演，以有效提升区委大院及外办的群防群控和联防联控能力和消防、应急水平。2020 年 8 月 18 日上午 9 时，市三防指挥部启动防台风Ⅳ级应急响应，并于当晚 8 时调整响应级别，启动防台风Ⅲ级应急响应。市机关事务管理局高度重视，第一时间启动防御台风暴雨灾害应急预案，部署做好台风防御工作，物业管理中心按照局党组的部署安排，提前行动，及时落实各项防御措施，确保管辖区域安全稳定。2023 年 6 月，结合全国第 22 个“安全生产月”活动，6 月 27 日上午，市机关事务管理局联合市公安局治安管理支队五大队、福田区消防救援大队、福田区华强北街道办事处、深圳武警支队执勤一中队、通新岭派出所等多家单位在深圳会堂举行2023年“安全生产月”培训演练活动，进一步提高各保障单位的联动能力和在突发紧急状况下的应对能力。

4. 调试力：优化措施，动态调整防控方案

行政机关在不同类型与不同强度的应急事件中所响应的维度和强度是有差异的，深圳市机关事务管理局在应急响应评估基础上，根据需求强度分为不同的级别，完善应急保障指挥工作方案，落实分级响应、分级指挥、分类响应机制，以及和相关专业保障职能部门相结合的模式，推进应急保障响应一体化。新冠疫情期间，针对国内外疫情反复，深圳市机关事务管理局坚决落实市疫情防控有关决策部署和指示要求，突出科学精准防控，并结合新一轮疫情特点，进一步优化完善集中办公区和驻地小区的疫情防控措施，坚决阻断疫情传播渠道，保障市领导机关和驻地小区安全稳定。

5. 数据力：全程贯穿，提高应急反应效率

作为政府运行保障部门，机关应急保障管理也应跟上政府信息化转型升级的脚步。借力科技赋能，福田区高效开展区委机关大院日常消防安全巡视检查，精细化创新消防安全生产工作实施方式，全方位无死角监控，提高应急能力，机关消防、应急动能进一步焕新。基于深度嵌入的传感设备和边缘计算能力，借助跨域直连的信息传递系统，深圳机关事务管理局有效打通风险点与横向部门、纵向层级的信息壁垒和障碍，基于数据的高效集成，提升应急责任主体的响应速度和行动速度。通过对物理系统的精准描述与虚实联动，建立数字孪生，能够在线实时对物理系统的风险状况进行分析判断，避免应急行动出现反复，使应急行动举措一开始就保持在最优状态，显著提高应急反应效率。

（二）深圳敏捷式机关事务应急保障管理的现实不足

1. 危机意识不强，风险监测不充分

目前，深圳市机关应急保障工作的管理范围相对有限。从应急保障管理的工作类别来看，深圳市机关事务管理局将应急保障管理仅视作安全管理的一部分；从工作内容来看，深圳市在应急保障管理方面仅局限在应对极端天气（如台风、暴雨等）和突发自然灾害等工作上。这些都反映出目前深圳市机关事务管理局对应急保障工作的涉及范围非常有限，且对其他潜在于机关

内部的风险点缺乏危机意识。这种危机意识的缺乏主要体现在日常的机关应急管理中，深圳市机关事务管理局仍比较关注突发事件发生后如何应对和处置，存在明显“重应急，轻预防”的弊端。此外，由于机关内部具有密度大、场景复杂等特征，任何一个管理领域都存在许多或明或暗的风险点。这些潜在风险点的“跃跃欲试”反映出目前深圳市机关应急保障工作对风险监测仍有不足，对应急管理进行分类、分期、分级，应急管理精细化水平还有待提高。

2. 风险响应被动，应急预案不完备

深圳市“重应急，轻预防”的缺点使得在实际的应急保障管理中的行动往往是由风险出现“驱动”的，其机关应急管理体制属于“事件驱动型”，并没有将应急保障管理工作与部门的职能进行有效关联与衔接，使得应急管理体系建设明显滞后于后勤事业发展，这也就不可避免地导致相关部门在行动中对风险的响应较为被动。目前，深圳市机关事务管理局各中心虽然均形成了工作中的风险应急预案，但是应急预案制定水平参差不齐且不够全面。预案中所涉及的制度主要是原则性规定，且自 2020 年设计完成以来尚未进行过任何更新，同时也缺乏配套性办法，指导性、可操作性不强，大大降低了风险预案的效力。虽然风险应急预案的设计能够在一定程度上缓解被动响应的手足无措，但是由于各处、中心设计的应急保障预案存在典型的科层制“自上而下”特征，即需要在获取风险后，首先向上级进行请示汇报，并根据上级的命令对风险进行执行，难以形成自主和灵活的处置空间。

3. 部门协调低效，资源调配不畅通

深圳市目前的应急保障工作主要由各处、中心进行相对独立的监控与处置。从具体的实践来看，在各处、中心形成的既有处置预案中，从未提及应急保障管理各项工作的部门协调要求，且缺乏流畅有效的向上和向下应急沟通机制。此外，在具体的应急保障管理实践中，机关事务管理部门的“话语权”与“动员力”较弱，在应急保障工作如何开展、工作如何衔接等方面都是空白。此外，其他部门往往不会积极高效地配合其应对机关突发应急事件，因此深圳市机关事务管理局在开展应急保障工作时难以发挥协调各部门共同高效参与的作用，致使部门间协调存在明显的低效问题。这种部门协作的低效带来的影响还体现在应急保障资源方面：由于机关事务管理部门缺乏权威

性权限，因此，它在机关突发事件中想要快速调动或整合相关资源存在困难。此外，深圳市机关事务管理部门缺乏应急后勤物资储备，难以适应突发事件处置时高效有力的保障要求，致使应急处置中的资源调配难以畅通。

4. 应急事件独立，风险处置单元化

虽然深圳市针对机关事务的应急保障管理进行了应急预案的设计，但是往往在面对新的应急突发事件时，仍然无法有效地快速反应其最高效科学的应对和处置措施。这是因为深圳市机关应急保障部门在处置机关运行保障中的突发事件时仍然是将应急事件看作一个又一个独立的事件，事件与事件之间的相似性较弱，并且认为这些对突发风险的处置经验往往并不会对后续的风险事件处置有指导作用，从而导致风险处置单元化。此外，对应急管理规律的研究和经验总结不够，缺乏对相关工作机制进行调整与革新，并形成完整的应急保障管理响应体系。虽然深圳市机关事务管理局对机关事务应急保障工作曾在 2020 年出台《深圳市机关事务管理局关于印发安全管理办法的通知》及形成相应的处置预案，但是经过三年的实践，仍未对原来的处理预案进行更新，使得一些处理方案的效力在目前的应急事件处置实践中有所下降。

5. 应急数据受阻，信息智慧化不足

面对机关事务应急突发事件，最大的阻碍是部门间所掌握的信息和数据不对称。目前，深圳市机关事务管理局在应对突发事件时，常常因数据和信息的传递受阻而出现应急保障管理滞后或风险问题处置效果不佳等问题。从目前深圳市机关事务管理局的应急保障工作实践来看，主要存在三个方面的问题：一是在应急风险信息的传递和报送上，目前深圳市机关应急保障工作仍采用较为传统的方式，即通过人工进行反馈和信息传递，使得应急保障实践中的一线工作人员对风险信息掌握不全，难以对风险形成有效全面的研判和评估；二是在对风险的捕获上，深圳市机关应急保障工作对风险的监测仍未形成智能终端的有效监测，主要靠走动式巡查风险点，难以形成高效实时的动态跟踪；三是在数据共享和应用方面，尚未形成对深圳市机关内部资产管理、物资保障、公车公房等基础数据的收集与存储，未建立起后勤应急治理信息平台，难以开展跨部门风险信息数据共享及研判。

（三）深圳敏捷式机关事务应急保障管理的路径建构

1. 更新理念，强化敏捷式机关应急保障风险感知力

在实践中，机关应急保障的治理模式常常是“事后被动型”，想要从源头改变这一现状，关键在于更新传统机关事务应急保障的治理理念。理念作为行动的先导，往往从根源上决定了治理的方向。有什么样的治理理念，就能够产生什么样的治理思路、治理格局与治理结果。敏捷治理的理念作为机关运行保障部门面对突发事件时开展应急保障管理的一种创新型理念，其核心的治理思路在于将突发事件的端口前移，培养主动应变的意识，尤其是要增强防范各类重大突发风险事件的嗅觉和警觉，对应急保障实践中的潜在风险区和高风险点进行敏捷感知，从“事后被动型”转变为“事前主动型”。虽然敏捷治理并不直接强调对风险进行事前关注，但是突发风险事件本身所具有的复杂多变等属性使得机关事务应急保障在快速反应之前就形成对风险的监测。同时这也体现了敏捷治理理念为机关应急保障带来的治理格局的变化，面对机关运行保障过程中存在的安全隐患，既要防得早，也要看得全，从原来的“管事件”转变为“管根本、管全局”，即要在风险初现时形成敏锐感知，风险初期及时控制，并从全局的视角监测风险的发展与变化。对于无法直接化解的风险，要及时准确将风险信息传递出去，这是机关应急保障部门得以敏捷开展行动的关键。面对突发风险事件，最怕应急系统各主体之间的风险信息不对称。因此，构建灵活灵敏的信息传输与反馈机制，及时准时地传递风险信息是风险研判和需求解码的主要前提。在信息传递中，一方面需要注意所传递风险信息的准确性，这为风险的研判与解码提供最基础的保障；另一方面需要注意信息传递的不断迭代，尤其是在对风险信息把握不全时，更要保持信息的流通与更新，以便更快更优地对风险研判和行动做出调整。

2. 分类分级，提升敏捷式机关应急保障快捷响应力

在风险监测的基础上，对风险的及时响应也尤其重要。当获得风险信息并对其进行精准研判时，明确风险信息传递的应对需求，并且在最短的时间内对突发的风险事件做出响应，是推进敏捷治理在机关事务应急保障中的集中体现。在行政机关运行过程中，不同类型与不同紧急程度的突发应急事件往往在维度和强度上存在差异。因此，促进机关突发应急事件的快捷响应关

键在于形成有效的分级分类响应机制，而分级分类需要建立在对风险的精准研判和需求解码的基础之上。根据对风险事件的解码，将风险事件划分为不同的响应级别与响应类型，在此基础上完善应急保障的风险应对指挥工作方案，并形成有效的分级指挥，着手对风险事件加以干预。从对突发应急事件的分类来看，可以将对机关事务应急保障划分为对突发自然灾害、突发事故灾难、突发公共卫生事件、突发社会安全事件的响应；从对突发应急事件的分级来看，综合考虑突发事件的危害程度、紧急程度和发展趋势等重要因素，可以将机关事务应急保障划分为一般事件、较大事件、重大事件、特别重大事件四个等级。此外，促进机关应急保障快捷响应的另一关键举措在于编制行之有效的应急预案，尤其是针对机关运行过程中不同类型与等级的突发风险事件要形成不同的应急预案。在预案中要明确组织体系、任务分工、操作规范和保障措施，形成上下联动、职责清晰、分工明确、衔接紧密的机关事务应急体系。对于应急预案的制定，要分别形成不同层面的预案，即综合预案、专项预案、现场处置预案。它们在应急实践中形成了“横向到边、纵向到底”应急预案体系，三者相互衔接，分级负责，精简横向沟通和纵向科层化流程。

3.“三力协同”，增强敏捷式机关应急保障高效联动力

对机关突发应急事件的处置常常需要“与时间赛跑”，这就需要各种资源为应急事件的处置提供有力保障。《上海市机关运行保障条例》强调了财力、物力、人力“三力协同”在机关运行保障中的重要地位：财力保障计划、物力盘活利用、人力合理调配的运行体制。敏捷治理理论所强调的“团队成员高度协作的重要性”在机关事务应急保障中则体现部门、资源间的高度协作与联动。一方面，在应对突发机关运行风险时，机关事务管理部门要充分发挥“大管家”的作用，进行统筹调度，因此需要组建一支高效的应急保障人才队伍，并通过培训与实战相结合的方式，提高应急保障人才的协调、指挥、服务和保障能力。另一方面，对于部门之间的协作联动，应严格遵循“统一领导、属地为主”的原则，厘清部门与部门之间的职责，尤其是要消除因为职责交叉带来的“多头管理”问题或因为职责空白太大带来的“管理不充分”问题，做到部门之间分工明确，合理应对突发事件。此外，组织及其机制的敏捷性是实现敏捷式动员的根本保证，因此组织能够在“结构—功能”上促使财力、物力在横向和纵向上有序高效流动。对于应急保障中的财力支持，要优化应急资金的调动流程，缩短审批时长，同时要设立独立的风险应急资金，让资金能够尽快为突发事件处置提供有力的实质性帮助。对于应急保障中的物力，要大力推进应急资源整备常态化，对必要物资进行储备，以确保所备物资质量过关、数量充足、状况完好，以期在必要时能够高效协调并整合资源。必须健全高效应急物资管理体系，明确有关部门的主要责任，逐步推进“生产—贮备—运输—分配”全流程常态化管理。此外，要构建起有效的应急物资社会化保障机制，并通过市场合作机制来保证应急物资的供给充足性、及时性、有效性，做到关键时刻应急资源“备得有、找得到、调得快、用得好”。

4. 动态优化，提高敏捷式机关应急保障系统调试力

提高机关事务应急保障的整体持续性效能，关键在于机关应急保障的敏捷系统调试力，通过构建动态优化的集成系统，在系统中根据实践经验不断调试，在实践中快速迭代，提高机关事务应急保障的调试力。首先，要健全机关应急保障突发事件的反馈机制。一方面是突发事件处置过程中的需求反馈，反馈机制则要求在处置的动态过程中不断了解和监测各部门的需求，并且需要持续了解这些需求是否得到满足；另一方面是在突发事件处理结束后，各部门要对处置的突发应急事件进行总结，将在处置过程中遇到的问题阻碍、反思和可以优化的地方进行反馈，由机关事务管理部门根据反馈着手进行优化。其次，要摒弃机关应急突发独立事件响应的应对和处置思路，建立起系统化的机关事务应急保障体系。一方面要灵活运用敏捷治理的快速迭代方式，定期开展必要的应急演练活动，尽可能切近真实情境，多“练”少“演”，在实践中反复检验预案的有效性与可操作性，对暴露出的问题进行总结，并持续改进完善现有的预案，有效提升敏捷响应速率。同时要根据应急突发事件所处的不同发展阶段更新应急预案，前期的风险潜伏阶段要建立起机关突发风险应急保障集成系统架构，中期的风险暴发阶段要由风险指挥中心统一部署联动处置方案，后期的风险消退和恢复阶段要做好善后工作，迅速将工作重心转移回日常职能上。另一方面要完善制度，强化机关应急保障体系基础。机关事务管理部门要以分类保障的方式，精准应对不同应急保障需求，同时依据响应需求的满足程度，对相关制度标准进行持续调整和改进，流程和规范则促进机关事务应急保障响应体系规范化和标准化。

5. 平台支撑，释放敏捷式机关应急保障智慧数据力

现代机关事务管理注重“互联网 +”，以此推动机关事务管理的平台化与智慧化。对于敏捷式机关应急保障体系的建设与治理效能的提升，大数据治理与平台化驱动是其中的应有之义。平台作为一种新型的治理方式，其本质在于凸显多元治理主体、数据、技术等要素形成的具有复杂适应性特征的生态网络系统。在数字化的驱动下，机关事务应急保障管理能够更加科学、更具质量、更显效率。首先，要推进机关事务应急保障管理的信息化建设。由机关事务管理部门做好资产管理、物资保障、公车公房等基础数据的收集与存储，提高实践中数据分析、挖掘、共享与应用能力。同时，要借助平台化治理手段优化机关事务应急保障的信息化建设，推动“互联网 + 机关事务”新模式的高效运行，加强数据在横向与纵向上的有效对接与整合，缩短风险信息分析时间，让机关应急突发事件治理更加敏捷智能，从而打造敏捷式机关应急保障现代化体系。其次，加强数字化手段与机关事务应急保障的全过程深度融合。一是形成对应急保障事件的智能感知，让风险信息可达。运用科技手段将报警器、监视系统等设备安装配置在具有较高风险的危险源，加强对其地理位置、风险源等基础信息的采集，并采用物联网技术的“安全眼”对危险源进行远程监控，做到对机关内部全方位、多角度的非人工干预的智能化与精细化监控。二是形成对应急保障事件的智能处置，让风险事件可控。通过平台建设形成的大数据资源，能够在短时间内实现对信息的共享与调用，在一定程度上缩短协调时间，从而促使相关部门能够更加迅速地做出最优决策，科学精准应对突发事件。三是形成对应急保障事件的智能优化，让突发风险可防。通过不断优化机关事务应急保障体系和工作流程，形成有效的应对方案，并在事后对处置情况进行评估反馈，将机关事务应急保障从传统的“经验式管理”转变为“数字式管理”，在预防中将被动转化为主动。

（作者：耿旭、李洪浩）

第二章　机关物业服务全生命周期管理模式探析

【内容提要】机关物业服务方式已经从“办物业”向“买物业”“管物业”全面转变。但契约制下的机关服务易产生不充分竞争与新垄断、服务质量不达标等新问题。深圳基于“制度—标准—技术—监管—评估”五大要素，初步探索出机关物业服务质量的全生命周期管理模式，为机关物业服务质量提升提供新思路。以此为样本，提炼其全生命周期管理的主要做法，深入分析阻碍机关物业服务质量提升的困境，并从制度、标准、技术、流程与考评五大维度提出优化路径，为推进机关物业高质量发展提供经验借鉴。

机关物业服务是机关后勤管理的重要组成部分，是保障机关工作高效运转的重要内容[①]。我国传统的机关物业服务是在计划经济体制下发展起来的一种自给自足式的服务机制，由政府部门工作人员直接从事机关物业服务工作。其供给制、福利性、小而全、封闭式的自我服务模式[②]，越来越不适应市场经济体制改革和行政管理体制改革要求，也在很大程度上束缚了机关物业工作自身发展。

为适应市场经济和新公共管理改革需求，促进机关事业健康发展，切实为机关工作和职工生活提供优质高效的服务[③]，1983 年中央书记处第 70 次会议提出机关后勤“服务社会化问题，要逐步解决”的要求。1993 年，国家机关事务管理局等印发《国务院各部门后勤机构改革实施意见》，提出以机关后勤服务社会化为目标，改革当前的机关后勤运行体制。

在中央相关政策的推动下，越来越多的政府后勤部门开始开放内部市场，引进市场和社会力量，将物业管理、餐饮服务等交由社会专业公司承担。20 世纪 90 年代末以来，出现了以深圳万科接管国家建设部大院、莲花物业接管

---

① 王微.着力“三个转变” 推进机关后勤服务社会化发展［J］. 中国机关后勤，2017（7）：24–25.

② 张咏．深入推进机关后勤服务社会化改革［J］. 中国党政干部论坛，2018（8）：50–53.

③ 刘会增．深化机关后勤服务社会化改革的实践与思考［J］. 中国行政管理，2017（5）：6–9.

深圳市住宅局机关楼宇及深圳海关所属全部物业为代表，由政府机关委托专业物业服务企业管理政府机关物业的模式，机关物业服务方式从“办物业”向“买物业”“管物业”转变。

随着机关物业服务外包成为各地政府改革的主要模式，党和中央不断对其提出高质量发展要求。为贯彻落实党中央关于过“紧日子”的要求，控制机关运行经费支出，防止部门间相互攀比，实现均衡化保障，规范中央国家机关购买服务工作，2019 年 8 月印发的《中央国家机关购买后勤服务管理办法（试行）》，对购买内容、购买主体的责任、购买费用、购买程序等作出了详细的规定。《机关事务工作“十四五”规划》强调要加大向社会力量购买服务力度，“到 2025 年，各地区各部门基本实现后勤服务主要通过市场化方式供给的目标”。在一系列政策的积极推动下，政府购买机关物业服务取得迅速发展，在 2022 年的 38034 个物业管理服务采购项目中，司法机关、行政机关等单位的物业采购项目较大，司法机关物业服务采购项目有 71 个，采购金额为2.78亿元；行政机关物业服务采购项目有22694个，采购金额为992.5亿元。

尽管机关物业服务外包模式功能显著，包括能有效缩减政府规模、降低政府运行成本、提升服务效率和质量。但不可否认的是，在委托—代理关系下，机关购买物业服务不可避免地出现权力寻租和腐败风险、不充分竞争与新垄断风险、服务质量不达标等风险问题，导致了服务成本居高不下，服务水平停滞不前，公共财政和公共资源浪费，政府公信力降低。如何提升机关物业购买服务质量成为当前亟待解决的问题。

一、机关物业服务全生命周期管理框架

一般而言，机关购买服务是降低政府运行成本，提高服务效率和质量的一条有效途径，但是机关购买物业服务，既是社会资源引入的过程，也是外部力量进入的过程，由于外部物质、能量、信息的介入，原有的封闭系统被打破，必然会产生新的风险因素，比如不充分竞争与新垄断风险、服务质量不达标风险等。这些风险产生主要是由于制度的模糊性、服务本身的复杂性、购买场域的复杂性[①]，这削弱了机关购买服务的初始目标对服务购买行为和承

① 张海 . 基层政府购买社会组织服务中的目标置换问题及其治理［J］. 学习与实践，2021（4）：95–105.

接行为的规范和导向作用。

那么，机关应通过哪些行动来规避购买服务可能会带来的风险？武静、周俊认为政府的合同管理能力是政府购买能否成功的关键因素，若政府无法有效地进行合同管理，竞争也会毫无意义[①]。詹国彬、林传学认为市场竞争程度和政府监管能力是影响政府购买服务风险控制的主要因素，并从服务购买的竞争机制、程序机制、监控机制、责任机制四方面提出规避和控制风险的对策[②]。刘志辉等运用专家咨询和风险矩阵理论对政府购买服务的风险及其成因进行实证分析，建议从优化政府购买服务的制度环境、责任机制、风险分散机制、监管机制四个方面加强风险防控[③]。2020年国家机关事务管理局政策法规司强调后勤管理的标准化和信息化融合，有助于全面提升机关保障能力和服务管理能力[④]。

综合理论分析和实践考察，本章从“制度—标准—技术—监管—评估”五大要素构建机关物业服务全生命周期管理分析框架（如图 2–4 所示）。

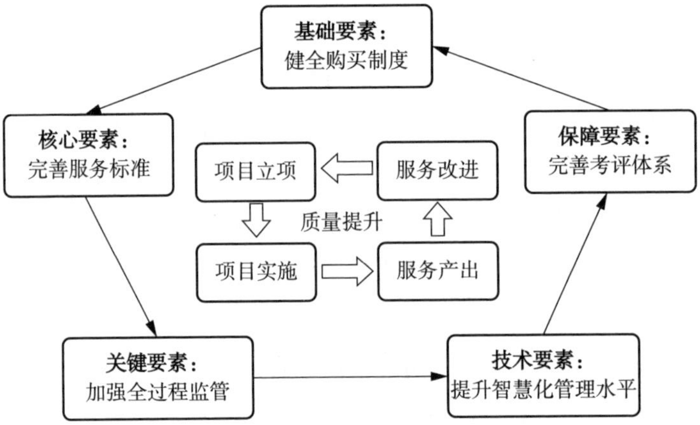

图 2–4 机关物业服务全生命周期管理框架

图片来源：作者自绘。

---

① 武静，周俊.政府购买公共服务：研究进路与展望［J］. 中共浙江省委党校学报，2012，28（6）：61–68.

② 詹国彬，林传学 . 政府购买公共服务的风险及其控制机制的构建［J］. 江海学刊，2021（1）：138–145，254–255.

③ 刘志辉，姜显，常伟.风险矩阵视域下政府购买公共服务风险的实证研究［J］. 领导科学，2021（20）：110–114.

④ 国管局政策法规司.坚持“一体两翼”发展方向　为“十四五”时期机关事务工作谋篇布局［J］. 中国机关后勤，2020（7）：7–10.

健全购买制度是推进购买服务法治化、制度化的基础要素。政府购买服务中，政府和社会服务企业之间是一种委托—代理关系，保障这种关系正常运转和有效实施的前提和基础是制定双方认可的、科学合理的游戏规则，即规章制度。只有依法确立政府购买服务的制度、政策，明确购买程序、招投标制度、资金审核与管理办法、监督和管理办法等，政府购买服务才能科学有效推进。

完善服务标准是推进购买服务规范化、专业化的核心要素。服务供给、定向购买与评估等各项规章制度的制定，其核心是标准的制定或规范的指引，通过制定服务标准将原来比较模糊、感性、难以计量的服务转变为清晰、可操作、可量化标准和指标，使服务承包单位严格按照标准提供服务，避免了服务随意性，提高了服务的规范化和服务效果。

加强全过程监管是加强对购买服务质量管控的关键要素。政府购买服务过程中，“一买了之”“重买不重管”等监管缺位的现象，造成服务质量下滑、服务对象不满、矛盾纠纷增多等问题，制约政府购买服务发展[①]。通过建立完善的监督机制，加强对购买服务事前事中事后全过程监督、约束和控制，是提升服务管理效果的关键。

提升智慧化管理水平是加强购买服务质量管控的技术要素。物联网、大数据分析技术等互联网技术迅猛发展，正深刻地重塑人民的生活和国家的治理方式[②]。将信息技术运用到政府购买服务管理过程，能有效转变服务购买方式，优化购买流程，提高购买服务的公开性和透明度，减少管理成本和监管漏洞，提升服务质量和效果。

完善考核评价体系是提升购买服务质量的保障要素。政府购买服务考评体系不完善，缺乏资源投入和产出的科学等问题的存在，客观上限制了社会组织发展及其服务质量的保障，削弱政府管理效能，甚至可能滋生腐败，引发社会组织公信力危机。通过建立完善的考核评估机制，加强对购买服务项目目标、执行方案、执行效果全系统、全方位的考核评价，是提升服务管理效果的保障。

---

① 倪咸林.政府购买社会组织服务监管：从碎片化走向整体性［J］. 理论与改革，2016（5）：112-117.

② 王佃利，于棋.治理现代化视野下机关事务管理创新：从制度优势到治理效能［J］. 理论与改革，2020（2）：122-130.

二、深圳机关物业服务全生命周期管理实践

深圳市作为全国最早开始推行机关物业服务外包的城市，经过 20 多年的发展，基本实现了由“办物业”向“买物业”的根本性转变，基于“制度—标准—技术—监管—评估”五大要素，初步探索出机关物业服务质量的全生命周期管理模式。本章以深圳机关物业外包服务管理实践为样本，提炼其全生命周期管理的核心环节与主要做法，深入分析阻碍机关物业服务质量提升的困境，并提出优化路径，为推进机关物业高质量发展提供经验借鉴。

20 世纪 90 年代末，深圳市开始推行由政府机关委托购买专业物业服务企业管理政府机关物业的模式。经过 20 多年的发展，深圳市机关物业基本实现了由“办物业”向“买物业”的根本性转变。通过对深圳的实践经验总结，发现深圳市通过颁布实施购买制度、制定推行服务标准、加强过程监管以及完善考核体系，初步形成了机关物业服务全生命周期管理模式（如图 2–5 所示）。

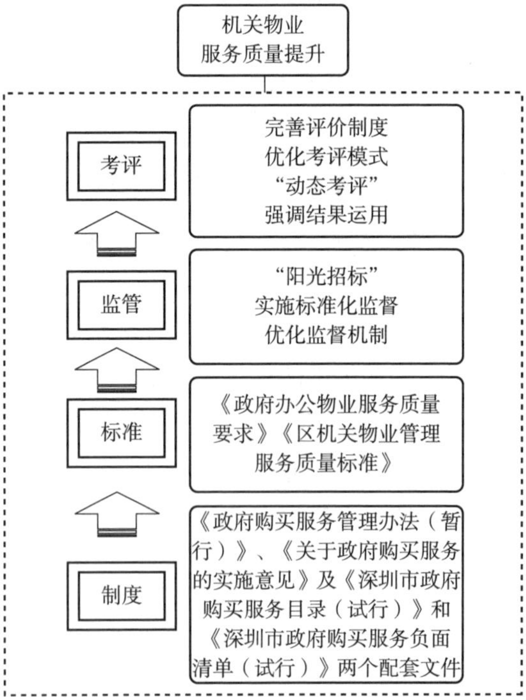

图 2–5　深圳市机关物业服务全生命周期管理的主要措施

1. 颁布实施购买制度规范

深圳市购买服务的实践过程也是制度建设的过程。2014 年关于印发《政府购买服务管理办法（暂行）》的通知，明确了购买服务的原则、购买内容和指导目录、购买方式及程序、预算和财务管理、绩效和监督管理等内容。为建立市、区统一高效的政府购买服务平台和机制，2015 年深圳市政府印发《关于政府购买服务的实施意见》（以下简称《意见》），明确了政府购买服务的实施目标、购买主体、承接主体、购买内容、预算管理、购买标准、购买机制、购买程序、绩效评价、职责分工等，同时制定了清晰的《深圳市政府购买服务目录（试行）》和《深圳市政府购买服务负面清单（试行）》。这一系列文件为政府运行保障主管单位购买后勤服务的过程管理奠定了制度基础。

2. 制定推行物业服务标准

长期以来，政府办公物业监管因没有国家或地方标准作为指导，只能依据物业管理招标文件及合同对中标服务企业进行监督管理，检查机制和评价体系不完善，服务质量和水平参差不齐。2020 年深圳市机关事务管理局制定出台了全国首个地方标准《政府办公物业服务质量要求》，从政府权属办公物业的实际管理出发，对环境卫生、设施设备管理、工程管理、消防安全管理等提出了具体要求，同时综合考虑政府办公物业区别于一般住宅物业的安保性、保密性等特殊需求，对会务服务、秩序维护、应急管理等方面提出了针对性的要求。与此同时，2021 年深圳市龙岗区机关事务管理局党组以标准化为导向，制定《区机关物业管理服务质量标准》，加强对物业管理服务过程中各环节、各岗位的标准化、规范化监督管理。由此可见，深圳市通过物业服务的标准化建设，规范各部门、各岗位工作职责和工作要求，保障了政府物业的科学管理、高效使用、安全增值，有效提升了机关物业服务水平。

3. 初步构建过程监管体系

深圳市机关事务管理部门充分认识到监管的重要性，通过健全招标投标机制、强化标准执行、优化监管机制等对项目招标、项目实施过程进行监管。

一是实施“阳光招标”。深圳市市直机关物业管理中心在招标活动中以抽签方式产生定标委员会，以无记名投票为定标方式，以专家评审报告为定标依据，以企业实力与信誉、投标文件响应情况、投标报价等为定标择优因素，通过规范、透明的定标流程，评选出资质优良的物业管理服务企业，为做好机关物业管理服务工作提供有力保障。

二是实施标准化监督。深圳市市直机关物业管理部门在项目招标需求中明确要求物业服务必须达到《政府办公物业服务质量要求》，从源头把好服务质量关；在专项服务工作中，参照标准化成果，细化完善专项服务保障标准细则，确保实现物业服务全流程标准化管理。对照标准化监督检查表单，对集中办公区的设备设施管理、秩序维护等各项服务保障工作实施标准化监管检查，及时发现选择性落实、象征性落实等问题，防止标准在落实过程中走样变形。

三是优化监管机制。深圳市市直机关物业管理中心根据市委片区办公楼分布特点，建立东、西网格监管制度，贯彻管理下沉理念，各网格监管员深入日常物业服务区域，实施扁平化监管；各监管部门重新梳理部门职能和各岗位职责，细化人员分工，工作责任到人，进一步压实监管责任，做细做实现场监管工作。

4. 初步形成服务考评体系

深圳市通过完善服务评价法规制度，以及“满意度测评”“双向考评”“动态测评”等方式加强服务考核评估，提升了服务满意度。

一是完善服务评价法规制度。深圳市住房和建设局印发《深圳市物业服务评价管理办法》，明确了物业服务信息的采集和公开、物业服务评价和分级，设立激励名单和风险名单，加强对物业服务企业的监督管理。

二是优化考评模式。深圳市机关事务管理局党组成立区机关物业过程监管考评小组，对后勤中心的监管情况和物管公司的履约情况进行“双向考评”，并形成《问题清单》限期整改，推动物业管理服务提质增效。同时，把落实《深圳市机关事务管理局服务保障人员行为规范》作为考核评价服务质量好坏的标准，加强对项目服务保障人员的行为管控。

三是实行“动态测评”。市直机关物业管理中心采取“月考核、季通报、年考评”办法，对物管公司履约情况和服务质量定期考核与随机抽查，考核优秀的评为“星级物管公司”。龙岗区机关事务管理局制定实施《购买服务履约情况满意度测评办法》，开展服务满意度测评，并将测评结果和履约情况进行“线上公示”。

四是强化考评结果的运用。对考核发现的问题，根据不同性质采取通报批评、限期整改、扣除违约金、不再续签或解除合同、列入失信黑名单等方式进行严肃处罚；对考核“优秀”、机关干部群众满意度高的物管公司，给予通报表扬，推广其成功经验。

三、深圳机关物业服务全生命周期管理的实践困境

从全生命周期管理的视角来看，深圳市机关物业服务质量管理已经做了许多有益的尝试，但是深圳市购买机关物业服务仍面临着一些管理困境，主要包括机关后勤服务购买制度体系不完善、服务标准体系不健全、智慧化管理水平滞后、服务购买流程不规范、考核评估体系不完善等问题。

1. 制度困境：购买制度体系不完善

完善机关购买服务制度是机关物业服务质量提升的基础要素，其主要内容包括建立健全物业服务管理制度，制定购买服务合同示范文本，建立跟踪监管制度，完善机关后勤服务质量考核评价制度等。2019 年 8 月印发的《中央国家机关购买后勤服务管理办法（试行）》，对购买内容、购买主体的责任、购买费用、购买程序等作出了详细的规定。为不断提高机关后勤服务质量，各省市纷纷制定本地区的后勤服务管理办法，例如，2020 年云南省制定《云南省省级机关购买后勤服务管理办法（试行）》，2021 年上海市制定《上海市市级机关后勤服务质量管理暂行办法》，明确了机关购买服务涉及的各主体的职责，后勤服务质量的基本要求、质量管理体系、评估与组织体系，大大促进服务的制度化、法治化进程。然而，深圳市鲜有针对机关后勤管理领域的制度规范，缺乏机关购买服务的管理办法、合同示范文本、机关后勤服务质量考核评价等相关制度。

2. 标准困境：服务标准体系不健全

在现阶段全面推进机关后勤服务社会化改革的常态下，前瞻性地探索和推行机关服务标准化，是有效推进社会化改革和提升政府购买绩效的重要途径。2018 年 6 月国家机关事务管理局颁布《机关事务标准化发展规划（2018—2020 年）》，为完善机关事务标准体系、健全实施监督体系和落实标准

化工作运行体系明确工作路径。国家机关事务管理局越来越重视标准化工作，2019年成立全国机关事务管理标准化工作组，指导各级机关事务管理部门开展标准体系建设。截至2022年6月，制定包括《机关事务管理术语》在内的机关事务领域国家标准、地方标准300余项，开展国家级和省级标准化试点300余项，创新推进各类标准实施。从目前情况来看，深圳的机关后勤服务领域的标准化工作仍处于起步阶段，仅制定机关物业服务领域的《政府办公物业服务质量要求》等一些零散的服务标准。相较于国家其他城市，如上海、成都等城市，深圳机关物业服务标准化水平还比较落后，没有形成完善的标准化体系，标准化建设碎片化、零散化、随机化等现象突出。

3. 技术困境：智慧化管理水平滞后

移动支付、智能硬件、物联网、大数据分析技术等互联网技术的普及和成熟，正深刻地改变着人们的生活和国家的治理方式。2016年，国务院发布《加快推进“互联网+政务服务”工作的指导意见》，提出优化服务流程，创新服务方式，推进数据共享，打通信息孤岛，推行公开透明服务，降低制度性交易成本，让企业和人民共享“互联网+政务服务”发展成果的要求。2020年，住房城乡建设部等六部门联合发布《推动物业服务企业加快发展线上线下生活服务的意见》，提出要加快建设智慧物业管理服务平台，推动物业服务线上线下融合发展，满足人民多方面、多层次，多样化的服务需求。由此可见，提升机关物业服务质量管理水平，必须充分认识“互联网+”和大数据的重要性，积极打造“智慧机关物业”。然而，当前深圳机关物业管理信息化、智慧化水平相对滞后，其原因主要包括以下方面。首先是机关物业服务标准、管理标准、评价标准的缺乏，导致智慧物业的建设方式、技术路线、数据接口难以统一，“智慧物业”管理方式难以实现。其次是缺乏专业的物业管理队伍。建设“智慧机关物业”首先要求物业监管和服务人员具有较高的信息技术素养，但是当前机关物业工作人员年龄偏大，很多老同志不懂智能化的应用，甚至对智慧化的手段存在抵触心理，阻碍了后勤服务监管智慧化的进展。

4. 流程困境：服务购买流程不规范

合理规范的运作流程是机关物业服务外包能够保持正常运行的重要条件。2015年，湖南省财政厅发布《省级部门政府购买服务工作应遵循八大步骤》，提出省级部门政府购买服务工作基本流程包括编报购买预算、审核购买预算、公开购买信息、实施购买活动、选择承接主体、签订购买合同、履约与资金支付、开展绩效评价等八个步骤，为省直单位做好政府购买服务工作提供遵循，从制度上解决了“怎么买”的问题。2020年国家财政部颁布《政府购买服务管理办法》，提出在购买活动实施过程中，购买主体应当通过公平竞争择优确定承接主体，购买主体实施政府购买服务项目绩效管理，应当开展事前绩效评估，定期对所购服务实施情况开展绩效评价等要求。然而，在深圳市机关后勤部门购买机关物业服务的运作过程中，依然存在着招投标过程不充分公开等问题。例如，某些项目的公开招标只是名义上的公开，实质上却是“内部化”合作，即政府部门与某些社会组织等社会力量协商后直接选择服务承接主体。此外，某些后勤部门购买机关物业服务之前缺少调查论证与周详规划，存在招投标方案设计不合理，程序不规范，购买合同中的项目要求、服务期限、评估标准等条款不明确等多个问题，导致了机关后勤服务购买过程中的诸多风险。

5. 考评困境：考核评估体系不完善

机关购买物业服务能否长期有效地推行，在很大程度上取决于监督评估机制的完善与健全。一方面，机关往往既是项目负责者又是服务承接的主管部门，同时也是项目的考核评估主体，其与服务承接主体的复杂关系使得监督评估出现错位现象；另一方面，机关购买物业服务项目涉及面非常广泛、要求多样，复杂性程度也很高，这更增加了对评估科学化、专业化、规范化的要求。国内一些发达城市，如上海、北京等，通过制定机关后勤服务质量监督考评方法，设立监督委员会等方式，加强对机关后勤服务质量的监督考评管理。2011年上海机关事务管理局通过制定《上海市市级机关后勤服务质量监督考核评价暂行办法》对后勤服务质量监督考核评价的考核方式、考核内容与依据、考核程序、考核评价与反馈、评价运用、激励机制等进行了详细、明确的规定。北京市成立了项目评估监督委员会，负责对申报项目进行审查和可行性评估，对项目实施效果进行评估评价。而深圳市并未出台针对机关后勤服务质量监督考核评价的相关法律和规章制度，尚未形成完善的机关后勤服务质量监管考评体系。

四、深圳机关物业服务全生命周期管理的优化路径

综合理论分析与深圳的实践观察，深圳市机关后勤部门应从制度路径、标准路径、技术路径、流程路径、考评路径着手，加强对机关物业服务的全过程管理，促进服务质量的提升。

1. 制度路径：加强制度法规建设

购买制度是推进购买服务法治化、制度化的基础要素。购买服务并不意味着简单的放权，而是要通过创新公共服务提供方式，更好地提供公共服务，要求建立一套服务质量评价体系和相关制度安排。为继续发挥深圳经济特区的引领示范作用，建立市、区统一高效的政府购买服务平台和机制，优化购买目录、购买标准、购买流程，打造政府购买服务的“深圳品牌”，深圳市机关事务管理局要结合本地区、本部门、本单位的实际，围绕“怎么买、怎么管”，制定完善机关购买服务领域的制度规范、实施办法和具体措施。一是制定监督管理制度、投资决策监控制度、财务监管制度等，形成机关事务部门与服务单位、服务企业之间的合理关系。二是建立健全严格规范的服务规章制度，如考核考评标准、服务规范、奖惩办法等各项制度，对购买服务相关主体、购买内容与程序、服务标准、绩效评价以及奖惩措施等内容和环节做出全面系统规范，使服务单位或人员在工作中有法可循、有章可依，避免服务随意化。三是建立完整的信息公开、投诉处理和责任追究等制度安排，明晰购买者、服务承接者等各方的职责，依法追究失职行为等。

2. 标准路径：完善服务标准体系

服务标准是推进购买服务规范化、专业化的核心要素。制定清晰、可操作、可量化标准和指标，能有效避免服务随意性。在现阶段全面推进机关后勤服务社会化改革的常态下，前瞻性地探索和推行机关物业服务标准化，是有效提升机关物业服务水平的关键举措[①]。机关后勤管理部门应认真梳理行政事务领域标准现状和需求，谋划好机关后勤服务管理工作标准化建设的体系设计和规范路径，构建包括服务需求标准、购买程序标准、服务保障标准三

---

① 曹玉妹.社会化改革背景下机关后勤服务标准体系研究［J］. 标准科学，2019（4）：86-89，118.

方面的标准化体系。首先，在服务需求方面，机关事务管理部门要制定清晰明确的购买内容的服务质量和效果标准，提升购买效率。其次，在购买程序方面，构建操作性强、公平公正、公开透明的购买程序标准。要进一步优化和规范机关后勤服务购买活动的必经的流程和关键环节。最后，在服务保障方面，构建保障机关后勤服务标准有效实施的内部管理标准。一方面建立完善清晰、合理的岗位职责体系和岗位人员的考核标准；另一方面建立机关信息管理、财务管理、安全管理等的内部管理标准，以增强政府购买工作的规范性、整体性和协同性。

3. 技术路径：提升智慧化管理水平

智慧化管理是加强购买服务质量管控的技术要素。首先，尽快完善机关物业标准化体系。标准化是智慧化的前提，提高机关物业智慧化管理水平首先要加快机关物业领域的标准化建设，进一步完善机关物业标准体系。其次，建立“一站式”信息化物业服务管理平台。通过“一站式”信息化物业服务管理平台，实现将服务需求转化为线上“订单”，实现服务对象下单，物业服务企业接单提供服务，机关事务管理部门线上管理的机制；实现对物业服务企业的线上智能化监管，实时掌握物业服务企业工作人员的工作动态，有效减少监管疏漏，缩小监管盲区，减少物资浪费和挪用行为，降低行政运行成本；实现对物业服务企业的在线考核评价，提升考核评价的客观性和及时性。最后，加强智慧物业的队伍建设。当前深圳机关物业管理的智慧化水平滞后于企业物业管理，主要是缺乏专业的人才队伍，缺乏智力支持。因此，深圳市机关物业管理部门应当统筹加强信息化人才队伍建设。利用培训、交流、专题学习等方式，提升现有人才队伍水平。同时制定政策、提出要求，支持各部门积极引进急需的信息技术人才。

4. 流程路径：完善全过程监督体系

全过程监督是加强对购买服务质量管控的关键要素。服务购买方应完善监管体系，加强对承接方提供服务的全过程的密切跟踪监管。一是规范购买流程和加强过程监管，形成申请、招标、实施、结项、评估、反馈等规范的程序和全过程实时动态监管体系。二是建立健全信息公开制度。服务的供给效率受到主体间信息不对称的制约。因此要完善制度的保障，建立信息公开渠道和信息互动平台，推动购买相关主体间的交流沟通及相互监督。三是加强风险防范和规避。建立责任追究和赔偿机制，对社会组织因违约和履行不力造成的损失，要追究其违约和赔偿责任。完善应急预案，当社会组织不履行协议或无能力履行协议时，有适当的方案及时补救。四是要加强监管方式创新。必须充分认识"互联网+"和大数据的重要性，积极推行"智慧监管模式"，实现对服务机构的线上智能化监管，弥补过去机关后勤服务监管过程中的疏漏，缩小监管的盲区。

5. 考评路径：完善绩效考核评估

考核评价体系是提升购买服务质量的保障要素。绩效评价是鉴别购买服务项目效果的重要方式，实施绩效评价的重要目的在于对公共财政资源与公共资源负责。首先，建立绩效考核制度，围绕考核内容与方式、考核程序、考核评价与反馈、评价运用、激励机制等制定绩效考核指标，严格督促检查落实各项绩效指标完成情况。其次，积极引入独立的、专业的第三方评估机构，建立包含政府主管部门、提供服务的组织、第三方评估部门等的评价结构，明确不同评估主体权重比例，遵循公平公正、透明、可行性、过程性以及弹性等原则，对物业服务购买项目实行360度评估。再次，构建细致的、合理的评估指标体系，建立从事前对服务承接主体的评估，到承接主体资金使用和服务过程评估、绩效评估的可行化、可控化、具体化的指标体系。最后，加强评价结果的运用，及时将评估结果和整改意见反馈给服务购买者和服务承接者，将评价结果作为后勤管理人员及物业服务企业的奖励或惩罚依据，为政府物业服务管理凝聚新活力、新动能。

（作者：耿旭、蒋燕霞）

第三章　节约型机关建设的复合路径研究

【内容提要】建设节约型机关是现代政府发展的一个基本原则，也是政府治理的自我要求。从中央到地方，各级政府均开展节约型机关创建行动，节约型机关的创建路径大体归纳为“标准化+”“社会化+”“数字化+”“低碳化+”四种。本章分析四种建设路径，结合节约型机关建设实践，提出节约型机关需走“四化融合”路径，并给出若干对策建议。

节约型机关建设是政府改革与治理的重要议题，关系着机关运行保障效能的发挥。《机关事务工作“十四五”规划》明确提出“要坚持厉行节约反对浪费，加快公共机构绿色低碳转型，持续深入推进节约型机关建设”。目前各地政府均将节约型机关建设作为重要政策目标予以落实。新时代机关事务高质量发展背景下，探讨节约型机关建设问题具有重要的现实意义。本章结合我国节约型机关建设实践，阐释节约型机关建设的标准化、社会化、数字化与低碳化四大路径，并提出四大路径融合发展的具体策略。

一、节约型机关建设及其意义

自 2007 年《政府工作报告》提出建设节约型机关以来，我国开展相关工作已有 17 年之久。节约型机关建设具有重要现实意义，是一项政府需要长期贯彻落实的战略使命。

（一）节约型机关建设背景

节约型机关既强调要实现节约节俭目标，也强调要保证目标实现过程的科学高效。所谓节约型机关一般指在机关建设与发展过程中，通过采取法律、经济和行政等手段，制止资源浪费与滥用行为，提高人、财、物资源的配置效率与利用效益，最终实现以最优成本保障机关高效节约运行目标的过程。建设节约型机关有其独特的历史与现实背景需求，主要可归纳为三个方面。

第一，党“艰苦奋斗、勤俭节约”的精神文化要求政府节约节俭。从新中国成立到中国特色社会主义建设时期，党领导人民取得奇迹般的发展成就，靠的就是“艰苦奋斗、勤俭节约”的精神文化。这种精神文化已内化为党与国家工作的核心要素。习近平总书记提出“要提倡艰苦奋斗、勤俭节约，坚决反对铺张浪费，在全社会营造浪费可耻、节约光荣的浓厚氛围”。2009 年《中共中央办公厅　国务院办公厅关于党政机关厉行节约若干问题的通知》（中办发〔2009〕11 号）要求党政机关厉行节约，制止奢侈浪费。2013 年《中共中央　国务院关于印发党政机关厉行节约反对浪费条例的通知》（中发〔2013〕13 号）进一步要求党政机关厉行节约反对浪费，建设节约型机关。建设节约型机关正是对勤俭节约文化传统的生动实践。

第二，党政机关“过紧日子”要求提升政府节约管理水平。党的十七大以来，党政机关厉行节约工作全面铺开。2014 年《政府工作报告》要求各级政府必须厉行节约、反对浪费，坚持“过紧日子”，严格执行“约法三章”。至今，“过紧日子”已连续九年写进政府工作报告。进入新发展阶段，国家产业与经济发生重大转型，新冠疫情时有起伏，政府更强调走集约发展道路。在此背景下，要求党政机关干部职工“过紧日子”已是必然趋势。党的十九大报告明确提出建设节约型机关的重要目标。《国家发展改革委关于印发〈绿色生活创建行动总体方案〉的通知》（发改环资〔2019〕1696 号）提出具体建设内容的同时，要求两年内争取全国约 70% 的县级及以上党政机关完成节约型机关创建目标。

第三，建设资源节约型社会要求政府作出表率。建设资源节约型社会在 2004 年 3 月首次被提出。同年 7 月，国务院印发通知要求各级政府在节约型社会建设中发挥表率作用。党政机关陆续开展节约节俭工作。2007 年《政府工作报告》明确提出“堵塞管理漏洞，努力降低行政成本，建设节约型政府”。自此，节约型机关建设在全国范围内推行开来。2012 年《国家发展改革委 财政部　国务院机关事务管理局关于印发〈节约型公共机构示范单位创建工作方案〉的通知》（发改环资〔2012〕1982 号）提出创建节约型公共机构示范单位，引领全国公共机构深入开展节能减排工作，加快建设资源节约型社会。

（二）节约型机关建设的意义

节约型机关集“节俭、高效、精干、生态”等优势于一身，对政府运行与社会发展具有诸多意义，主要体现在：

第一，促进政府机构的深化改革。节约型机关通过建立节约高效管理体系，既净化了政治生态，也实现了“体制性节约”，有助于推动政府实现“瘦身健体”的核心改革目标。

第二，推动政府治理体系与治理能力现代化。节约型机关注重加强机关作风建设，推行集约管理模式，杜绝资源滥用，提升资源利用效率与均衡保障水平，让百姓过上好日子。这既是公共行政中公平与效率价值的具体体现，也是中国政治伦理核心价值的生动表达。可以说，节约型机关在践行政治与行政理念的过程中促进了政府治理现代化发展。

第三，助力国家“双碳”战略的全面落实。中央与地方出台大量关于节水节电、节能减排与减碳降碳的政策文件，要求党政机关带头开展“双碳”治理工作，探索绿色办公、绿色出行、绿色建筑与绿色生活等方式，引导全社会崇尚绿色低碳文化。《“十四五”公共机构节约能源资源工作规划》指出，开展绿色化改造、可再生能源替代、节水护水、反食品浪费等工作，能促进公共机构绿色低碳转型，助力国家“双碳”治理。

二、节约型机关建设的四种路径

节约型机关建设是机关事务领域的重要工作，主要涉及公务用车、食堂服务、国有资产、办公用房、机关经费、公共机构节能等管理内容。目前，全国各地政府开展各类节约节能实践活动，推进节约型机关建设。总体而言，我国节约型机关建设可归纳为标准化、社会化、数字化与低碳化四大路径。

（一）“标准化 +”建设路径

“十三五”时期，我国机关事务系统出台了 2 项国家标准以及近 190 项地方标准，建设了 22 个国家级试点以及 176 个省级试点，标准建设工作突出。标准化是现代机关事务治理体系的基础性工作。《机关事务标准化工作

“十四五”规划》提出，要在基础通用、经费管理、资产管理、后勤服务、公共机构节能、社会事务管理、应急保障和信息化等领域构建机关事务标准体系，以此来规范与约束各项管理、服务与保障工作开展。在过去，机关后勤机构“条条”与“块块”分割，多头管理严重，业务保障低效，使得违规操作时有发生，行政资源浪费严重。自实施集中统一管理改革以来，各级机关事务管理部门陆续为各项业务制定标准，加快业务标准衔接。当前，各项保障政府机关运行的管理、服务与保障工作都被要求在“厉行节约、务实高效、公开透明”的原则下，做到“凡事有标准、凡事守标准”。

在机关运行经费管理方面,《机关事务管理条例》指出要按照“总额控制、从严从紧”原则，以定员定额方式来编制机关运行经费预算。这意味着保障机关运行所需货物和服务的每一笔财政支出，都需要节约使用，绝不允许存在超额与违规使用问题。特别在“三公”经费方面，政府公务接待、公务用车购置和运行、因公出国（境）的各项支出，必须符合有关标准要求。例如，《党政机关国内公务接待管理规定》规定要“禁止以举办会议、培训为名列支、转移、隐匿接待费开支”,《党政机关公务用车管理办法》规定“公务用车配备新能源轿车的，价格不得超过 18 万元”,《因公临时出国经费管理办法》规定“出国人员应当严格按照规定安排交通工具，不得乘坐民航包机或私人、企业和外国航空公司包机”，等等。

在机关资产管理方面，政府仍然存在资产粗放化管理与使用的问题，譬如实物财产账目不全、部分资产不入账、国有资产随意出租出售、资产被私人占用、物品领用与归还制度缺失等，造成政府资产流失与浪费。为规范国有资产管理，提升资产使用效益，国务院于 2021 年出台《行政事业性国有资产管理条例》(国务院令第 738 号)，同时大力开展国有资产管理标准化试点建设。总的来说，国有资产标准化主要通过做标准，在资产数量、性能、价格与使用年限等方面制定详细的操作规范，要求各级部门统一按照标准管理公务用车、办公用房、办公设备等资产，禁止奢侈浪费、超标超额的资产购置与使用行为。例如，湘西土家族苗族自治州制定出台《湘西自治州州级行政事业单位 2021—2022 年国有资产配置预算及实物限额标准》《湘西自治州本级行政事业单位经营性国有资产管理暂行办法》等标准，规范管理资产台账、会计核算、资产配置等活动，防止国有资产流失。黔东南州出台综合性的机关事务资产管理标准，按照勤俭节约、反对浪费的原则，详细规定了办公用房的面积、使用管理、移交、台账管理等操作要求。

在机关服务管理方面，国家机关事务管理局制定实施《机关事务标准化发展规划（2018—2020年）》《机关事务标准化工作“十四五”规划》，鼓励各地政府在机关食堂、安保、文印和保洁等服务领域制定地方标准，并按照节约、高效、环保的原则，统一制定机关服务管理制度。机关服务标准化，主要通过规范服务流程，详细规定了机关服务的品质、技术、资金、行为等各类要素，打通党政机关节约节俭的“最后一公里”。如机关食堂推行用餐资格准入与临时性用餐预约报备等规定，实现对食材采购量与食物供应量的精准把握，减少剩餐浪费与餐厨垃圾；机关文印中心制定“文印管理规范”，对物料采购、纸张数量、印刷流程、装订工序等进行标准化管理，规范操作流程，提高印刷效率，减少文印浪费。

总体来讲，机关事务标准化实现节约型机关建设的精细化、规范化与透明化发展目标，有助于减少资金资产资源的“模糊管理地带”，剥离粗放化的资源管理要素，提高资源使用效益。

（二）“社会化+”建设路径

在强化资源节约、降低行政成本的改革需求驱动下，政府大力推进机关后勤服务社会化改革[①]。经过多年实践，机关事务领域建立起由合同外包、社会合作、委托管理等方式构成的社会化模式，持续推动节约型机关建设。

在公共机构节能管理方面，合同能源管理是主要路径。《深入开展公共机构绿色低碳引领行动促进碳达峰实施方案》强调，要持续推进公共机构节能的市场化机制建设，鼓励政府机关借助能源托管等合同能源管理方式开展节能管理工作，依靠市场化手段解决机关节能改造难题。根据我国《合同能源管理技术通则》（GB/T 24915—2020），合同能源管理是指“节能服务公司与用能单位以契约形式约定节能项目的节能目标，节能服务公司为实现节能目标向用能单位提供必要的服务，用能单位以节能效益、节能服务费或能源托管费支付节能服务公司的投入及其合理利润的节能服务机制”。政府机构作为能源消耗的重要主体，主动与节能服务公司开展合同能源项目合作，一方面可以充分利用社会资金，节约政府财政开支；另一方面可以引入先进的节能

---

① 刘会增．深化机关后勤服务社会化改革的实践与思考［J］．中国行政管理，2017（5）：6-9.

技术资源，借助市场力量实现节能降碳目标。如表 2–1 所示，当前各地政府大力开展合同能源管理工作，主要涉及机关节水节电、光伏发电、能源改造等内容。

表 2–1　各地机关事务管理局合同能源项目合作

合作单位	项目	时间	主要内容
宁波市奉化区机关事务管理局—国网浙江综合能源公司	奉化区行政服务中心能源托管项目	2020 年	改造能源设备，打造建筑能效平台，建设车棚光伏与充电桩，等等
浙江省平湖市机关事务管理中心—国网（嘉兴）综合能源服务有限公司	平湖市行政中心能源费用托管型合同能源管理项目	2021 年	对办公大楼进行综合能源节能改造
江苏省镇江市机关事务管理局—国网江苏综合能源服务有限公司、镇江供电公司	镇江市行政中心综合能源托管项目	2021 年	对空调系统、电梯系统、照明系统、供热锅炉系统等进行节能改造，建设末端空调集中管控和综合能源管理平台，等等
上海市机关事务管理中心—上海麟祥环保股份有限公司	徐汇区行政服务中心能源托管项目	2022 年	对机关厨灶具、照明灯具、发电系统、空调机房进行节能优化，建设能源管理平台，等等
浙江省温州市机关事务管理局—正泰集团	温州市行政中心能源费用托管型合同能源管理项目	2022 年	节能技术应用、能源管理软件开发、能源改造等

在机关服务保障方面，党的十八届三中全会提出要“推广政府购买服务，凡属事务性管理服务，原则上都要引入竞争机制，通过合同、委托等方式向社会购买”。政府通过委托、合同等方式向市场购买服务，主要涉及机关绿化、机关食堂、保洁、安保、水电维修、物业管理等领域。一方面，引入市场服务资源能使政府有机会借助市场的专业服务力量，为机关运行提供优质服务保障，促进专业高效机关服务体系的搭建，提高机关服务效率，提升机关服务品质；另一方面，引入了市场竞争机制，既帮助政府提高机关运行服务保障的效率效能，又能提高服务供给主体的成本控制意识，降低机关运行成本，助力节约型机关建设。

实践证明，我国机关后勤服务工作社会化改革取得了良好的工作效果。市场服务资源与市场竞争机制的引入，在技术、资源以及管理层面，都有助于推动机关运行保障实现效率改革与效益改革目标，系统促进机关节约型机关建设。

（三）“数字化 +”建设路径

信息化和智能化背景下，政府推进机关运行数字化转型的意愿增强。近年来，针对机关事务信息化程度低、靠养机构养人做后勤、依赖经验做决策等问题，各地机关事务工作部门创新数字化实践方式，旨在实现机关运行保障“降本、提质、增效”。

一是建设数字化平台，提升资源统筹与配置效率。各地机关事务管理部门将物联网、大数据、云计算以及 5G 技术应用到机关运行保障领域，重要工作是建设机关事务数字化平台。通过数字化平台，办公用房、公务用车、机关食堂、资产管理、消防安全、会务接待、接待管理、疫情防控等业务实现高度集中，形成模块化管理体系。这帮助政府集中掌控业务环节与业务资源，提高统筹管理能力，实现人、财、物各类资源的优化配置。例如浙江省借助“信息化 +”手段，构建涵盖公务用车、办公用房、采购管理、公共机构节能管理、综合服务保障管理等业务的机关事务数字化系统，极大增强对业务模块的动态管控能力，提高资源配置精准性与有效性。沈阳机关事务管理局则通过“虚拟公物仓”平台，集中共享与调剂使用机关资产资源，降低资源存放成本，减少资源流通损耗，避免资源错配和资源浪费。

二是推动机关运行保障业务的精细化与智慧化管控。部分政府应用数字化技术，促进机关区域设备、建筑、车辆、用水用电的可视化，全景展示机关系统的整体运行状态。可视化与全景化管理的优势在于，数字化平台能基于对机关活动信息的综合分析，提供资源节约与成本优化的管理方案，提高政府精细化与智慧化管控能力。比如，在公务用车管理方面，数字化管理平台能及时更新公车里程、保养、车况等信息，并根据每辆车的状态，合理预估公车运行支出，降低燃油和维修成本；在政府节能管理方面，为机关重点用能设备安装远程智能水表、电表，实现办公大楼能源资源消耗的在线实时监测。这些智能平台还能为政府提供合理的能耗管理方案，避免能源浪费。总的来说，政府节能的可视化、精细化与智慧化发展，优化了机关资源的配置与利用水平。

政府借助数字化建设手段，在技术上提高了业务管理的智能化水平，在结构上促进了机关运行保障体系的扁平化与弹性化发展。在此基础上，各地政府加强对资源的优化配置与高效利用管理，避免资源浪费，推进节约型机关建设。

（四）“低碳化 +”建设路径

绿色低碳是节约型机关建设的重要特征。如表 2–2 所示，中央高度重视公共机构的绿色低碳转型工作，出台诸多政策文件，切实推动“双碳”治理。2021 年《深入开展公共机构绿色低碳引领行动促进碳达峰实施方案》明确任务目标，即全国公共机构年度能源消费总量到 2025 年控制在 1.89 亿吨标准煤以内，碳排放总量控制在 4 亿吨以内。全国各地政府大力开展节能减排、减碳降碳工作，主要有两方面实践。

表 2–2　公共机构绿色低碳转型政策文件

文件名称	时间	相关内容	主要目标
《关于进一步推动公共机构生活垃圾分类工作的通知》（国管办发〔2019〕31 号）	2019 年	把垃圾分类工作作为建设生态文明的重要举措，作为建设节约型公共机构的重要内容	促进全国公共机构生活垃圾分类，发挥率先示范作用
《住房和城乡建设部 国家发展改革委 教育部 工业和信息化部 人民银行 国管局 银保监会关于印发〈绿色建筑创建行动方案〉的通知》（建标〔2020〕65 号）	2020 年	在公共机构领域推广合同能源管理、应用绿色建材、研究绿色建筑科技等	贯彻习近平生态文明思想，推进绿色建筑高质量发展
《关于印发〈节约型机关创建行动方案〉的通知》（国管节能〔2020〕39 号）	2020 年	健全节约能源资源管理制度；绿色办公；生活垃圾分类；开展节约能源资源宣传实践与教育培训活动；等等	引导干部职工养成简约适度、绿色低碳的生活和工作方式，形成崇尚绿色生活的良好氛围
《国家机关事务管理局办公室 水利部办公厅关于深入推进公共机构节约用水工作的通知》（国管办发〔2021〕33 号）	2021 年	提高非常规水源利用率；建设再生水利用系统和灰水处理装置；推广成熟适用节水技术；加大节水技术应用和节水产品采购力度；等等	提高公共机构水资源利用效率，创建节水型机关，发挥示范引领作用
《国管局关于 2022 年公共机构能源资源节约和生态环境保护工作安排的通知》（国管节能〔2022〕16 号）	2022 年	构建公共机构绿色低碳管理制度标准体系；可再生能源替代；绿色化改造；生活垃圾分类；节约用水；等等	推进公共机构绿色低碳转型，贯彻落实“双碳”战略

一是基于“技术 + 低碳”理念的实践，政府为机关节约节能工作引入先进低碳技术，推进节能减排技术创新应用。比如江苏省要求“十四五”期间在政府机构推广应用光伏发电、新能源微电网、节水诊断、节水型器具等新

型技术，助力节能降碳；深圳福田集中办公区引入华为数字能源集团“双碳云脑”技术，打造办公大楼智慧节能系统，既实现对办公大楼发电与耗电情况的实时监测，又实现屋顶光伏绿电的动态调配与精准供给。先进节能技术的应用，让政府有信心完成“近零碳”甚至“零碳”机关的建设目标。如四川成都 2022 年推出首批“近零碳”公共机构建设试点，其中选取了武侯区人民政府（机关第一办公区）等四家机关单位探索新型低碳技术，推进建设“近零碳”机关。浙江省机关事务管理局于 2022 年 8 月出台了全国首部《公共机构“零碳”管理与评价规范》，为各地建设“零碳”机关提供参考标准。

二是基于“管理 + 低碳”理念的实践，政府将绿色低碳理念融入机关日常管理制度、文化建设、干部职工公务行为，推进建设绿色机关、低碳机关。以上海为例，上海市 2022 年推出公共机构绿色低碳循环发展行动方案，要求健全与落实节能降碳制度，鼓励推行能源资源定额与碳排放限额管理方式，建立节能降碳档案，并通过各类宣传活动引导机关干部职工养成绿色低碳的生活工作习惯。其他地方政府也通过探索新颖的机关节能减碳管理模式，旨在促进政府机构低碳管理规范化发展的同时，也吸引更多社会主体参与到绿色低碳机关建设实践中，带动全社会营造低碳生活、绿色工作的良好氛围。

总体来讲，我国各地政府通过节能技术应用与节能管理优化两大实践，取得了良好的节约节能工作成绩，走出了具有中国特色的节约型机关低碳化建设之路。

三、节约型机关建设需要“四化融合”

“四化融合”是促进节约型机关深化建设的重要策略，有助于构建系统融合、协同高效的节约型机关工作体系，实现机关运行保障的高效节约发展。

（一）“四化融合”的必要性

随着我国节约型机关进入深化建设时期，政府更强调以高效能、高质量的模式实现机关运行保障“提质降本增效”目标。但目前节约型机关的“碎片化建设”现象制约着各项节约节能工作的全面深化发展。主要体现在，我国节约型机关标准化、社会化、数字化与低碳化建设呈现出明显的“单线”特征，“四化”实践的协同联动发展水平较低。在此背景下，机关标准制定形式化、数字平台重复建设、机关“碳冲刺”、机关服务质量下降等问题凸显，严重制约着机关运行成本控制、节约节能等工作的高质量发展。党的十九大以来，以协同性、整体性与系统性理念深化政府改革已是社会共识。节约型机关建设作为政府运行保障的重要工作，利用此改革理念突破“碎片化建设”困境，推进机关节约管理全面深化发展，已是必然之举。因此，摆脱“单线”建设模式，走标准化、社会化、数字化与低碳化多元融合的发展之路，是新时期节约型机关深化建设的必然选择。

节约型机关建设“四化融合”实质是一种整体性逻辑，即在机关节约节能实践中，促进标准化、市场化、数字化与低碳化建设工作的优势互补、系统联动与融合发展，构建节约高效、优化协同、系统融合的节约型机关管理体系。这极大激发了机关节约节能管理的系统效应，实现了政府运行保障的整体效益。

（二）“四化融合”的对策建议

在整体性逻辑下，可以采取补短升级、耦合互促与长效发展等策略，实现节约型机关“四化”建设路径的高水平、高质量、高效能融合发展。

1.“四化融合”的补短升级策略

节约型机关标准化、社会化、数字化、低碳化路径实现高水平融合发展，需要弥补弱项、升级强项。

第一，大力推动建设标准化与低碳化等弱项工作。首先，政府专门针对节约节能管理的标准化建设较为滞后。因此可以鼓励各地政府在反食品浪费、垃圾分类、资源循环利用、能源改造、绿色办公、光伏发电等领域加快制定标准，形成一套分类清晰、结构合理、操作性强的机关节约节能管理标准体系，切实促进节约节能政策法规全面落实到机关具体工作上。其次，节约型机关低碳化路径尚且处于探索阶段。政府可以通过创新低碳文化宣传形式与扩大节能技术应用范围，吸引干部职工与社会民众“沉浸式”参与低碳机关建设，促进机关绿色节能技术的多领域、多区域应用，进而提高低碳化建设水平。

第二，升级强化社会化与数字化等强项工作。首先，政府在购买社会服务方面已形成较为成熟的工作体系。但社会化模式也会“僵化”，例如出现机关服务质量下降、机关服务监管弱化、违规操作时有发生等问题。政府可以通过健全相关管理制度、建立全流程监管机制、构建竞争型服务模式等举措，激发“社会化+”路径的发展活力。其次，各级政府可以进一步推进数字化平台互联互通，实现数据共建共享共用。在此基础上，加强不同政府机构在节约节能工作上的跨域跨界协作管理，构建优化协同的节约管理体制。

2.“四化融合”的耦合互促策略

“四化融合”的关键在于实现节约型机关标准化、社会化、数字化、低碳化路径的互促互融与耦合联动，促进各路径优势的优化组合，达到交互赋能的系统效应。

第一，促进标准化与数字化的融合发展。标准化与数字化均拥有独特功能优势。前者可以通过制定约束性标准，实现对节约节能工作的规范化与精细化操作，保持节约型机关工作体系的稳定性。后者突破业务边界，实现业务联通，发挥资源整合、跨域联通与智慧管控的重要作用。标准化与数字化融合发展，实质是“标准管理数字化、数字管理标准化”的过程，最终实现两者优势互补、系统融合。首先在“标准管理数字化”方面，借助数字化手段，制定各项节约节能管理标准就拥有了强大的数据能力支持，而且各项标准能实现电子化、数字化方式的高效传递，大大提升节约节能政策的贯彻执行效率，固化标准化管理效果。其次在“数字管理标准化”方面，不同机关运行保障业务的数据整合与技术联通，都需要通过制定标准来统一“口径”，进而保证不同业务系统间数据的有效流动共享。标准化与数字化实现融合发展的同时，也实现了双向赋能，极大地提高机关资源流通流转效率，提升机关资源配置与利用水平。

第二，深化标准化、社会化与低碳化的联系。在节约型机关建设中，标准化在社会化与低碳化工作领域的应用程度较低，制约着节约节能管理效能的提升。因此，一方面可以加快社会化领域中的标准制定。政府向社会购买服务，需要制定明确的业务范围、职责分工、经费开支、工作内容等标准，需要制定服务供给商行为活动的监管标准，还需要制定能准确评估服务供应商服务效率效益的标准等，真正从制度上提高机关服务供应商的成本控制与资源节约意识。另外还需要为社会化中的市场竞争机制制定规范的管理标准，引导开展良性竞争活动，避免恶性竞争与资源浪费。另一方面可以加快低碳化中的标准化制定，鼓励绿色低碳工作突出的机关部门编制“双碳”管理相关标准，并且在全国推广应用，促进节能减碳先进经验的共享学习。

第三，加强“四化融合”理论与实践机理的研究。节约型机关“四化融合”水平较低的重要原因是，各方对“四化融合”的领域、范围或条件等基本问题尚未形成清晰的认识。因此，可以加强机关事务理论界与实务界的研究合作，在理论与实践上揭示标准化、数字化、社会化与低碳化“四化融合”的理论机理与实践逻辑，指导节约型机关建设实现高效能、高质量发展。

3.“四化融合”的长效发展策略

节约型机关建设是一项长期贯彻的战略任务，要求“四化融合”工作摆脱“运动式”融合模式，推进建立保证节约型机关长效发展的保障体系。

第一，增强节约型机关建设“四化融合”的统筹管理能力。建立高效能节约型机关运行保障体系，必须提高对“四化融合”的统筹管理水平。首先，政府可以根据标准化、社会化、数字化与低碳化路径自身的特点与优势，实施高度适配与效益优化的融合策略，构建高效能、高质量的节约节能管理体系。其次，节约型机关建设是一项系统性工程，系统内部节约节能整体效益的提升，很大程度上依赖于政府对技术、数据、业务、资金、人员等微观要素的统筹配置、有效管理与科学利用。这是促进标准化、社会化、数字化、低碳化在微观层面融合发展的过程。

第二，建立节约型机关“四化融合”发展的约束机制。节约型机关建设的对象较为特殊，机关运行保障首先强调的是安全性与稳定性。特别是数字化与社会化建设路径，会更容易接触到党政机关的保密性工作，具有较大的潜在管理风险。因此，需要建立一套针对“四化融合”的约束机制，通过评估不同路径融合所具有的潜在风险水平，约束制止高风险节约管理形式的应用，帮助政府机构选择安全高效的节约节能模式。建立约束机制，能有效降低“四化融合”外部性效应对机关运行的影响程度，助力提升机关节约节能管理水平。

第三，加大节约型机关建设“四化融合”的政策支持力度。标准化、社会化、数字化与低碳化融合发展，是政府实现节约节能、成本控制与绿色低碳运行的重要路径。政府可以出台专门的节约型机关建设“四化融合”政策，支持有条件的机关单位开展“四化融合”试点建设，打造节约型机关建设的“全国样本”，并形成一套成熟的管理与评价标准，在全国公共机构范围内推广应用。

（作者：雷蕾、黄淑敏、谭茜、曾锡环）

第三篇

标准化视阈下的机关运行保障管理研究

第一章 机关事务标准化建设的理论逻辑与实践机理

【内容提要】标准化建设为机关事务管理活动提供约束、指引与规范。标准化具有统一性、精简性、协调性和优质性等基本功能特征。标准化建设通过技术调控与制度规范的双重机制，统筹调控机关事务管理工作的全过程，保障各部分职能的规范化履行与业务指标的有序化执行，推动机关事务管理朝向科学化、专业化、精简化、优质化调整与转型，助推机关事务的改革与发展。

一、标准化的基本内涵与意义

标准是国家现代化治理中不可忽视的规范制度与技术工具，指导特定经济与社会实践活动，为政府管理与服务提供具体的判断与指引[①]。通常，标准的规制范围既包括产业贸易与服务秩序维护，也涉及公共服务、公众健康、产品质量、食品卫生、药品安全和环境保护等领域，几乎覆盖了公共生活的方方面面[②]。所谓标准化是指为了在既定范围内获得最佳秩序，实现共同效益，并对经济、技术、科学和管理等领域中的现实或潜在问题确立共同使用和重复使用的条款以及编制、发布和应用文件的活动[③]。标准化具备统一性、精简性、协调性和优质性等基本属性。这些特殊性质与功能在助推政府服务质量提升，政府运作效率和效能提高等理论与实践层面皆有重要作用与意义[④]。

---

① 宋华琳 . 中国食品安全标准法律制度研究［J］. 公共行政评论，2011（2）：30-50.

② Shleifer A. Understanding regulation［J］. European Financial Management，2005（4）：439-451.

③ 魏礼群 . 实行政务服务标准化推进政府治理现代化［J］. 东岳论丛，2015（12）：5-8.

④ 侯俊军，张莉 . 标准化治理：推进社会治理能力现代化的制度供给研究［J］. 湖南大学学报（社会科学版），2020，34（6）：9.

（一）标准化的统一性逻辑

统一性逻辑保障机构运行与服务提供的稳定与秩序，促进政府事务或活动的规范性开展。根据国家标准《标准化工作指南　第1部分：标准化和相关活动的通用词汇》的界定，标准化是为了在一定范围内获得最佳秩序，追求的是一种一致性、稳定性、规律性与连续性的状态①。从制度属性来看，标准具有严格的监督、约束力，是成员们必须共同遵守的、按照一定程序办事的规程②。其能在制订、发布和实施等全过程环节通过统一的目标和程序设置，为政府管理活动提供清晰、一致的指引，从而有效地应对各区域、层级、部门之间发展不规范、不充分、不均衡等问题③。在政府监管领域，政府部门往往通过设置制度管理规范及标准指标体系，依法合规地查处制售假冒、虚假违法、价格欺诈等违法行为，维护公平、公正的市场秩序，根据标准管理体系实施对食品、药品、特种设备、重点工业产品等重点领域的强制性监管，保障人民群众生命健康与安全。

（二）标准化的精简性逻辑

精简性逻辑推动政府机构的精细与简约化运作，提升政府管理的整体性效能与效益。通常，标准化活动会从成本—效益的角度对每一个环节和流程提供具体、精细的操作指引，包括基于特定目标与要求对服务或产品的类型、规格、数量、质量、性能等特征进行甄别与筛选，减少管理活动中低质、低效、多余、不合理的部分，降低政府运行成本，建立起集约型政府治理模式，从而确保整体的功能实现与效率提升。近年来，机关事务管理部门大力推动建设节能标准，树立起绿色、节能的意识，在餐饮、办公用品、基础设施、垃圾分类等诸多具体领域试点“光盘、光瓶行动”“绿色办公”“节能器具”等一系列活动，正是通过标准设置与实施来共同打造绿色、低碳的节约型机关运作模式。

---

① 尹利民，丁杰，吴茗．机关事务标准化：理论逻辑、实践困境与路径选择［J］．理论与改革，2020（2）：9.

② 黄其松．权力监督的类型分析——基于“制度—技术”的分析框架［J］．中国行政管理，2018（12）：6.

③ 宋华琳．中国食品安全标准法律制度研究［J］．公共行政评论，2011（2）：30-50.

（三）标准化的协调性逻辑

协调性逻辑确保政府机构运作及公共管理的良性发展，有利于平衡并处理好不同区域、层级、部门间政府关系及政府内外部主体间的互动。标准化是在特定范围内，通过共同协商并经由权威部门制定与实施的，由社会成员共同使用的一种规范[①]。这意味着，标准在助推政府机关事务有序、规范及稳定运作的同时，本身还有协商与沟通的特殊柔性机制，无论是在目标、组织与程序上都有助于促进多元参与及互认。按照规定，标准在制修订过程中必须征集并回应利益相关方的诉求，通过发文、会议、调研、座谈等多种方式开展协商与沟通工作。这些都有利于灵活地调和并解决各方主体间在共同合作过程中权力、权利、理念与利益等冲突[②]，增强对特定目标的理解、共认与共建，以及对特殊事项的适应与应对能力。在标准化的实际运作过程中，这种柔性机制增加了参与的互动，真实、有效地推动了不同层级、区域及部门间的行动主体联系与联结，实现"软"规则的对接[③]，为复杂的治理结构提供更丰富与折中的方法[④]。近年来，《国务院深化标准化工作改革方案》明确提出培育发展团体标准，通过在标准制定主体上引入不同地区、领域的学会、协会、产业技术联盟等专业力量，不但能平衡区域差异、部门矛盾等利害关系，降低技术标准间互融互通的难度，还能充分凝聚并整合区域间、城市间、层级间以及主体间的优势力量，通过协商、交流的方式达成一致目标。

（四）标准化的优质性逻辑

优质性逻辑确定了政府运作的科学、专业、高质的衡量准则，通过择优的方式及建立高品质评价体系的手段达到优化的效果，从而提升政府服务质量与公共效益。2021 年，中共中央、国务院印发了《国家标准化发展纲要》，明确提出着眼新时代推动高质量发展、全面建设社会主义现代化国家的迫切

---

① 谭福有 . 标准和标准化的概念［J］. 信息技术与标准化，2005（3）：56–57.

② 侯俊军，张莉 . 标准化治理：推进社会治理能力现代化的制度供给研究［J］. 湖南大学学报（社会科学版），2020，34（6）：9.

③ 沈费伟 . 技术嵌入与制度吸纳：提高政府技术治理绩效的运作逻辑［J］. 自然辩证法通讯，2021，43（2）：80–86.

④ 何增科，陈雪莲 . 政府治理［M］. 北京：中央编译局出版社，2012：25.

需求，统筹推进标准化发展、加快构建推动高质量发展标准体系。近年来，各级政府部门也在不断引入科学、现代化的政府管理理念与方法，强化要坚持高质量、高标准的原则推进政府管理工作，加强对国际先进的理论、工艺、技术和方法的指标体系的学习、采用与调整，并开展了一系列对标、达标和标准的“领跑者”工作，逐步完善高质量标准体系，检验检测体系、认证认可体系，全面提升标准化意识与运用水平。

标准化是引领高质量发展的必由之举，也是立足新发展阶段、贯彻新发展理念、构建新发展格局的必然要求，其在推动政府服务质量与效能提升、促进高质量发展与实现改革创新[①]等方面发挥着不可忽视的作用。

二、机关事务标准化改革的理论逻辑

（一）机关事务标准化建设

机关事务工作是党和政府工作的重要方面，是对保障机关正常运行所需经费、资产、服务和能源资源等进行统筹配置、合理使用、有效监管的活动。近年来，机关事务管理已历经了多个阶段的探索与变革，并在体系建设、机制完善、制度安排等各方面取得了重要成果。作为国家第一部机关事务管理法规，《机关事务管理条例》的正式出台标志着机关事务工作从“后勤服务”向“运行保障”正式转型。该条例明确界定了机关事务管理局的机构职责，强化了集中管理的整体性理念[②]。随后，国家层面还陆续推动了机构改革，并出台《机关事务工作“十三五”规划》《党政机关公务用车管理办法》《党政机关办公用房管理办法》《关于推进新时代机关事务工作的指导意见》等相关文件，进一步明确机关事务工作的改革目标与权责配置。2021 年，国家机关事务管理局印发出台《机关事务工作“十四五”规划》，从顶层设计整体布局机关事务五年的行动路径与发展规划，强调坚持集中统一管理改革的方向，推进机关事务的高质量发展，深化机关事务标准化建设，推动办公用房、公务用车、不动产、公共机构节能、机关运行专项经费、后勤服务保障等具体

① 刘三江，刘辉. 中国标准化体制改革思路及路径［J］. 中国软科学，2015（7）：1-12.

② 丁煌，李雪松. 新中国70年机关事务治理的制度变迁：一项历史制度主义的考察［J］. 理论与改革，2020（1）：88-99.

业务工作的统筹协调与改革创新，建立健全高质量标准体系。同时，规划中还重点强调加强区域机关事务一体化建设，推动包括京津冀、长三角、粤港澳等区域构建起机关事务政策共研、标准共建、信息共享、干部共训合作机制，实现跨部门、跨区域资源共享，为区域协同发展提供高质量、高标准服务保障。

尽管机关事务改革工作在持续深化，机关事务管理工作也还面临着一些困境，例如，机关事务标准化、法治化建设仍然滞后，法律保障不足[①]；人、财、物资源存在分散及配置失衡问题，各机关单位面临“贫富差距”“苦乐不均”问题[②]；各部门的机构设置与职能定位不统一，在实际过程中存在上下协作不畅通的操作障碍[③]；横向部门的互动与合作面临着权力差异与职能交叉的制度冲突[④]；后勤服务社会化改革仍受行政权力限制，社会力量参与意愿与能力不足[⑤]。这些不规范、不充分、不均衡、不高效、不高质的矛盾也阻碍着机关事务管理工作的改革发展与现代化转型。

从国家治理全局与改革发展实践来看，机关事务整体性、高质量与法治化建设是新发展趋势，而标准化在机关事务管理中的作用越发凸显，标准化建设对于全力深化机关事务改革与发展，以及实现上述目标具有明显的时代特征、理论贡献与实践意义[⑥]。2018年，国家机关事务管理局《机关事务标准化发展规划（2018—2020年）》明确指出，标准是农业、工业、服务业以及社会事业等领域需要统一的技术要求，是推进国家治理体系和治理能力现代化的基础性制度。新时代机关事务工作需要大力推进机关事务标准化，实现标准和机关事务的深度融合，发挥标准化在机关运行保障中的规范、调节、约束、控制作用，提升机关事务保障质量和效益。当前，在机关运行事务管理中，标准的设置一般包括如下类型：一是构建以机关事务通用基础、管理和

---

① 尹利民，丁杰，吴茗．机关事务标准化：理论逻辑、实践困境与路径选择［J］．理论与改革，2020（2）：9.

② 丁煌，王光良．机关运行保障的科技赋能：基本面向、现实困境与可能路径［J］．中国行政管理，2022（6）：27-32.

③ 尹利民，丁杰，吴茗．机关事务标准化：理论逻辑、实践困境与路径选择［J］．理论与改革，2020（2）：9.

④ 丁煌，王光良．机关运行保障的科技赋能：基本面向，现实困境与可能路径［J］．中国行政管理，2022（6）：27-32.

⑤ 彭宗超，曾学华，曹峰．我国机关事务集中统一管理改革的理论与实践分析［J］．理论与改革，2020（1）：10.

⑥ 陶雪良．论机关事务工作的高质量发展［J］．中国行政管理，2018（3）：2.

服务保障为系统的机关事务标准子体系；二是以资产管理为核心，在机关运行经费、办公用房、公务用车等方面推进管理流程再造；三是以后勤保障为重点，在公共机构节能、公务接待、职工住房、安全物业、集中办公、食堂建设等方面推行保障绩效评估；四是以人文关怀为目标，在医疗保健、幼儿入托、机关文化建设等方面推动服务标准化建设。通用性标准是基础，重点类标准包括了资产管理、运行成本、办公用房、公务用车与会务接待等，机关事务管理的标准系统支撑起了机关事务运行保障工作。

（二）机关事务标准化建设的理论逻辑

如前所述，机关事务管理工作正面临着新发展阶段中赋予的新要求与挑战，国家机关事务管理局明确提出认真贯彻国家标准化战略，将推动标准化作为机关事务工作高质量发展"一体两翼"的重要内容。"十四五"规划更是明确提出"打造机关事务标准化升级版，助推机关事务工作高质量发展"的总目标。那么，机关事务中标准化改革的内在逻辑与发展目标是什么？标准化建设在理论与实践层面如何助力机关事务管理的改革与发展？标准化建设在其中发挥了什么样的作用机制？这些问题需要得到系统性关注。这些问题的解答既有利于推进机关事务管理工作标准化建设，也能够提升机关运行保障的整体性效能，助推机关事务管理工作立足于新时代实现改革创新。

从理论层面来看，标准兼具了技术工具与制度规范的二维属性，一方面从技术调控视角推动着机关事务改革发展中的理念更新与过程规范，另一方面从制度安排视角完善着机关事务管理工作中的体制机制建设，这双重作用机制共同助推了机关事务管理的改革发展。

第一，标准化以精简、高效、专业、优质的管理原则和理念为机关事务工作提供清晰、明确、统一的改革目标与建设方向。标准化活动规制着机关事务的目标设定、过程运作与资源配置等内容，推动机关事务工作的运作模式与理念同步实现精细化、规范化与高质量的管理范式转型。标准起源于科学管理理论，机关事务管理通过引入这种科学的理念或手段有利于优化和改革传统的后勤保障事务工作方式，最大化提升稀缺资源服务于政府职能履行的精准程度①，提高政府服务效能和机关工作专业性。例如，行政机关通过设

① 丁煌，王光良.国家治理语境下机关事务管理的角色定位与改革创新［J］.中国行政管理，2020（12）：15-20.

置高质量标准体系逐步更新机关服务理念，同步提升机关服务质量与整体性保障能力。

第二，标准化按照事前预防、事中监管与事后执行的模式统筹管理机关事务管理工作的全过程，推动机关事务工作全业务周期的高效衔接与统一管理。标准化基于统一的程序与规则设置为不同业务的操作过程与结果提供强技术性指引与把控[①]。这有利于保障各部分职能的规范化履行与业务指标的有序化执行，在提升机关事务管理效率的同时，还能在一定程度上通过对资源与设备的调控，扭转部门之间“苦乐不均”“贫富差距”困境，确保机关事务基本需求能按照公平的程序和合理的要求得以实现。

第三，标准的协商与沟通的柔性机制助力于平衡与协调机关事务管理改革中各方的权利、权限、利益及理念上的矛盾，在不同行动主体之间建立竞争合作、激励相容的机制。如前所述，标准化的协商机制为复杂的治理结构提供更丰富与折中的方法[②]，有利于凝聚各方优势力量，充分整合分散化的人、财、物等资源，并提升机关事务管理工作统筹协调能力。这不但体现为政府层级、部门以及内外部行动主体的互动与合作，对于不同区域和城市之间实现规则衔接、目标互认也有重要助推功能。例如，在粤港澳大湾区内，政府管理的范围、职能定位以及公众理念差异明显，而标准化建设能以协商、共认、共建的方式在其中有效地发挥动态性协同的功能，推动机关事务运行的区域、层级间高效化、一体化建设。

第四，标准化的规范性与统一化逻辑还有利于重新理顺机关事务的权力归属、权责关系、事权划分与利益分配等事项，通过建设配套的制度体系保障机构管理活动的法治化与规范化运作。标准是制度的重要组成部分，作为法规政策的一种补充，能通过设置特定、统一的组织形式来框定和约束政府活动的边界与方向，为机关事务一体化运作中的规则制定、机构性质、权责界定及主体行为等方面提供新的秩序指引与制度监督，能够有效地抑制政府职能履行的随意性，使得整个服务流程与体系更加完善。

---

① Gibson.2007 Globalization and the Technology Standards game：Balancing Concerns on Protectionism and intellectual Property in International Standards［Z］. Suffolk University Law School Faculty Publication，2007：43.

② 何增科，陈雪莲.政府治理［M］. 北京：中央编译局出版社，2012：25.

三、标准化建设助推机关事务改革发展

“十四五”期间，中国机关事务工作处于改革与发展的关键端口，引入标准化的原理与方法，建立科学、合理、高效的标准指标评价体系，充分发挥标准化体系建设的强大效能，至少对推动机关事务高质量、一体化及法治化发展有重大实践效果与经验启示。

（一）标准化助推机关事务高质量发展

首先，重视机关事务工作的全生命周期，坚持在机关事务改革中引入标准化建设的全过程理念。这需要从整体与系统的视角统筹建设标准化体系，完善机制手段，着力将科学、规范的标准化管理理念、方案和理论应用于机关事务工作中，特别重视机关运行中的各个环节及资产、资源、资金、能源、服务等基本要素的保障水平，突出加强公务用车，办公用房、公共机构节能、后勤服务领域等机关事务工作重点领域标准建设，从而实现科学、合理、整体布局标准化建设，推动机关事务管理工作的系统化、精准化、稳定化及可持续的高质量发展。

其次，推动信息技术赋能标准化体系建设。随着“互联网 +”及大数据技术的广泛应用，技术赋能为机关事务管理、服务与保障等职能履行提供了非常多的助益，如何打造智慧机关事务建设，实现信息化与标准化的“双轮驱动”，助推机关事务的高质量发展依然是新时代机关事务管理改革与发展重点。实际上，标准化与信息化建设之间密切关联，标准化对业务目标、工作流程、操作手段及实施效率进行量化设定，影响机关事务信息化建设的方向与水平，而信息技术同样为标准化运作、实施、学习与宣贯等方面提供着有力的平台支撑。一方面，重点依托智慧管理系统实时监控公文签发、财务预算、会议审批、用品申请、考勤管理等日常业务与数据，同步掌握机关事务运作各参数的现状，借助平台的数据库基础提升机关事务标准化建设的精准性、科学性、专业性与高效性，坚持以共享、共用的信息技术手段推动标准化工作的整体化建设；另一方面，充分发挥电子政务系统、新媒体等现代化信息技术手段的快速、广泛传播与扩散功能，提升机关事务管理人员的标准认知，提升标准的影响力、影响层级及服务效能。通常，标准的发布、示范

与推广活动有强外部效益和影响力，通过信息赋能进一步促进不同主体之间的技术交流与模仿学习，也有利于推动机关集中统一管理的改革创新，以点带面倒逼各区域、层级及部门间机关事务管理的高质量建设。

最后，始终坚持构建高质量标准评价体系，积极推进绿色、低碳为导向的节约型机关建设。标准的水平代表着管理水平与服务质量的高低，既要从顶层设计层面立足全系统、全区域，整体性地优化机关事务标准化治理结构与供给模式，也要大力支持与引导地方标准、团体标准发展①，包括通过开展机关事务标准化实训基地建设，鼓励机关事务按照对标、达标的方式实施标准化创新试点及典型示范，充分整合全行业力量优势，并因地制宜地构建起特色、典型的机关事务管理标准体系，打造布局均衡、品质保障的机关事务标准化管理体系。

（二）标准化助推机关事务一体化发展

首先，重视明晰机关事务管理机构的部门权责事项，推进权责清单标准化、规范化建设。长期以来，不同区域、城市间的机关事务管理部门在部门建设、职能划定、权责清单、机构权力等方面都存在显著性的差异，引发各级政府间权责事项划分的混乱，以致在实际政府运行保障工作难以形成持续高效的系统要素联动与保障资源协同。所以，需要通过标准化设置重点理顺机关事务的权力归属、权责关系、事权划分与利益分配等事项，细化分类不同层级政府及机构的权责内容。

其次，重视吸纳政府内外部力量共建机关事务标准体系，包括不同层级、区域间的政府部门、市场主体及专业的社会组织力量参与，充分整合技术、信息、知识等优势资源，深化后勤服务等领域的社会化改革，严控政府机关运行成本，提升机关事务管理效能，构建一个政府、市场与社会一体化发展的机关事务新管理框架。

最后，扎实推进机关事务标准宣贯实施，将标准渗透到管理服务保障全领域、各环节的同时，提升机关事务集中统一建设的工作成效。不同层级、不同区域的机关事务管理部门也能通过标准交流与示范学习的方式引进与试点新的改革创新模式，从而整体提升机关事务工作的专业管理与协同能力，

① 赵峰涛.打造机关事务标准化升级版助推机关事务工作高质量发展［J］. 中国机关后勤，2022（1）：6-8.

实现机关事务管理理念与功能的再更新。

（三）标准化助推机关事务法治化发展

首先，标准是一种书面、正式的制度规范，机关事务管理工作应提升对标准化管理的思想认识，以法治思维推动机关事务标准化建设，重视标准在制度完善、行为规范与秩序建设上的重要功能。

其次，以具体制度标准为载体建立起标准化常态长效管理机制，包括健全机关事务主要职能的标准体系，组织修订并完善运行经费、国有资产、办公用房、公务用车等重点领域标准管理办法，规范标准的制定、试点、建设与应用等各个环节，建设配套的一系列管理制度体系与规范性文件，扎实做好机关事务相关法律法规与标准体系的贯彻实施，按照依法和依标准的原则保障和规范机关事务管理工作，建立起常态长效管理机制，推动机关事务工作集中统一与法治化管理。

四、结论与讨论

标准兼具了技术与制度二维属性，这双重作用机制助力于标准化活动统一性、精简性、协调性和优质性等强大功能发挥，既可从技术性层面推动机关事务工作规范化、精细化、高质量、高效能的发展，又能从制度性层面推动机关事务工作的规则对接与资源聚合，为机关事务工作的高质量、法治化、一体化改革与发展提供重要指引与助推力量。未来的研究应当立足机关事务工作实际，坚持问题与目标导向，重视标准化建设应用于机关事务改革发展中的理论逻辑与实践功能，思考如何立足新发展阶段、贯彻新发展理念、紧扣高质量发展命题推动机关事务标准化的转型升级[①]，推动理论成果的有效转化，试点探索机关事务标准化建设与改革创新的典型示范经验，打造高质量的标准体系，建立健全配套的体制机制，为机关事务管理的“一体两翼”建设探索方向，为机关事务管理业务提供高效、高质保障。

（作者：苏娇妮、曾锡环）

---

① 管俊．以标准提升治理效能　服务构建新发展格局［J］．中国机关后勤，2021（5）：3.

第二章　S 市机关事务标准化建设实践及其经验分析

【内容提要】机关事务管理标准化是支撑和推动国家治理体系和治理能力现代化建设的有效途径。本章以 S 市机关事务管理实践为样本，研究发现 S 市机关事务标准化建设经历了顶层设计、标准体系构建、标准体系实施三大阶段，具体包括建立标准化协调机制、界定标准化范围、编制标准化建设规划、制定总体要求、构成标准体系、编制标准、宣贯培训、实施运行、指导考核等九个步骤。本章尝试提炼总结 S 市机关事务标准化建设实践可供借鉴、复制、推广的建设经验。

一、机关事务标准化体系的价值考察

进入 21 世纪以来，随着改革开放的深入，标准化作为加强和创新社会治理、提升国家治理能力的重要技术支撑，越来越受到国家重视。我国机关运行保障工作也正在积极实施标准化战略，进一步深化标准化改革，广泛推进“标准化 +”行动。推进标准化与机关事务的深度融合，构建系统完备、规范有序、运行高效的机关事务标准化体系，在当前时代背景下，有其内在的实践价值。

第一，推进机关事务标准化体系建设，有利于提高机关单位运行效率，降低运行成本。首先，标准能够优化管理与服务流程，明确各个环节的先后顺序，并规定环节时限，降低了工作人员“磨洋工”的可能性，确保后续管理与服务顺利有效进行；其次，建立标准的政府采购体系，将党政机关设施设备的采购流程、采购时限、采购质量要求各方面进行统一，不仅能够减少物资浪费问题发生的可能，而且大大降低了采购过程中的成本，确保政府的采购流程更加规范。在标准化体系下，机关事务各项实际工作能够得到持续完善，在较高程度上提高了管理工作的效率，党政机关运行过程中的经费支出能够得到良好控制，使行政成本有效降低。

第二，推进机关事务标准化建设，有利于提高机关单位运行的精细化和秩序化水平。通过标准化技术手段确立统一的条款，细化过程活动的操作规则、规程、规范，能够形成针对过程活动和活动结果的一致性准则和要求，进一步明确工作职责，层层细化到人到事。有了一套完善的、可供执行的标准体系，从办公设施设备管理、公务用车管理、会务管理，到就餐管理服务、出差出外报备、服务评价与改进等日常管理工作都可以处于受控范围，能够在较大程度上优化改进机关事务管理行为的适用性和协调性，弥合因个体差异而产生的结构性无序结果，从而有效激发标准化对机关事务的规范、调节、约束、控制功能，在机关事务范围内建立最佳秩序、获得最优结果。

第三，推进机关事务标准化建设，有利于提高机关单位运行的科学化水平。标准能够将管理意图与实际的操作要求等形成一个标准化的文件，为实施提供技术支持，推动机关事务管理工作从经验管理向科学管理转变，将各项活动划分在合理范围内，帮助实现科学化管理目标。例如，制定物业服务标准并实施，明确物业提供的各项服务，如保洁、绿化服务等内容，将管理的各项内容具体化，根据实际标准公开，以明确的标准使物业管理更加规范，避免物业合同模糊，使财政资金支出具备依据。

标准化是管理精细化的重要前提，通过标准化，可以规范政府行为、提高工作效率、提升服务质量。标准化在推进机关事务治理体系和治理能力建设中发挥着基础性、引领性作用，在新发展阶段机关事务改革创新发展进程中发挥着较强的技术支撑功能。实现标准和机关事务的深度融合，提升机关事务保障质量和效益，是新时代机关事务工作的新课题。从全国范围内来看，我国部分地区已经开展了机关事务的标准化建设，并取得了初步成效。但是相对机关事务改革的整体进展，地方机关事务治理标准化建设仍处于起步阶段，还有很长的一段路要走。因此，借鉴先进经验，构建并完善机关事务标准化建设体系，是当前工作实践的重中之重。2019 年 4 月，国家机关事务管理局、国家标准委将 S 市机关事务管理局列入第二批机关事务标准化综合试点单位。S 市机关事务管理局加快标准化建设步伐，持续夯实体制基石，努力推进业务融合，取得了一系列试点建设经验成果，以优异成绩顺利通过评估验收。S 市的实践有诸多值得借鉴之处，本研究对此进行了分析。

二、机关事务标准化体系构建：文献述评与分析框架

（一）文献述评

当前我国学术界关于机关事务标准化的探索论证重点集中于以下几个方面：

第一，机关事务标准化的重要意义考察。既有研究对标准化建设在国家治理以及机关事务管理中的重要作用达成了高度共识。学者认为，在新的历史条件下，深化推进机关事务标准化，是贯彻落实“五位一体”总体布局和“四个全面”战略布局的重要举措，是提升政府效能、深入推进政府治理体系和治理能力现代化的必要步骤①，是提升机关事务管理发展水平的战略性、基础性工程②。

第二，机关事务标准化的国际经验借鉴。既有研究对比分析了中国与发达国家在机关事务标准化建设领域的实践经验，指出中国的政治制度、组织架构与许多发达国家从本质上不同，但是仍可在公共服务标准化建设活动等问题上参考其他国家的优秀模式和经验，构建一套适合我国政府职能改革和机关事务标准化发展要求的配套体系。例如，周志忍通过对美国“三公经费”管理模式的分析，提出其对我国机关事务标准化建设的三大启示，即推进机关事务管理的法治化、实现机关事务管理的统一化、理顺机关事务管理相关部门间的横向关系③；朱呈义和荣颖分析了美国机关事务标准化建设的基本特点和创新之处，并在其基础上提出了推进我国机关事务标准化的“五个结合”，包括制度标准与技术标准相结合、制定标准与强化职能相结合、实施标准与加强管理相结合、建立标准与推进行业发展相结合、行业主管部门与其他主体相结合④。

第三，机关事务标准化推进对策的探讨。专家学者围绕机关事务标准化

① 王浦劬．论政府治理现代化与机关事务工作［J］．中国机关后勤，2017（5）：8–10.

② 赵峰涛．打造机关事务标准化升级版助推机关事务工作高质量发展［J］．中国机关后勤，2022（1）：6–8.

③ 周志忍．美国“三公经费”管理对机关事务标准化建设的启示［J］．中国行政管理，2018（12）：135–140.

④ 朱呈义，荣颖．推进我国机关事务标准化建设——美国机关事务标准化的启示［J］．中国行政管理，2018（3）：15–18.

发展过程中存在的困难、挑战与不足之处，提出了相关的对策建议。尹利民等认为机关事务标准化的实践面临诸如职能定位模糊、标准化体系尚未健全、标准化实施难以落地等困境，基于此，需加快机关事务管理的法治化进程，通过信息化和精细化水平的提升来推进标准化的建设[①]。张永杰等认为，机关事务标准化监督管理和效果评估的优化，可以通过建立标准筛选、实施准备、宣贯培训、实施控制、监督检查、评估改进这六个阶段的指标体系来完善，并借助信息化体系助推标准化质量效益的提升[②]。此外，在机关事务治理系统内的机关工作人员结合工作实际，也提出了一些见解。上海市机关事务管理局局长倪一飞提出要围绕科学性、规范性、时效性三个方面开展标准化建设，科学系统地构建机关事务标准化框架[③]。内蒙古自治区标准化院院长贾双文从宏观和微观两个方面提出开展机关事务标准化建设的建议：在宏观层面，主要是做好基础理论和制度研究；在微观层面，从标准化治理的根本目标出发，防止泛标准化。[④]

基于以上文献材料的梳理分析可知，虽然近年来机关事务标准化的理论研究工作伴随着社会治理和公共服务改革的进行日益得到了关注，但我国的机关事务标准化体系研究起步较晚，因此相关的文献研究并不多，相对于西方国家来说是滞后的。从内容上看，目前主要是机关事务领域的工作者及专家进行了宏观方向的把握和普适性的方法研究，对从标准化的发展方向到标准化工作中普遍性的问题总结和解决方法，再到标准化效益提升等多方面进行了理论探讨，对机关事务的标准化建设具有一定的理论指导意义。但是，既有研究对于机关事务标准化建设的操作性意义不强，对机关事务标准化的案例研究不足，缺乏对机关事务标准化实现路径的系统探析，难以在实践层面为机关事务的标准化建设提供有益的经验指导。目前需要立足于各地机关事务标准化实施的现状进行分析，探寻机关事务标准化未来的发展方向，为推动机关事务的高质量发展和实现机关事务治理体系和治理能力现代化提供参考。基于此，本章拟以 S 市为研究案例，综合运用标准化原理和手段，深

① 尹利民，丁杰，吴茗．机关事务标准化：理论逻辑、实践困境与路径选择［J］．理论与改革，2020（2）：113–121.

② 张永杰，余红伟，秦瑞荣．机关事务标准化监督管理与实效评估［J］．中国机关后勤，2021（1）：24–26.

③ 倪一飞．科学构建机关事务标准化系统框架［J］．中国机关后勤，2020（6）：50–51.

④ 贾双文，宋鑫．创新标准化理念提高政府效能［J］．大众标准化，2020（1）：70–71.

入分析其机关事务标准化建设过程、特点和路径，总结出可供借鉴、复制、推广的机关事务管理标准化体系建设的有益经验。

（二）分析框架

一般意义上的“标准化”是指为了在既定范围内获得最佳秩序，促进共同效益，对现实问题或潜在问题确立共同使用和重复使用的条款以及编制、发布和应用文件的活动。可见，标准化首先是为了获得某种最佳秩序，促成某种规范。其次，标准化还在于通过一些科学的规范，实现可推广和可重复之目标，以降低结果的不确定性，并在内容上构成有机整体，形成有序的体系。另外，标准化旨在促进共同效益，以达成提高效率降低成本之目标。基于上述分析，本章尝试建构了图 3–1 所示的分析框架，该框架解释了地方政府进行机关事务标准化建设的过程与基本路径。首先，为促成科学规范的建立，需预先进行某种秩序的建立，即进行机关事务标准化建设的顶层设计；继而，秩序的建立促成了科学规范的产生，有序的体系随之形成，即完成机关事务标准体系的建构；最终，随着标准体系的实施运行，以共同效益为导向的工作目标得以实现。

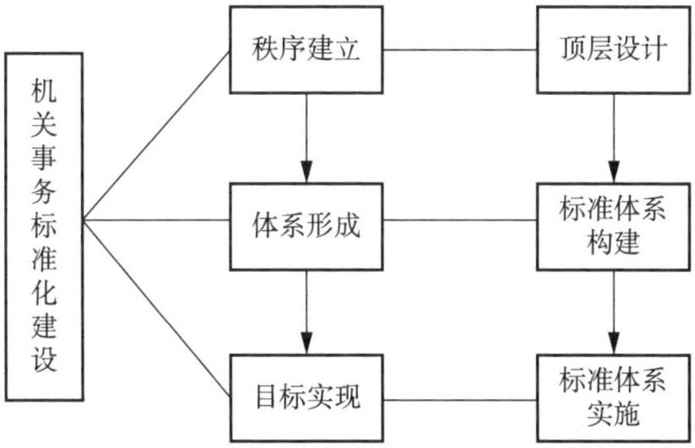

图 3–1　机关事务标准化建设的分析框架

三、机关事务标准化体系建设：S 市的实践

（一）S 市机关事务标准化体系介绍

首先，本章聚焦于探讨地方机关事务标准化如何推进的动态过程，属于

过程类和机制类的研究，适合采用案例研究方法。其次，机关事务标准化是一项新事物，还需要在实践中不断摸索，属于管理实践中的新现象。单案例研究方法是建构新现象理论模型的一种有效方法，能够从中发现新观点与新规律。最后，单案例研究方法强调对动态过程的描述及随时间变化的过程展示，有助于识别机关事务标准化建设不同阶段的脉络特征。S市机关事务管理局先行先试，立足S市标准化发展总体布局，深入贯彻落实国家机关事务管理局关于标准化建设的部署要求，牢牢把握机关事务标准化综合试点的良好机遇，为下一步深化机关事务标准化体系工作提供了宝贵的实践经验，具有较强的典型性。因此，本章以S市机关事务标准化体系建设过程为研究案例，通过收集、整理和分析相关政策文件、工作报告、新闻报道等文本资料，借助机关事务标准化体系建设分析框架，展示S市机关事务标准化的建设过程和典型做法，进而提炼出可供借鉴、复制、推广的机关事务标准化体系建设经验。

S市机关事务管理局为市政府直属机构，主要职责包括：负责本级机关事务管理服务保障，指导区机关事务工作；制定S市机关后勤改革政策、制度，会同有关部门制定S市机关事务管理制度，监管市级机关后勤服务保障质量；负责市级机关国有资产、办公用房、公务用车管理；指导、协调、推进S市公共机构节能工作，负责市级公共机构节能监督管理；负责S市公务员住房制度管理；负责S市有关重要会议和重大政务活动的相关后勤保障工作；承担市级机关集中办公场所的安全保卫管理。5家局属单位，主要负责市级预算单位政府集中采购的组织实施、市级机关国有资产事务、市级机关建设管理事务、市级机关人防设施管理，以及市级机关幼儿园等工作。归口局管理S市孙中山宋庆龄文物管理委员会及其系统3家事业单位。另外，受市国资委委托，监管S市上勤（集团）有限公司、S市展览中心（集团）有限公司。

2017年，S市机关事务管理局启动机关事务标准化建设。在国家机关事务管理局的具体指导下，S市机关事务管理局着眼全市机关事务工作大局，积极推进机关事务标准化建设，各项工作稳步推进。标准化工作开展以来，S市机关事务管理局以国家机关事务管理局“一体两翼”部署为引领，将夯实组织领导、完善体系框架、标准编制、开展试点、营造工作氛围等五项内容与集中统一管理相结合，与信息化相结合，与服务质量监督相结合，与服务品牌建设相结合，与疫情防控相结合，有力提升了机关事务工作管理水平，为保障各级党政机关高效有序运转奠定了扎实基础。S 市机关事务管理局组织成立 S 市机关事务标准化工作领导小组，形成经费管理、资产管理、服务保障、节约型机关建设、政府采购、行政审批、自身建设、文博事业等业务领域全覆盖的标准体系格局。出台《机关事务标准化工作指南》，制定《关于标准审查工作的有关意见》，形成了标准编制“三审三校”工作机制；印发《关于推进机关事务标准落地实施的指导意见》，基于实施效果定期开展标准实施情况检查。在具体实施过程中，制定了《市级机关集中办公点信息系统运行维护技术规范》，形成了《院校物业服务规范》和《重大政务保障服务规范》等配套标准，还出台了《传染病流行期间机关物业服务单位安全操作指南》和《传染病流行期间机关餐饮服务单位安全操作指南》等实施细则，通过标准化路径助力常态化疫情防控。

（二）S 市机关事务标准化体系建设的路径分析

1. 顶层设计

（1）建立标准化协调机制

标准化建设跨单位、跨部门、跨学科，需要多方配合、通力合作、广泛协调，需要一个协调机制保障全过程的运行。S 市机关事务管理局标准化体系建设涉及 10 个内设机构、5 家局属单位和 6 家局管单位，为此 S 市机关事务管理局专门成立了机关事务标准化工作领导小组，下设办公室，履行组织、指挥、协调的职能；创设标准化联席会议制度，建立市、区两级联动机制，全面统筹全市机关事务标准化建设工作的同时，为市、区两级提供标准化交流、宣传、学习的平台，形成全市机关事务系统“一盘棋”的统筹格局。

（2）界定标准化范围

界定标准化范围，确定标准化对象，是标准化建设之初的首要工作。机关事务工作点多面广、内容繁杂、环节众多，为此，S 市机关事务管理局从内部组织管理、对外管理保障服务两个维度出发，对机关事务工作进行系统梳理，确定了 4 个方面共 20 个业务领域的标准化需求，并分别会同这 20 个业务领域的责任单位（部门）对各业务领域的标准化需求进行梳理研究，确定标准项目，为标准体系构建、标准制定奠定基础。

（3）编制标准化建设规划

标准化建设是一个多阶段、复杂的过程，要降低失败风险，就要对建设过程中的各个要素进行科学管理。S 市机关事务管理局标准化建设涉及 10 个内设机构、5 家局属单位、6 家局管单位共 21 个部门和单位，4 个方面共 20 个业务领域，无论是工作体量还是工作难度都很大，带来诸多工作挑战。为此，S 市机关事务管理局先后制定了《S 市机关事务标准化建设实施方案》《S 市机关事务管理局贯彻国管局、标准委第二批机关事务标准化试点工作的实施方案》等文件，明确标准化建设的指导思想、基本原则、工作目标、工作重点、进度安排、保障措施等，并通过文件固化、细化到单位、部门、牵头责任人，层层落实责任。

2. 标准体系构建

（1）明确总体要求

《S 市机关事务标准化建设实施方案》提出用三年时间，基本建成具有 S 市特色、国内领先的机关事务管理服务保障标准体系。为此，S 市机关事务管理局紧紧围绕机关事务工作职能，借鉴《服务业组织标准化工作指南》等标准化原理建立标准体系。横向覆盖管理、服务保障、运行管理、文博事业四大工作职能，涵盖办公用房管理、公务用车管理、资源节约管理、后勤服务监管等 20 个业务领域的工作内容及人、财、物等要素；纵向覆盖各类业务活动的工作要求、工作程序、人员行为、监督考核等管理要素。同时，理顺机关事务组织体制和管理功能，厘清各项业务活动的职责边界和相互联系，明确管理范围和权限，避免重复、交叉、矛盾等问题。此外，本着既能适应新形势、新政策，又能解决现实问题的原则，S 市机关事务管理局着重建立预先研究、事前分析、事中跟踪、事后评估的管理机制，力求形成一套结构完整、内容全面、务实规范、层级分明的机关事务标准体系。

（2）标准体系构成

机关事务工作的性质决定了它的社会管理和服务属性，因此 S 市机关事务管理局参照 GB/T 24421 系列标准原理，在对机关事务标准化对象、内涵及其特征进行研究分析的基础上，构建了 S 市机关事务标准体系框架（见图 3–2），将机关事务工作所涉及的标准归类分成五大类以及 22 个子体系。一是通用基础标准体系，即机关事务工作实践中应遵循的通用性标准，包括导则、术语；二是管理标准体系，包括机关运行经费管理、国有资产管理、办公用房管理、公务员住房管理、公务用车管理、资源节约管理、后勤服务监管、安全保卫管理 8 项对外履行管理职责的标准；三是服务保障标准体系，包括后勤服务保障、政府采购管理、人防设施管理 3 项对外履行保障服务职能的标准；四是运行管理标准体系，包括信息化管理、党建廉政、人事管理、综合管理 4 项机关事务内部运行管理的标准；五是文博事业标准体系，包括博物馆建设管理、纪念活动管理、文物保护管理、宣传教育管理、学术研究管理 5 项文博事业标准。

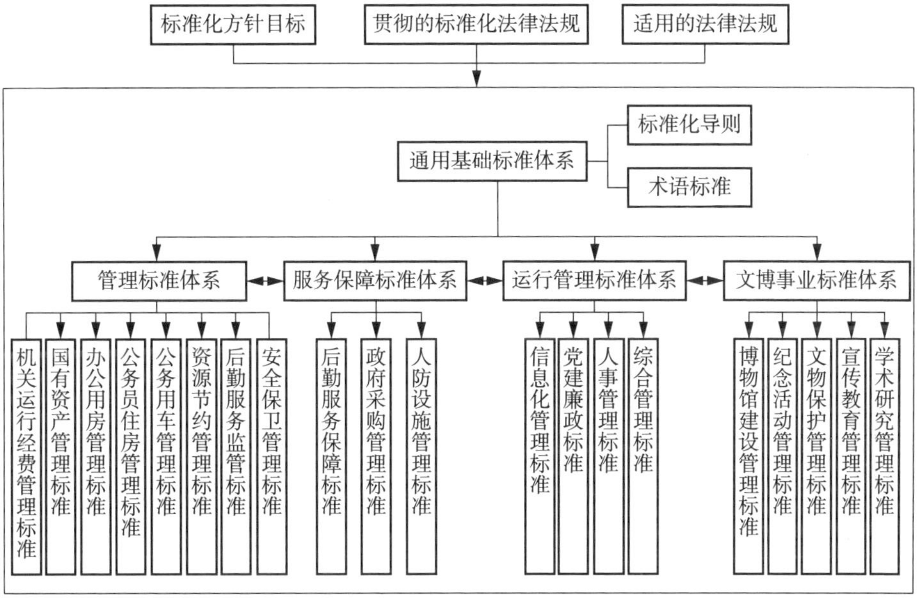

图 3-2　S 市机关事务标准体系框架

图片来源：作者自绘。

（3）标准编制

机关事务工作点多面广，标准数量多，涉及业务范围广，协调难度大，因此将标准项目转化成可操作的系列标准是标准体系建设中任务最繁重的核心工作。上海市机关事务管理局的做法是：首先，制定标准制修订规划，根据急用先行的原则，分批完成标准研制；其次，制定年度标准任务清单，明确年度完成目标、责任部门（单位）、责任人、完成时间，确保标准项目完成进度；最后，完善标准制修订机制，把牢标准编制审核关，构建标准起草单位和相关单位、专业机构、专家组、标准化领导小组等分别参与标准初审、审定、报批审核的“三审三校”工作机制，综合技术评价、专家评价、行政评价优势，形成一批高标准、高水平、高质量的标准。

此外，S市机关事务管理局在标准层级方面寻求突破，逐渐构建形成长三角区域统一地方标准、S市地方标准、S市机关事务管理机构标准、区级地方标准化指导性技术文件协同联动的立体化标准体系。目前，S市机关事务标准化建设积极对接“S市标准”发展战略，推动编制质量高、施行效果好、适用范围广的标准上升为地方标准乃至长三角区域统一地方标准。在地方标准立项方面，统筹机关事务系统地方标准立项归口，聚焦服务、保障、管理相关大口径业务领域，围绕重大区域战略、重点工作任务、重要专题部署，充分考虑拟制定地方标准项目的业务约束领域和适用范畴，有效扩大地方标准的覆盖面和社会影响力，形成常态地方标准立项和制定方向，提供稳态的地方标准输出供给，从总体格局上构建形成业务领域均衡、数量分布科学的地方标准架构体系。

3. 标准体系实施

（1）宣贯培训

S市机关事务管理局融合“请进来、走出去”“线上、线下”等多种方式以及多种载体有步骤、有计划推进标准化宣贯培训。邀请国家机关事务管理局、北京大学等技术机构的专家作标准化专题培训，打开思路，开拓视野，促进机关事务标准化建设共识的达成；同四川、重庆等标准化建设先行先进地区同行深入交流探讨，通过多频次、精准化、全方位的调研学习活动，进一步明晰标准化建设的基本思路、实施路径；通过局门户网站、微信公众号、“S市后勤”App等线上渠道，广泛宣传标准化知识，及时报道标准化工作动态，积极宣传标准化工作的要素、内容、要求等，提高标准化工作的知晓度；通过专题业务培训，组织标准化工作、标准化法、标准信息检索应用等板块的学习，提升标准化人员的专业能力。

（2）实施运行

S市机关事务管理局出台了《关于推进机关事务标准落地实施的指导意见》，就推进标准的落地实施提出指导意见和建议。一是明确标准实施的主体和方法步骤，明确标准实施过程中要严格按照制定实施标准计划、完善实施基础条件、紧扣实施重点要点和做好实施记录反馈 4 个步骤组织实施；二是明确标准实施监督检查办法，主要包括监督检查的工作机构和职责、监督检查的主要内容、监督检查的方式方法、监督检查的结果应用等内容，目的是通过持续不断的监督检查，促进标准有效落地实施；三是明确标准实施评价与改进办法，主要明确了标准评价的方法和程序、评价方式、评价结果及应用，标准实施的改进验证、改进评审等，通过评价和改进，对标准进行动态的修改和完善，进一步提高标准的质量。

（3）指导考核

S 市机关事务管理局强化标准实施的指导考核。一是抓住重要节点、重要领域、重点标准开展标准实施情况跟踪指导，通过与市市场监管局、市质量和标准化研究院等部门（机构）的协调合作，开展标准实施的跟踪调研，全面掌握标准实施情况，及时发现、研究标准实施工作中存在的问题，进一步加强机关事务标准实施的过程管理，推进标准与机关事务管理、服务、保障融合发展；二是建立奖惩激励机制，将标准实施运行情况与各单位、各部门年终考核、评先评优挂钩，与社会化服务单位履行服务合同的绩效考核挂钩，保证标准体系的顺利实施。

四、S 市机关事务标准化体系建设的经验启示

工具理性看重实现目标所采取的手段或者行动是否最有效率且成本最少，S 市机关事务标准化体系建设过程中坚持降低成本、提高质量，以目标为导向，以信息化和智慧化为支撑，不断建设巩固拓展标准化建设成果，让标准化建设成为机关事务高质量发展的新兴力量，促进机关事务标准化迈上新台阶。具体来说，S 市机关事务标准化体系建设的实践为我们提供了以下的经验启示。

（一）做优顶层设计，织密“1”张网

一是印发“统筹全局”标准化方案。目标明确是标准化工作开展的前提，而理清思路、系统谋划，制定清晰且具有可操作性的标准化方案则是明确目标的重要途径。标准化工作启动后，S 市机关事务管理局先后制定了《S 市机关事务标准化建设实施方案》《S 市机关事务标准制定计划》《S 市机关事务管

理局贯彻国管局、标准委第二批机关事务标准化试点工作的实施方案》等文件，统筹 10 个内设机构、5 家局属单位、6 家局管单位的标准化建设工作。

二是建立“上下协同”标准化机制。成立机关事务标准化工作领导小组，同步成立机关事务管理标准化监督和评价小组及工作推进小组，并充分发挥标准化工作联席会议作用，适时协商、协调标准化工作推进过程中的难点、疑点，自上而下建立统一领导、分工负责、协同推进的标准化工作机制，形成上下协调有力、步调一致的标准化工作格局。

（二）构建标准体系，绘好“1”幅图

首先是确立标准体系的构建原则。一是注重标准体系的系统性、完整性。S 市机关事务标准体系横向覆盖管理、服务保障、运行管理、文博事业四大工作职能，涵盖办公用房管理、公务用车管理、资源节约管理、后勤服务监管等 20 个业务领域的工作内容及人、财、物等要素；纵向覆盖这些业务活动的工作要求、工作程序、人员行为、监督考核等管理要素，形成了一套横向工作内容全覆盖、纵向工作流程清晰的机关事务标准体系。二是注重标准体系的协调性。在力求完整性的同时，S 市机关事务管理局从新的角色定位出发，借用标准化原理进一步理顺机关事务组织体制和管理功能，厘清各项业务活动的职责边界和相互联系，明确管理范围和权限，避免重复、交叉、矛盾等问题。力求既要厘清各项业务的专业边界，也要促进各项业务之间的协同衔接。三是注重标准体系的适用性。本着既能适应新形势、新政策，又能解决现实问题的原则，S 市机关事务管理局着重建立预先研究、事前分析、事中跟踪、事后评估的管理机制，逐步形成一套结构完整、内容全面、务实规范、层级分明的机关事务标准体系；力求各项上级标准切实符合业务实际并具有指导意义；力求各项组织标准切实从业务工作的实践经验中总结、归纳而出，确保标准体系能够符合、引领实践工作。

其次是完成标准体系的构建。根据标准体系建设方针、目标以及具体需求，借鉴现有标准体系的结构框架，从标准的类型、功能、级别等方面分析，结合单位工作发展现状及特点，研究确定标准体系结构和子体系结构、内容、边界范围等。认真梳理覆盖市级机关事务管理局和市、县（区）机关事务管理工作行政主管部门的职能职责、工作流程和管理制度，建立以规范管理为核心、效能提升为重点、监督制约为保障的管理与服务相结合的标准体系。

S市机关事务管理局根据标准体系建设内容和要求，对照实际工作需要，最终建立了涵盖通用基础标准体系、管理标准体系、服务保障标准体系、运行管理标准体系、文博事业标准体系五大类和22个子项目的机关事务标准体系。

（三）抓实宣贯培训，下好“1”盘棋

一是进行标准化培训。坚持“内外结合”的培训策略。一方面，召开标准实施动员暨培训会、标准化知识培训班等，组织各部门、各岗位职工开展多元标准化培训，讲好标准依据、工作流程、具体要求，让全员准确掌握标准、学会运用标准。同时，借助标准应用“线上”载体，建成公房、公车、资产等管理类信息平台，食堂、安防、节能等服务类平台，让职工养成“标准学习在平台、操作靠平台”的习惯。另一方面，接待其他机管局或单位来局交流学习，或赴其他机管局开展调研考察。围绕机关事务制度建设、服务管理、标准制定与实施运行等方面进行合作交流，汲取有益的标准化建设经验，深化标准化工作的“内外”互动。

二是重视标准化宣贯。宣传贯彻标准化，其目的是让民众对标准化的重要性形成清晰的认识，宣传标准化与秩序、效益等之间的直接关联，宣传标准化对于提高服务质量、提高效能的重要意义。充分运用工作例会、交流会议、内部简报、主站宣传、媒体报道、制度上墙等多种方式，特别是标准化宣传展板、宣传手册等多元化载体，交互式、网络化持续宣传标准化工作经验和相关知识，加强机关事务标准化工作宣传，使机关事务标准化的概念和内容更加深入人心，推动形成“让标准成为习惯，让习惯符合标准”的理念。

（四）持续优化完善，画好“1”个圆

标准化是一个由计划、实施、检查、改进构成的工作闭环，标准体系运行是一个动态改进、循环发展以及螺旋式上升的过程。机关事务标准化建设要坚持做到“建为运用、建用结合、以用促建”，加强评估，认真分析研究各业务领域存在的治理缺失、治理短板和治理弱项，聚焦重点领域、重要环节、重大项目，加快推进相关标准的制修订工作，合理控制平衡标准在机关事务各业务领域板块的构成，推动标准在横向业务板块上实现布局合理、数量均衡，形成和完善覆盖机关事务“纲、目、科”立体层级式标准结构顶层。切实把标准化作为提升工作质量的重要抓手，构建标准化持续改进机制；聚焦

高质量发展要求，不断优化完善标准体系，不断强化标准落实执行；始终秉承实事求是、求真务实工作态度，及时查找、发现问题，改进不足。同时也要完善考核工作，探索建立规范的机关事务标准实施机制，量化评价体系研究机制和监督评估机制，助推标准化成果更好转化为机关事务治理效能。

五、结论与讨论

机关事务标准化建设工作是一项系统性工程。本章以 S 市为例，深入探析其机关事务标准化的建设路径，并从中提炼出机关事务标准化建设可借鉴的经验启示。S 市机关事务的标准化建设经历了顶层设计、标准体系构建、标准体系实施三个阶段，其中包括建立标准化协调机制、界定标准化范围、编制标准化建设规划、制定总体要求、构成标准体系、编制标准、宣贯培训、实施运行、指导考核九个具体步骤。机关事务标准化建设体现出清晰的推进逻辑，可概括为 4 个“1”，即首先做优顶层设计，织密“1”张网；其次构建标准体系，绘好“1”幅图；再次抓实宣贯培训，下好“1”盘棋；最后持续优化完善，画好“1”个圆。在推进国家治理体系和治理能力现代化的要求下，机关事务已不再是简单的后勤保障服务，而是服务资源合理配置、机关有效运转、政府运作效能提升的重要保障。机关事务工作要实现高质量发展，标准化建设是必经之路，机关事务标准化建设是强化政府治理能力、提供高质量服务保障的关键手段和方法。在 S 市的机关事务标准化建设过程中，价值理性能够实现以人为本、维护公共利益的价值追求，工具理性能够达到从实际需求出发、降低运行成本，提高效率效能的工具性目的，以工具理性与价值理性的结合为理论基础推进机关事务标准化建设是必然选择，也是最优途径。需要说明的是，本章只是根据特定案例得出的初步结论，在机关事务标准化建设方面只提供了一种可能的分析路径，还需要更多的经验事实予以支撑和验证，进一步的研究可以聚焦不同地区的典型案例或机关事务管理不同职能对标准化的不同需求，进行深入的探索。

（作者：卢诗滢、曾锡环）

第三章　机关运行成本标准化及其配套机制建设

【内容提要】机关运行成本管理是推动国家治理体系和治理能力现代化，强化政府自身建设的必然要求。近年来，国家和地方各级机关事务管理部门全面推动机关运行成本标准化建设。本研究立足新发展理念及国家宏观政策总体框架，借鉴我国若干地方实践典型经验，搭建通用类型机关运行成本标准框架，调查了解深圳市一级预算单位机关运行成本管理状况，分析存在问题及影响因素，探索深圳市一级预算单位机关运行成本标准及其配套机制建构路径，打造先行示范的机关运行成本标准建设样本。

一、机关运行成本标准化建设背景及其现实意义

（一）机关运行成本标准化建设背景

1. 机关事务工作高质量发展需要机关运行成本标准化

国家机关事务管理局把标准化作为支撑机关事务工作高质量发展的战略性、基础性工程,《机关事务工作“十四五”规划》明确指出加强机关事务标准化建设是最核心、最关键的内容，到2025年要实现“机关事务管理科学化、保障法治化、服务社会化水平全面提升”。机关运行成本标准化是机关事务标准化建设内容之一，机关运行成本标准化有助于提升机关事务管理服务效能，是机关事务工作高质量发展的基本保障。

2. 政府会计科目管理规范化需要机关运行成本标准化

以收付实现制为基础的政府会计制度导致没有将政府各项业务活动所形成的财政资源和财政责任全部纳入会计核算、报告范围，难以全面、客观反映机关运行成本。当前机关运行成本工作存在概念不清晰、理念不明确、标准不健全、管理不规范等问题，阻碍机关运行成本管理的规范性、

科学性与精细化开展，机关运行成本标准化建设是克服上述问题的有效途径。

3. 政府预算绩效管理科学化需要机关运行成本标准化

政府运行成本是指政府维持日常运行的各项花费的总和，在一定程度上标志着政府的调控能力。大力推进机关运行成本管理创新正是回应民众之问、社会之关切、新时代之要求。目前，机关运行成本缺乏统一的核算口径和支出标准，不同地区或部门的部分单项支出差异较大，不利于提升政府预算绩效的高质量实现。推进机关运行成本标准化建设，为政府预算绩效管理科学化提供坚实的制度基础。

（二）机关运行成本标准化建设意义

1. 有助于完善机关运行成本规范管理

推进成本与标准化融合有利于规范机关运行成本管理，一方面，量化、标准的数据与信息形式准确反映了机关运行成本的规模与水平，有利于科学、精准地掌握机关运行成本发展规律与趋势，及时发现和解决管理难题，提高管理决策水平；另一方面，标准化有效地规范科目设置、重点业务领域与具体操作流程，提高机关事务工作规范化水平。

2. 有助于加强机关运行成本绩效管理

推进机关运行成本标准化建设有利于建立客观、有效的评价体系，提升资源的配置与使用效益。设置量化的统计、考核、评估指标体系，能够对机关运行成本支出的经济性、效率性和有效性进行客观评价，强化机关运行成本管理的结果与效能导向。同时，实施规范透明、标准科学的预算绩效管理制度，有利于提高公共财政资源配置效率和使用效益。

3. 有助于建设高效运行的节约型机关

推动机关运行成本标准化建设是落实政府过“紧日子”指示的重要举措，有利于严格控制机关运行成本，创建节约型机关，强化资源节约，实现降低能耗的管理目标。深圳率先建构机关运行成本标准化管理体系，有助于推进政府治理体系及治理能力现代化建设。

二、深圳市一级预算单位运行成本管理基本状况

（一）深圳市一级预算单位运行成本的基本情况

深圳市机关事务管理局连续三年组织开展机关运行成本统计调查工作，统计范围包括市政府所属行政单位、参照公务员法管理的单位本级及所属的机关后勤服务事业单位。

第一，机关运行成本统计调查工作实行统一布置、分级负责与逐级统计。根据统计要求和计算公式，2019—2021 年机关运行成本的相关数据指标情况与变化趋势如图 3-3、图 3-4 与表 3-1 所示。

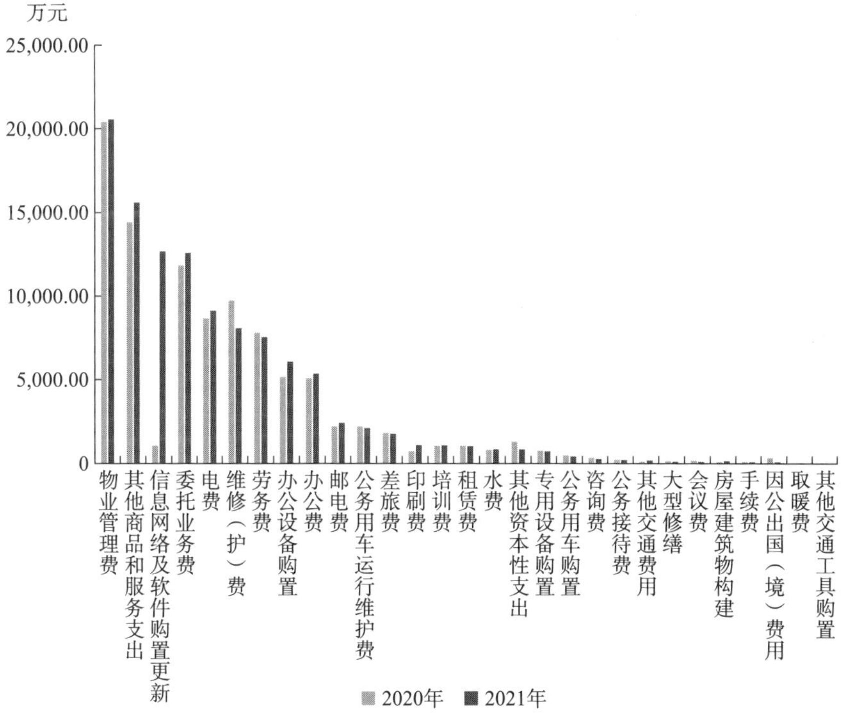

图 3-3　2020 年和 2021 年机关运行经费按经济分类支出指标

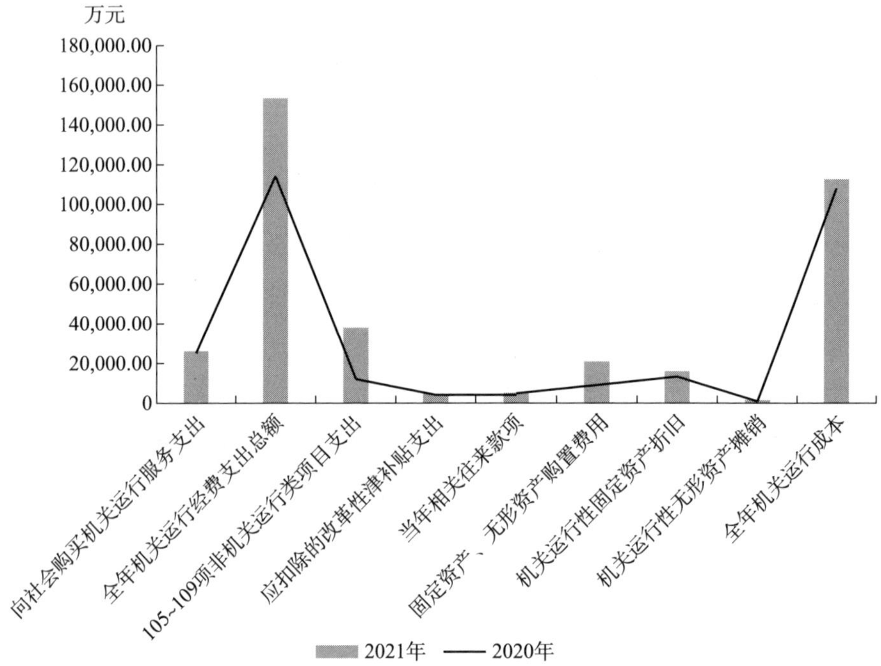

图 3-4　2020 年和 2021 年机关运行成本具体分类指标

表 3-1　2019—2021 年机关运行成本支出科目表　　单位：万元

项目	2020 年	2021 年	增减比例	2019 年
物业管理费	20389.91	20553.77	0.80%	19880.49
其他商品和服务支出	14422.01	15586.13	8.07%	13175.92
信息网络及软件购置更新	1062.50	12658.30	1091.37%	—
委托业务费	11823.79	12571.87	6.33%	9078.11
电费	8661.81	9122.57	5.32%	10174.11
维修（护）费	9733.86	8074.52	–17.05%	9187.97
劳务费	7813.45	7557.88	–3.27%	8752.77
办公设备购置	5165.08	6068.81	17.50%	5913.79
办公费	5067.40	5351.00	5.60%	4558.39
邮电费	2200.26	2418.37	9.91%	—

注：补充增减比例以 2020 年数据为基准。

在连续三年机关运行经费支出的经费科目中，物业管理费、其他商品和服务支出、委托业务费、电费的基数较高，信息网络及软件购置更新

（1091.37%）、邮电费（9.91%）、其他商品和服务支出（8.07%）、委托业务费（6.33%）、办公费（5.60%）、电费（5.32%）等指标明显递增。

第二，机关运行部分项目性费用数额呈现下降趋势。近年来，机关运行中有18项科目的成本降低。其中，因公出国（境）费、手续费、会议费、其他资本性支出、房屋建筑物购建等项目支出的降幅较大，主要受“过紧日子”政策与疫情影响。

第三，运行成本的一些经常性项目费用增长得到控制。在实施集中统一管理后，水费和电费在增长率上得到了一定的控制。电费自2019年的10174.11万元降低到了8661.81万元（2020年）和9122.57万元（2021年），而水费的增长率也仅为2.45%。

第四，集中办公与否对于不同功能的机关运行成本影响具有差异性。本部分构建了2019—2021年“全年机关运行成本”“电费”“信息网络及软件购置”成本支出图。为了更加直观地呈现成本支出情况及其趋势，以半年为统计周期，从“1”到“3”，即从2019年到2021年。如图3–5所示，两种类型机关的全年机关运行成本初始情况相近，皆呈现整体上升趋势。随着年限的递增，两类机关全年机关运行成本间的差异逐步扩大。如图3–6所示，在具体的功能科目中，实施集中办公后，集中办公单位公区水费、电费等支出科目呈现逐年下降的态势，而非集中办公单位的相应支出成本仍在大幅提升。但在信息网络及软件购置更新等特殊科目上（如图3–7所示），集中办公单位于2020年后有了大幅提升，这可能与技术设备和基础设施更新有关。

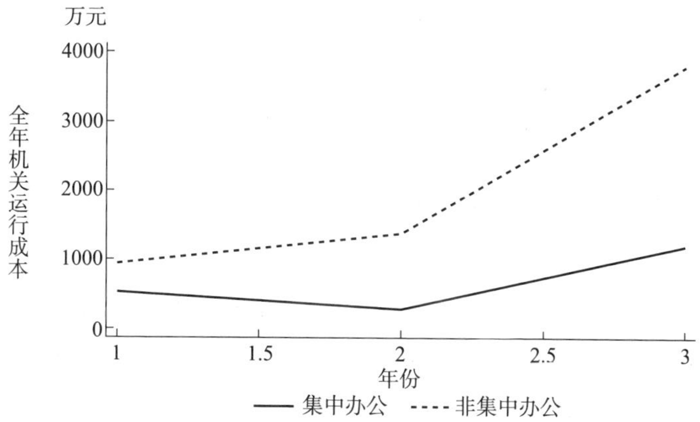

图3–5 集中办公与非集中办公单位的机关运行成本差异

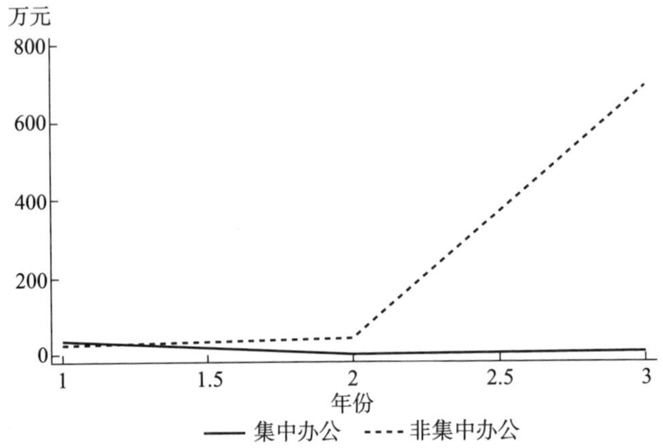

图 3-6　集中办公与非集中办公单位的电费差异

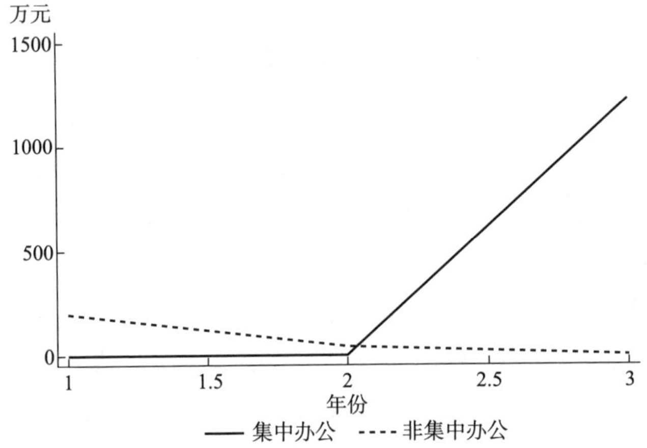

图 3-7　集中办公与非集中办公单位的信息网络及软件购置更新差异

（二）深圳市一级预算单位运行成本管理存在的问题

1. 机关运行成本统计名目待规范

机关运行成本统计中存在名目待规范问题，具体体现在：一是机关运行成本仍然缺乏专属科目。机关运行成本的支出情况散落在各部门预决算表的多个科目中。新政府会计制度中也未作出说明。二是目前统计的机关运行成本数据主要来自传统的收付实现制，忽视了固定资产折旧、无形资产摊销等成本信息。三是目前机关运行成本统计报表重点统计了“行政运行”“事业运行”“一般行政管理事务”“机关服务”“离退休人员管理机构”，这五个功能分类科目边界模糊。

2. 机关运行成本管理资源较分散

当前机关运行经费管理存在“关系复杂”“各自为政”现象，导致条块分割、数据孤立、管理分散、协调困难等诸多问题。一方面，横向部门间各自设立机关运行经费管理队伍，开展机关运行成本支出统计工作，部门之间难有充分的信息沟通和资源整合；另一方面，管理权限、权力范围被限定在本级政府机关本身，对下级机关事务工作仅有监督或指导职能，造成机关事务标准管理职能“纵向不对应”，无法统一执行标准。

3. 机关运行成本标准体系不健全

机关运行成本标准体系并不健全，一方面，不同单位部门机关运行经费管理缺乏统一的核算口径和标准，在已制定的标准中，也存在没有相关因素测算标准或者测算标准不细致，适用性不足，缺乏科学依据等问题。另一方面，机关运行成本标准化程度偏低。近年来，定额标准工作尽管取得了一定成绩，但离建立全面科学的标准体系还有一定距离。

4. 机关运行支出费用结构欠合理

机关运行支出费用结构欠合理，主要体现在：一是政府机关的资金来源基本上都是财政拨款，成本效益缺少全面考核。机关运行经费强调合规性。预算考核重点考察的是预算执行率，沉淀资金会在年末被收回。这些因素往往导致政府机关只重预算执行，成本意识不强。二是机关运行支出费用设置尚缺少一套考核指标体系。包含机关运行成本在内的政府成本还未纳入政府绩效和干部政绩考核体系中，难以调动各地区、各部门履职尽责的积极性。

三、国内若干地区机关运行成本标准化建设实践启示

“十四五”期间，全国各地机关事务部门推进机关事务标准化建设全面开展，机关运行成本管理是重点领域，各地实践积累了丰富的改革经验。课题组拟在调查分析若干国内实践样本基础上，建构机关运行成本标准化框架，

并应用于深圳机关运行成本标准化建设实践。

（一）若干地区政府机关运行成本标准化建设实践

1. 四川省机关成本标准化建设探索

2016年，四川省机关事务管理局在全国率先将标准的理念和方法引入机关事务治理领域，2018年承担全国机关事务首批标准化试点，已初步建成标准基本体系。截至2019年12月，四川省机关事务管理局已先后优化机关运行经费管理、行政事业性国有资产管理、机关后勤服务管理、公共机构节约能源管理等岗位职责、制度规范、流程环节600余项，制定发布14类283项履职内部标准、23项省级地方标准，以及工作指南等基础性标准，办公区物业管理、应急后勤保障等标准在全国具有首创性和引领性。申报的《川渝地区公共机构能源审计报告编制规范》和《川渝区域一体化公务用车社会化保障管理规范》两项跨省域地方标准成功立项，为机关事务融入政府治理现代化体系提供标准支撑。

四川省机关事务管理局通过“两化融合”推进、履约管理推进、监督检查推进、多元实训推进等方式实施标准，行政事业性国有资产调剂与使用规范有序，全省公务用车管理“一张网”平台，全省6万余家公共机构能耗数据依据标准按季度自动统计、动态分析，辅助实施能耗目标考核。

2. 贵州省机关成本标准化建设探索

《贵州省〈机关事务标准化工作“十四五”规划〉实施方案》为省“十四五”时期机关事务标准化工作绘制了发展蓝图。贵州省编制印发内部标准55项，构建标准指标体系7个，新制定的8项省级地方标准获批发布。其中，《机关事务标准化工作指南》明确了机关事务标准化的工作要求、机构职责、工作流程，指导机关事务标准体系建立、标准制（修）订、培训与宣贯、实施与记录、监督与持续改进等活动。《节约型机关创建规范》明确了节约型机关创建的程序、内容及评价要求，指导贵州省节约型机关创建工作，推动全省党政机关厉行勤俭节约、反对铺张浪费，提高能源资源利用效率，降低机关运行成本。《机关事务云　第1部分　数据技术要求》等6项数据标准规定了机关事务云数据元格式与数据元属性的要求，适用于各项业务的信息数据库建设、数据交换和共享，指导省、市、县三级机关事务管理信息化建设，打破“数据壁垒”，促进政府数据共享和开放。

3. 盘锦市机关成本标准化建设探索

盘锦市打造标准化 2.0 版本，依托市行政中心统一建设、机关集中办公的优势，逐步实现对全市相关经费预算的集中统一管理，效果显著，总体降低机关运行成本约 3551.08 万元。借助智慧化“互联网 + 政务”技术模式和市场化购买服务等方式，优化配置人、财、物等要素成本，提升集约效应。在人力成本方面，为集中办公区域添置洗地机，为保安人员配备巡逻车，可以减少保洁员和保安员各 14 名，每年节约 140 万元；在财力成本方面，借助社会化购买服务方式，节省财政资金，提高办事效率；在物料成本方面，为办公用房维护、车辆保养、茶盘摆放等，制定详细、明确的使用管理标准，最大限度地延长物品设备使用寿命，降低管理成本。例如，盘锦市将洗地机的使用年限延长至少 5 年，节约成本将近 450 万元；此外，盘锦市建构“九准则”标准化体系，以机关事务标准化指导机关运行成本管理，解决高成本、低效率的问题。

（二）机关运行成本标准化建设实践的经验启示

1. 以成本标准化建设推进机关运行管理一体化

注重标准化协调联动机制，推动机关运行保障一体化建设。四川省机关事务管理局加强与重庆市机关事务管理局协调，在全国率先建立跨省域机关事务标准化协调联动机制，调动川渝两地 68 家市、区层级机关事务管理部门参与，以标准先行推动川渝两地机关运行保障一体化，服务保障成渝双城经济圈建设。

2. 以运行成本“两化融合”推动机关运行高效化

推动标准化、信息化“两化融合”，强化机关运行保障资源的高效整合。贵州省机关事务管理局深入推进信息化与标准化建设，推动“贵州省机关事务云”的建设与应用，实现机关事务业务流程再造，推动系统内数据共享、态势共享、结果共享及标准化、智能化、自流程管理，达到“服务更便捷、管理更精准、保障更及时、监督更有效”的目标。

3. 以成本标准化建设提升机关运行的服务质量

树立标准服务、标准保障的管理思维与意识，推进机关运行保障的高质量发展。盘锦市建构“九准则”标准化体系，重视节能标准改造机关事务管理，以机关事务标准化指导机关运行成本管理，树立依照标准服务、按照标准保障意识，提高服务和保障质量。

4. 以成本标准化建设强化机关运行实施过程评价

重视标准宣贯与实施，强化标准实施评价机制。贵州省机关事务管理局加大对机关事务标准的宣传贯彻力度，提升标准实施效果，对不少于30%实施满1年的标准进行效果评价。同时，积极组织标准复审和改进，对实施满5年的标准开展复审，并依据复审结论及时改进，保障标准的有效性、适用性与先进性。

四、机关单位运行成本标准框架及其应用

遵照国家机关事务及财政部门的有关政策指示，结合政府会计制度的具体实践，课题组建立通用类型机关运行成本标准化框架，并以深圳公务用车运行为例，实验性地建立一个具有可操作性的公务用车运行成本标准规范。

（一）搭建通用类型机关运行成本标准框架

机关运行类型多种多样，课题组根据常见的机关运行成本类型，搭建机关运行成本标准框架。

1. 机关运行成本项目分类框架

课题组将机关运行成本划分为以下类型（如图3-8所示）：一是购买货物类支出成本，指购买进行日常机关运行活动所需的货物所花费的费用；二是工程类支出成本，指进行各种工程所发生的实际费用和成本；三是服务类支出成本，指基本运行保障工作的服务和管理性质的支出；四是资产类支出成本，指的是构建或者生产符合资本化条件的资产而发生的支出，包括机关运行中购置的固定资产和无形资产；五是混合类支出，重视无形资产摊销或固定资产折旧类支出，包括固定资产累计折旧、无形资产累计摊销等。

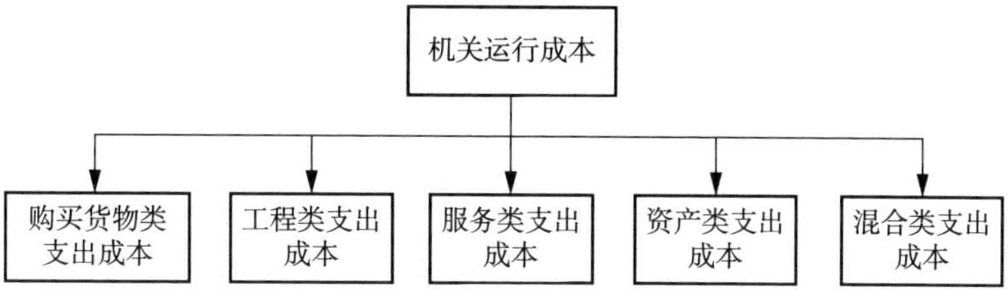

图 3-8　机关运行成本分类体系

基于对机关运行成本分类，将各种费用归类，构建机关运行成本项目分类框架，如表 3-2 所示。

表 3-2　机关运行成本项目分类表

成本类型 费用类型	购买货物类支出成本	工程类支出成本	服务类支出成本	资产类支出成本	混合类支出成本
1. 办公费			√		
2. 印刷费	√				
3. 水费	√				
4. 电费	√				
5. 邮电费			√		
6. 物业管理费			√		
7. 差旅费			√		
8. 因公出国（境）费用			√		
9. 维修（护）费			√		
10. 会议费			√		
11. 专用材料费	√				
12. 租赁费			√		
12.1　办公用房租赁费			√		
12.2　网络租赁费			√		
13. 培训费			√		
14. 取暖费			√		
15. 公务接待费			√		
15.1　国内公务接待费			√		
15.2　国（境）外接待费			√		
16. 公务用车运行维护费			√		

续表

费用类型＼成本类型	购买货物类支出成本	工程类支出成本	服务类支出成本	资产类支出成本	混合类支出成本
16.1　燃料费			√		
16.2　维修费			√		
16.3　保险费			√		
16.4　过路过桥费			√		
16.5　停车费			√		
16.6　其他相关支出			√		
17. 其他交通费用			√		
18. 房屋建筑物购建				√	
19. 办公设备购置				√	
20. 基础设施建设		√			
21. 大型修缮		√			
22. 信息网络及软件购置更新				√	
23. 公务用车购置				√	
24. 咨询费			√		
25. 手续费			√		
26. 劳务费			√		
27. 委托业务费			√		
28. 其他商品和服务支出			√		
29. 专用设备购置				√	
30. 其他交通工具购置				√	
31. 文物和陈列品购置				√	
32. 无形资产购置				√	
33. 其他资本性支出				√	
34. 机关运行性固定资产折旧					√
34.1　房屋及构筑物折旧					√
34.2　通用设备折旧					√
34.3　专用设备折旧					√
34.4　家具、用具及装具折旧					√
35. 机关运行性无形资产摊销					√

2. 机关运行经费预决算管理标准框架

课题组优化完善预算与决算管理标准框架，以加强机关运行经费预决算管理。创新性做法是在机关运行经费原有统计范围基础上，增加“资本性支出”“固定资产折旧”“无形资产摊销”内容，如表 3–3 所示。

表 3–3　机关运行经费预算 / 决算管理标准表

支出类型 / 费用类型	基本 / 项目支出			
	商品和服务支出	资本性支出	固定资产折旧	无形资产摊销
1. 办公费	√			
2. 印刷费	√			
3. 水费	√			
4. 电费	√			
5. 邮电费	√			
6. 物业管理费	√			
7. 差旅费	√			
8. 因公出国（境）费用	√			
9. 维修（护）费	√			
10. 会议费	√			
11. 专用材料费	√			
12. 租赁费	√			
12.1　办公用房租赁费	√			
12.2　网络租赁费	√			
13. 培训费	√			
14. 取暖费	√			
15. 公务接待费	√			
15.1　国内公务接待费	√			
15.2　国（境）外接待费	√			
16. 公务用车运行维护费	√			
16.1　燃料费	√			
16.2　维修费	√			

续表

费用类型＼支出类型	基本 / 项目支出			
	商品和服务支出	资本性支出	固定资产折旧	无形资产摊销
16.3 保险费	√			
16.4 过路过桥费	√			
16.5 停车费	√			
16.6 其他相关支出	√			
17. 其他交通费用	√			
18. 房屋建筑物购建		√		
19. 办公设备购置		√		
20. 基础设施建设		√		
21. 大型修缮		√		
22. 信息网络及软件购置更新		√		
23. 公务用车购置		√		
24. 咨询费	√			
25. 手续费	√			
26. 劳务费	√			
27. 委托业务费	√			
28. 其他商品和服务支出	√			
29. 专用设备购置		√		
30. 其他交通工具购置		√		
31. 文物和陈列品购置		√		
32. 无形资产购置		√		
33. 其他资本性支出		√		
34. 机关运行性固定资产折旧			√	
34.1 房屋及构筑物折旧			√	
34.2 通用设备折旧			√	
34.3 专用设备折旧			√	
34.4 家具、用具及装具折旧			√	
35. 机关运行性无形资产摊销				√

3. 机关运行经费核算标准框架

课题组建立一个机关运行经费核算标准框架。如表 3–4 所示，依据支出领域，将经费核算类型划分为八类，反映不同支出领域的经费使用情况，并按照经费性质进行归集，整体呈现机关运行经费的支出性质类型和水平。

表 3–4　机关运行经费核算标准

核算费用类型	定义	具体项目	数据	费用性经费	消耗性经费	资本性经费	其他性质经费
1. 办公用房保障费用类	指与办公用房保障活动相关的费用	房屋维修费					
		房屋租金费					
		房屋购置费					
		其他相关费用					
2. 公务用车保障费用类	指与公务用车保障活动相关的费用	车辆购置费					
		车辆维修费					
		车辆保险费					
		车辆燃油费					
		过路过桥停车费					
		出车补助费					
		租车费					
		其他相关费用					
3. 公共机构能源保障费用类	指与办公用房保障活动相关的水费、电费、取暖费等费用	公共照明电费					
		电梯运行电费					
		绿化用水用电费用					
		消防系统用水、用电费用					
		安防、门禁、摄像头等设备运行费用					
		取暖费					
		其他相关费用					

续表

核算费用类型	定义	具体项目	数据	费用性经费	消耗性经费	资本性经费	其他性质经费
4. 后勤服务保障费用类	指与后勤服务保障活动相关的物业管理费用	绿化支出					
		保洁支出					
		安全保卫支出					
		餐饮保障支出					
		会议服务费					
		其他相关费用					
5. 内部运行保障费用类	指与内部运行保障活动相关的费用	计算机设备购置与维修费					
		办公设备购置与维修费					
		家具购置与维修费					
		办公软件等无形资产购置费					
		办公费					
		印刷费					
		手续费					
		邮电费					
		其他相关费用					
6. 公务交流保障费用	指与公务交流活动相关的费用	差旅费					
		培训费					
		会议费					
		公务接待费					
		因公出国（境）费					
		其他相关费用					

续表

核算费用类型	定义	具体项目	数据	费用性经费	消耗性经费	资本性经费	其他性质经费
7. 委托服务保障费用类	指与委托服务保障活动相关的费用	委托外单位、个人办理业务产生的委托业务费					
		咨询费					
		劳务费					
		其他相关费用（不含物业费）					
8. 其他活动保障费用类	除上述费用类型外，用于保障机关运行的其他相关费用						

4. 机关运行成本支出绩效评价标准框架

如表 3–5 所示，课题组将机关运行成本支出绩效评价标准划分为经济性、稳定性、效益性及满意性四大类指标。经济性指标主要反映资源能源消耗的节约控制情况。稳定性指标主要反映机关运行成本管理的保障性建设水平。效益性反映机关运行成本支出所产生的积极效应。满意性则考量干部职工对机关运行成本管理的感知效果。

表 3–5　机关运行成本支出绩效评价标准框架

一级指标	二级指标	指标值
经济性指标	主要选取各类能够反映机关运行成本控制水平的指标，如人均成本支出、固定资产投入等	对所有具体指标进行定量化操作，并设计出一套能反映机关运行成本支出整体绩效的评价指标计算方法体系
稳定性指标	主要选取能够反映保障与赋能机关运行成本管理的指标，如成本调查统计信息化、机关运行经费管理制度建设等	
效益性指标	主要选取能够反映机关运行成本管理所产生积极效应的社会性或生态性等指标，如社会公开度、能源利用率等	
满意性指标	主要选取能够反映机关运行成本管理过程中机关干部职工满意度水平的指标，如经费支出公平感等	

5. 机关运行成本数据共享管理标准框架

为了适应数据化、智能化时代，建构机关运行成本的数据共享管理标准框架非常有必要。课题组建构由数据资源目录管理、信息平台系统管理、数据共享监督与评价、数据安全保护等规范构成的标准体系，以促进数据资源共享，如图 3–9 所示。

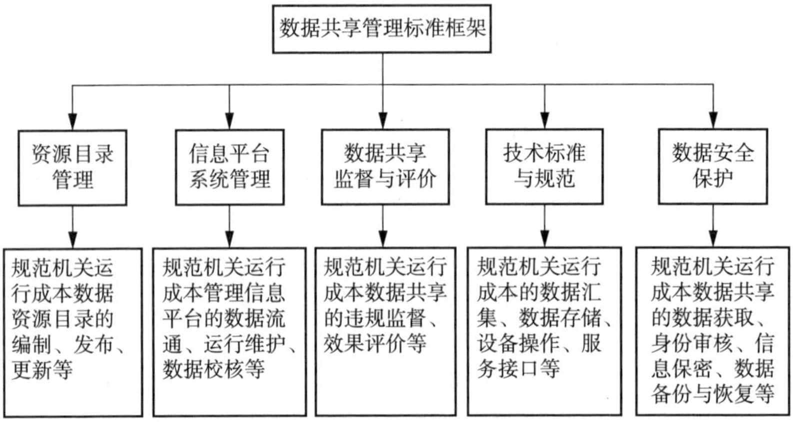

图 3–9　机关运行成本数据共享管理标准体系

深圳市一级预算单位运行成本管理可从支出内容标准化、管理流程标准化及目标控制标准化建设等方面出发，构建高质量的机关运行成本标准化管理规范体系，如图 3–10 所示。

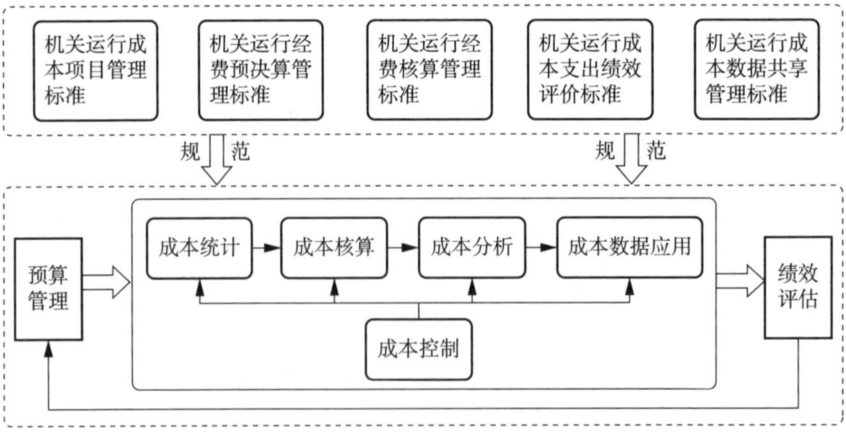

图 3–10　机关运行成本标准化管理规范体系

（二）机关运行成本标准框架应用：以深圳公务用车为例

课题组根据实际条件，以深圳公务用车为例，建立深圳公务用车运行成本标准规范。

1. 公务用车运行总成本构成规范

每一年度的公务用车运行总成本由“公务用车运行项目性成本”“公务用车运行过程性成本”“公务用车管理绩效支出成本”三大部分构成（此标准仅适用于有集中统一管理车辆的部门）。公式表达如下：

公务用车运行总成本＝公务用车运行项目性成本＋公务用车运行过程性成本＋公务用车管理绩效支出成本

2. 公务用车运行项目性成本构成规范

公务用车运行项目性成本一般包括燃料费、维修费、洗车费、保险费、年审费、过路过桥费、停车费、其他综合费用。

3. 公务用车运行过程性成本构成规范

公务用车运行过程性成本一般包括：

（1）消耗性经费，包含年度折旧或车辆里程数折旧后的经费数额等。

（2）资本性经费，包含租车成本数额等。

（3）公务交流保障费用，包含用餐费、住宿费、交通费、会议室租赁费等。

（4）委托服务保障费用，包含会计检查费用、审计费用、财政专项业务检查费用、委托中介机构绩效评价服务费用、委托工程造价咨询费用等。

（5）其他相关经费。

4. 公务用车管理绩效支出成本规范

公务用车管理绩效支出成本计算公式如下：

公务用车运行管理绩效支出成本＝（本年度公务用车运行预算总额－本年度公务用车运行实际成本总额）× 本年度公务用车支出绩效系数

表 3-6　公务用车支出绩效系数测算

<table>
<tr><td colspan="3">项目名称</td><td colspan="2">公务用车管理绩效评价支出</td><td colspan="3">项目负责人及电话</td><td colspan="3"></td></tr>
<tr><td colspan="3">主管单位</td><td colspan="2">深圳市机关事务管理局</td><td colspan="3">实施单位</td><td colspan="3">车辆管理服务中心</td></tr>
<tr><td colspan="3" rowspan="4">资金情况（万元）</td><td></td><td>全年预算数（A）</td><td colspan="3">全年执行数（B）</td><td>分值</td><td>执行率（B/A）</td><td>得分</td></tr>
<tr><td>年度资金总额</td><td></td><td colspan="2"></td><td>%</td><td></td><td></td><td></td></tr>
<tr><td>其中：本年财政拨款</td><td></td><td colspan="2"></td><td>%</td><td></td><td></td><td></td></tr>
<tr><td>其他资金</td><td></td><td colspan="2"></td><td>%</td><td></td><td></td><td></td></tr>
<tr><td rowspan="2">年度总体目标</td><td colspan="4">年初设定目标</td><td colspan="6">年度总体目标完成情况综述</td></tr>
<tr><td colspan="4">完善公务用车管理制度，不断提升公务用车运行管理绩效</td><td colspan="6">实现“公务出行便捷合理、交通费用节约可控”目标，形成符合中央文件精神和市情的新型公务用车管理模式。</td></tr>
<tr><td rowspan="6">绩效指标</td><td>一级指标</td><td>二级指标</td><td>三级指标</td><td>分值</td><td>全年指标值</td><td colspan="2">全年实际值</td><td>实际得分</td><td colspan="2">打分说明</td></tr>
<tr><td rowspan="5">产出指标</td><td rowspan="2">数量指标</td><td>符合公务用车编制数量</td><td>5</td><td>____辆</td><td colspan="2">____辆</td><td></td><td colspan="2">● 数额一致得 5 分
● 超 1~5 辆，扣 1 分
● 少 1~5 辆，加 1 分</td></tr>
<tr><td>配备专职司机数量</td><td>5</td><td>____人</td><td colspan="2">____人</td><td></td><td colspan="2">● 数额一致得 5 分
● 超 1~5 人，扣 1 分
● 少 1~5 人，加 1 分</td></tr>
<tr><td rowspan="3">质量指标</td><td>公务用车规章与规程健全</td><td>3</td><td>评价度
____%</td><td colspan="2">评价度
____%</td><td></td><td colspan="2">● 等于或优于标准得 3 分
● 不及格扣 1 分</td></tr>
<tr><td>较大事故发生率</td><td>3</td><td>≥____%</td><td colspan="2">____%</td><td></td><td colspan="2">● 规定数值范围内得 3 分
● 超出数值范围扣 1 分</td></tr>
<tr><td>优质服务率</td><td>3</td><td>≥____%</td><td colspan="2">____%</td><td></td><td colspan="2">● 等于或优于标准得 3 分
● 不及格扣 1 分</td></tr>
</table>

续表

绩效指标	产出指标	时效指标	根据约定提前10分钟赶到指定地点等候率	3	____%	____%		● 等于或优于标准得3分 ● 不达标扣1分
			重点、突发工作24小时值班派车率	3	____%	____%		● 等于或优于标准得3分 ● 不达标扣1分
			工资奖金发放及时率	3	____%	____%		● 等于或优于标准得3分 ● 不达标扣1分
		成本指标	公务用车运行经费	15	____万元/辆	____万元/辆		● 等于或优于标准得15分 ● 不达标，超过1万扣1分
			公务用车平台运行经费	2	____万元/月	____万元/月		● 等于或优于标准得2分 ● 不达标扣1分
			租车成本数额	2	____万元	____万元		● 等于或优于标准得2分 ● 不达标扣1分
			公务交流保障费用	2	____万元	____万元		● 等于或优于标准得2分 ● 不达标扣1分
			委托服务保障费用	2	____万元	____万元		● 等于或优于标准得2分 ● 不达标扣1分
			司勤临聘人员工资、标准	3	____万元/（人·月）	____万元/（人·月）		● 等于或优于标准得3分 ● 不达标扣1分
			安全奖励标准	3	____万元/（月·辆）	____万元/（月·辆）		● 等于或优于标准得3分 ● 不达标扣1分
			出车补助标准	3	____元/公里	____元/公里		● 等于或优于标准得3分 ● 不达标扣1分

续表

绩效指标	效益指标	经济效益指标	公车改革节支率	10	______%	______%		● 等于或超过标准得 10 分 ● 不达标扣 1 分
		社会效益指标	树立党政机关廉洁形象，公车私用率	4	效果明显	效果______		● 等于或优于标准要求得 4 分 ● 不达标扣 1 分
			减少尾气排放，节能减碳，提高环境质量	4	效果明显	效果______		● 等于或优于标准要求得 4 分 ● 不达标扣 1 分
		可持续影响指标	有利于合理有效配置资源	4	效果明显	效果______		● 等于或优于标准要求得 4 分 ● 不达标扣 1 分
			有利于党风廉政建设	4	效果明显	效果______		● 等于或优于标准要求得 4 分 ● 不达标扣 1 分
			有利于节约型机关建设	4	效果明显	效果______		● 等于或优于标准要求得 4 分 ● 不达标扣 1 分
	满意度指标	服务对象满意度指标	用车单位满意度	10	≥______%	______%		● 等于或优于满意度得 10 分 ● 不达标扣 1 分
总分				100 分	—		____分	
绩效系数				公务用车支出绩效系数 = 实际得分 ÷ 100				绩效系数：______

5. 公务用车运行成本标准应用例示

为了更清楚地了解上面建立的公务用车运行成本标准规范，下面通过举例的方式进行说明。

根据深圳市机关事务管理局 2019—2021 年三年统计数据计算所得，深圳市集中统一管理公务用车的平均成本约为 2.42 万元 /（车・年）（不包含“公务用车运行过程性成本”），故本课题将公务用车运行成本标准定为 2.5 万元 /（车・年）（不包含“公务用车运行过程性成本”），假设深圳市集中统一管理车辆部门拥有 1000 辆车，公务用车运行成本标准：

（1）“年度公务用车运行预算总额为 2500 万元”；

（2）“年度公务用车运行实际数额为 2420 万元”；

（3）“某年度公务用车管理绩效支出成本”=（2500–2420）× 0.8=64 万元。

（根据上面绩效评价支出测算公式得出）

补充说明：

（1）“年度公务用车支出绩效系数”0.8 是“假设系数”；实践中需要根据《公务用车支出绩效系数测算表》计算得出。

（2）“80 万元”是车辆部门的公务用车运行成本节约数额，“年度公务用车运行预算总额 2500 万元”减去“年度公务用车运行实际数额 2420 万元”所得。64 万元的“公务用车管理绩效支出成本”系由 80 万乘以“年度公务用车支出绩效系数”0.8 得出，用来激励集中统一管理车辆部门。

五、机关运行成本标准推行的配套保障机制建设

机关运行成本标准化建设，不能理解为单纯的财务标准建构活动，成本标准的有效实施需要建立相应的配套制度与机制。课题组认为，机关运行成本标准规范及其实施需要建立如下的配套保障机制。

（一）健全机关运行成本统计实施全周期工作机制

机关运行成本统计实施是一个过程性明显的具体工作，其中应该建立健全周期性工作机制：优化统计报表设计，改基于预算会计、收付实现制的统计制度为基于财政会计制度、权责发生制的统计制度；完善数据统计基础、

统计内容及会计核算方法。研发统计软件，完善统计报表结构、内容和审核模板，明晰统计数据钩稽关系、细化报表审核公式，提高统计质量和效率；做好统计结果运用和推广，制作《深圳市机关运行成本统计工作指引》。依据“统计工作指引”建立和完善机关运行成本统计考评制度，研究出台《机关运行成本统计管理办法》《机关运行成本统计和核算规定》，形成对机关运行成本管理的正向激励。

（二）建立成本核算与质量控制的全过程监督机制

优化机关运行成本会计科目分类设计，规范折旧、摊派等混合性科目支出的会计核算，逐步建立完善机关运行成本核算标准体系；健全服务定额标准和资产配置标准，尽可能覆盖机关运行成本支出各项业务，并根据经济社会发展情况进行动态调整；加强跟踪监控，落实事中约束和监督，建立定期成本报告制度和追踪问效机制；建设财务管理共享平台，实现所有预算单位在系统中有序运行、所有财务人员在系统中规范操作、所有银行账户在系统中实时监控。

（三）完善机关运行经费预算执行的闭环管控机制

将机关运行经费纳入预算管理一体化，明确机关运行经费预算编制流程，强化预算执行监督，落实预算绩效评价，形成机关运行经费支出闭环管控；落实《机关事务管理条例》规定，以实物定额和服务标准为突破口，重点解决机关运行经费预算支出定额和开支标准、机关资产配置标准、公务用车编制配备标准、后勤服务项目和标准等，建立定额完整、体系健全的工作标准；明确标准的制定主体、分类办法、实施方案和工作步骤，形成包括货物类、工程类、服务类、资产类、混合类的机关运行成本项目标准体系，解决资产设备购置、基础设施建设、后勤服务费等问题，构建符合机关运行和预算管理实际的预算支出标准体系。

（四）建构标准化、信息化深度融合的管理运行机制

应用大数据、人工智能、5G 网络等数字化技术，建构“数字化 +”的机关运行成本管理模式；制定基础数据、云接入等地方标准，为信息互联互通、数据共享共用、业务一网通办等，提供统一的业务流程和数据接口规范；针

对跨部门、跨层级、跨区域的事项，推进“一件事”集成改革，让“数据跑”代替“人工跑”；建立操作流程标准，以参数配置进行固化，设定公式关联自动审核功能，增加自动提醒功能，减少人工审核失误带来的数据失真；打造综合智慧管理平台建设，构建机关运行成本运行态势感知体系和可视化管理体系。打造覆盖政府财务报告全流程和机关事务业务全环节的一体化集成信息系统，运用大数据技术进行指标分析、趋势描述和相关度研判，感知问题隐患，加强预警提醒。

（五）推行机关事务行业性政府财务报告督评机制

推行基于权责发生制的政府财务报告模式势在必行。首先，机关事务部门的政府财务报告应在收入费用表“本期费用”栏目下增设“机关运行成本”项目，专门用来反映保障机关运行而发生的成本费用；其次，强化政府财务报告内部审计监督，构建单位内部常态化审计自查机制，组织开展政府财务报告专项内部审计，审计范围延伸到机关运行保障问题，着重关注财务报告内容等；最后，发挥政府财务报告在机关事务绩效考核中的作用，关注机关事务业务运行绩效，提供反映机关运行保障工作成效的数据信息，并据此开展指标计算和分析评价。

（作者：曾锡环、黄钦旭）

第四章　机关文印服务保障标准化建设路径

【内容提要】机关文印作为政府运行保障管理的重要构成，主要为党政机关职能体系有效运转提供材料印制等重要服务保障。新时代背景下，深圳机关文印服务保障面临新形势、新任务、新要求，要求以“高效能集约管理、高标准成本控制、高规范生产流程、高水平数字转型、高品质服务保障”为目标，构建机关文印事业高质量发展的“深圳样本”。

一、机关文印服务保障标准化建设背景

进入新时代以来，机关文印服务保障建设面临复杂形势，迎来诸多新要求、新挑战，要求创设新发展思路，开创高质量发展新格局。

（一）党和国家作出机关事务高质量发展指示

党中央高度重视机关事务工作。习近平总书记对机关事务工作作出“两个重大”“一个表率”“两个更好服务”的重要指示，要求高质量建设现代后勤；党的二十大强调要牢牢把握高质量发展这一首要任务，要求深化集中统一管理改革，推动数字化、标准化与法治化融合发展，提升治理效益。2022年，国务院政府工作报告指出，各级政府要坚决“过紧日子”，创建节约型机关，节用裕民。

省与市级政府有关领导积极谋划机关事务工作发展。广东省机关事务管理局刘忠平局长强调，机关事务工作要更自觉地服务中心大局、服务政府治理、服务干部群众，扎实落实“1+1+9”工作部署，做到保障有力、保障有序、保障有度、保障有方；深圳市机关事务管理局局长吴晶强调，要坚定“保障打赢”使命归属，坚持“一体三化两提升”的发展思路，围绕“补短板，出精品，强作风”的工作原则，持续提升机关事务管理效能、保障水平和服务质量，为深圳市把握“双区”驱动、“双区”叠加、“双改”示范重大

历史机遇提供坚实有力的服务保障。

可见，以自我改革的精神魄力优化机关文印服务保障体制机制，构建机关文印现代化治理体系，是融入国家发展大局、响应上级政策的重要举措，具有其深刻的时代价值和政策意义。

（二）党政机关“过紧日子”约束下的转型要求

党政机关带头“过紧日子”，坚决厉行节约、反对浪费，推动绿色低碳转型，创建节约型机关，这是新时代机关运行保障管理的重要特征。要求建立简约适度、高效节约、绿色低碳的机关文印服务保障标准化模式，防止文印浪费，严控运行成本，提高资源利用效率。

（三）党政机关推进数字化改革的发展契机

创新应用互联网、人工智能、大数据、区块链、云计算等数字技术，是机关后勤服务改革发展的必然选择。机关事务数字化转型，要求集聚机关文印大数据，促进数字与业务融合，推进技术与标准耦合，建设生产、服务与管理数字化发展的现代机关文印服务保障标准化模式。

（四）深圳市创建“圳印”品牌的现实需求

《深圳市机关事务工作“十四五”规划》明确提出，要打造“安心”的文印服务品牌。深圳市市直机关文印中心，通过提升党建引领优势、吸纳高端生产服务理念、引入数字化技术等举措，抢占机关文印服务保障质量标地，为机关运行提供卓越服务，力争实现“圳印”品牌创建的目标。实现上述目标，亟须走标准化道路，全方位开展效率改革、效益改革和质量改革。

二、深圳机关文印服务保障实践概况

深圳市市直机关文印中心创建于1980年，目前包括综合部、设计部、生产部，以及质检安全四大部门，组织结构体系完善。深圳市市直机关文印中心长期以来创新探索工作思路与管理方法，在业务管理、组织建设、制度创新、机制优化等方面主动作为，积累了丰富的实践内容，形成一套机关文印服务保障模式。近年来，深圳市市直机关文印中心落实局党组“九字嘱托”，坚持目标导向，内涵发展，探索“1+1+3”模式，打造党建示范、高端设计、智慧文印、质量地标、卓越服务的“圳印”品牌，抢占深圳机关文印质量高地。总体而言，深圳机关服务保障实践可归纳为如下内容。

（一）开展特色化的“党建 + 文印服务”

一是融合党建宣传与文印文化。利用墙立面、走廊、楼梯侧面等公共空间构建党建综合阵地，宣传机关文印历史文化与服务管理理念，挖掘一线党员业务骨干典型案例，积极弘扬先进事例。二是党建与文印业务相结合。按照“标准 + 质量 + 示范”的党建要求，推行“支委挂点车间、党员包干班组”责任制，开展争创模范机关、争建五星支部、争做五星党员的“三争”行动，创建“车间里的党建”品牌，打造党建示范阵地。三是鼓励党员干部深入一线。设立党员责任区、示范岗，组建“党员生产突击队”，建立“一对一”挂点联系生产一线的工作模式。

（二）推行专业化的内控管理

一是强化风险管控。选择财务、采购与仓库等敏感岗位实施管控，建立风险管控机制，提高对“特急难”保障任务的响应水平；成立内控小组与工作专班。成立常备（应急）采购组、外发加工采购组、设备维修采购组，对机关文印服务工作进行专职专责管控。组建市委巡察配合专班、大型设备招投标专班、ERP 系统开发专班，以及内控机制建设专班，高效保障各类文印任务落实。二是实施财务内控管理。明晰费用审批及报销流程，明确财务纪律，坚持定期开展自查，防范财务廉洁风险。三是完善内控制度。建构一套覆盖领域广泛、内容条款清晰的文印管理制度体系（见表 3–7），提高内控规范化水平。

表 3–7　深圳市市直机关文印中心制度汇编

管理类型	制度文件
员工管理	《员工守则》
生产管理	《服务流程管理制度》《质量服务规范细则》《设备及器材管理制度》《重大会议文印工作管理办法》
行政管理	《领导集体决策重大问题议事规则》《保密工作实施细则》《消防和安全生产管理办法》《灭火疏散预案》《请休假管理办法》《党支部学习制度》《接待工作制度》《车辆管理制度》《关于员工招聘》《辞退职、签订劳动合同的规定、考勤制度》

（三）打造体系化的生产服务流程

一是完善生产服务流程环节。打造由业务接单、设计排版、安排生产、数码印刷、胶印印刷、保密印刷、装订质检、仓库送货构成的服务流程体系（见图 3-11），实现印前、印刷与印后加工整体管理。二是明晰职责分工。综合部门负责印刷业务承接、物资采购、成本核算、财务管理等工作，生产部负责制定生产流程施工单、印刷生产、装订、物流送货等，设计部门负责设计排版、CTP 出版，质检安全部门负责质量检验、安全管理等，四大部门协同保障文印业务运转。三是制定操作规范。制定工艺流程管理操作准则，明晰各生产服务模块内容与操作步骤。

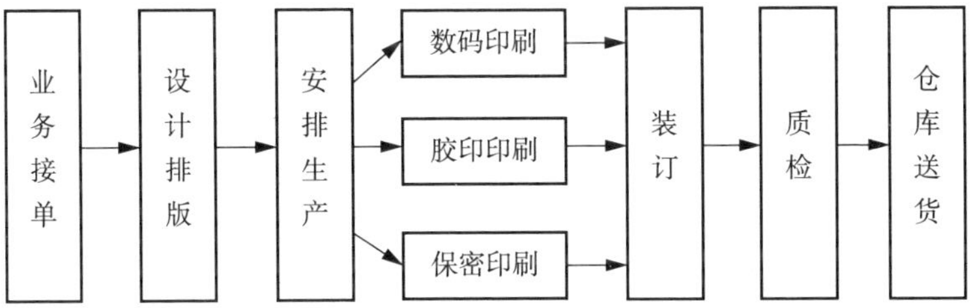

图 3-11　深圳市机关文印总服务流程

（四）实施规范化的文印质量管理

深圳市市直机关文印中心制定实施《质检标准管理办法（试行）》，明确文印生产服务各领域质量标准。一是优化生产质量管理，实施《质量服务规范细则》，对进料检验、印前制作过程、印刷过程、装订过程等环节进行操作标准控制，严格执行工艺质量要求；二是完善服务质量管理，明确业务接单、送货等服务要求，规定客户沟通、客户咨询与反馈、客户投诉处理等服务内容；三是加强产品质量检验，制定了严格的产品质量检验标准，主要涉及对原材料、半成品与成品的质量检验。

三、深圳机关文印服务保障的问题挑战

2022 年 9—10 月，深圳市市直机关文印中心对设计的问卷与访谈提纲

（见本章附件 1、附件 2）进行多轮讨论修改。2022 年 11 月，线上线下同时开展“深圳市党政机关文印服务评价与改进调查”工作，线上问卷调查总共回收有效问卷 31 份，覆盖 29 家单位。线下调查通过访谈形式进行，重点对机关文印中心 6 家核心服务对象单位进行实地访谈。问卷与访谈调查结果显示，服务对象对深圳市市直机关文印中心服务人员、文印产品、服务流程、文印环境的满意度较高，但存在以下问题挑战：

（一）文印服务高端设计能力亟须增强

部分服务对象单位表示，机关文印中心缺少精致化、高水平的文印排版能力。与市场上先进的印刷公司相比，深圳市市直机关文印中心在设施设备、印刷工艺、设计水平上存在差距，高端设计能力薄弱。例如，有部门指出，当前服务的党员队伍覆盖面越来越广，但机关文印中心提供的文印服务设计无法满足激励党员自豪感、归属感的需求。主要原因一是缺少高端设计人才的支持；二是高端工艺能力体系正在建立，尚未成熟。

（二）文印服务供给主动性有待提高

调查显示服务单位多元化需求特征明显，有部门表示，博士生或新入职党员拥有个性化的文化生活，他们对徽章、Logo 设计等产品需求较大；部分单位对文印印制形式需求较大，如更多类型的数字化产品或平面展，以及 PDF、OFD、txt3 等多种定稿形式，等等。深圳市市直机关文印中心一般被动接收服务对象单位的业务订单，但主动满足各单位多元化需求的工作仍有待进一步完善，化被动为主动。

（三）文印产品价格设置标准有待进一步完善

机关文印产品价格水平的满意度调查数据显示，93% 的服务对象单位表示满意，但有 7% 的表示一般（见图 3-12）。有服务对象单位指出部分文印服务收费不合理，如简单排版的费用收取过高、加班附加费用设置不合理等。虽然机关文印中心报价速度快，协调的时间成本较低，但是从各单位的反映情况来看，机关文印中心产品与服务价格线的设置与部门单位机构的收费数额期望不相符合。

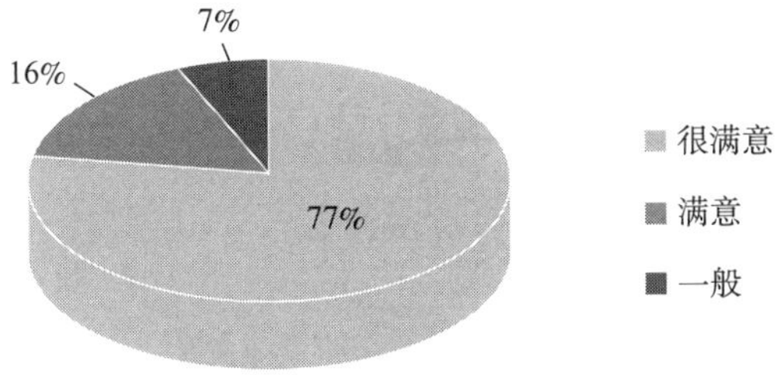

图 3-12　机关文印产品价格水平的满意度调查结果

（四）文印服务整体保障水平有待进一步提升

访谈与问卷调查发现，机关文印中心尚未打通与部分单位机构的内外网系统，文件电子版无法高效率流转，该问题主要受政府机构内部严格信息管控的工作机制的影响，属于制度性因素。此外，有 97% 服务对象单位对机关文印服务咨询专业性、智慧化服务水平与售后服务的评价都在满意及以上，但有 3% 服务对象单位对三方面工作表示一般（见图 3-13、图 3-14、图 3-15），侧面反映文印服务流程存在漏洞，不利于全过程、全周期提供高品质的文印服务，这主要受硬件更新周期长、历史发展遗留问题等客观性因素的影响。

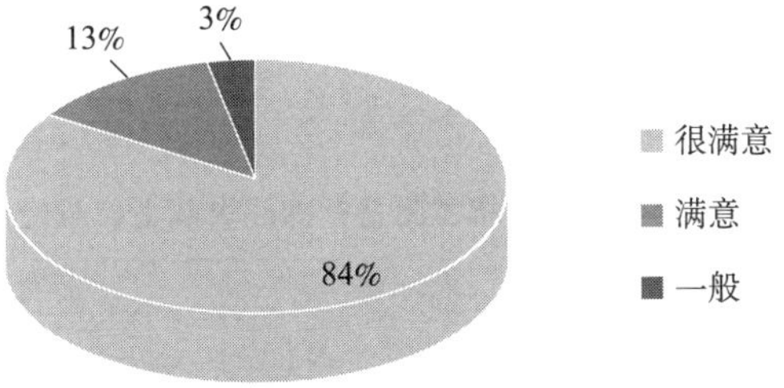

图 3-13　机关文印服务咨询专业性的满意度调查结果

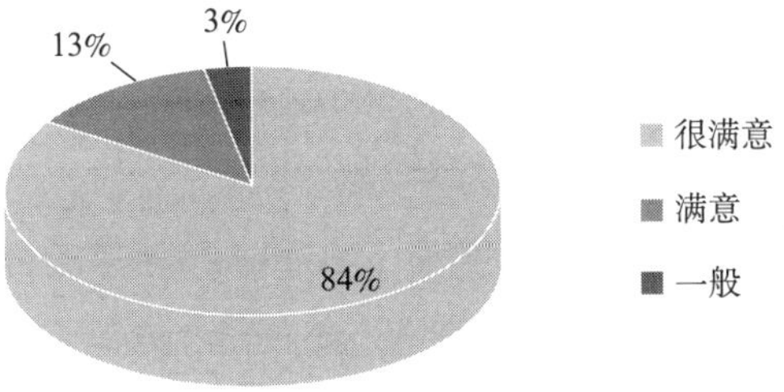

图 3-14　机关文印服务智慧化水平的满意度调查结果

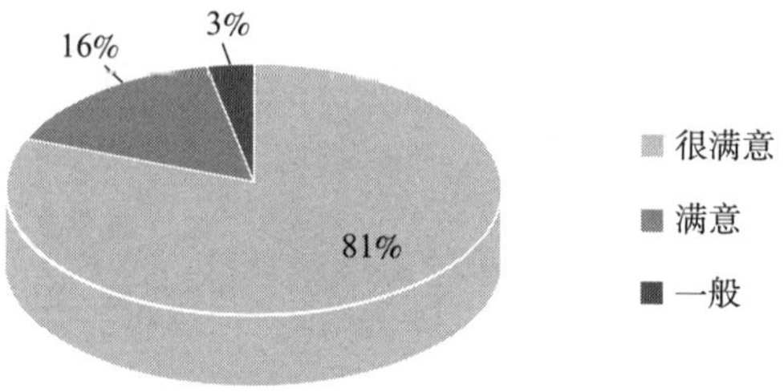

图 3-15 机关文印产品售后服务的满意度调查结果

三、国内文印系统的服务保障建设实践启示

云南省、襄阳市、内蒙古自治区等地方文印系统开展一系列机关文印建设活动，为深圳机关文印服务保障高质量建设提供经验启示。

（一）云南省

1. 推行机关文印服务保障集中统一管理

云南省将 3 家省级文印单位的隶属关系划至云南省机关事务管理局，形成协同保障功能体系，如表 3-8 所示。按照“统一标准、统一流程、统一质量、统一服务”的原则，印发《云南省机关事务管理局文印标准》，规范管理党政机关文印服务工作，初步形成文印服务保障集中统一管理格局。

表 3-8 云南省机关事务管理局直属文印单位

文印单位	原单位	成立时间	主要职责
云南省机关事务管理局第一印务中心	中共云南省委机关印刷厂	1952 年	省委、省委办公厅及省委各部委办厅局文件、材料及资料印刷；承接部分社会印刷业务
云南省机关事务管理局第二印务中心	云南省人大机关印务中心	1992 年	省州（市）区三级两会文印服务保障；部分出版社正式出版的各类精、平装画册和图书；各类指示牌匾、省市两级机关会议背景板与背景墙的设计和制作；部分省级机关电子档案的制作和分类管理；省市两级人大机关公文格式审核把关和校对

续表

文印单位	原单位	成立时间	主要职责
云南省机关事务管理局第三印务中心	云南省人民政府机关印刷厂	1993 年	省政府及政府办公厅文件、资料、讲话及会议材料印刷；省级机关部分单位的文件、简报、资料印刷；书刊、杂志、报纸印刷、多色彩印、证件印制

2. 以标准化建设促进文印服务规范化发展

云南省机关事务管理局发布《机关文印服务规范》《机关文印服务评价规范》地方标准，在承印、流程、质量标准和服务评价等方面，初步明确和量化了机关文印服务保障工作内容，进一步提高机关文印服务的标准化操作水平。

3. 大力推进机关文印品质认证工作

云南省重视机关文印服务质量的管控与评价工作，开展品质认证工作。云南省机关事务管理局第二印务中心先后通过了 ISO9001：2015 认证、G7 认证、C9 认证等多种认证，使得该中心成为全国首家同时拥有 3 项 C9 评价的文印单位，提升了云南机关文印品质管控的示范引领优势。

（二）襄阳市

1. 加快制定机关文印保障内控标准

制定实施《襄阳市委、市政府机关文印中心管理规范》《襄阳市委、市政府机关文印中心服务接待规范》。一方面明晰设备设施、业务环节及场所、涉密保密、岗位、劳动消防安全等管理要求，初步明确绩效评价原则与内容；另一方面加强服务接待工作场所、岗位职责、专业技能等管理。

2. 以培训竞赛提升机关文印生产服务水平

定期开展保密安全教育和业务培训、组织保密工作自查、开展保密专题测试等工作，加强涉密保密管理要求；定期开展各类文印技能竞赛活动，检验文印职工在微机室文件、表格等排版，数码车间印刷、装订车间信封制作、文件装订等生产环节上的技能素质。

3. 鼓励职工深入一线提供文印服务保障

疫情防控期间，成立工作专班，鼓励文印中心职工下沉一线开展 24 小时值班待岗的文印服务保障工作。机关文印部门广大职工加班加点为市委、市政府及市直单位印制疫情防控的各种文件资料，保证全市疫情防控命令的及时下达、疫情信息的及时发布。

（三）内蒙古自治区

1. 推动党政机关文印服务标准化建设

联合当地标准化研究院，推进机关文印服务标准化体系的建设工作，出台包头市《党政机关文印服务规范》，在场所环境、设备、业务环节、涉密保密、消防安全等方面，明晰党政机关服务的标准要求。

2. 应用软件技术提升机关文印生产质量

采取“软件硬件一起抓”策略，磨合试用“方正畅易比对新型软件”，建立起清晰提示多字、缺字、表格、公式、小页和大版、图表处错误等内容的文印管理功能系统，并结合“黑马校对软件”实现对拼写错误、语言冗余、词语缺失、逻辑乱序、标点误用、搭配、领导人职称等语句语法内容的提示管理。

3. 开展专项行动提升机关文印服务水平

常态化开展学习保密知识的培训活动，组织开展各类保密知识测试工作；开展服务标准礼仪培训活动，提高服务人员社交礼仪、客户沟通水平；开展文印质量问题专项整顿工作，建立风险隐患问题清单与整改措施台账，保证“零差错、零泄密、零延误”。

（四）实践经验与启示

各地实践为深圳机关文印服务保障建设提供经验启示。一是实现标准引领。加快制定党政机关文印服务管理与评价规范等标准，增强行业标准引领优势，抢占新时代机关文印发展高地。二是深化技术应用。具备吸纳数字化理念与技术，建构机关文印智慧管理能力体系。三是加快品质认证。建立文印品质管控体系，链接品质认证资源，提升机关文印服务品牌效应。四是推进人才培养。培养具有新思维、掌握新技能的文印人才。五是筑牢保密防线。加强制度监督、提高安全意识、压实管理责任，筑牢保密底线。

四、深圳机关文印服务保障标准化建设策略

深圳市市直机关文印中心以“高效、集约、安全、优质规范”理念，推行全精益、全安全、全责任、全流程、全质量管理，建构生产、服务、品控、安全与保障规范，促进新时代深圳机关文印高质量发展（见图 3-16），打造“圳印”品牌。

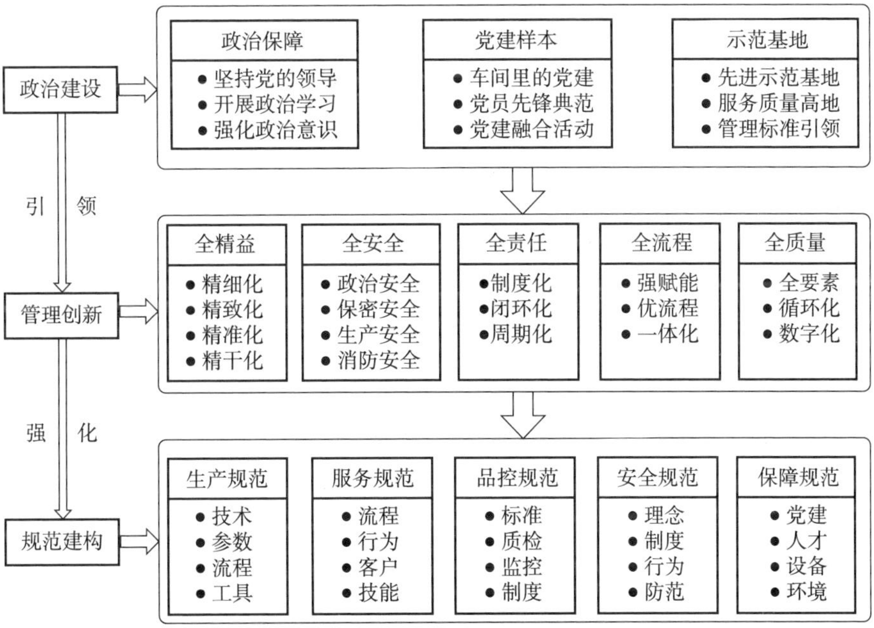

图 3-16 深圳机关文印服务保障高质量发展框架

（一）坚持政治引领

1. 政治保障

机关文印服务机构首先是政治机关，其次才是业务部门与经营部门。牢牢抓住政治学习核心工作，深刻把握“两个确立”，增强“四个意识”，坚定“四个自信”，做到“两个维护”，把准机关文印事业发展方向与建设路径。新

时代深圳机关服务保障高质量建设，要求将政治学习成果转化为文印工作效果，将政治意识贯彻到文印服务保障全过程，为机关文印生产安全与服务质量提供坚实的政治保障。

2. 党建样本

打造党建样本，强化党建示范，是塑造深圳机关文印特色优势的重要方略。加快党建工作与文印业务融合发展，重点开展“三争”工作，发挥车间党小组的战斗堡垒作用，以及党员的先锋模范作用，进一步扩大“车间里的党建”品牌效应，挖掘与树立“党员先锋”典范，常态化开展各类分享学习先进工作经验的党建活动，鼓励党员职工深入一线开展文印服务保障工作，走向“急难重”工作岗位，攻坚克难，保障机关工作系统有效运行。

3. 示范基地

深圳机关文印服务保障高质量建设，关键在于立标杆、做样本、创品牌，通过采取提质、增效、降本等措施，建设成为文印行业的先进示范基地。一方面深化改革生产管理体制与服务保障流程，剔除粗放式管理要素，建立精细化、集约化的管理模式，另一方面引入新理念与新技术，提升文印生产服务可视化与智能化水平，建立文印服务管理标准体系，建构机关文印服务保障先进示范基地。

（二）推行“5 全”管理模式

1. 全精益管理

全面应用全精益管理理念与方法，推进深圳机关文印事务高质量建设。全精益管理以精细化、精致化、精准化、精干化为理念，突出全面效益的目标导向。一是生产管控精细化。细化生产管控专班职责内容，推进业务环节扁平化与简约化改造，加快生产管理标准化发展，打造可量化、流程化的生产管控体系。二是服务供给精致化。借助新理念与新技术来增强高端服务设计能力，运用定制服务方式来满足客户个性化服务需求，打造能持续提供优质精美服务的机关文印供给端。三是业务保障精准化。促进服务供给与业务需求的有效匹配，借助数字技术实现文印资源场景化运营与精准配置。四是文印管理精干化。以安全生产与效益提升为目标，优化生产布局与服务流程，严控运行成本，提升服务保障效能。借助全精益管理理念与方法，强化 24 小时全天候优质高效的文印服务保障能力。

2. 全安全管理

构建“政治安全 + 保密安全 + 生产安全 + 消防安全”全安全管理格局，推进深圳机关文印事务高质量建设。一是坚决落实政治安全工作。强化政治定力，始终同党保持高度一致。严肃党内工作与政治生活，始终将党的宗旨目标落实到机关文印生产服务全过程，加强廉政建设，保证政治安全。二是严格落实保密安全工作。开展保密培训、测试、宣传教育等活动，提高职工保密意识与保密能力。建立健全保密制度，促进保密责任与纪检监察高度衔接，将责任落实到具体工作岗位。建立涉密人员全方位、精细化、闭环式的保密管理模式。三是全面落实生产安全工作。完善机关文印生产安全的风险评估与预防、事故应急处置、定期检查与监管等制度建设，用制度管“安全”，创建“零失误、零差错、零事故”平安机关。四是认真落实消防安全工作。压实消防责任，提高消防意识，增强消防风险的预警与防范能力，提高对消防风险的精准管控水平。

3. 全责任管理

落实文印生产服务各项责任，构建现代机关文印服务保障体系。一是坚持以制度抓责任落实的根本原则。根据机关文印生产服务及时性、准确性、保密性等特征，构建以政治责任、岗位责任、安全责任为核心的责任管理制度体系，细化各项责任制度内容，实施责任清单化管理。二是构建闭环式责任管理体系。优化设计责任管理环节，构建由“明责”“履责”“督责”“考责”“问责”组成的闭环式责任传导链条，打造结构合理、边界清晰、长效运行的责任管理体系，实现责任传导“横向到边、纵向到底”的目标，保证责任“环环相扣、层层落地”。三是推行全生命周期式责任管理模式。优化机关文印生产服务流程体系，为业务接单、设计排版、安排生产、印刷、装订质检、仓库送货，以及财务结算环节配套责任清单，促进业务责任与党建责任的协同落实，建立全生命周期式的机关文印服务保障责任管理模式，实现职工、岗位、责任的有机结合。

4. 全流程管理

增强流程管理能力，创新全流程管理机制，全面提升机关文印服务保障效益效能。一是要以数字化技术赋能业务流程化管理。引入大数据、人工智能、物联网等数字化技术，创建机关文印生产服务的智能管理平台，探索建立集在线预约、智能排产、生产可视、智慧仓储等功能为一体的智慧文印业务系统，实现对客户需求管理、文印设计与印刷、质量安全检验、仓库储存与配送等业务模块的集成管理。二是推进文印生产服务要素的全流程管理。建立资源要素流动配置的全流程管理模式，提升资金、信息、技术、人员、设备等资源流通与配置水平，避免资源浪费滥用，增强机关文印服务保障的集约化管理能力。三是要促进管理协同一体化发展。一方面建立生产、设计、财务、胶印、装订、仓库等部门处室间的业务协同管理机制，突破部门处室间的管理梗阻，促进信息交流、数据共享与业务协作，保证机关文印生产服务效率与品质。另一方面整合机关文印业务管理流程，促进生产、服务、监管一体化发展，实现各管理功能模块的相互衔接、深度融合，营造机关文印服务保障生态。

5. 全质量管理

全方位提升质量管理水平，抢占新时代机关文印服务保障质量高地。一是建构“人员+信息+技术+产品+服务+保密+党建”全要素质量管理体系。拓宽既有的服务与产品质量标准范围，完成对职工技能、信息处理、技术应用、党建管理等的质量标准控制，开展高水平品质认证，严格推进质量标准管理的考核，全方位保证机关文印服务保障质量。二是构建机关文印 PDCA 质量管理循环系统。借助全面质量管理理念，建立“计划—执行—检查—处理”的 PDCA 质量管理循环系统，对文印各业务环节质量进行循环管理。三是建立文印质量的数字化监督机制。深圳机关文印系统可以应用数字技术创建机关文印质量监督管理平台。从机关文印日常管理、生产管理与服务管理等监督需求出发，打通信息流通通道，消除数据共享屏障，建构涵盖风险感知与预防、质量检查评价、质量检验与处置、质量调查分析、质量管理反馈、责任追究等功能模块的数字化监督链条，对文印生产服务质量状态进行实时追踪与智能监管。

（三）建构“5 高”服务保障标准

1. 高质量文印生产标准

制定文印技术标准，是深圳机关文印生产高质量发展的重要举措。深入研究文印生产技术体系，为产品设计、生产操作、设备使用、安全技术、质量检验等具体工作制定详细标准，如编制《机关文印生产管理规范》或《机关文印生产技术管理标准》等。着力细化与明晰文印生产的具体环节、工具类型、操作行为、技术参数、安全要求、质量指数等技术操作内容，制定覆盖全生产流程的技术管理规章制度，对机关文印生产进行精细化、操作化、规范化管理。结合深圳机关文印管理特色与资源优势，推出通用型技术规范，为机关文印行业提供基本的标准遵循，并创建特殊性文印技术规范，增强深圳机关文印服务保障的示范引领优势，创建“圳印”品牌。

2. 高质量文印服务标准

机关文印主要为政府职能有效运行提供服务保障，需要建立高质量的文印服务规范体系。一方面借助流程管理理念与方法，全流程精细化制定机关文印服务准则。对客户服务流程、服务信息管理、服务技术应用、服务技能培养、服务行为规定、服务效果评价等内容进行合理设计，科学制定符合工作实际、彰显深圳特色的《机关文印服务接待规范》《机关文印服务管理与评价规范》等标准。另一方面提升服务规范制定的能级水平。对标国内外先进的服务标准，构建与先进标准接轨且引领行业标准建设的机关文印服务标准体系，旨在实现对机关文印服务设计、服务供给、服务管理、服务评价的高水平规范管理，打造文印“服务样本”。

3. 高质量文印品控标准

产品质量严重影响文印服务保障的优质供给。一是优化文印质量标准体系。制定内容细化、操作性强的质量检验标准，规范对进料、半成品、成品的质检管理，明晰机关文印生产与服务供给的质量要求与质检内容。二是建立品质管控的数字化平台。借助“大数据 + 品质管控”理念与方法，引入大数据、AI 等数字技术，实现对机关文印生产与服务全过程的在线监控与实时跟踪，精准发现质量问题。三是完善文印品控制度体系。研制《深圳市党政机关文印品控制度》，明晰文印品控的具体内容、流程环节、参与机构、职责分工等，建立清晰规范、有效运行的文印品控制度体系。

4. 高质量文印安全标准

安全是高质量推进机关文印服务保障建设的基础性要求。一是明确机关文印安全内容体系。结合国家文件规定与本部门管理实情，将政治安全、保密安全、生产安全，以及消防安全纳入全安全管理标准体系中，明晰四大安全的工作内容、管理要求、操作流程等，形成对文印生产服务行为的标准约束。二是加强安全制度建设。借鉴其他地方规范建设经验，结合深圳本地特色，在意识形态、设备使用、涉密保密、消防安全、失泄密等方面，编制详细清晰、特色鲜明的管理制度，如《机关文印设备安全管理细则》《机关涉密保密安全工作要求》等。将安全理念转化为制度实践，推进全方位、全要素的安全规范建设，实现“凡事讲规则、凡事守规则、凡事有规则”的管理目标，创建机关文印现代化工作体系。

5. 高质量文印保障标准

建立高质量的保障规范体系。一是完善健全政治保障制度。将政治建设放在机关文印服务保障建设的核心位置，以制度形式推动政治学习工作常态化开展，提高政治学习与文印业务的联系水平，严格落实党的路线方针政策。二是推动人才保障制度建设。制定一套关于涉密保密、服务接待、设备操作、新技术应用的培训管理制度，着力提升机关文印干部职工生产服务管理的综合素质，为机关文印服务保障高质量建设提供高素质人才资源保障。三是增强激励保障规范建设。按照注重效率、兼顾公平的原则，科学优化机关文印激励管理要素配置，实施按劳分配、按质评优的激励管理制度，提高职工文印服务主动性与积极性，提升机关文印服务保障效率效益效能。

（作者：黄钦旭、耿旭、曾锡环）

【注】为了保持行文统一，文章删去了原稿的两个附件——《深圳市党政机关文印服务质量改进调查问卷》《深圳市党政机关文印服务质量改进访谈调查》，本章的数据均来自这两个调查访谈。

第五章　绿色机关标准化建设路径研究

【内容提要】国家生态环境保护战略对公共机构绿色转型及其标准化提出了新的要求，探讨节能型机关的发展现状、存在问题、对策建议具有重要的理论意义及现实价值。本章聚焦于深圳市盐田区机关事务管理局节能化和标准化的实现路径，通过文本分析的方法，在呈现其建设成效的基础上提出问题及建议，以期为地方机关事务管理提供一定的实践启示。

一、绪论

自党的十八届三中全会开启生态文明体制改革以来，党的十九大报告倡导“开展创建节约型机关、绿色家庭、绿色学校、绿色社区和绿色出行等行动”，党的二十大报告也提出“加快发展方式绿色转型”“协同推进降碳、减污、扩绿、增长，推进生态优先、节约集约、绿色低碳发展”。公共机构是生态文明建设的重要力量，在绿色转型过程中发挥着引领作用，而机关事务管理部门是保障公共机构资源配置有效性和降本增效的“调节器”，因此也是实现发展方式绿色转型不可或缺的主体之一。对于建设节约型机关的重要性和必要性，有学者将其视作“机关运行保障的底色”[①]，并认为应当“以节俭效能的机关事务文化引领节约型机关建设”[②]。从这个角度来说，如何结合节约型机关的发展需求，把制度化、规范化等科学的管理方法引入机关事务现代化进程，通过提高标准化水平进一步推进机关事务工作的有效开展，是绿色转型目标下亟待解决的现实问题。

实施全面节约战略及推进资源集约利用是实现高质量发展的关键环节，

① 李军.让生态绿色节约成为机关运行保障的底色——落实全国两会精神推动机关事务工作高质量发展述评［J］. 中国机关后勤，2020（6）：4-7.

② 焦焕成.以节俭效能的机关事务文化引领节约型机关建设［J］. 求是，2012（6）：19-21.

但节约型机关的建设在具体实践中会呈现差异化的特点。比如，有些地区仍然未认识到公共机关绿色转型的重要性，过于追求数字上的“无可挑剔”，在实现节能目标过程中采取被动、消极的应付式举措。作为中国特色社会主义先行示范区，深圳市积极响应国家绿色发展战略的要求，全市节约型机关数量位于广东省前列，并在机关事务工作“十三五”规划期间超额完成省下达的节能目标，同时极具前瞻性地在“十四五”规划中提出2025年市直及各区逾七成公共机构建成节水型单位的要求。郑红波通过分析深圳市公共机构节能工作的实践及面临的挑战，认为可以借鉴国际经验来改进公共机构节能发展路径①。不难发现，当前深圳市机关绿色转型相关的研究已有一定成果，但针对某个区的案例深描或理论研究仍不多。基于此，本章尝试以盐田区机关事务管理局为例，分析其标准化思路下的绿色转型现状、取得的成效及存在的问题，并在学理上提出相应的完善措施或建议。

二、文献综述

（一）机关绿色转型研究

绿色机关（又称节约型、节能型机关）是在机关的组织、建设、运转、发展过程中，通过合理利用人财物等各种形式的资源，平衡行政成本和公共效益之间的关系，以尽可能少的资源消耗获得最大限度的管理效率和社会效益②。龙凤翔以中国知网收录的644篇期刊文献为样本，借助CiteSpace文本处理工具对节约型机关建设的文献进行可视化分析发现③，既有研究以机关绩效评估、实践困境、改革路径等方向为主。首先，目前对节约型机关建设评估标准的研究仍处于指标构建和探索阶段，未来需要在实践中进一步检验指标体系的可行性；其次，实践困境主要表现为多重“碎片化”、标准化建设不够完备、法治化体系不健全、监督考核机制有待深化等；最后，当前的文献研究也体现出学科融合不足、实证研究薄弱的问题。在这种情况下，龙凤翔提

① 郑红波.借鉴国际经验　打造公共机构节能新标杆［J］.特区实践与理论，2017（5）：125-128.

② 寻寰中.着力建设节约型机关［J］.求是，2008（19）：23-24.

③ 龙凤翔.节约型机关建设研究之文献检视——基于CiteSpace的可视化分析［J］.行政与法，2022（2）：74-85.

出了节约型机关建设的优化发展路径及努力方向，包括继续深化机关事务管理体制改革，加强节约型机关建设的法律法规体系，并且应当从学科协同的角度拓展节约型机关建设研究的范围，有机结合实证分析与质性分析等不同方法的优势以弥补当前的研究局限。

针对如何完善公共机构节约工作体系的问题，朱呈义认为需要“注重整体性、系统性，避免碎片化、浅表化，将公共机构能源资源节约与生态环境保护工作集中统筹到机关事务管理部门牵头负责，在制度标准、项目资金、监督考核等方面进行系统构建，形成协同整合的管理效应”。[①] 值得注意的是，公共机构在绿色发展及节能转型中承担着双重角色：与其他社会主体一样，公共机构首先是资源的消费者；与此同时，它也是生态环保政策的制定者、执行者和监督者。这种特殊的角色定位决定了公共机构可以将自身节能减碳的实践经验作为制定标准、完善制度的重要依据，并凭借其双重角色的优势针对性地发现潜在问题，及时解决现存问题，提升机关事务工作的实效性。在这个过程中，公共机构还应积极推动不同部门之间的合作，实现资源节约、降低碳排放、生态环境保护等各项职能的有机融合，优化工作管理布局。面对绿色低碳发展的新形势，公共机构需要抓好节约能源资源的法规标准建设工作，充分发挥市场在资源配置中的决定性作用以及政府的主导作用；掌握并利用能源消耗数据，提升机关的信息化水平；不断增强公共机构节约资源的宣传力度，创新宣传方式，突出宣传重点，鼓励数字化节能宣传，从而为公共机构培育出专业的节能管理人才队伍。

节约型机关管理机制问题及其内在症结也是学者们十分关切的话题，胡仙芝等认为管理机制不健全实际上是我国机关运行成本偏高、浪费严重的深层次原因，有效建成节约型机关必须探求出体制改革途径[②]。对于节约型机关与节约型政府之间的区别与联系，胡仙芝认为节约型机关的节约指政府机构在经济意义上的节约，是建设节约型政府的一个关键组成部分，具有以下两个方面的鲜明特征：发展过程以提高财政投入的使用效率为目标，追求财政投入与行政支出的匹配；节约属性体现为一系列完整的厉行节约和约束支出的制度规范，而且这种规范能够得到机关工作人员的遵从并内化为思想上的节约理念。节约型机关的建设是一个需要持续付出努力的动态过程，因此，

① 朱呈义 . 完善公共机构节约能源资源工作体系［J］. 中国机关后勤，2022（6）：8–11.

② 胡仙芝，马敬萱 . 论我国建设节约型机关的体制改革途径［J］. 新视野，2011（5）：56–58.

在绿色发展战略及节约型社会建设的总体目标下，政府机关必须做好示范作用，把握节约型机关建设中的关键环节，不断完善机关事务管理监督体系，并适时推出节约意识教育和奖惩措施，推动节约型社会建设。

李洺通过分析国（境）外节约型政府机关的发展背景和制度基础，介绍其他国家在打造绿色政府、降低运行费用、实施远程办公等方面的做法，展示域外政府推动公共机构节约实践中的管理、制度及机制建设经验，并进一步提出转型时期我国节约型机关建设及其管理体制改革的借鉴思路[①]。李洺指出，域外政府推进机关节约转型的措施并非仅停留在文件政策或简单的号召层面，而是构建相对稳定的制度为机关节约化流程建设提供依据，同时辅以明确的考核指标体系和激励问责机制保证奖惩规则的有效落实。在指标层面，尽管不同国家先后制定了详细的节约型机关评价体系，但一些指标不容易直接进行测量，如节约行为的履行情况、节约目标的达成程度等，所选取指标的科学性和准确性也难以在短时间内得到验证；在机制层面，可以从域外实践经验中梳理出全面、多层次的成熟体系，包括法律、规章、行政命令、行政首长指令等各种正式或非正式的形式；在考评及监管层面，只有划定清晰的权责界限，加大问责机制的执行力度，才能够真正对政府机关的节约行为起到正向的激励作用。

（二）机关标准化建设研究

标准化是现代化的基本要素，机关事务标准化是为了使机关事务工作制度化、有序化、科学化，所谓机关事务标准化指的是将标准化的理念、原则、方法运用到机关事务中，通过标准的编制、发布、监督等环节的实施，达到方法规范化、过程程序化、管理精细化的目标，从而实现最佳的政府运行服务和公共管理效益的过程[②]。从这个意义上来说，加快标准化建设有助于推进机关事务治理体系和治理能力现代化，为开展治理工作确立对象和行为规范，为行政过程提供测度基准和量化指标，使机关事务管理制度具备更强的实践性和合理性。目前，我国已颁发若干条例推动机关事务标准化的发展进程，如《机关事务工作“十三五”规划》明确要求加强机关事务标准化基础建设，

---

① 李洺.国（境）外节约型机关的做法及借鉴［J］.中国行政管理，2012（8）：100–104.

② 王德.以建设现代政府为目标大力推进机关事务治理方式改革［J］.行政管理改革，2017（4）：33–38.

《国家标准化体系建设发展规划（2016—2020年）》要求各级政府充分发挥“标准化+”效应，加快其在经济社会各领域的普及应用和深度融合，促使标准化在政治经济健康发展、公共机构能力提质增效等方面发挥重要作用，成为国家治理体系的基础性制度安排。

朱呈义等认为，在各地区开展创新性的机关事务标准化建设过程中，可以结合我国机关事务改革发展的实际情况，借鉴美国机关标准化的实践经验，如突出机构自身的主导性、参与主体的多元性、以市场需求为导向等特点[①]，围绕加强机关管理职能，提升机关管理水平的核心要求，构建具有普适性和推广意义的本土化标准体系。岳世平同样关注域外的实践探索及成效，他概括了西方发达国家政府机关事务管理的七个主要特点，包括商品化的指导理念、系统化的宏观调控、专业性的区域联合、市场化的运作方式、法制化的操作程序、规范化的技术管理、精细化的管理队伍[②]，这些特点实际上是从不同维度展现出机关事务标准化建设的管理思路与实践路径。在阐明各个特点具体含义的基础上，岳世平提出西方机关事务发展模式对国内机关标准化建设的启示，如：创建灵活高效的管理体制为机关公共服务打造创新空间；通过高度流程化和信息数字化的管理机制提高机关事务人员队伍的整体素质等。周志忍也从美国管理“三公经费”的实践中总结出机关事务标准化建设的启示，包括处理好服务标准与成本意识的关系，理顺机关管理部门与其他职能部门的合作协调关系等[③]。

机关事务标准化蕴含着秩序、科学和效益的逻辑关联[④]，然而在实践中也面临诸如职能定位模糊，标准化体系尚未健全，标准化措施难以落地等困境。基于此，尹利民等认为需要加快机关事务管理的法治化进程，以信息化和精细化水平的提升来推进标准化的建设；并且做好国家标准与地方标准、行业标准和团体标准的衔接机制的建设，厘清不同地方及层级的标准差异；另外

---

① 朱呈义，荣颖.推进我国机关事务标准化建设——美国机关事务标准化的启示［J］. 中国行政管理，2018（3）：15-18.

② 岳世平.西方发达国家政府机关事务管理的实践及其启示［J］. 甘肃理论学刊，2009（3）：106-109.

③ 周志忍.美国“三公经费”管理对机关事务标准化建设的启示［J］. 中国行政管理，2018（12）：135-140.

④ 尹利民，丁杰，吴茗.机关事务标准化：理论逻辑、实践困境与路径选择［J］. 理论与改革，2020（2）：113-121.

还应加快分级分类标准体系的完善，开展强制性标准与推荐性标准的发布与实施工作。李彦娅关注“放管服”改革和机关事务管理体制改革，她指出县乡基层政府容易出现政务事权加量、基层政府与公务员任务翻倍的现象，导致机关事务，尤其是基层机关的组织能力、服务结构和运行保障等面临多重挑战，管理体制改革的内容和方向需要进行更加深入的探讨和持续优化。针对上述现象，应当推进基层机关事务管理的规范化和标准化建设，通过职能定位、权力配置、机构设置、运行规则和法律保障等多因素的积极调适，使之与“放管服”改革的节奏更加匹配①。

白静强调，相关标准研制、实施、调整的过程有可能出现区域发展不均衡、标准落实不平衡、改革不到位、保障不充分等问题，并且直接影响机关事务标准化建设的效果，成为制约机关事务工作高质量发展的阻碍②。在白静看来，把标准化与绿色节约型机关建设结合起来可能是有效解决上述问题的路径之一。具体而言，由于机关事务管理部门在提供运行保障时承担着多项职责，对人员、资金、公共产品等资源拥有实质的使用权和支配权，但资源是有限的，因此，需要依托标准化的发展方式并采取具体措施推动形成节约型机关，审慎安排各种资源使其得到充分配置。比如，以“绿色理念”为指导思想，通过明确的部门规章让经费使用、资产管理、能源消耗等环节更加规范节约；以“绿色技术”为实施工具，制定节约型机关的工作标准，探索建立政府机关能源费用定额或限额制度，切实提高政府机关参与创建行动的自觉性和主动性；以“绿色体系”为建设目标，提高办公用房、公务用车、后勤服务等重要业务领域修订节能标准的频率，促使机关内部流程的不断更新，增强所使用标准的时效性和适用性。

三、分析基础：绿色机关建设的标准化路径

根据相关文献的初步梳理，可以发现当前对节约型机关或公共机构标准化建设的研究已有一定成果，但总体上与我国机关事务发展需求和标准化改

① 李彦娅.放管服改革背景下的基层机关事务管理创新［J］.天津行政学院学报，2020，22（1）：54-60.

② 白静.新发展理念下机关事务标准化推进路径探析［J］.标准科学，2019（12）：106-108.

革整体推进现状尚未完全匹配，如很少涉及两者之间的联系及其对机关绿色转型和标准化建设产生的影响。同时，研究类型以具体某个省 / 市的实践案例及描述性分析为主，较少对机关事务管理的发展情况或建设成效进行深入解读。因此，本章将以盐田区机关事务管理局为例，结合地方性新闻报道及官方网站等多种渠道发布的文本信息，从以下三条路径对绿色机关的标准化建设展开讨论：一是基于主体的内部视角，此路径关注机关构建绿色标准化体系过程中所扮演的角色；二是基于环境的外部视角，此路径关注除公共机构自身的外部因素发挥的作用；三是内外结合的整体性治理视角，此路径为前两者的有机结合。

（一）基于主体的内部视角

市场经济环境为我国机关事务专业化、社会化提供了有利条件，而在计划经济下的机关事务工作表现出强烈的单向度特征，即以单一主体进行资源配置，大包大揽机关运行的一切事务，即所谓的“大而全、小而全”“机关办后勤、后勤办社会”等现象①。时代发展要求政府机关改变传统的机关后勤服务模式，打破封闭分散的服务保障格局，解决标准不一、效率低下以及资源浪费等问题。尽管近年来各地积极推动改革来规范机关事务工作，倡导市场主体平等参与机关事务管理的过程，通过社会化、政府购买服务、PPP 模式等将政府以外的各类社会主体引入政府资源配置领域，改变单一提供方式，但任何改革都不是一蹴而就的，转型效果仍有待进一步观察与检验。

丁煌强调，推进国家治理现代化是党在新时代的重要执政使命，机关事务管理与实现治理现代化的目标息息相关②。就服务于国家治理现代化事业而言，机关事务管理需要调整自身的职责和功能，扮演好不同角色：首先，是资源优化配置者的角色，指合理配置公共资源，确保党政机关的正常运转；其次，是合作治理推动者的角色，指在机关事务集中管理基础上，推动多元主体参与机关运行保障活动；再次，是新技术推广者的角色，指推动新技术在党政机关中的应用，为机关高效运转提供现代化技术支持；最后，是专业

---

① 朱萌，王浦劬．从“去行政化”到“再行政化”：机关事务管理体制变迁研究（1983 至今）［J］．云南大学学报（社会科学版），2021，20（4）：121-129.

② 丁煌，王光良．国家治理语境下机关事务管理的角色定位与改革创新［J］．中国行政管理，2020（12）：15-20.

化支撑者的角色，指促进机关事务管理职能的专业化，推进机关事务与机关政务管理的分离。另外，机关事务管理角色与职责的对应需要推动机关运行保障理念转变和高质量管理队伍建设，并注重法制体系建设以及政府主导下的多主体参与服务供给机制建设。

（二）基于环境的外部视角

对于机关发展的环境因素，王浦劬等把我国机关事务管理体制划分为组织定位、机构设置和职能配置三个方面，并运用比较分析的方法对当前省级机关事务开展工作的现状进行统计性描述，研究发现，不同地方机关事务管理的差异性可以概括为“浙辽模式”“鲁皖模式”“鄂冀模式”和其他模式[①]。在分析各模式的核心含义后，王浦劬指出，尽管机关事务管理实践正在形成具有地方特色的模式，但仍存在一些共性问题值得引起关注，如：《机关事务管理条例》的执行效果亟待深化，执行过程中对地方政府的约束力相对较弱；机关事务管理现代化的内外力量无法有效对接，部门内部存在着部分掣肘现象；机关事务及其主管部门的主体性地位尚需明确等。针对这类现象以及背后的深层次问题，应当结合上述提出的组织定位、机构设置和职能配置等要素，在清楚识别影响公共机构发展成长的外部环境的基础上，从中央政府的顶层设计、绿色发展的国家战略、机关事务管理目标出发，以法治建设推动机关事务管理体制的深化变革[②]。

节约型机关或机关标准化建设过程中的绩效评价及奖惩机制也是影响机关发展模式转型的重要调节变量。徐振亚民[③]综合比较了国内外公共机构节能绩效评价的主要做法，分析了江西省公共机构现行评价方案存在的问题，包括评价对象区分不够细致、绩效评价工作效率偏低、评价指标不尽合理、重年底评价轻日常监督、评价结果运用不广、评价人员业务能力参差不齐等。因而，他提出要把定性与定量方法相结合，优化指标设计的合理性，完善公共机构节能绩效评价方案。有学者结合激励理论及江西省节约型机关的建设

---

① 王浦劬，梁宇，李天龙. 十八大以来我国省级机关事务管理体制改革的发展及其思考［J］. 中国行政管理，2018（3）：8–14.

② 余少祥. 机关事务集中统一管理：理论与实践［J］. 北京大学学报（哲学社会科学版），2021，58（4）：141–150.

③ 徐振亚民. 生态文明背景下江西省公共机构节能绩效评价研究［D］. 南昌：江西财经大学，2019.

实践，提出“政治—经济”双重激励模型[①]，党政机关负责人采用职位晋升等政治激励，广大机关公务人员采用发放奖金的经济激励。双重激励方式使节约型机关的建设形成“自上而下推动”和“自下而上参与”的特点，这种方式促使机关主要负责官员同广大公务人员共同参与，并通过一系列制度或规范程序对绿色节约转型效果进行全过程监督。除此之外，影响机关事务管理的外部因素还包括媒体、环保协会等。

（三）基于内外结合的整体性治理视角

整体治理理论[②]强调：公共机构一切行动的逻辑起点与终点是满足公众的需求，协调与整合政府各个部门及其职能以应对碎片化问题，形成普遍有效的公共服务供给体制机制。在整体性视角下，由于政府管理碎片化、分部化以及公共服务裂解性等诸多因素影响，机关事务保障法定职能的履行普遍受来自正式或非正式制度以及机关事务管理人员传统思维习惯的影响，导致出现职能重叠交叉，沟通协调和功能整合失序；组织结构零散，职能定位和机构设置紊乱；多元价值冲突，公共责任和公共利益缺失等问题。结合治理理论，推动机关事务管理现代化从“广度”到“深度”、从“制度优势”到“治理实效”的深刻转变，创新管理体制是其中的重要一环[③]。实际上，这并不是要求机关事务的管理范畴或业务广度面面俱到，在职能体系、职权范围、管理体制、人力资源等具体某一个领域的精细化和专业化都将是创新机关事务管理的重要方式。

因此，机关事务管理急需由分散化走向整合化，将内部主体因素和外部环境因素有机结合起来，推动协同治理，吸纳不同主体参与的同时适应客观环境的变化，进而不断提升机关事务治理能力的现代化水平[④]。从本质上来说，机关事务治理体系和治理能力现代化的出发点和落脚点是推进政府治理体系建设、改善政府治理能力以实现善治，通过全面调动各种资源要素，构建更

① 高阳．江西省节约型机关建设的激励机制研究［D］．北京：北京林业大学，2020.

② 李巧玲．机关事务保障的理论建构与治理现代化［J］．甘肃社会科学，2021（5）：178-184.

③ 王佃利，于棋．治理现代化视野下机关事务管理创新：从制度优势到治理效能［J］．理论与改革，2020（2）：122-130.

④ 彭宗超，曾学华，曹峰．整体性治理视角下党政机关事务的整合与协同［J］．北京行政学院学报，2019（1）：44-51.

加适度、有效的公共机构①。具体而言，在节约型机关的建设中，“适度”是指政府自身机构职责的精简整合、运行机制的简洁顺畅和运行成本的节约效能；“有效”则是指政府在塑造弹性和对民众需求的有效回应下，综合运用吸纳、动员、组织、监管等形式，高效输出管理成果。在标准化建设中，需要着重强调“标准就是法规”“没有标准就没有机关后勤现代化”的理念，发挥标准体系在后勤保障中的主导、调节、约束、控制功能，真正做到“同一事权、同一尺度、同一标定”的标准化目标。图 3–17 表示的是上述三个路径各自包含的内容及其递进关系。

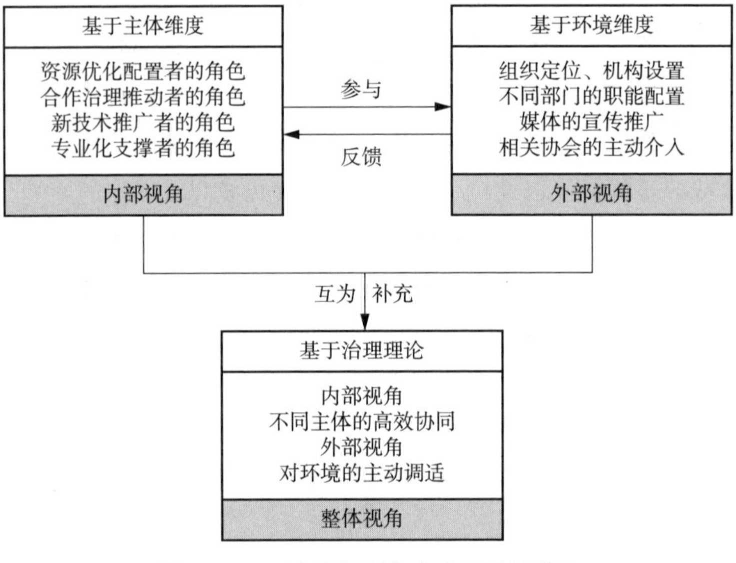

图 3–17　三个路径所包含内容及其联系

四、案例呈现：盐田区绿色机关及其标准化建设

（一）盐田区机关事务管理局概况

深圳市盐田区机关事务管理局是负责区直机关行政后勤事务管理和服务的工作部门，其内设机构、具体科室及对应职能如表 3–9 所示。

① 尹兴 . 机关事务治理体系和治理能力现代化的五大关系问题［J］. 中国行政管理，2018（6）：154–156.

表 3–9 盐田区机关事务管理局内设机构及职能

办公室	1. 负责处理局机关日常事务。对机关后勤工作进行深入调研，及时掌握近期动态，为局领导提供客观、真实、可靠的决策依据。2. 负责拟定本局有关规章制度，并监督执行；做好协调工作，负责督办、反馈各科室工作完成情况。3. 负责各类公文、资料的收发和各类档案的管理工作，以及全局性文件的起草、呈报、上传下达。4. 负责本局党务、组织人事、政工、纪检、信访、保密、计生和工、青、妇等工作。5. 负责本局各类会务组织工作，制订局工作人员业务培训计划并组织实施。6. 协调落实全区性，以及各部、委、办、局的重要会议和活动的后勤保障工作。7. 负责本局经费和区行政文化中心，区工青妇活动中心公共经费的管理工作
行政科	1. 负责做好机关食堂的日常管理工作，严格控制经费支出。2. 负责管理区行政文化中心环境美化、绿化和清洁卫生工作。3. 受托管理区直机关国有资产（包括固定资产和流动资产），负责区领导和区直机关有关部门办公用品的配置与管理。4. 协助落实全区性以及各部、委、办、局的重要会议和活动的后勤保障工作。5. 负责区水库和水资源管理中心的物业管理工作的协调、监督和落实
接待办	1. 根据上级公务接待管理规定，结合盐田区实际，制定和完善有关接待工作的规章制度。2. 负责来盐田区视察、调研和参观的各级领导、党政代表团及外宾的接待工作，制定接待方案，并组织实施。3. 负责区几套班子领导的公务接待工作和离休老干部的慰问工作。4. 配合区委、区政府及相关单位做好全区性会议和重大接待工作。5. 负责为区直机关干部职工和区接待的来宾办理《边境特别管理区通行证》
物业科	1. 负责区行政文化中心办公大楼主体及设施的修缮、维护和管理，负责相关项目建设及装修的立项、报建、实施、验收、工程审计等工作。2. 负责区行政文化中心水电、通信、安防监控、消防、停车场等系统的监督管理工作。3. 负责区各部、委、办、局的重要会议和活动的音响系统的操作维护及管理工作，负责会务的后勤保障工作。4. 负责区行政文化中心、区工青妇活动中心办公室室内照明等设施的维修、维护和管理工作。5. 负责区公共机构节能监督管理工作。6. 负责区工青妇活动中心物业管理工作的协调、监督和落实
保卫科	1. 负责区行政文化中心、区工青妇活动中心、区检察院和区法院的内部安全保卫工作，协调落实各种安全防范措施。2. 加强对物业公司安全管理部的业务工作指导，做好业务训练、日常管理及思想政治工作。3. 负责与公安、消防、交警等部门联系沟通，制定内部安全保卫应急预案，做好突发事件的应对和处理。4. 积极配合公安、信访等部门，做好各种大型活动的安全保卫工作；维护正常的上访秩序

其主要职能是：根据党和国家有关方针、政策和法律，上级机关和区委、区政府有关规定，结合区机关实际，制定区机关事务管理局工作的规章制度，并负责组织实施；负责区委、区人大、区政府、区政协、区纪委和区各部委办局的机关事务管理及上述单位召开的重要会议以及重大活动的后勤保障工作；承办上级领导、来宾来盐田区公务活动的接待工作；负责区领导和区直机关公务、业务、接待和机动车辆的定编、购买、配置、更新、维修及费用开支管理工作；负责区直机关办公用物用房的分配和管理以及物业维修等工

作；受托管理区直机关国有资产以及区领导和区直机关有关部门办公用品的配置与管理。

另外，机关事务管理局的职责还包括区行政文化中心、区工青妇活动中心、区游泳馆设施、设备（如水电、通信、安防监控、消防系统等设施）的配置安装、维修监督、维护管理工作；区行政文化中心、区工青妇活动中心安全保卫工作和综合治理工作（包括创建“安全文明小区”和环境美化、净化、绿化工作）；区直机关干部职工的膳食供应及其他后勤工作；协助区有关部门组织安排干部职工的业余文体活动；负责本级公共机构节能监督管理工作；完成区委、区政府和上级部门交办的其他事项等共计十四项具体工作。

（二）标准化视域下机关绿色转型情况

1. 发展契机：深圳市首届公共机构节能宣传月主题活动

2019 年 6 月 25 日，深圳市机关事务管理局召开第十一次全市公共机构节能工作联席会议。此前，深圳已率先在全国颁布《公共机构合同能源管理实施办法》，先后出台《深圳市公共机构节能管理办法》等 20 多部法规政策文件，并建立市、区两级公共机构节能工作联席会议制度和节能联络员制度，形成了集中统一管理、分级分工负责的节能管理体制和工作机制。在机关绿色转型的发展成果上，深圳市已创建 25 家“国家节约型公共机构示范单位”，2 家单位被评为国家首批“公共机构能效领跑者”，成为全国示范单位最多的城市。会议结束后，现场举行了以“绿色发展，节能先行”为主题的首届深圳市公共机构节能宣传月主题活动启动仪式，并同步举办了公共机构节能工作巡展、节能技术展、节能开放日、能源紧缺体验等一系列主题活动，成立了节能宣传志愿者服务队并发放倡议书，号召全市各级公共机构带头践行绿色发展理念，为推进生态文明建设贡献绿色动能。

2. 区级实践：盐田区积极响应节能发展要求

2020 年 7 月 2 日，盐田区机关事务管理局组织区发改局、教育局、卫健局、学校、医院等公共机构开展节能知识培训活动，主题为“合同能源管理知识和区公共机构节能管理平台内容”。在培训活动中，各公共机构就合同能源管理政策、模式和操作要点进行深入细致的了解和学习，主办单位也对区公共机构节能管理平台建设内容及意义作出了详细的介绍和解读。接受知识培训后，参加活动的机构对推行合同能源管理模式及实施节能管理平台建设表示肯定和支持，并承诺将会大力推广实施节能管理模式，配合完成节能平台建设任务。培训活动加强了盐田区节能化转型的理论指导，同时也为倡导机关节能新观念、践行技术节能举措注入了强劲动力，促使盐田区公共机构节能管理工作向更高的台阶迈进。

在2020年全国节能宣传周期间，盐田区机关事务管理局围绕“绿水青山，节能增效”主题，在各机关单位、街道办、学校、医院等开展多种方式、各具特色的节能宣传活动。如通过电子荧屏生动形象地展示节能减排、垃圾分类等工作与每位市民休戚相关，节约能源资源、实施垃圾分类是爱护地球家园的殷实责任；通过节能海报宣传，提倡节能新风貌，营造浓厚的节能氛围，使节能意识深入人心，让大家发自内心地践行节能、节约粮食、绿色办公出行的理念。同时，为了让广大干部职工切实亲身体验能源紧缺性和科学使用资源的重要性，盐田区于7月3日关停区行政中心大楼公共区域空调及照明，关停大楼部分电梯，通过这种形式增强工作人员节能减排意识，倡导绿色低碳的工作和生活方式。

2021年8月19日，盐田区机关事务管理局召开由区纪委、监委等16家公共机构共同参与的节约型机关创建工作会，部署该年度盐田区节约型机关创建工作。盐田区机关事务管理局副局长对上一年度区节约型机关建设工作进行了回顾和总结，强调开展节约型机关创建工作的必要性和重要意义，并对各参会单位提出三点要求：一是要高度重视创建工作，切实增强节约型机关创建的紧迫感和责任感；二是要认真梳理规整节能管理制度，建立健全机关单位节约能源资源制度体系，形成绿色高效的节能管理模式；三是各单位要积极组织本单位及下属单位人员开展节能宣传教育，增强节约能源资源的意识，倡导行为节能和管理节能，为节约型机关创建打下扎实基础。除此之外，盐田区内各公共机构应当群策群力，全力推动2021年度目标任务顺利推进、高效完成。

紧扣2021年全国节能宣传周主题，盐田区机关事务管理局开展了一系列宣传教育活动，充分发挥公共机构在全社会绿色低碳发展中的示范引领作用。首先，机关事务管理局开展了“四个停开”能源紧缺体验活动，即停开公共区域照明，停开公共区域空调，停开部分办公楼电梯、电梯分段运行或隔层停开，鼓励干部职工停开汽车。活动结束后，机关事务管理局继续围绕节能工作召开专项工作会议。其次，机关事务管理局以丰富的宣传形式展示先进节能技术产品、普及低碳知识、倡导绿色出行等，同时辅以绿色展架、文化墙、“碳中和”“碳达峰”科普视频、宣传手册等宣传物资，利用电子显示屏投放宣传3千余次，发放宣传手册1万余份，有效动员全区各公共机构广泛参与绿色节能转型的工作。

3. 深化推进：绿色节能与标准化的结合

2021年12月16日，为加强公共机构节能监督管理，促进盐田完成公共机构能耗双控的任务，市机关事务管理局公共机构节能处带队到盐田区机关事务管理局开展公共机构年度节能监察工作。区机关事务管理局就能源管理和节能工作展开汇报，市机关事务管理局听取汇报后，对以下内容开展节能监察：一是制定和落实节能目标责任制度、管理制度和相关措施的情况；二是用能单位建立能源消费统计制度和能源利用状况报告制度，设立能源管理岗位，聘任能源管理人员，培训主要耗能设备操作人员等情况；三是单位能源计量管理和能源计量器具配备执行相关规定、标准的情况；四是落后机电设备淘汰情况等。市机关事务管理局发言人强调，只有加强节能监察工作，建立常态化节能监察机制，突出抓好重点领域、重点单位、重点项目的监督管理，才能助力实现深圳市机关事务“十四五”规划能耗双控的发展目标。

根据《关于开展2022年全国节能宣传周和全国低碳日活动的通知》，盐田区机关事务管理局召开专题工作会，部署区节能宣传周工作要求：一是提前编写宣传方案，重点宣传省市关于“碳达峰”、“碳中和”、节能等最新政策精神和要求，同时加大政策解读力度，普及绿色发展理念和节能降碳知识，说明节能标准和标识，推广先进适用绿色低碳技术和产品；二是丰富宣传方式，围绕“落实‘双碳’行动，共建美丽家园”的活动月主题，大力倡导绿色低碳生产、生活方式，通过制作宣传视频、手册、海报、展板，开展宣传讲座等形式，多方位、全方面开展节能宣传；三是把关物资筹备，一人一岗、专人专责跟进方案工作，审核视频质量、梳理派发数量，把节约资源和保护环境理念渗透到各级各类的生活场景中。

五、讨论与总结

（一）盐田区绿色机关标准化建设成效

关于如何衡量标准化推动机关绿色转型的成效，陶雪良提出，在国家治理体系和治理能力现代化建设的大背景下，机关事务部门提供的保障工作，必须根据法律规定和制度标准展开，而机关运行经费来自公共财政，其实物定额、预算水平和支出标准等都应该按照法定的要求和路径安排[①]。基于此，本章尝试从机关事务管理局官方发布的部门预算使用情况及决算说明，解读标准化在推动机关事务绿色转型的作用过程中发挥的作用。收入 / 支出等数据全部来源于公开渠道：深圳市盐田区机关事务管理局 > 法定主动公开内容 > 资金信息 > 部门决算。

表 3–10　盐田区机关事务管理局 2017—2021 年部门决算情况

年份	项目	金额（万元）	增速	情况说明
2017	收入	12,558.62	+13%	主要是由于年度考核正常工资晋升、养老保险改革、住房公积金改革等
	支出	12,553.60	+13%	一是 2017 年度考核正常工资晋升、养老保险改革、住房公积金改革等；二是 2017 年度车管中心和机关食堂共新招 16 名临聘人员；物业管理费及食堂及办公费相应增加
2018	收入	15,052.70	+19.86%	一是 2018 年年度考核正常工资晋升、调整绩效考核奖基数以及调整基本养老保险金、职业年金基数致年中追加经费；二是统一调整机关和财政拨款事业单位住房公积金缴存基数，年中追加经费；三是承担了区领导工资福利发放的职能，人员经费增加
	支出	15,040.46	+19.81%	
2019	收入	16,214.21	+7.7%	一是 2019 年年度考核正常工资晋升，以及调整基本养老保险金、职业年金基数；二是正常统一调整机关和财政拨款事业单位住房公积金缴存基数；三是食堂扩大用餐范围，增加供餐时间，保证周末及节假日供餐服务，导致年中追加相关经费
	支出	16,227.23	+7.9%	

① 陶雪良 . 论机关事务工作的高质量发展［J］. 中国行政管理，2018（3）：6–7.

续表

年份	项目	金额（万元）	增速	情况说明
2020	收入	14,998.07	–7.5%	由于年度调整机关事业单位基本养老保险金、职业年金、住房公积金的缴存基数和比例，以及因突发新冠疫情影响，取消因公出国（境）公务活动及关闭部分场所减少水电费支出等导致2020年总支出较2019年降低
	支出	14,988.96	–7.6%	
2021	收入	13,471.79	–10.18%	一是新冠疫情影响，取消因公出国（境）公务活动；二是厉行节约减少水电等支出；三是机构改革后下属单位司机分流，在编人员减少，工资福利支出减少
	支出	13,475.52	–10.1%	一是厉行节约减少水电费等支出；二是机构改革后下属单位司机分流，在编人员减少，工资福利支出减少；三是受新冠疫情影响，取消因公出国（境）公务活动；四是厉行节约缩减相关项目支出

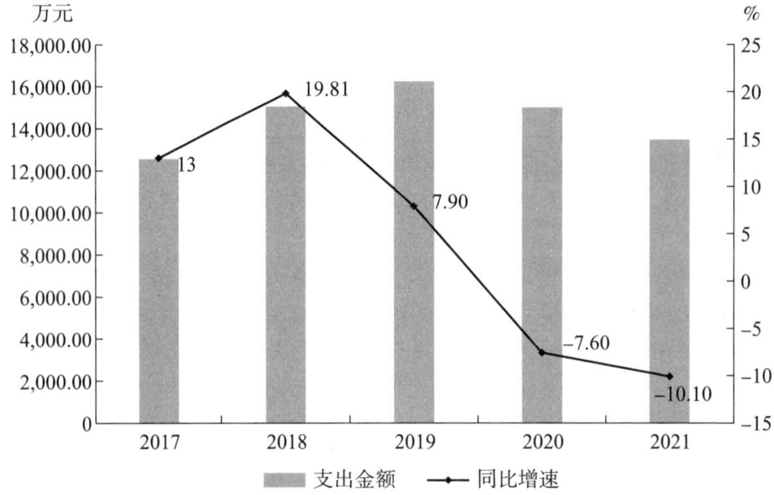

图 3–18　2017—2021 年盐田区机关事务管理局部门支出变化情况

通过对盐田区案例的呈现与分析，可以发现，盐田区机关事务节能转型的标准化路径主要体现在以下两个方面：

第一，节约型机关建设过程中的配套设施（包括工作人员、核心技术、开展工作所需的物资等）比较完备。

第二，在节能活动前期召开以“低碳节约”为主题的宣讲推广会议，活动进行过程中通过带有一定强制性的条例、文件等规范机关事务工作人员的行为，在活动后期采取节能监察的方式对机关事务管理结果进行监督和反馈。

除此之外，从部门预算执行的角度，图表数据也直观地显示出：2019 年至今，盐田区机关事务的支出开始呈现减少趋势，变化节点与 2019 年首届公共机构节能宣传周的时间相同。根据 2020 年以后盐田区机关事务管理局公开的年度预算执行及决算情况来看，通过节约资源以实现机关支出的减少成为优化资金使用状况的关键要素之一：如关闭部分利用率较低的公共场所，减少维持场地运转所需的水、电、人工等费用；在机关内部大力倡导绿色转型发展理念，促使机关工作人员形成厉行节约的办公习惯；减少机关项目在资金运用上的“弹性空间”，缩减部分项目支出等。这些方式都使得当年的支出比上年度有所改善，并且增速也维持在一个相对较低的水平，因此，可以认为盐田区举办的宣传周及其他形式的节能活动对机关节约化、低碳化的发展目标起到了一定的推动作用。

（二）存在问题及对策建议

盐田区机关事务管理局积极落实《党政机关厉行节约反对浪费条例》《公共机构节能条例》等条例的指导，并按照《深圳市机关事务工作“十四五”规划》《深圳市节约型机关创建评价标准》等地方性文件的要求推动绿色机关的标准化建设，逐步实现降本增效的发展目标。低碳节约的目标、标准化的手段两者相辅相成，共同促进了盐田区机关事务管理方式的绿色转型，并在实践中形成了“事前积极动员—事中快速响应—事后及时监督”工作闭环。但是，结合本章提出的分析框架中的内部主体维度、外部环境维度、整体维度三个方面的要素进一步分析，案例中仍存在一些问题：

首先，从主体维度出发，机关事务管理人员的标准化意识、对绿色发展理念和节约机关的认识有待加强。目标管理责任制将中央层面或上级领导的绿色发展任务层层发包，部分制度或规则仅在行政命令自上而下传导时方可推行，也就是说，机关工作人员的节约意识还没有在日常办公中形成自觉行动。倘若缺乏对公务人员的有效监督，传统行政科层制下的权力依附现象和过度使用公共物资的倾向可能滋生更多的浪费行为，或者引发机关人员的“寻租”心理。这与推行机关绿色转型的初始设想是背道而驰的，机关绿色发展目标难以得到真正落实，甚至会影响政府机构的权威性和公信力。

其次，从环境维度出发，问题主要体现在绩效考核及推广宣传两方面：一方面，公共机构部门内部的节能绩效评价体系用处不大，并没有对日常的节约行为起到激励或惩罚的实质性效果；另一方面，在媒体宣传上，当前对公共机关开展节能活动大多以内部宣传为主，如机关报、官方网站等，通过微信、微博或其他热门社交媒体进行推广的情况不多，活动内容传播的辐射面较狭窄，社会民众不便及时了解机关事务绿色转型及其标准化建设的进度和成效。此外，低碳环保相关的非政府组织的介入程度也不高，难以形成过程性的监督。

最后，从整体维度出发，机关事务的节约转型和标准化建设碎片化、零散化的特点仍比较突出。这个问题具体体现在三个方面：一是各职能部门之间尚未形成高效的协作网络，如部门定位模糊、职能设置重叠、资源配置交叉、人员安排不当等现象使某些节能转型项目无法按设计进度顺利推进；二是尚未在有效整合内部因素和外部因素的基础上，纳入广泛的公众参与和社会监督；三是开展活动的方式缺乏科学的技术指导。从盐田区的实践案例来看，区机关事务管理局在以标准化推动绿色转型的过程中，参与机构仍以区事务管理局自身为主，如环保局、城管局等其他与绿色发展转型密切相关的公共机构没能很好地发挥配合作用，社会民众也没有足够的信息渠道获取活动的召开情况和成效。特别是在科技赋能机关运行的标准化建设方面，近年来，物联网、人工智能等技术的快速发展正在逐渐改变机关后勤管理的传统面貌，流程管理、大数据背景或网络安全等相关专业的人才欠缺实际上成为掣肘机关标准化体系建设的关键要素。

针对上述问题，可从以下三个方面采取相应的改进措施：一是健全规章制度，完善节约型机关建设的法律法规，研究制定支出标准和能耗标准，建立具有适用性、综合性和前瞻性的标准体系，提高机关事务管理人员的标准化意识及对节约机关绿色发展理念的认识；同时采取相应的激励措施使工作人员的意识外化为自觉行动。二是制定明晰细致的节能标准和行之有效的绩效评价体系，通过多重激励机制使机关人员主动践行标准、自觉开展工作、提高工作积极性；同时加大宣传力度，让更多社会民众及环保节能相关的非政府组织共同参与并监督机关绿色转型的标准化建设过程。三是统筹规划，完善顶层设计，加快推动机关整合，对职能相近的党政机关探索合并设立或合署办公，在工作内容上实现同级党政机关事务工作归口一个机关事务部门管理，尽量减少层级重叠或人员冗余，在组织网络的层面最大限度地减少公共资源的浪费。

总而言之，机关事务管理体制的持续改进与存在问题之间的矛盾背后，体现的是机关事务治理制度的变迁历程。基于历史制度主义的分析范式，我国机关事务从以“后勤服务”为主要表现形态的传统机关事务管理，向以“运行保障”为主要表现形态的现代机关事务治理转型过程，经历了雏形渐成、改革发展、深化改革三次重大的制度变迁，并且制度变迁的每一个环节都会受制度背景、政治变量、路径依赖、关键节点等多重因素的深刻影响，而国家治理范式下的政治、经济、文化、社会则是制度变迁的动力所在。正如学者丁煌等所提出的：“机关事务治理现代化要正视新时代赋予的新要求，加强制度创新，消解路径依赖带来的逆向张力，推进机关事务治理职能法定化，完善多元协同的机关事务治理模式，从而推进新时代机关事务工作高质量发展。”[①]结合本章呈现的深圳市盐田区案例，以及对相关数据的分析结果，通过标准化打造绿色、低碳、节能型的管理体系，是实现机关事务高质量发展的行之有效的路径。

（作者：程意、曾锡环）

---

① 丁煌，李雪松.新中国70年机关事务治理的制度变迁：一项历史制度主义的考察［J］.理论与改革，2020（1）：88-99.

第四篇

信息化数字化视阈下的机关运行保障管理研究

第一章　机关事务管理数字化改革的生态系统分析

【内容提要】机关事务工作的数字化改革始于数字政府改革，聚焦于利用新兴信息技术进行流程再造，转变机关运行保障方式。浙江机关事务管理的数字化改革实践走在前列，强调搭建数字化业务系统平台，为机关事务管理数字化业务系统运行提供支持；文章建立一个生态系统分析框架，分析浙江省机关事务数字化实践，发现数字化是机关事务管理现代化的基本路径，机关事务数字化过程中可能存在利益、制度与管理约束。

一、机关事务管理数字化改革概述

（一）机关事务管理数字化改革的背景

政府部门数字化改革正如火如荼地开展，2022 年 4 月中央全面深化改革委员会第二十五次会议上审议通过的《关于加强数字政府建设的指导意见》已经明确提出，要发挥数字化在政府履职时的重要支撑作用并提升协同管理和服务水平。政府部门的这一数字化改革最早可以追溯到 1999 年我国实施“政府上网工程”这一里程碑活动，这一阶段的重点在于提高办公效率、信息公开、增进政民间互动等方面。自 2017 年以来，党的十九大报告正式提出建设“数字中国”，标志着我国进入“数字政府”改革阶段。在这一阶段，省级政府主导统筹推进其数字政府建设，将重点放在了政务服务一体化和高效化、部门协同和数据共享、以数据助力决策等方面。“数字政府”改革近年来已经成为备受关注的热点，尤其是在各地方政府创新实践的宣传与推广下，数字政府的概念逐渐进入公众的视野。事实上，关于数字政府改革的讨论在 2018 年开始不断高涨，而数字政府实际上也是电子政务发展的一个新阶段，二者密不可分。数字政府一方面延续了电子政务的传统内容，另一方面呈现出推动体制机制创新、依靠数据提高决策科学性等新特征，意味着我国政府内部的数字化改革已经处于全面发展期。

机关事务作为保障机关自身正常运行的管理和服务活动，在政府部门数字化改革浪潮中的政府运行保障领域展开行动，与政务服务、社会治理构成我国政府部门数字化改革的三大试点领域。2021 年，国家机关事务管理局先后组织开展机关运行保障数字化建设座谈会、制定《机关事务工作“十四五”规划》，研究推动数字化转型的方案，建设数据中心，制定有关标准，并且鼓励地方大胆探索数字化创新，推广优秀范例和经验做法。与此同时，学界也针对机关事务数字化转型作出了思考和讨论，探讨数字化转型的目标、手段和价值。数字化改革之路如何推进，成为亟须深入研讨的问题。

（二）机关事务管理数字化转型的定义

鉴于后续分析的需要，而现有研究又尚未有明确针对机关事务管理数字化转型的定义，因此有必要对其概念进行界定。一般来说，数字化转型定义体现为数字技术应用、组织变革以及转型目的三大方面，其本质是组织通过数字技术的组合，触发其属性的重大变化，从而改进实体的过程。对于企业而言，为了创造和获取更多价值，需要有效利用数据和新兴数字技术，综合多方面战略要素，通过数字技术的组合，重构产品和服务、业务流程、组织结构、商业模式和合作模式，开发有助于为公司创造和分配更多价值的数字化商业模式①。站在公共治理的视角理解，所谓的政府数字化转型，其基本含义在于运用前沿数字技术重塑政府治理结构、优化政府职能、再造工作流程、革新治理理念，形成政府履职和治理的新模式，从而提升政府治理能力。

本章结合数字化转型定义和机关事务管理的特征，将机关事务管理数字化转型定义为机关事务管理部门有效利用数字技术，重构组织架构、业务流程、服务模式和合作模式，积极挖掘数据价值，利用数据驱动管理决策的过程，旨在实现机关事务管理工作的高质量发展，提升政府治理现代化水平。

（三）机关事务管理数字化的转型目标及其实现路径

在机关事务管理数字化转型过程中，常规性目标包括智慧化、协同化和

---

① 吴江，陈婷，龚艺巍，等 . 企业数字化转型理论框架和研究展望［J］. 管理学报，2021，18（12）：1871–1880.

高效化。智慧化目标是指将大数据和人工智能技术应用于机关事务管理过程，依靠智慧机关事务业务系统实现运行管理和决策的精准化；协同化目标是指促进不同层级和不同部门之间的功能整合、业务协同和流程再造，使部门主体突破视体制性与管理性障碍；高效化目标则是在智慧化和协同化的作用下，获取机关事务数字化转型红利，保障机关内部高效运行。对于以上目标的实现途径，主要有策略主义、技治主义与制度主义三种手段。

第一，策略主义重视机关事务数字化转型的注意力分配。在数字化转型这一过程中，由于数字化涉及面的广泛性和技术的专业性，充分挖掘利益相关者和动员专业人才成为转型过程中注意力投放的重点所在。通过强化机关事务管理部门对新技术的运用能力，取得保障对象的信任，能够为转型奠定基础。因此，注意力聚焦于重点领域方能保持活度和效度[①]，从而维持新机制的持续存在和发展。除此之外，机关事务管理部门自身扮演的角色同样对转型过程产生了重要影响。吴田和张帆剖析了美国联邦总务署（GSA）的角色定位对其机关事务数字化转型的积极作用，该机构致力于将自身定位为优质的服务提供者、标准化和技术化的流程设计者，以及创新项目的发起和领导者。把转型重点放在这三个方面，使其成为非常成功的机关事务管理部门[②]。

第二，技治主义主张利用新技术推动管理和服务的一体化和智能化。这里的技治主义并非强调哲学思辨的传统技治主义，而是探讨具象化技术工具对改善治理的话题。一方面，技治主义力推平台化建设，以数字平台将数据资源进行整合，促进不同主体在信息共享和一体化数字工作平台基础上实现高效协同。利用一体化的平台，机关事务保障能够提供功能整合的数字化服务平台，减少各类后勤保障系统独立建设投入。另一方面，内部控制数字化也是技术治理的重要环节。这一环节主要指利用大数据和物联网技术对各个业务系统进行实时监控，实现事前和事中控制。这一环节的数字化将为政府运行保障各业务系统的信息传递和实时控制提供强大支持，实现机关事务的智能化管理。

第三，制度主义着重强调制度机制的变革对于数字化转型的重要性。一方面，制度主义者认为技术赋能背后是制度重塑，将技术嵌入视为数字化过

① 王三木，王光良.机关运行保障“数智化”转型初探［J］. 中国机关后勤，2021（2）：22-24.

② 吴田，张帆.机关事务管理与数字政府建设——美国联邦总务署（GSA）实践研究及启示［J］. 江苏师范大学学报（哲学社会科学版），2020，46（3）：90-101.

程中的硬件保障，缺少制度保障，数字化工作推进将陷入困境。另一方面，数字化转型实际上也是对机关事务管理部门的赋权。这种赋权来源于数字化转型所塑造的运行新机制，即通过智能化的数字平台对碎片化服务和资源的整合，使机关事务管理部门获得了资源配置和管理监督能力。

（四）机关事务管理数字化研究的发展概述

早期学界仅将信息技术看作服务于机关事务工作质量提升以及效率提高的一种机制或者工具。而随着“数字中国”构想不断向社会经济生活的各个领域下沉，在数字政府建设的框架下，以技术驱动传统机关事务管理变革的创新路径成为主流。与此同时，机关事务管理的数字化研究突破工具视角，开始关注到数字技术应用背后组织制度和组织架构的适应性调整，“技术—制度视角”登上舞台。张廷君和李鹏提出了“技术—制度双向调试”的理论框架，认为数字机关事务治理并非对机关事务管理简单的技术赋能，而是在技术与制度不断双向调试的过程中逐渐实现的制度重塑[①]。由此可见，随着研究的推进，学界已经充分认识到数字化不再是简单的技术应用，而是“技术嵌入”，具体表现为数字技术引发组织制度、架构和运作流程的相应调整，以适应新的运行模式。当前，对于机关事务数字化转型的讨论主要集中于对数字化转型的认识和转型的实现途径，并将机关事务的数字化转型视为机关事务的重点研究领域。

在数字政府改革的大背景下，地方政府创新的路径往往能够推动整个数字政府改革进程的发展。当前多数文献对整个数字政府改革的积极作用和风险进行了归纳，对改善路径展开了思考。对于机关事务，既有文献讨论了其数字化转型的指向与举措，主要从目的和手段的视角思考机关事务的数字化改革行动。然而，对于数字政府改革背景下不断推进的机关事务数字化改革，既有文献缺乏对该行动中不同层次推动因素的分析，难以形成完整的机关事务数字化改革路径归纳。一般而言，通过政策扩散和政策学习，地方政府在改革中的经验做法往往能够影响到其他地方政府，或是由中央政府进行推广。浙江省作为机关事务数字化建设试点地区，其数字化改革过程的剖析能够反

---

① 张廷君，李鹏.技术赋能还是制度重塑：机关事务治理模式的创新路径分析——以福州“数字乌山”为例［J］. 中国行政管理，2021（8）：25-30.

映这一过程中各种影响因素在其中所起到的重要作用。

二、基于生态系统理论的一个分析框架

“生态系统”概念最早由 Tansley 提出，这一概念认为生物与生物之间、生物与物理环境之间相互作用，通过信息传递和物质流动，与其所处的环境相互作用，形成一定时间和空间下的统一整体。随后，生态系统理论逐步应用在经济和社会等各个学科领域。布郎芬布伦纳从发展心理学视角出发构建了生态系统理论，认为个体的行为始终是在相互作用的环境框架之下，并就此提出四个层次的系统：微观系统，即个体活动最直接的环境；中间系统，即不同微系统间相互联系的环境；外部系统，即个体并未直接参与但对其发展产生重要影响的环境；宏观系统，即发挥着潜在作用的文化和社会环境。这些系统构成了范围从小到大的不同层次，对个体的行为所起到的作用也是从直接逐级向间接发展①。

在机关事务管理领域，迈向数字化的过程是一个涉及多个主体和影响因素的动态系统，也是一个数字化改革和多重环境之间相互作用的生态体系。从数字化的行动来看，其既受基础系统平台建设的驱动，也受到数字技术发展和社会需求下治理升级的影响。因此，本章借鉴生态系统理论，对浙江的数字化改革生态系统层次和作用关系展开探究。在浙江数字化改革的进程中，最直接影响数字化改革开展和作为改革持续推进基础的环境可以视为微观系统；直接作用于微观系统并对改革进程产生影响的环境可以视为中间系统；对微观系统和中间系统产生影响的机关事务外部环境可以视为外部系统；而社会发展和需求对机关事务数字化改革和上述三个系统起作用的环境则可以视为宏观系统，四个系统共同构成了生态系统理论视域下的机关事务数字化改革框架（图 4-1）。

---

①（美）David R. Shaffer，Katherine kipp. 发展心理学［M］. 邹泓，等，译. 北京：中国轻工业出版社，2005.

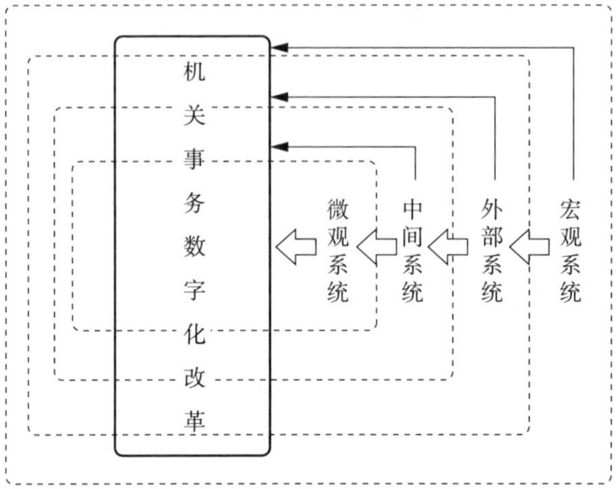

图 4-1　生态系统理论视域下的机关事务数字化改革框架

三、浙江省机关事务数字化改革的生态系统分析

（一）浙江省机关事务数字化改革介绍

作为以政务服务领域“最多跑一次”改革闻名的政府数字化改革先行者，浙江省在经济发展需求和现代化治理的驱动下，一直在数字化改革领域处于领先的位置。从中央党校（国家行政学院）电子政务研究中心每年发布的《省级政府和重点城市一体化政务服务能力调查评估报告》中就能看出，浙江省摘得2015—2022年中近乎所有桂冠，在政府部门数字化改革领域遥遥领先。近年来，浙江省的数字化改革逐渐从政务服务领域迈向内部运行保障领域，展开了一系列行动。在国家机关事务管理局发布的《国管局关于开展机关事务数字化建设试点工作的通知》中，已将浙江省列为机关事务数字化建设试点地区，期望在浙江推进机关事务的数字化赋能和工作流程再造，将政府运行保障水平提高到新的层次，形成高效的运转机制，通过政策学习和政策扩散，为全国机关事务数字化改革提供宝贵经验。因此，本章将以浙江省的实践为例，通过个案研究，分析机关事务数字化的改革路径，以期厘清浙江机关事务数字化改革的背景、过程和实现逻辑。

1. 机关事务数字化起步阶段（2017—2018 年）

在国家推动“放管服”改革向纵深发展的契机下，浙江省以“最多跑一次”改革为关键节点，一改长期以来政务服务流程烦琐、障碍多的运行机制，通过摆脱原来路径依赖的惯性，进行“自我革命”，进而优化政务服务和办公流程。自 2017 年起，浙江省的“最多跑一次”改革铺开，这一改革旨在实现“群众和企业到政府办事最多跑一次”的目标，一方面规范所有政务服务事项，实现数据信息的共享，以此来推行“一窗受理、集成服务、一证通办”[①]。这一时期，浙江省机关事务管理局提出“智慧后勤”建设，运用互联网技术和信息化手段，通过智能化改造，实现管理和服务便捷高效的目标。为此，浙江开展了一系列数字化平台建设工作。第一，建造政府采购数字化平台。在对政府采购诚信管理体系进一步完善的基础上，浙江加快建设全省采购统一平台，将资源集中于数字化平台，实现政府采购从项目最初的受理到最后结果公布实现全流程的“云办理”。第二，提高公积金管理质效。一方面将“一站式”服务融入公积金贷款；另一方面，借助数据资料管理中心，部分公积金提取业务办理无须任何材料。第三，简化窗口事务办理。在梳理所有审批事项的基础上，制定办事指南和服务规范，实现审批流程再造和事项办理“上网”。

2. 机关事务数字化初步发展阶段（2019—2020 年）

在“最多跑一次”改革后，浙江省政府内部形成了从基础设施层面到前端应用层面的数字化转型“一体化”框架。这一框架的搭建，使浙江的数字政府改革进入了上升期。这一阶段，浙江主要通过打造公共数据平台，使各部门、各业务系统间的数据流动起来，实现多部门能够在数字平台上联合办理一件事，不再受制于数据藩篱，再造各项业务流程。以公积金管理为例，在各业务系统逐步建立的基础上，公积金管理业务系统与不同职能部门进行数据的互联互通，建立起协同和信息共享的机制，将多业务多部门通过数字系统连接在一起。通过对接公积金“长三角一网通办”服务平台的纵向联动，以及与省大数据局、省建设厅等部门数据中心的共享，浙江的公积金管理在 2020 年成功完成了公务员和事业单位人员职业生涯全周期管理“一件事”改

---

① 何圣东，杨大鹏. 数字政府建设的内涵及路径——基于浙江“最多跑一次”改革的经验分析［J］. 浙江学刊，2018（5）：45-53.

革任务，并使其数字化服务平台得以入选全省改革创新项目。多部门数据共享和事项联办形成了初步的政府一体化数字平台，而“标准化＋机关事务”的运用则为一体化数字平台的整体形成添砖加瓦。随着浙江省机关事务管理局牵头的《公共机构绿色数据中心评定规范》等标准逐步出台，数据资源的基础建设和流动共享拥有了标准化的支撑，为不同业务和部门的数字平台联通互动奠定了基础。

3. 机关事务数字化全面建设阶段（2021 年至今）

随着《浙江省数字化改革总体方案》和《机关事务工作“十四五”规划》的出台，浙江的机关事务数字化进入全面建设的阶段，这一阶段主要在数字化建设标准和前端后端平台的打造上下功夫。第一，制定数字机关事务建设标准。浙江制定了《数字机关事务建设指南》，对机关事务数字化建设的基本框架、系统应用和运行保障等重要板块进行了规范，给予数字化改革行动在业务系统建设模式和配套的制度安排方面的指导。第二，打造智能一体化平台。为了进一步推动数据在不同地区和部门间有效流动，浙江依托数字政府改革所建立起的一体化智能化公共数据平台，建设机关事务领域的一体化门户，进而推动全省机关事务数据的互通与共享，并从办公用房、公务用车、公共机构节能三个领域进行试点。试点主要致力于打造“一张网”，实现管理的实时性和信息的全面掌握，以及各项服务的智慧化集成。第三，开发集成的协同服务平台。基于浙江省所提出的“掌上办事之省”“掌上办公之省”“掌上治理之省”三大目标，浙江开发出掌上办公应用“浙政钉”和掌上办事应用“浙里办”。前者是后端的工作协同平台，将各部门整合在一个平台之上，实现合作联动；后者则是前端的一体化政务服务平台，通过云平台与“浙政钉”进行交互。依托这两项应用，浙江省机关事务管理局开发出“浙里好管家”程序，提供智慧食堂、公积金查询、积分商城等一系列面向机关单位干部职工的服务，实现机关事务服务的数字化集成。

（二）浙江机关事务数字化改革的系统分析

1. 微观系统：数字化业务系统平台建设

浙江对数字化业务系统平台的建设，通过主要领域核心业务的数字化应用集成，直接作用于机关事务数字化改革进程。借助浙江全省开展政务服务领域运用新兴信息技术进行改革的契机，浙江在机关事务方面同样运用“互联网＋后勤服务”，打造机关后勤的数字化业务系统平台，以推进浙江省机关事务管理局提出的“智慧后勤”建设。机关事务数字化转型通常从数据集成的数字化阶段伊始，再向技术工具配置资源的智能化阶段发展[①]。为了使机关事务各领域快速转型，最直接有效的举措是利用信息技术集成服务，数字化业务系统平台因此应运而生，机关事务工作被迁移至数字化平台上。

为了快速走上数字化发展道路，浙江省机关事务管理局以大数据和云平台作为技术支撑，对办公和服务进行流程再造，利用数据共享以及资源平台和掌上应用的开发建设，将机关事务各项工作直接“搬”到数字化的业务系统平台，这奠定了数字化改革的基础。其一，推动部门内部数据共享。在升级网上业务系统和重新梳理并简化材料的基础上，浙江将电子证照、信用信息等数据资料进行统一管理，纳入数据平台并开发利用端口，使对内和对外多项政务服务都能够实时调用所需的数据信息，免除烦琐的数据信息收集和验证过程，从而将事项“一次办结”，实现工作效率的大幅提升。其二，打造资源平台。政府采购领域推出全省统一的“政采云”平台，将电子招投标和网上超市等新型采购方式引入平台之中，减少信息不对称风险所带来的财政资金浪费。如此一来，平台的建立既有利于交易电子化和一体化，也因采购信息的公开透明而有利于全过程监管的开展，使资源配置更加合理与高效。其三，开发掌上应用。在政务网络平台这一载体上，机关事务各领域都开发出自己的应用程序，通过应用程序和个人移动终端设备进行“掌上办公”。同时，将公务用车、维修、会场、餐饮等多项业务迁移至应用程序上办理，使机关内部运行保障服务实现“掌上办事”。

2. 中间系统：一体化数据交换平台搭建

得益于数字化业务系统平台的建设，机关事务部门办公与各项服务的开展步入数字化阶段，便捷和效率成为机关事务管理和服务的新特征。但要将现代数字技术与机关事务工作深度融合，仍需破除部门主义的路径依赖，让数据流动起来，实现数据功用的最大化，进而向依靠数据配置资源的智能化阶段不断发展。一般而言，数字壁垒往往对数字化下的管理产生信息共享阻

---

① 罗亮，郭名谦. 智慧机关事务：机关事务管理大数据应用框架研究［J］. 领导科学，2021（24）：76–78.

碍，制约各数字化业务系统运作效率以及事前控制和事中控制水平的提升。因此，数字壁垒是数字化转型中部门难以实现深层次协同的重要原因，也是数字化改革持续深化进程中所要解决的关键问题。为此，浙江从数据资源体系建设入手，搭建一体化数据交换平台来增强数字化业务系统的基础支撑能力。

浙江提出要进一步理解和推动“三融五跨”，即推进技术融合、业务融合、数据融合，提升跨层级、跨地域、跨系统、跨部门、跨业务的协同管理和服务水平。其具体做法主要是设立管理机构和数据平台，进而实现业务协同和数据交换共享。浙江省、市、县三级都设立了数据的管理机构，以统筹管理公共数据资源，整合分散在不同部门的数据管理职责。在此基础上，浙江通过整合一系列信息库从而搭建起公共数据平台，开通数据平台与各部门业务系统相互连接的“数据高铁”，基本达成部门之间数据的横向共享，为主体间的资源交换和协作营造出有利的环境，实现部门协同的高效性。以往部门主义下条块分割的数据信息，以及数据资源相互独立所带来的决策和执行方式，在大规模的数据开放和共享下得到极大程度改变，逐步建立更多地利用海量数据进行精准化决策和服务的新方式。这种改变使数字化业务系统之间的联系愈加紧密，为数据交换平台中多元主体提供可用于交换与共享的大数据资源，并且为部门合作与数智慧机关事务工作提供支持。

3. 外部系统：如火如荼的数字政府改革

在国家推动“放管服”改革向纵深发展的契机下，浙江省以“最多跑一次”改革为关键节点，一改长期以来政务服务流程烦琐、障碍多的运行机制。浙江省政府主要将重点放在了政务服务一体化和高效化、部门协同和数据共享、以数据助力决策等方面，通过摆脱原来繁文缛节和部门主义等路径依赖的惯性，利用新兴信息技术进行“自我革命”，进入数字政府建设时期。全面铺开数字政府建设后，浙江提出“全面实施标准化战略，以标准化支撑数字化转型”，对改革的已有成果进行巩固和优化，政府数字化转型此时聚焦于依靠标准化打造“一体化”智慧政府。在如此外部环境下，机关事务工作随之开启标准化建设，促进数字政府改革下多元主体行动一体化发展。

一方面，浙江省机关事务数字化改革工作在全省数字政府改革和标准化建设的影响下相应地提出“标准化＋机关事务”的理念，在纵向上实现贯通。

在全省标准化的浪潮中，机关事务工作将大部分注意力放在了标准化建设上，制定了一系列具有全国首创意义的地方标准，通过建设、服务、协调机制等方面的标准化，构建起机关事务标准化体系，为实现真正的协同治理提供条件。除此之外，浙江还对改革过程中推动公共数据和资源整合的经验进行固化，形成制度性规定，为政府数字化转型提供保障。在地方标准与制度性规定的实施基础上，浙江逐渐形成“一本账”和“一张网”等统一的管理信息平台，将同一业务系统在不同层级和不同地域之间贯通，高效率地进行数据资源配置。另一方面，在标准化的基础上，浙江得以推动横向上的一件事联办和协同事项探索。在全省党政机关标准化和数字化转型逐步完成后，公积金服务等机关事务工作得以在统一标准下实现多部门事项合作联办，从而对浙江以“最多跑一次”改革为突出成绩的数字政府改革所追求的“少跑腿”和“一次性办理”予以回应，使机关事务的服务工作满意率不断攀升，助力部门和业务之间的一体化运作。

4. 宏观系统：机关事务现代化发展趋势

随着改革开放的持续推进，改革如今已经进入攻坚期，这就要求国家在治理现代化水平上有所突破，用更加有益的方式破除各方面体制机制的弊端。在国家治理体系和治理能力现代化要求的大背景下，为使社会治理逐步迈向现代化，政府部门广泛应用新兴技术和推进机制创新并在其实践过程中不断探索创新发展的思路，以期提升治理的现代化水平。机关事务作为机关运行过程中的保障性环节，是治理体系的有机组成部分。一般而言，机关事务工作并不直接参与社会治理，通常是为党政机关的正常运作给予保障，间接地参与社会治理与公共服务的提供。在机关内部，资源的分配是机关事务工作面临的重要问题，而要做到利用机关事务管理对资源配置进行优化，使机关事务管理走向现代化，这需要集中统一管理和数字化手段的支撑。

在大环境对机关事务工作的影响下，机关内部运行保障模式的创新和机关事务管理效能的提高成为机关事务现代化发展的必然要求。浙江因此提出法治化、标准化、社会化和数字化，以期推动浙江的机关事务现代化建设。其中，作为现代化发展趋势要求下的数字化改革，成为资源投入较多的重点，并主要聚焦于引入数字化的管理和服务方式，进行制度重塑和系统重构，转变机关运行保障的模式。法治化的推进对机关事务数字化改革的益处在于利用法规条例对制度重塑的实践探索成果进行固化，将工作机制推广开来；标准化能够使数字化阶段的行业共识得以形成，有助于提高管理服务的质量；社会化有助于引入技术、资金以及科研资源等，对于机关事务的数字化改革而言具有重要意义，社会化促进政府机关和社会其他主体形成有效互动的关系。因此，浙江省机关事务数字化改革抓住了机关事务现代化发展趋势所要求的“四化”融合发展成果，为数字化改革破除自身系统重构后相关配套缺失的内生性障碍。

四、结论与讨论

浙江省机关事务数字化改革是在社会现代化发展需求和数字政府改革背景下的行动，其行动路径离不开多重环境的影响。最直接影响数字化改革的是数字化业务系统平台的建设，数字化平台改变了机关事务工作的方式，并为整个数字化改革奠定基础；一体化数据交换平台则为业务系统之间的数据交换提供渠道，使数据的应用更加成熟，数字化水平逐步提高；机关事务工作外部环境的数字政府改革聚焦于利用标准化打造一体化的政府，机关事务工作也因此在标准化建设方面取得有效进展，为不同主体间数字化协同提供支持；而机关事务现代化发展趋势助推了整个治理现代化的发展，将法治化、标准化和社会化水平提高到新的层次，破除数字化改革可能面临的障碍。

除了已有的成果外，数字化改革目前依然面临着一系列阻碍和风险，唯有对新技术所带来的新变化加以辨析，推敲机关事务数字化改革持续发展的方向和举措，才能引导数字化在机关事务工作中发挥积极作用。首先，过度依赖数据信息的风险仍然存在。这种风险是数据的大规模运用和业务系统全面数字化所带来的，并可能对政府运作产生形式固化，使其在这一模式下产生路径依赖，出现“懒政”的现象。一方面，这会使得机关事务管理主体过度依赖数据而忽视客观现实；另一方面，数字化趋向也会带来数据所呈现的虚假规律干扰决策。数据虽然能够在治理中发挥积极作用，但必须明确数据是工具而非目的这一价值判断。因此，对数字化改革下的各部门开展标准化的绩效评估尤为重要。明晰数据使用权责，开展事前、事中和事后的绩效评估，并给予反馈和落实整改要求，避免陷入数据依赖的困境。其次，信息安全同样是难以回避的重要问题。浙江的数据共享实质上是依靠大量数据的收集与调用，数据泄露则会造成难以挽回的损失。面对这一风险，机关事务工作应当依靠数据安全的法律法规和技术更新来保障数据的合理运用。最后，部门主义在改革初期难以完全克服。在科层制的长期影响下，政府内部不同主体的数据共享和协同治理难度大，以数字化改革为契机推动政府协同是一个积极的路径，但仍然任重道远。一方面，可以通过赋予大数据管理部门在协调数据流动方面更大的自主性，提高数据共享的效率，畅通协同治理的渠道；另一方面，可以通过构建灵活的协同治理网络，以任务为导向，在协同网络中实现数据流动与共享。浙江省机关事务数字化改革如今已经进入优化阶段，通过持续推动解决梗阻和降低风险，数字化改革方能行稳致远。

（作者：黄梓锋、曾锡环）

第二章　机关事务数字化“三段式”改革的动力要素与实践进路

【内容提要】在数字政府建设的大背景下，机关事务数字化是机关事务管理现代化的基本方向。本章以“数字乌山”项目为案例，分析机关事务管理数字化转型的驱动因素和演进阶段，从而提出机关事务管理数字化转型的阶段过程模型。本章的研究结果有助于进一步明确机关事务管理数字化改革目标，为数字机关事务管理实践提供理论指导，促进机关事务管理工作高质量发展。

我国机关事务暴露的各种问题，诸如管理标准不一致、信息沟通不畅、管理职能分散、部门间资源配置不合理以及管理运行效率较低等，严重阻碍了机关事务管理的高质量发展。因此，应用数字科技改造传统机关事务管理模式的变革思路应运而生。国家机关事务管理局先后制定了《关于推进机关事务信息化建设的意见》《机关运行保障数字化建设规划》等制度文件，提出要统筹推进全国机关运行保障数字化建设的总体要求。在顶层战略设计理念的指导下，我国各地纷纷展开机关事务管理数字化改革试点工作，探索将机关事务与数字政府实践相融合的改革尝试。然而，构建机关事务数字化体系、完成机关事务数字化转型并非一蹴而就，需要经历一个持续深化、不断更新发展的过程。因此，需要从整体性、全局性统筹考虑，以系统思维了解机关事务数字化转型的基本进程、动力要素和实践路径，注重数字化转型过程管理，从而真正实现机关事务数字化转型的目标。

一、机关事务数字化“三段式”改革框架

在商业组织中，数字化转型一般包括信息化、数字化、数智化三个阶段。“信息化”阶段重在对物理世界的信息描述以及对业务信息的搭建与管理，是

“业务数据化”的体现，业务流程是核心，信息系统是工具，在这一过程中产生的数据只是一种副产品。“数字化”阶段通过对大量沉淀在业务系统中的运营数据进行综合、多维的分析，对企业的运作逻辑进行数字建模、优化，打通各个信息孤岛，让数据得以连接，从而指导并服务于企业的日常运营。而“数智化”阶段是组织数字化转型的高级阶段，在大数据、AI、云计算等智能技术手段的支持下，组织利用数据指导自身的战略制定和决策行动，建立起基于数据进行决策的自优化模型，助力优化现有业务价值链和管理价值链，增收节支、提效避险。

与商业组织不同，我国机关事务管理部门在数字化转型中逐渐形成了新的改革任务和实践路径。数字时代的来临，最为显著的特征便是倒逼政府治理方式的转型升级。机关事务管理部门要着力适应大数据时代赋予工作方式的新形势、新特点、新要求，积极推动本部门资源、文档数字化发展，搭建数字化机关事务服务平台的整合利用，运用数字治理、部门协商等方式有效破解部门壁垒和信息孤岛。用参与、法治等治理方式来逐步替代命令、强制、人治等治理方式，将协同治理、整体治理、联动治理等大数据的治理思维借鉴和运用到机关事务管理过程中。由此可见，盲目套用商业组织数字化转型的阶段论并不能对实践工作产生有益指导。基于以上分析，本研究遵循组织数字化转型的一般规律，并结合我国机关事务数字化转型升级的工作实践，提出了机关事务数字化转型的“三段式”分析框架（见图 4–2）。

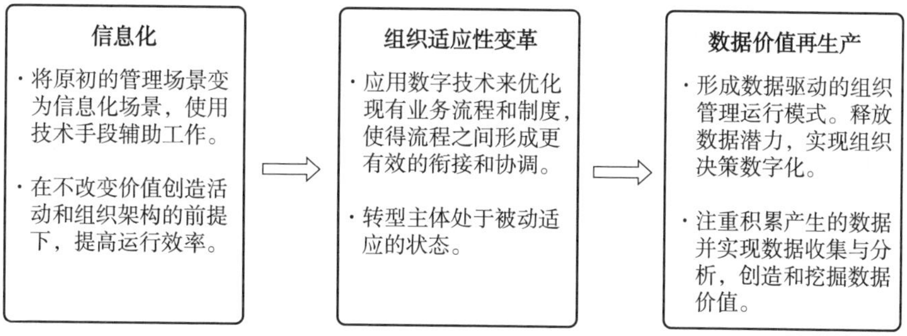

图 4–2　机关事务管理数字化转型“三段式”分析框架

机关事务数字化转型的第一阶段是信息化，是指将原初的传统管理场景变为信息化场景，使用技术手段辅助机关运行保障工作。最突出的形式就是业务在线化办理，将原本跨时空、跨地域的事项审批转换成具有高度可读性的线上操作。与线下“一窗口一事办理”的特点相反，机关事务通过线上的信息化整合，可以保证“一证通办”“一网通办”成为主要方法，从而使被动式、粗放式、经验式的问题处理升级为主动化、精细化、智能化的方案落地。这一阶段是较浅层的数字技术应用，主要将内部和外部文档流程用数据呈现，以期在不改变价值创造活动和组织架构的情况下，提高运行效率。

机关事务数字化转型的第二阶段是组织适应性变革。该阶段的核心战略是通过数字化转型倒逼组织化变革，优化机关事务管理职责体系和组织结构，构建职责明确、依法行政的机关运行保障体系。建设机关内部数字化平台，提升数据共享交换平台支撑能力，完善数据要素流通机制是推动组织变革的基础前提。在这一阶段，数字化进一步赋能机关事务管理，促进流程再造、应用创新，推动数据资源分类分级管理，在这一阶段的尾期，要求基本建成整体协同、敏捷高效、智能精准、开放透明、公平普惠的数字化机关事务部门。

机关事务数字化转型继续向前推进，便进入第三阶段，即数据价值再生产。数字化转型的最终使命是形成一个数据驱动的组织管理运行模式，搭建起与国家治理体系和治理能力现代化相适应的数字化机关事务管理体系框架，并使其更加成熟完备。通过高度的数字化，转型主体进一步创造和挖掘数据潜力，不仅实现政府决策数字化，而且构建起安全灵敏、智慧高效的机关事务管理体系，不断提升跨部门、跨层级、跨地区的协同治理能力。

二、机关事务数字化“三段式”改革的功能价值

作为一种治理资源，数据日益成为推动政府治理创新、提升政府治理能力的重要支撑。新一代信息技术在机关事务领域组织化、系统化深入运用，“数字机关”已经成为推进政府治理体系和治理能力现代化的重要途径，对于打破行政壁垒，助推要素自由流动以及行政运行规则重塑具有重要作用。具体来说，机关事务数字化“三段式”改革具备了以下功能价值。

（一）助推机关事务决策科学化

决策科学化是机关事务管理能力高低的重要标尺。然而，长期以来受到人为决策的惯性影响以及经验决策的样本缺陷，传统的机关事务决策不可避免地存在效率低下、证据支撑性不足导致质量不高等弊端。数字时代，依托

大数据智能化建立的机关运行保障体系，使得部门决策可以依托更为宏大的数据资源作为支撑，通过海量数据的深度挖掘、数据筛选和整合处理，推进数字技术在宏观调控决策、机关服务质量分析、公务用车监督、财政预算管理等领域的系统广泛运用，能够为机关事务管理部门更为全面地分析研判机关运行服务需求，准确掌握复杂矛盾问题演变处置的实时动态，系统全面把握机关范围内服务质量数据底数和管理趋势，有效提升人、财、物资源的动态调节能力，促进机关事务管理部门科学决策和系统谋划提供数据支撑和发展趋势监测分析。因此，机关事务数字化“三段式”改革的实施，整体上为机关事务管理部门决策的系统化和科学化提供了强大的智慧中枢和算法支撑。

（二）实现机关事务管理高效化

提升管理效率，实现精准服务是对机关事务管理现代化的必然要求。数字时代，智慧治理成为政府治理变革的重要方向，多元化、分散化的机关管理信息通过智慧系统被整合利用起来，促使机关事务管理由单向向双向、一元向多元、线下向线上的模式转变。数据价值再生产在节约型机关建设、“近零碳机关”治理、集中统一管理等领域具有广泛的运用场景。如在节约型机关建设领域，通过智能化的能耗管理信息系统，依托大数据平台，通过云计算、物联网、人工智能等现代信息技术为食堂“光盘行动”、垃圾分类投放、水电资源利用动态监管提供重要支撑，帮助机关事务管理部门科学高效分析处置资源利用问题，回应社会公众利益诉求，能够大大提高节约型机关建设的效率。同时，数据很重要的一个功能是预测，机关事务管理部门借助大数据的宏观分析能够在大概率层面预判事态发展演变的重要趋势，为应对和处置机关运行过程中的复杂问题赢得时间和推进智慧化应急处置。

（三）促进机关后勤服务优质化

改善服务质量是推动机关事务数字化转型的价值依归。如何利用数据的便利条件和技术支撑，改进机关事务管理部门的服务质量、提升治理能力成为新的时代课题。在数字时代，数据技术使得机关事务管理部门能够更加及时、更为精准地把握机关群体的多样需求，成为开展精细化机关治理、精准提升机关服务质量的重要依据。同时，智慧政府推出“互联网＋政务管理”等服务，逐步实现跨部门、跨地域的目标，不同省市的机关事务管理部门或机关服务中心能够在机关服务领域深度融合发展和跨区域合作，探索出一系列机关服务“两地协办”的改革路径和创新经验，在推动机关服务标准化、加强数据共享利用等方面达成合作。

（四）增进政府机关环境清廉化

增进清廉指数是推进机关事务数字化转型的应有之义和重要保障。长期以来，我国机关运行保障进程中，领导干部作为主要的服务对象，容易催生出机关事务管理的腐败现象和廉洁风险，不利于清廉机关的建设与发展。在数据时代，政府运用智能化的数字技术构建全方位、立体化的机关运行保障监督机制，通过“双随机、一公开”监管平台推进事前和事中事后监督协调发展，依托“互联网+”强化数据监管，开展跨部门和跨层级的过程监管。不管是公务用车，还是餐饮服务、差旅费用报销等，均能通过数字监控实现标准化、透明化管理，完善了廉政风险防控及内控机制，为建设清廉奉公的机关环境创造了良好的硬件条件，有效防范了腐败滋生，使得政府的治理生态和监管机制逐步发生改变，从而推进政府“阳光治理”和打造“廉洁政府”。

三、机关事务数字化“三段式”改革的动力要素

作为全国数字经济高地，福州市机关事务管理局为全面落实国家机关事务管理局“十三五”规划中关于信息化建设的部署要求，在2018年与深圳航天智慧城市系统技术研究院（以下简称SZCW研究院）合作，积极探索建设数字机关事务管理系统平台。因福州市委、市政府办公所在地为乌山大院，将其命名为“数字乌山”。

“数字乌山”秉持机关事务工作“数字化+标准化”的工作理念，运用数字科技手段，打通数据壁垒。该系统具有600余项功能，通过软件系统几乎整合了机关事务工作的全业务要素，极大地促进了机关事务工作实现精细管理、精准服务，其强大的数字化基础设施和先进智能的运行管理模式为福州机关事务工作作出了重要贡献。2019年，福州市以“数字乌山”项目为参评素材，荣获“2019中国领军智慧城市”，并入选“第二十一届高交会”。同年底，福州市领导在全市年度工作汇报会议上对“数字乌山”项目表示高度肯定。

福州“数字乌山”运行 4 年有余，平均每月在线访客邀请约 520 人、物业报修约 35 单、刷脸消费约 12600 次、在线充值约 48000 元、刷脸进入大院 6500 人次、车辆识别准确率达 97.5%以上。该项目取得较高的业内认同，具有典型性。此外，福州市在数字机关建设方面先行先试，该项目作为全国试点，总结其过程经验，无论在实践上还是理论上都大有裨益，该案例具有启发性。“数字乌山”项目开办至今，福州市机关事务管理已经实现从最基础的信息化向数据导向的运行模式逐步发展，其动力来源可总结为以下三个方面。

（一）政策支持

首先，“数字乌山”项目以宏观顶层战略设计作支撑。中国政府运用现代计算技术推动政府治理现代化建设可以追溯到 20 世纪 70 年代后期。习近平同志在 2017 年指出要“加快建设数字中国”，同时要“运用大数据提升国家治理现代化水平”。2021 年国家机关事务管理局发布的《机关事务工作“十四五”规划》中明确指出，要深化机关事务管理体制机制改革，推动机关事务管理数字化转型，统筹信息化建设。

（二）高层推动

在中国，“领导重视”是一项项目得以顺利推进的关键要素，能够保证改革资金与人员均落实到位，更快更好地进行项目协调。由于习近平总书记在福州任职时非常注重培养数字化意识和开展数字化实践，留下了深厚的“数字基因”，使得现在的福州市委、市政府以及各局领导都高度重视“数字乌山”项目，称其为“一把手工程”，由主要负责同志担任项目建设领导小组组长，抽调各处室骨干成立专项工作小组，多次召开专题协调会议，要求梳理业务清单，规范业务流程。

（三）现实需求

机关事务管理高质量发展的现实需求是最直接的驱动因素。改革前，福州市机关事务管理局面临着工作事务覆盖面广、工作程序和流程烦琐导致的管理粗放且服务质量不高、管理成本高但效率低等问题。

四、机关事务数字化“三段式”改革的实践进路

本节选取福州市“数字乌山”项目作为案例分析对象，基于构建的机关事务数字化转型阶段框架，拆解每一阶段的本质内核。

（一）“数字乌山”项目的信息化阶段

福州市本身拥有较好的数字化建设理念、基础与资源条件，这为福州市机关事务管理局提供了技术赋能的改革思路。于是委托 SZCW 研究院负责“数字乌山”项目的建设，双方以共同成立专项小组的方式正式开展合作。最初专项小组的任务是将数字技术引入日常的工作模式中，养成工作人员使用数字手段辅助工作的习惯，同时培养其数字化思维。但是，和所有开展数字化转型的组织一样，起步即面临组织成员强烈的抵触心理。

有三大思路可以破解组织成员因为不适应突然的变革而产生的抵触心理。

其一，循序渐进，从小场景切入。福州市机关事务管理局从项目小组成员率先使用新系统开始，逐渐拓展至局内成员使用，再到试点单位使用，让相关人员逐步接受新的变革，甚至从使用者转变为转型的推动者与倡导者。依照系统工程方法论“自顶向下设计，自底向上实施”的原则开展工作。

其二，数字化价值可视化，让使用者感知数字技术为自身带来的切实利益，意识到这项技术的“可用性”和“易用性”。

其三，让使用者感到自己“被需要”，虚心听取群众反馈。“数字乌山”项目小组也充分认识到“以使用者为中心”的重要性。

（二）“数字乌山”项目的组织适应性变革阶段

技术应用倒逼福州市机关事务管理局采取相应的组织调适策略，以适应数字化工作方式，推进机关事务管理工作的高质量发展。其中最突出的表现是组织架构调整、工作流程优化、工作标准化建设以及管理制度重塑。在此过程中，福州市机关事务管理局不仅实现了降低成本，提升效率及服务质量，推进精细化管理和精准服务的改革目标，也实现了机关事务从“管理”向“治理”的转型，形成了数字机关事务治理的全新模式。

首先，组织架构调整。具体而言，主要是人力资源结构的调整。由于数

字化带来的工作效率提升，物业管理人员、安保人员以及值班人员的工作量锐减，极大地释放了人力。

其次，工作流程优化。传统的政府管理重结果轻过程，数字化改革开展后，机关事务管理工作转变为实时管理、实时预警监控，一改原来事后管理的工作风格，强调事前预警和事中管理。实现机关事务各个业务要素均在线管理、全程跟踪，工作进展留痕监督，做到可追可查可考，真正实现闭环管理。

再次，工作标准化建设。福州市机关事务管理局形成了一套数字机关事务治理的标准化体系，实现从“上墙流程”到“数字化流程”、从“千种流程”凝练到“一张图”和“一套系统”的转变。除了工作流程要标准化之外，福州市机关事务管理局还对业务重新进行了规范，对各项工作业务进行简化、量化和固化，围绕“谁来做、做什么、怎么做、做到什么程度、结果如何”等维度对业务规范进行标准化设计，制定各个岗位相应的职责清单。不断完善办事流程，制定简便易行的数字化评价标准和评价方法，构建务实管用的业务信息化标准。业务规范标准化为建构统一便捷的数字化服务提供了基础，重塑后具有标准化特征的业务规范又进一步推进了数字化建设的持续升级与完善。

最后，管理制度重塑。福州市机关事务管理局通过对组织管理制度的相应变革来适应和巩固新技术在工作中的应用成效。为了避免技术持续迭代升级过程中可能出现的重复建设问题，福州市机关事务管理局决定打破数据壁垒，对现有的工作资源和业务职能进行梳理后重新整合，提出建设“全要素，一张网”的目标，实行“1+8+N”（1 个规划、8 个业务模块、N 个创新应用）的改革模式。在上述的指导思想下，福州市机关事务管理局集成了安防、消防、后勤、能耗、资产等八大业务领域制度规范，使其在统一系统下运行。

（三）“数字乌山”项目的数据价值再生产阶段

数字化“一张网”，将福州乌山大院创建成一个三维可视化的虚拟场景，把园区内需要掌握的信息图层全部叠加其中，尽可能在电脑中还原整个园区的管理现状，形成数字沙盘，充分挖掘和利用集成的数据价值。在这张大网中，不仅包含建筑、管线等静态元素，还包括大量动态数据，极大地增强了对园区实时运转状态的感知能力。动态信息由遍布园区的 1300 多个传感器采集的数据构成，包括视频监控、周界安防、温湿度传感、环境参数、水位、可燃气体、井盖、车位、巡更、远传水表和电表、智能化消防设施等，数据实时传入相关的数据库进行分析，一旦出现超过标准的异常情况，系统自动报警。

“数字乌山”还将数字孪生技术应用于园区数字化建设工程中，形成园区的虚拟化数据底座，实现一体化共享数据，彻底打破各系统之间的数据壁垒。福州市机关事务管理局将近 4500 名干部职工和约 3700 辆车辆的信息数据录入自动道闸和人员验证系统，通过刷脸或扫描车牌便可出入。访客输入相关信息，凭借手机短信便可自助过检。“数字乌山”中的数据价值再生产还体现在大院食堂改造的项目上。大院食堂改造期间，“数字乌山”推出在线订餐功能，实行“线上预订，后方精准采购，中央厨房集中生产，线下多点配送”的套餐保障方式，确保科学点餐、精准供给。

具体而言，“数字乌山”主要在四个方面对数据价值进行挖掘和利用。第一，数字化安防管理。福州市机关事务管理局整合汇总周界、消防、车辆、人员等系统的数据信息，结合并集成了人脸、行为识别等智能算法，自动生成目标活动轨迹，实现事前预警、事后追溯。第二，数字化能耗管理。福州市机关事务管理局在大院内安装了 1300 余个传感器，将大院内各个设备设施运行情况汇聚到监控中心，建设机关大院能耗感知物联网，对院内单位用能趋势形成预测，寻找能耗高点，形成数字化节能管理模式。第三，数字化资产管理。福州市机关事务管理局通过精细三维建模，用配色区分资产使用情况以及图层剖析内部管线，实现对资产的智能调配、修缮。经过前期专业团队的勘测，在相应位置加装智能传感器，集成地下管线一张网、室内室外一张网，在虚拟场景中直观测量和监控机关大院内隐蔽工程设施，以数字化手段实现对隐蔽工程的智能集成管控。第四，数字化后勤服务。首先，“数字乌山”使用人脸智能消费系统，移动端为干部职工提供“指尖上”的后勤微服务，把与日常生活办公紧密相连的需求功能带入机关园区。其次，福州市机关事务管理局还将智能算法应用至公务用车管理中。福州市车务中心通过省公车平台对市直公务车辆进行调度，利用“数字乌山”建立公务车辆自动调度分系统，开放驾驶员抢单功能，降低调度成本，提高驾驶员的工作积极性。最后，“数字乌山”将社会互联网服务模式引入机关后勤服务工作中，包含中央厨房、点单配送、网络补贴充值等。计划通过“网上商超”服务模式解决大院内售卖点面积小、采购品种少、消费渠道不完善等问题，同时结合人脸识别系统，提升干部职工的消费体验。

这些看似平常的设计，在疫情防控期间发挥了重要作用。2020 年初，全国各地均面对新型冠状病毒感染暴发后的严峻形势，福建省根据《福建省突发公共卫生事件应急预案》，于 1 月 24 日启动重大突发公共卫生事件Ⅰ级响应。福州市委、市政府迅速行动起来，于 1 月 25 日启动了福州市的一级响应，投入了这场战“疫”，同时“数字乌山”在这次保障工作中为福州市机关事务管理局保障乌山大院的安全提供了技术支撑。在福州进入一级响应状态之后，“数字乌山”智慧化系统的各项成果，助力乌山大院实现精准量化管理，确保在非常时期大院内各党政机关的安全高效运行，为福州市机关事务管理局疫情防控工作提供技术支撑和应急保障。新冠疫情防控期间，系统实现了进出车辆、人员来源可查、目的可查和轨迹可查，更好助力机关大院的疫情防控工作。对物联设备感知异常的区域，通过视频联动，实现异常状况的远程精准分析，提高大院运行保障能力和服务质量。值班人员减少了大量户外巡查时间，在特殊时期，避免了人与人接触带来的感染风险。

五、讨论与结论

福州市机关事务管理数字化转型嵌入国家数字政府建设之中。我国政府运用现代计算技术的发展过程经历了三大阶段。第一阶段是 20 世纪 70 年代后期至 2002 年，为“政府信息化”阶段。中国政府在电力、地震、气象、人口等领域开始应用计算机辅助科学计算，主要是针对计算能力的应用，还谈不上支持政府管理。第二阶段是 2002 年至 2017 年，为“电子政务”阶段。这一阶段多关注一些关系国民经济系统正常运行的重点行业管理信息化工程和政府内部基础设施建设。同时出现诸如政务微博、政务微信等一批可以承载政务信息服务的第三方平台，智慧城市等新概念纷纷涌现。2015 年，一批由国家发展改革委牵头的跨部门地方数字化试点项目在全国铺开。第三阶段始于 2018 年，开始进入“数字政府”阶段。在“数字中国”和“大数据国家战略”的总体构想下，政府各个部门开始紧锣密鼓地着手数字化改革，旨在运用大数据提升国家治理现代化水平，机关事务管理部门当然也不例外。简言之，在数字政府建设框架下开展的机关事务管理数字化转型是在技术现实和治理理论两个层面不断交织进行的迭代升级过程。一方面，紧跟科技潮流，积极吸纳最新技术创新机关事务治理手段；另一方面，始终坚持部门自身架构和职能体制优化变革的基本方向。

本章采取案例研究方法，选择福州市“数字乌山”项目作为分析对象，提出机关事务管理数字化转型的三阶段过程模型。阶段一，信息化。这是数字化转型的起点，是指将数字技术引入日常的工作模式中，干部职工养成使用数字手段辅助工作的习惯并且建立数字化管理思维。阶段二，组织适应性变革。技术应用倒逼机关事务管理部门采取相应的组织调适策略，以适应数字化工作方式，推进机关事务管理工作的高质量发展。具体路径包括组织架构调整、工作流程优化、工作标准化建设以及管理制度重塑。阶段三，数据价值再生产。该阶段强调释放政府数据潜力，实现政府决策数字化，转型主体应注重积累产生的数据并实现数据收集与分析，创造和挖掘数据价值。

本章研究的理论贡献主要有两点。其一，在现有的机关事务管理数字化转型阶段研究基础上进行了拓展，进一步明确了数字机关事务管理的内涵，指出只有充分挖掘数据价值，开发数据驱动的运行模式才能算是真正的数字化改革。同时提出机关事务管理数字化转型的三阶段过程模型。其二，是对现有数字化转型驱动因素研究的补充。已有研究基本认同数字化转型的触发因素包括数字技术创新、竞争环境改变以及消费者偏好改变，但这些因素均源于组织外部，忽视了源于组织自身的数字化动机。在“数字乌山”案例分析中发现，该项目既受到制度因素和领导重视的外部驱动力作用，也受到组织自身发展需要的内部驱动力影响。

实践案例的缺乏在一定程度上导致经验研究的缺位。中国机关事务管理数字化改革的成功案例虽然还很少，但是各地机关事务管理局的数字化尝试已经如雨后春笋般出现，相信在不久的将来会收获大量的案例研究素材。本章以期起到抛砖引玉、启迪思考的目的，对机关事务管理数字化转型的理论探索和实践创新有所益助。

（作者：龙馨怡、曾锡环）

第三章　机关事务管理运行保障能力提升的信息化对策研究

【内容提要】现代信息技术能够有效助力机关事务工作的高质量发展。本章以“贵州省机关事务云”为实践样本，分析机关事务信息化建设推进过程中暴露出的问题，并探究产生问题的深层原因。针对这些问题，本章也尝试从推进数据共享、完善顶层设计、注重人才培养、深化机构改革等方面提出推进新时代机关事务工作高质量发展的可行性建议。

一、引言

在信息技术高速发展的时代，信息化已经成为机关事务现代化改革的重要特征。利用信息化技术解决机关事务历史遗留问题和实际问题，能够有效减少人力成本，转换工作思维和工作方式，提高工作效率。2016 年 7 月 1 日，国家机关事务管理局发布了《机关事务工作“十三五”规划》，明确了机关事务改革战略布局，把信息化建设视为实现机关事务现代化的途径之一。2018 年 5 月，国家机关事务管理局又出台了《关于推进新时代机关事务工作的指导意见》，明确指出要以标准化、信息化为支撑，推进新时代机关事务高质量发展，将信息化在机关事务工作中的支撑作用提到了前所未有的高度。在政府政策的推动下，全国各地机关事务管理部门在实践中不断摸索，探索信息化建设。上海、浙江等地相当重视信息化建设，率先实行了机关大院“一张网”、“网上采购直通车建设”、办公用房公务用车网络化管理等改革举措，并取得了显而易见的实践成效。盘锦市通过制定机关事务配套性规范文件，从技术、操作层面对相关法规和规章进行细化规范，走出了“从标准化到信息化和智慧化”的成功之路。各地实践证明，通过信息化技术的应用，不仅能够促进机关后勤服务改革，而且在一定程度上有利于推动机关事务规范化发展。可以说，机关事务信息化建设是新形势新时代背景下推动机关事务治理能力现代化的有效抓手，也是推动机关事务高质量发展的强力“助推器”。

信息化作为机关事务发展战略“一体两翼”之一翼，是实现机关事务高质量的重要支撑，契合了中央实施国家大数据战略、加快建设数字中国的战略要求。机关事务管理数字化改革工作已开展多年，作为全国机关事务信息化建设专项试点的贵州省，其建设情况如何？取得了哪些成绩？有哪些不足？信息化作为机关事务管理现代化建设的主要措施之一，又如何弥补机关事务管理现代化建设的不足，推动机关事务管理现代化？本章将针对这些问题展开探讨。

二、贵州省机关事务信息化建设现状

贵州省机关事务管理局自 2014 年组建以来，坚持把信息化作为建设现代化机关的重要支撑，充分依托全省实施大数据战略行动计划和大数据资源优势，发挥网络技术乘数效应，以机关事务管理手段创新，推动机关事务治理体系和治理能力提升。机关事务信息化建设专项试点工作开展前，贵州省机关事务管理局先后建成“贵州省党政机关国有资产集中管理平台”“贵州省公务用车监督管理服务信息平台”“贵州省公共机构节能业务综合服务（SaaS）平台”等信息化平台。2019 年 3 月，国家机关事务管理局下发《关于开展机关事务信息化建设专项试点工作的通知》，确定贵州省机关事务管理局作为全国机关事务信息化建设试点单位，贵州省机关事务管理局党组坚持把开展机关事务信息化建设试点工作作为推动新时代机关事务高质量发展的重要抓手和改革破题的重要举措，紧紧依托全省大数据战略优势建设“贵州省机关事务云”，为推进全国机关事务治理体系和治理能力现代化探索路径、积累经验。

（一）“贵州省机关事务云”的建设实践

以信息化助推机关事务治理能力现代化，就是要利用信息技术等科技手段改造传统机关事务治理模式，对机关事务保障服务管理职能进行重新梳理和优化重组，构建一个“大数据 + 机关事务”的现代化治理体系。“贵州省机关事务云”的建设，着眼于解决机关事务传统信息化系统应用软件各自为战、业务协同难、基础设施兼容难及推广复制难等问题，通过“数据融合 + 业务融合”的方式，整合沉积于各业务系统中的碎片化信息资源，全景概览式展示国有资产、公车管理、机构节能、机关运行成本信息，破除机关事务“信息孤岛”，打破“数据烟囱”，提升业务办理、服务保障和信息决策智能化水平。

贵州省各市机关事务管理局将“贵州省机关事务云”建设工作作为“一把手工程”来抓，迅速组建了机关事务信息化建设工作领导小组，由贵州省机关事务管理局主要负责同志担任组长，亲自抓、亲自管，完善工作机构和机制，选派精兵强将负责信息化建设工作；制定信息化建设工作方案，明确工作目标和工作任务，压实工作责任，强力推进信息化建设综合试点工作。经过不断地探索和论证，“贵州省机关事务云”按照“立足现有、模块构建、分步推进、整体接入”的思路，遵照贵州省“一云一网一平台”总体规划，最终形成了“1+1+1+N”的总体建设思路和框架（见图 4–3），即建立 1 套“贵州省机关事务云”标准规范体系，建设 1 个机关事务大数据中心，建设 1 个“机关事务云”一体化平台，接入“智慧机关事务”大数据支撑平台和移动端应用平台、“智慧机关后勤”综合服务保障平台，以及贵州省党政机关运行成本综合分析管理平台、国有资产集中管理平台、公务用车监督管理平台、公共机构节能管理平台等 N 个机关事务业务应用系统。本节重点介绍公务用车、智慧食堂、办公用房三大重点管理系统。

首先，依托公车全省“一张网一平台”系统，整合所有公务车辆的基础数据、采购审批、用车申请、派车情况、行车轨迹等，统一形成后台数据库，完善车辆监测管理体系。其中碧江区 254 辆公务车辆均已按要求安装北斗卫星 GPS 定位系统并纳入省平台监管。利用平台实现线上用车申请、维修审批、程序流转、车辆管理部门线上反馈司机车辆安排信息，进一步提高审批效率。同时，为强化公务用车管理，平台通过后台数据对每辆车形成一车一档，2024 年以来，碧江区凭借该系统在全区范围内累计保障用车 7960 次。

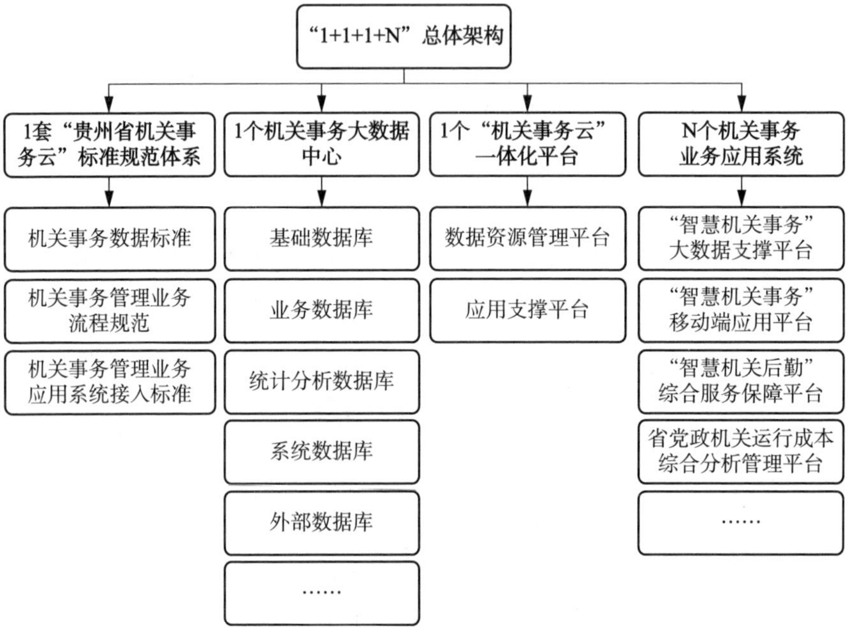

图 4-3 "贵州省机关事务云"总体架构

其次，借助"智慧食堂"管理系统，可以实现掌上银行 App 扫码支付、实时查询余额及餐费充值、监控食材采购、库存管理、餐饮服务等功能，因此机关事务管理部门不仅能准确掌握食堂菜品售卖情况、就餐人数变化、消费习惯等信息，指导后厨精准配餐、备餐，实现按需供给，又能提高消费者对食品安全和服务质量的信任度，优化食堂的品牌形象。2023 年 4 月以来，贵州省碧江区已利用该平台累计扫码用餐 11 万余人次，餐厨垃圾相较于之前下降 20%。

最后，在办公用房管理系统方面，依托"贵州省机关事务云"系统，对所有单位办公用房管理数据进行全面统计，实现办公用房管理一本账、一张图模式，对区政府机关门禁道闸系统升级改造，录入所有干部职工所在部门、姓名、人脸等基础信息，楼内上班人员只需识别人脸即可出入办公大楼，使办公用房管理精细化、规范化、标准化水平得到进一步提升。

2020 年 8 月 31 日，国家机关事务管理局微信公众号发布《国管局对贵州机关事务信息化建设专项试点工作进行评估验收》，对"贵州省机关事务云"项目建设顺利通过评估验收进行了报道。

（二）“贵州省机关事务云”的建设成果

通过建设“贵州省机关事务云”，贵州省机关事务管理局初步实现了全省各级机关事务数据和信息交互共享、互联互通，初步建立了一套机关事务信息化标准规范体系，率先打造了机关事务管理“全省一张网”，实现了系统内数据共享、态势共享、结果共享及标准化、可视化、智能化、自流程管理效能，达成了“服务更便捷、管理更精准、保障更及时、监督更有效”的目标，打造了一个“不同于传统、有别于其他地方”的机关事务治理新模式，为推动实现机关事务“全国一张网”探索了新路径、积累了新经验。

1. 实现治理能力“精准化、流程化、智能化”

“贵州省机关事务云”通过机关事务数据积累、数据互联，依靠“数据驱动业务”的技术手段改造机关事务治理体系，提升治理能力，整合优化管理流程，形成基于“数据视角”的精准化治理模式，实现机关事务从传统的传帮带“师傅式”治理向信息化治理的“革命性”转变。依托大数据中心提取系统数据，实施大数据建模分析，通过整合碎片化信息，实现全景式概览、精准画像和多维度数据分析，变传统“线下”人工管理为“线上”智能管理，管理程序简捷化、管理方式智能化、领导决策精准化。如后勤管理系统统一接入停车场、门禁、特种设备、食堂、物业管理等数据，实现集中统一管理，通过贵州省数据共享交换平台，获取跟踪市场监管特种设备维保等数据，实现智能化调度。

2. 实现保障服务“更高效、更节约、更优质”

“贵州省机关事务云”依托海量数据汇集，通过数据筛选与关联比对，驱动业务流程再造，创新服务保障模式，让“大数据 + 机关事务”在机关有序高效运转中发挥好保障服务作用，实现机关事务服务保障从传统分散式、经验式、粗放式向现代集约化、精细化、智慧化转变，推动办公用房服务保障速度更加快捷、公车与用能服务保障资源更加节约、物业服务保障质量更加优质。如食堂餐饮服务运用机关事务微信小程序，掌握食材来源和去向、视频监控、人员分布和用餐习惯及扶贫农产品等详细信息，实现智慧化服务保障。

3. 实现监督视角“全覆盖、全过程、全方位”

“贵州省机关事务云”运用大数据监管，强调实用性，以问题和需求为导向，坚持融合创新，精准掌握办公用房、公务用车、机构能耗等相关信息，织牢织密“数据铁笼”，实现办公用房超标监督对象更“全面准确”、公务用车违规使用监督过程更“完整精确”、公共机构能耗超标监督内容更“细致明确”，全面拓宽监督视角，并同步为纪检监察机关开展执纪监督提供信息化解决方案。如公车监督管理平台，通过建立用车订单与车辆管理关联机制，实时掌握车辆定位、运行状态、历史轨迹、订单情况、加油维修等数据，并根据监督需要进行比对分析，实现从订单到使用全流程精确监督。

4. 实现成果应用“大整合、大平台、广应用”

“贵州省机关事务云”基于大平台、广应用、微服务理念，对准机关事务工作的各项业务，整合各方资源，通过关联整合基础平台上的多种数据、接入贵州省“一云一网一平台”，逐步建设完善各项业务平台等基础设施，在此基础上打造信息化运行体系。从而在推进信息化建设与运用过程中，发挥系统性优势，实现平台开放，消除“数据烟囱”，推动业务系统形成有机整体。通过机关事务信息化建设、运营和维护的统筹规划，解决了信息化建设的“信息孤岛”和碎片化的局限。按照微服务标准进行建设和接入，满足差异化需求，实现应用快速迭代升级，解决了机关事务业务类型和地域差异大、需求变化快等问题，为机关事务应用体系建设实现多样化提供保障。

5. 实现试点经验“可移植、可复制、可推广”

贵州省机关事务管理信息化试点承担着为全国机关事务管理系统探索路径、积累经验的任务和使命，发挥试点工作的“乘数效应”，“贵州省机关事务云”通过快速应用迭代升级和丰富的微服务应用市场，根据需求进行模块化开发，搭建了一个各地用户直接开设资源及账号即可快速投入使用的“可移植”平台，编制了一套机关事务信息化建设流程、方法及标准“可复制”的“贵州方案”，探索了一条用户提供业务需求—主管部门购买服务—技术公司专注开发“可推广”的建设路径。

三、贵州省机关事务信息化建设存在的问题及原因分析

“贵州省机关事务云”通过利用大数据手段，较好地解决了传统信息化平台和应用软件各自为战、业务协同难、基础设施兼容难及推广复制难等问题，但机关事务信息化建设在新的发展进程中也产生了一些亟须解决的问题。

（一）贵州省机关事务信息化建设存在的问题

1. 部门数据共享存在“最后一公里”“瓶颈”

2022 年，《贵州省〈机关事务信息化工作“十四五”规划〉实施方案》指出，要持续推进“贵州省机关事务云”数据资源整合及共享开放。“贵州省机关事务云”建设过程中，为了丰富完善机关事务业务系统功能，贵州省机关事务管理局梳理出了 17 家 23 类亟待共享的外部数据。但目前仅获取到 7 家共 8 类数据，导致部分业务系统智能化辅助决策功能、自流程功能无法得到有效应用。“我们现在是推进省、市、县三级机关事务的基础数据、业务管理数据接入‘贵州省机关事务云’，但是外部数据还需要再努力申请，不然的话，很多功能开发了也没有用。”（JG–01–20221209）

2. 流程再造为机关事务标准化带来新冲击

“贵州机关事务云”的建成为机关事务的管理、服务、保障和监督提供了新的路径和方法，通过信息系统各业务板块的流程再造，实现业务办理申请方的状态关联和审批方的数据关联，快速启动办理程序，对传统业务办理方式进行了优化重组。但这一改变，也给机关事务原有业务办理程序及相关机制体制带来冲击和挑战，在调研过程中，发现相关业务在办理过程中存在职能交叉、职责不清、推诿扯皮等问题。“比如对于公车平台使用，具体由谁管理、公车哪些信息需要输入、具体数据以什么为准，这些都缺少统一标准。还有像一些涉及几个部门的业务，缺少明确的职能划分，如果产生矛盾，容易互相推诿。”（JG–03–20221209）

3. 队伍力量无法满足机关事务信息化需求

人才资源是机关事务平台运行的第一资源。机关事务信息化建设专业性

较强，需要大量信息化专业性人才参与建设及管理，高素质、专业化的人才组织结构与人才队伍建设对机关事务信息化技术水平的提升至关重要。贵州省机关事务管理局开展信息化建设专项试点工作以来，成立了 4 个业务工作专班，但是各工作专班的主要任务仍是结合业务实际提出使用需求，对于专业性较强的问题仍然依托云上贵州公司的专业技术团队解决，缺乏既熟悉业务流程又精通信息技术的信息化复合型队伍及专职部门。

4. 职能体系不一制约“一张网”管理发展

受历史因素影响，贵州省各级机关事务管理部门均只服务本级党委政府，加之机构性质、编制等因素，各部门机构职能、职责不一致，工作重点也有所侧重，导致在推进机关事务管理“全省一张网”进程中，出现职能管理缺项的情况。“目前职能划分方面还存在一些问题，比如，我了解到，铜仁市、遵义市等市级机关事务管理局设有经济发展科等，但是贵州省机关事务管理局却没有这一部门。反之，一些省、市两级有的职能职责，县区一级却不具备或不完善。”（JG–01–20221209）

（二）贵州省机关事务信息化建设存在问题的原因分析

1. 缺乏开放共享意识

通过数据共享可实现跨部门服务，而数据开放则有利于数据创新和数据价值释放。目前，贵州省机关事务管理局数据资源整合及共享开放程度不够，究其原因，部分工作人员缺乏开放共享意识，部分部门仍存在把数据等同于行政资源，把行政资源等同于行政权力的固化思维，不愿开放共享。同时，贵州省现行数据共享交换机制中，对部门核心业务数据共享要求不够具体，数据开放管理办法和实施细则建构缺失，开展具体工作时缺乏顶层指引，难以规范、高效、持续地开展平台建设和运营，导致数据部门私有化现象严重，不利于公共数据的持续开放和开发利用，部分部门业务甚至以数据“涉密”为由，不愿提供相关数据。

2. 缺乏配套体制机制

机关事务信息化建设的发展，不仅依赖于某个信息化系统是否成功建立和顺利使用，更依赖于系统应用过程中是否有完善的管理制度。正所谓“不以规矩，不能成方圆”。目前贵州省机关事务信息化工作正在探索前进，仍然缺乏完善的信息化工作机制，不仅在如何建设方面缺少宏观指导，具体实施过程也缺少操作规范，亟须从制度上对信息化发展各环节、各流程进行指导、规范和约束。

3. 缺乏专业人才队伍

“贵州省机关事务云”将涉及互联网等技术领域的核心工程交由云上贵州公司专业技术团队负责，许多技术问题均由其技术人员解决，而对于自身信息技术的人才缺少培养，也缺乏一个信息化专职工作部门。就贵州省机关事务管理工作而言，对自身急需的信息技术、土木工程、能源管理等方面的人才缺少培养计划，比如部分公共机构节能的人员不是专业人才，而是从后勤改革处当中选拔补充而来，这对于机关事务信息化建设的发展是块短板。

4. 缺乏统一职责体系

随着信息化技术的不断发展，各级机关事务管理部门对于信息化建设都有一定的共识，但是在实际操作过程中仍存在各部门机构职能、职责不一致的问题。究其原因，一是省、市、县各级机关事务管理工作侧重点及实际发展情况存在差异，部分机构所管理的业务内容不同；二是各地机关事务管理部门信息化系统没有与“贵州省机关事务云”实现职能、职责上的对号接入。所以，如何加强机关事务信息化建设的顶层设计，根据国家、省区市以及乡镇（街道）等机关部门具体实际情况，使每个层级的机关事务管理既相对独立，又相互联系，为全省机关事务“一张网”的良好协调、高效运作提供好保障是一个重要问题。

四、提升贵州省机关事务信息化建设质量的对策

（一）推进数据共享

党的十九届四中全会以来，中共中央、国务院印发《关于构建更加完善的要素市场化配置体制机制的意见》，将数据要素作为新时代五大生产要素之一。做好新时代机关事务信息化建设，必须充分挖掘数据要素的价值作用。

第一，要持续推进数据共享开放。贵州省机关事务管理局要积极推动各

级机关事务数据接入“贵州省机关事务云”。同时，加大力度申请获取机关事务业务管理工作相关的外部数据，统筹发展以机关事务内部数据为基础、外部数据为支撑、大数据技术为手段的机关事务大数据智能管理体系，推进机关事务数据资源的互联互通、共享开放和开发利用。第二，完善相关数据共享机制。各级机关事务管理部门要积极参与、推动本级政府制定，完善相关数据共享的机制，划分好各类数据共享的责任清单，探索促进机关事务公共数据开放和数据资源有效流动的管理制度。第三，提升信息数据的治理能力。加强数据资源建设应用的相关知识和技能培训，提高数据资源的建设、治理和共享意识。同时对数据资源进行全生命周期管理，整合数据采集、传输、存储、共享、开放、注销等流程环节，提供信息安全保护措施，制定相应的分级分类防护策略，形成对数据全生命周期的安全管控，建立全流程的数据安全防护体系。

（二）完善顶层设计

信息化建设的发展，顶层设计是关键，管理制度是保障。因此，做好机关事务信息化建设，要坚持问题导向和需求导向，统一规划、统一标准、统一制度，不断优化顶层设计，建立科学完善的管理制度。

一方面，需要领导高位推动。负责人L主任曾感慨：“火车跑得快，全靠车头带。‘贵州省机关事务云’发展得这么好，离不开领导的高度重视，领导重视是核心也是关键。”（JG–01–20221209）贵州省机关事务管理局需进一步完善领导责任体系，明晰责任分工，立足于深化落实机关事务“一体两翼”发展战略，推动信息化建设决策部署契合省内发展战略和行业发展方向。同时，各部门需要通力协作，推动管理理念的改革，强化自身管理，在强调信息化重要性的同时，制定好明确的发展路径，齐心合力，共同将项目完成好。

另一方面，完善“两化”工作机制。结合《机关事务信息化工作“十四五”规划》和《贵州省机关事务信息化工作“十四五”规划实施方案》的要求，贵州省机关事务管理局应进一步完善省、市、县各级机关事务信息化工作机制，制定统一的机关事务数据、业务应用系统及信息化建设业务流程等标准规范，推动标准化、信息化深度融合，全面提升信息化在机关事务治理体系和治理能力现代化进程中的效能效用。

（三）注重人才培养

人是生产力的第一要素，技术的创新与应用更是离不开人，因此，实现机关事务信息化，推动机关事务工作高质量发展，离不开一支懂管理、懂业务、懂技术的高素质专业化人才队伍。

一方面，在机关事务管理部门成立信息化建设专职机构，确保信息化建设有抓手。全面统筹、协调各相关部门按照《机关事务信息化工作“十四五”规划》进行信息化建设和使用信息资源，全面领导和决策机关事务信息化建设，制定机关事务信息化建设的战略方针和总体规划，把握信息化建设发展方向，按照信息化建设进程优化整合信息管理流程和运行服务流程。

另一方面，加强专业人才的引进及人才队伍的培训。拓宽人才引进渠道，通过人才引进、考试录用、专职招聘等方式广泛吸纳计算机、信息技术、软件管理开发以及大数据挖掘等方面的专业型人才，做好信息化建设人才储备。“技术问题我们基本是靠云上贵州公司那边给我们解决，现在很缺专业对口的技术人才。”（JG–02–20221209）同时，要充分保障信息化建设工作经费，加大对专业型人才的培养，加强在职人员信息化业务能力的培训，锤炼职工信息化专业思维、专业素养和专业能力。通过定期培训，讲授信息化理论知识，并对系统操作后台、各业务管理平台进行详细操作培训，以便在系统使用和维护过程中出现小状况时可以自行解决，而不是过度依赖外包信息公司。通过项目式、培训式、基地式等多种方式，充分发挥高等院校、科研机构、智库的研究能力，提升组织机构人员的信息化业务技术水平与操作能力，打造信息化技术与管理的复合型人才队伍。

（四）深化机构改革

机关事务管理现代化要求治理的民主性、规范性和整体效率，而多头治理和治理的碎片化不利于监督以实现民主治理和高效廉洁的政府。西方发达国家针对公共治理的碎片化，提出了整体性治理。整体性治理强调网络关系、多元伙伴关系、整合各方资源，协调各个部门，以实现政府组织的最终目标。做好机关事务信息化建设，需要运用到整体性治理，以职能一体化改革助推管理“一张网”。

首先，贵州省机关事务管理局需要明确职能划分。职能划分不明确是机关事务多头管理的原因，只有清晰划分机关事务管理局和其他部门之间的职能界限，明确机关事务管理部门该管哪些，不该管哪些，才能解决多头管理问题。其次，明确机关事务管理部门的机构性质，统一身份，统一职能，推动省局与市州及以下机关事务管理部门在职能职责上的相对统一。再次，着力构建全省“大机关事务”工作格局，推进各地机关事务管理部门信息化系统与“贵州省机关事务云”实现职能职责上的对号接入。最后，建立合作伙伴关系与协同制度，包括机关事务管理部门与其他党政机关之间的协调制度，与多元市场服务供给者之间的协同关系以及与人民群众之间的协同关系，为全省机关事务“一张网”管理、助推治理体系和治理能力现代化提供好工作保障。

（五）优化“贵州模式”

“贵州省机关事务云”项目建设充分依托了贵州省大数据局统管、云上贵州公司统建的机制优势，持续集中优势资源提供数据网络、云资源等基础服务，推动不同资源实现统一共享，形成了一套较为成熟的经验。

第一，为了进一步优化机关事务信息化建设的“贵州模式”，为信息化试点经验复制推广提供支撑，建议充分利用贵州大数据政策与资源高度集聚优势，在贵州选址建立全国机关事务大数据中心。集中对全国机关事务数据资源进行集中管理，为实现各地机关事务业务系统数据的交汇共享和各地机关事务部门间数据的互联互通奠定基础。第二，持续推进“贵州省机关事务云”升级迭代。积极推进对“贵州省机关事务云”一体化平台、大数据中心及省级机关事务核心业务管理子系统的迭代升级。加强“贵州省机关事务云”及各业务系统的开放使用力度，推动机关事务业务管理工作由线下转为线上，用信息化手段助推机关事务提升治理能力现代化水平。第三，将“贵州省机关事务云”打造成数据产品。“贵州省机关事务云”通过统一机构、统一用户、统一权限，具备可移植、可复制、可推广的条件，为机关事务实现“一张网”管理提供了可能。各地机关事务管理部门均可购买数据产品，而且购买相关服务即可进行复制推广与应用，无须再解决单独购买部署服务器、建立独立机房、接入网络和负责安全防护等问题，最大限度地节约了建设成本，提高了机关事务管理部门信息化建设工作效能，并为逐步实现机关事务管理“全国一张网”提供支撑。

五、小结

提升机关事务治理体系和治理能力现代化水平，信息化手段是重要支撑，更是不可或缺的重要一环。面对新时代机关事务改革创新及高质量发展之路，加强机关事务信息化建设，改变传统服务保障模式，实现机关运行保障数字化、智能化，机关事务管理部门任重道远。“贵州省机关事务云”建设抓住大数据时代发展的机遇，推动机关事务数据“聚、通、用”深度融合发展，全力推进机关事务创新治理模式、重塑治理方式和重构治理体系，形成了颇具贵州特色和亮点的经验和成果。本章详细研究分析了“贵州省机关事务云”的建设思路及建设成果，发现其存在一些短板，如数据资源的整合程度有待提高、技术人才不足、体制机制尚待完善等。针对这些不足，本章也给出了相应的对策建议，主要从推进数据共享、完善顶层设计、注重人才培养、深化机构改革、优化“贵州模式”等方面着手努力，以期对贵州省机关事务信息化的建设提供一些有益的参考和借鉴。

（作者：黄嘉嘉、曾锡环）

【注】本章删去原文《访谈提纲》与《访谈对象》两个附录，引用的访谈内容来自这两个附录。

第五篇

融合视阈下的机关运行保障管理研究

第一章 “两化融合”赋能机关事务管理现代化的实践探索

【内容提要】机关事务管理制度的完善是国家治理体系的一项重要内容，而机关事务标准化、信息化是国家机关事务管理的重要组成部分，是提高政府运行保障能力的重要举措。本章以Z省N市机关事务“两化融合”的实践为样本，分析其“两化融合”建设经验及存在问题，提出政府机关事务管理现代化过程中的标准化、信息化深度融合的对策建议。

一、机关事务“两化融合”的背景

机关事务工作的核心是服务保障政府有效运行，是政府机构有效运转并提供高效服务的基础保障，其治理效能直接关系着政府效能的整体提升。国家机关事务管理局颁布了《机关事务工作“十四五”规划》，在新发展阶段下提出了“加强机关事务管理，规范机关事务工作，保障机关高效运行”的高质量发展要求。然而，我国机关事务管理普遍存在管理标准不统一、信息壁垒林立、数据处理能力不高等现象，影响整个政府内部的运转效率和效果。针对机关事务存在的问题，应通过标准化和信息化相互融合的手段，以实现机关事务管理工作决策科学化、运行高效化、管理精细化的发展目标。

所谓机关事务“两化融合”，是指通过标准化对机关事务职能职责、办事流程、服务要求等内容进行全面梳理和优化设计，规范工作过程及准则，并以信息化的方式加固标准化研究成果、推动标准贯彻落地、提升服务保障效益。在机关事务管理实践中推动信息化和标准化融合，是一项既重要又具有现实需求的实践工作。

（一）机关事务标准化的现实困境

机关事务标准化是打造规范运用机关、提高机关事务工作质量的重要路径，通过制定实施科学性、技术性的规范性文件，以集中统一管理的尺度标准指导机关事务，以规范管理流程，调节保障资源。当前，机关事务标准化建设的困境主要集中在以下三个方面。

一是完整、高质量的标准体系构建较为落后。由于对机关事务重视程度不足，国家和地方的标准化建设仍处于滞后阶段，监督考核标准仍有缺口，数量不足，满足不了社会化发展中出现的新问题，这导致机关事务运行混乱、多头管理问题层出不穷。其中，解决应激性问题的标准数量也未达到实际工作需求，例如在新冠疫情防控期间，后勤应急保障职能的重要性凸显出来，面对此类突发公共事件时，集中办公区、住宅区缺乏全面细致的应急预案类标准，突发公共事件处理的标准化体系尚不成熟完善。此外，标准化和业务工作未完全深度融合。标准化理念还未融入机关后勤服务保障工作各个方面、各个环节中，工作人员忙于应付日常工作，认为标准的条条框框束缚了手脚，严重影响服务保障质量的进一步提高。

二是标准差异化、碎片化问题明显。机关事务管理涉及领域多，标准化领域中既有国家标准作为强制性标准作为前提，也有地方标准作为推荐性标准，还有行业标准和团体标准推进规范运行，这 4 类标准体系尚未形成有效衔接，难以达成整理性治理所需的标准化目标，标准之间的体系化问题也比较突出，标准的差异化、碎片化问题最为明显。在机关后勤服务的基础领域，以物业管理为例，普遍的情况是：因标准化体系不健全，有的地市集中办公区实施统一管理，但集中区外各单位自行管理或自行购买物业服务，导致物业管理和服务水平参差不齐。地方标准和行业标准也存在衔接不畅的问题。许多地方在制定后勤服务标准时，更多地考虑过去的做法。制定标准的主要依据是看是否符合当地实际，这就造成了地方标准与行业标准的冲突。

三是机关事务标准化难以有效落地。目前我国在标准化工作方案落实过程中缺乏顶层设计和全面规划，缺乏对标准化工作监督评估体系的设计，标准实施管理配套措施欠缺。服务保障标准化落实到机关事务管理部门时，存在一定程度的职能定位模糊、组织建设不完善、编制标准时缺乏专项调研和专家论证、职能配置不统一等问题。在人员配备上，专业力量不足。省市县在标准化专业机构、高校、标准化相关部门方面的合作力量不足，在标准化的程序、体例等方面缺乏专业指导，而现有内部工作人员的业务素质和知识水平不一，年龄结构有待优化，标准化专业人才缺口较大，部分标准化工作实施由单位内部行政人员兼任，力不从心。在专项经费保障上存在缺口，建设后劲不足。部分机关后勤部门和一些相关的政府职能部门，对于经费等管理标准尚未明确责任归口，导致标准制定主体争论不一，不利于机关后勤标准化的整体实施和协同推进。

（二）机关事务信息化的现实困境

当前，机关事务信息化建设在如火如荼地开展，“数字化转型”嵌入机关事务管理，在实践层面仍有诸多困境，具体来说，主要表现为以下三点。

一是业务信息交互不足。全国各地机关事务管理部门在机关智慧后勤建设上投入了不少的人力、物力、财力，从各自的实际出发，开发建设了机关智慧后勤平台和各种应用软件，但是这些平台和软件的开发应用大都各自为政，存在互联互通难、信息共享难、业务协同难、推广复制难等诸多问题。虽然国家研究制定了《智慧后勤建设方案》，提出机关事务平台建设的总体框架和相关应用系统的开发建设设想，但是由于开发成本高，可供借鉴的成功案例不多。长期以来，政务数据一直被视为内部资产，在一定范围内仍存在资源部门化现象，有的政府部门人员甚至把拥有和使用数据定义为一种“权力”，导致很多数据资源未被及时有效地开发利用。此外，不同平台共享的数据分散，难以整合，甚至给政府部门带来了开放共享后数据丢失和数据流通隐患等一系列问题。可以说，当前的信息化建设呈现碎片化态势，业务系统分立、割裂，不同部门对信息数据的挖掘和使用的标准各异，导致冗余、无用数据堆砌，难以实现跨部门的数据共享。

二是信息技术使用率不高。在实践中，部分地区的机关事务信息化建设脱离实际需求，机关单位重投入而轻实效，最终导致空有技术而忽视应用的“技术悬浮”问题，未能发挥信息技术的全部作用，机关运行保障的实际效能没有得到提升。主要表现在以下两个方面：一是政府网站的信息准确性低。政府网站是政务信息公开的权威代表，然而一些基层政府的网站存在信息更新慢、不准确等问题，导致网站的应有功能没有得到充分发挥。二是政务相关 App 的信息服务功能欠缺，并且个别部门忽视了政务 App 的核心功能——

政务服务。2020 年，四川省一体化政务服务平台客户端“天府通办”正式上线，其与国家政务服务平台对接并同步信息，本意是让民众少跑路，但是 App 界面设置复杂，用户体验感不佳，平台覆盖率不够，技术服务成熟度不够，信息技术支撑有待加强，政务办理出现程序复杂、流程不清晰、平台不稳定、办理不及时等问题。

三是数据收集汇总后缺乏有效的分析、处理和应用，尚不能发挥应有的决策辅助作用。首先是“看不清”：有办件数据，但缺少业务场景，难以把握问题症结。大部分机关信息化转型的改革举措仅仅是办件数据的汇总统计，不能将数据按照预约、受理、评价等流程串联起来，不能按层级、区域、事项等进行分类，对数据出现“异常”无法解释。其次是“说不透”：有数据统计，但缺少主题分析，不能从管理角度来分析政务服务业务办理重点和难点，更不能分析业务存在的痛点和堵点，未能提供决策辅助。如数据体现个别大厅排队时间很长，但不能判别具体原因，分不清是办事人太多、开设窗口太少、窗口人员工作效率低还是业务太复杂所导致的。这样的分析“只知其然不知其所以然”，数据无法反哺业务优化，无法实时跟进问题响应和解决情况。

随着机关事务管理的现代化发展，对相关业务的标准化、信息化要求越来越高，需要对当前职责分配、数据共享、业务流程等内容进行及时的规范重塑。如果无法突破机关事务改革面临的困境，标准化、信息化就只能以浅层的效率提升呈现，难以实现本质上的变革。

（三）机关事务“两化融合”的现实价值

所谓“两化融合”，是指“标准的信息化、信息的标准化”，通过标准化对机关事务职能职责、办事流程、服务要求等内容进行全面梳理和优化设计，规范工作过程及准则；以信息化的方式固化标准化研究成果、推动标准贯彻落地、提升服务保障效益。[①]在数字时代的背景下，数字政府建设将信息技术嵌入机关事务工作中，成为机关事务管理现代化的新方向，而标准体系构建作为数字政府运作的底层逻辑，是数字政府建设实现数据融合、业务融合与

---

① 丁婵，杨玲，唐海辉. 机关事务标准化信息化“两化融合”发展现状及方法路径研究［J］. 中国标准化，2022（12）：11–15.

系统联通的重要基础，两者在推动机关事务管理高速发展的过程中互为支撑、高度一致且不可分割。

一方面，信息化可以成为标准化建设的“加速器”，实现标准信息化。通过加强标准化、信息化融合探索，注重统筹谋划、资源整合，借助信息化平台的有效运转实时掌握、统计分析机关事务管理过程中产生的数据，能够为标准制定提供有力的科学依据和数据支撑，并监督反馈标准执行情况，推动标准研究制定、推广实施、成效评估、修订完善等全流程的加速运转。特别是结合信息化手段对标准化成果进行“数据化”管控，对标准化成效进行综合评估、优化完善，让标准更具信息化优势和特点，促进标准更好落地、更好实施，增强标准的生命力，产生了 1+1>2 的效果。

另一方面，标准化是信息化建设的“固化剂”，实现信息标准化。运用标准化规范、统一信息化建设，将标准化思维贯穿信息平台设计建设运行全过程，通过标准化的理论、思路和方法对机关事务管理工作进行梳理和流程再造，从总体目标、建设模式、功能模块、标准要求、运行维护、数据共享六个方面在一定范围内作出统一规划，同时通过标准化将信息化经验复制推广，能够实现区域“一张网”，规范机关事务基础数据、调度流程、费用录入等内容，确保各级行政事业单位明确掌握相关信息化平台使用管理标准要求、方法流程，规范数据对接共享交换，确保不同层级系统有序衔接，不同类别数据共享，打破“信息孤岛”，破解体制机制障碍，解决了信息化建设中系统难协同、事项难统一、保障难支撑等问题，从而构建起“大后勤、大服务、大保障”工作格局。

标准化、信息化的互嵌体现了机关事务发展对效率的追求，将标准化、信息化作为支撑点，有效地将各项后勤工作与信息管理结合起来，机关事务管理从传统的粗放式、分散式、经验式保障向精细化、集约化、科学化保障转变。“两化融合”是新时代组织治理的重要创新方向，也是机关事务治理体系和治理能力现代化的重要突破口。

二、机关事务“两化融合”路径的逻辑框架

机关事务“两化融合”是一个全方位的系统性工程，是将标准化和信息化融入机关事务管理的全生命周期，通过二者的深度融合，建立以标准为依

托的、覆盖全业务全流程的机关事务通用信息化体系，最终实现具体业务进行优化重组和流程再造。本章在综合机关事务标准化及信息化相关研究的基础上，提出了机关事务“两化融合”改革框架（见图 5-1），作为开展案例分析的理论框架。机关事务“两化融合”可以分为三步：第一步、第二步为标准化和信息化两条生命线的发展，第三步为二者的嵌入融合，融合的最终结果是数字化应用水平的提升。

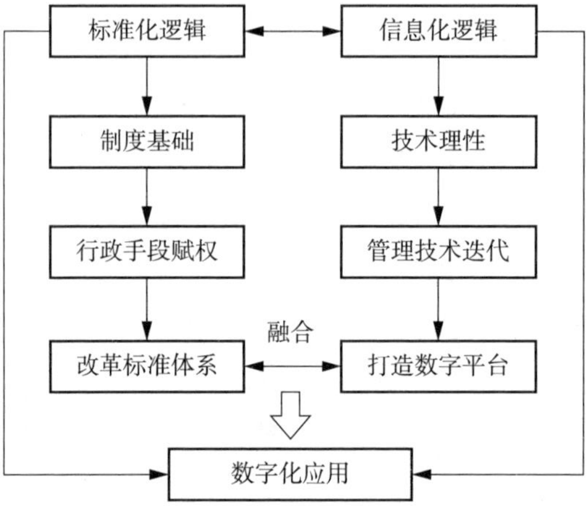

图 5-1 机关事务“两化融合”改革框架

（一）标准化逻辑

机关事务标准化过程作为“两化融合”的制度基础，一切信息化手段都需要标准的思维和技术，在标准构建的基础上实现。作为机关事务管理“一体两翼”的重要内容之一，标准化建设是指通过对资产和经费管理、会议接待、餐饮服务等业务实践经验的总结归纳、筛选，就现有的或潜在的问题制定共同的、可重复使用的规则，最终形成规模化、经验可复制的标准体系。完整的机关事务标准化建设流程包括标准的“立项—编制—批准—发布—实施—评价—改进—复审”完整环节，形式上具有多样性、建设中具有严格性。标准化的变革通常是由行政内部自上而下的力量推动的，机关内部上级任命成立工作小组承担标准化的推进工作，以实现标准体系的优化和重塑为最终目标。在标准化建设当中，机关事务信息化标准与机关事务信息化建设密切相关，具体包括公务用车、办公用房、一体化管理平台等机关事务信息化管理运行规范、数据管理规范。标准化蕴含的科学管理思想通过提供必要的技术手段和工具承接信息化建设，进而有效提升机关事务科学管理水平。

（二）信息化逻辑

机关事务信息化是依托大数据赋能，通过将新兴信息技术运用于机关事务管理领域，借助技术工具实现数据信息的打通与共享，逐一建设办公用房、公务用车、公共机构节能、机关运行成本等业务模块并对业务数据进行分析应用，再将各模块集成至数据管理支撑平台，从而有效简化流程、提升效率的过程。在信息化过程中，互联网、大数据、云计算、人工智能等数字化新兴技术手段的嵌入促成了机关事务管理技术的迭代，而数字化平台的搭建和业务系统建设成为信息化建设的工作重心。信息化的根本目标是以技术理性促进政府运行保障的智慧化升级和数字化转型，通过平台驱动、强化应用系统来提升智慧化保障水平和数字化治理能力，实现机关事务管理服务模式从传统粗放式、经验式向现代集约化、精细化、智慧化转变。“两化融合”应以机关事务信息化标准建设为切入点，以开发数字化应用为核心，探索实现信息内容、技术应用、平台终端、管理手段互融共融互通的具体路径。

（三）“两化融合”建设逻辑

机关事务“两化融合”建设需要在标准化、信息化建设的基础上，历经思维、技术、实施阶段的融合。思维上的融合是指应围绕“两化”共同的目标和需求，构建“两化融合”顶层思维，形成“两化融合”整体规划文件，以文件形式明确并规范融合指标体系构建。

“两化”在技术上的融合指完成“两化融合”的技术准备，是最重要的融合阶段。在技术融合阶段，首先要全面梳理机关事务管理各项业务工作程序，优化机关事务管理服务流程，从而厘清机关事务信息化标准内容，并进一步在管理类、服务类、流程类等标准内容中融入定量指标，将事项中定性的内容通过标准固化成可信息化操作的评估指标，构建信息化标准体系。其次，要以编制的各项标准为基础，完善机关事务管理信息系统建设，建立起标准制定和系统建设的良性互动机制，为后期实践应用的开发打下基础。

在具体的实施阶段，“两化”表现为行动上的融合。应统筹地区机关事务工作需求，打造数字化应用系统，以操作性与实用性为追求，深化数据创新应用，将数字赋能与机关事务牢牢绑定，实现智慧机关事务的转型升级。此阶段应充分依托标准化基础，避免造成系统设置与实际业务流程不符等问题，并在实践中逐步完成信息系统的功能检测，不断进行优化升级。此外，标准化建设需要以信息化实践来验证标准的科学性、合理性和可操作性，应在数字化实践应用的基础上检验及优化标准化建设的指标设置，完成标准化建设的流程闭环，进一步推进标准运用和效能建设。

从机关事务内在运行规律来看，标准化、信息化都是对具体业务进行优化重组和流程再造，在业务调研、需求分析、设计优化等进程上大致重合，在工作推进阶段上深度契合，具备融合发展的内在业务基础。机关事务标准化和信息化建设不可分割，没有标准化就没有规范化，标准化能够为机关事务管理提供精确计量、规范约束和目标引导；没有信息化就没有现代化，信息化能够为机关事务管理提供高度集成、自动控制、科学预测和智能决策。因此，只有把握二者建设的并行逻辑，才能把握机关事务“两化融合”的内在规律。

三、案例分析：机关事务“两化融合”的现实路径

本节内容将以Z省N市的机关事务“两化融合”建设为案例，分析该地区的机关事务运作模式，系统梳理Z省N市机关事务标准化、信息化建设的基本路径，深入剖析机关事务“两化融合”建设的内在逻辑，并提出机关事务高质量发展体制机制建设、有效推进机关事务治理体系和治理能力的现代化的政策建议。

Z省N市被国家机关事务管理局列为全国机关事务标准化、信息化建设的试点单位之一，并以此为契机，在全面推进机关事务建设中取得了较好成效，为推进机关事务治理体系和治理能力现代化积累了经验、探索了路径。作为机关事务“两化融合”的最初一批试点，Z省N市秉持“标准化建设依托信息化技术、信息化技术应用以标准化建设为前提”，谋划独具特色的“标准化+信息化”相互促进、融合发展的建设路径，在机关事务管理机制、管理内容及管理流程等方面进行系统研究，探索实现“两化融合”发展的实践途径和方法，制定具有前瞻性、创新性、引导性的标准化和信息化融合发展战略，在标准化和信息化“两化联动”上持续发力，为打造“智慧机关事务”作出

积极探索，迄今为止已然在机关事务“两化融合”领域积累了宝贵的实践经验。

（一）顶层设计推动优质标准体系建设

2017 年，在国家推动“放管服”改革向纵深发展的契机下，Z 省以“最多跑一次”改革为关键节点，通过摆脱原来路径依赖的惯性进行“自我革命”，推动数字政府建设的全面发展。Z 省机关事务管理局同样以此为契机，采取相应的改革措施，以顺应“政府数字化转型”的浪潮。Z 省机关事务管理局按照国家机关事务管理局数字机关事务建设的要求和 Z 省数字化改革的总体部署，紧扣机关事务工作高质量发展总目标，着力推进机关事务数字化改革，开启了运用机关事务“两化融合”的思维系统重塑机关运行保障模式、通过数字赋能提高服务效能的深刻实践。

在数字机关改革中，标准化具有基础性及战略性作用，Z 省深刻把握这一特征，做好每一项标准的制定和管理工作，将标准化理论、原则贯穿于管理服务的全流程。在标准制定方面，Z 省在《政府数字化转型工作指南》中明确了推进政府数字化转型的理论框架、实施路径和工具方法，并且制定了标准化工作绩效评价体系。为了有效推进 N 市机关事务标准化的建设，N 市由分管市领导任组长，成立了统一管理、分工负责、高效运行、协同推进的“智慧机关事务建设”标准化试点工作领导小组，承担“标准化 + 机关事务”建设的具体事务，印发试点实施方案，确立了 N 市机关事务建设的顶层框架。2019 年 3 月，Z 省颁布了《机关事务标准化工作指南》，从此 Z 省的标准化建设以此为蓝本，根据“统一规划、统一建设、统一运营”的指导方针，大力推进机关事务数据标准建设。

机关事务标准化是实行信息化的重要基础。“智慧机关事务建设”涉及不同类型的硬件设施设备，由于各类硬件设施设备实际情况复杂、标准不一，在推广建设中难免遇到困难。针对这一难题，Z 省根据机关事务建设的内容、数据来源和业务共性，对核心业务进行了全方位梳理，梳理出 11 大核心业务模块、36 项一级子模块、46 项二级子模块，共 81 项核心业务流程。N 市在省域梳理的基础之上，确定了机关事务基础数据字段标准和业务数据标准，规范和统一字段类型、字段内容、字段精度、更新间隔等，夯实了机关事务各信息系统运行统一的数据标准基础，完成了机关事务信息化接口标准建设，成功实现数据交互。并且针对硬件设备属性参数不一致、主流硬件商无法顺畅对接“机关事务通”的问题，N 市自主开发了“智慧机关事务管理与服务平台”接口标准，通过标准化有效解决硬件设施难题，提升平台建设的可复制性、可联通性。

根据机关事务信息化的建设要求，N 市以业务需求为导向，重塑了业务工作流程，在“最多跑一次”事项办理、车辆管理、办公用房管理、报修、节能管理、餐饮会务、物资采购等方面的标准化建设取得了一定成效，促进机关事务领域标准层级提升，形成了以省级基本体系为引领、以区域专项标准为支撑的体系结构，做到了“有标可依”“有标可贯”。经过数年的改革，N 市通过公共服务、数据管理、协调机制等方面的标准化，构建了因地制宜、可持续发展的标准化体系，为机关事务管理提供了规则依据。通过标准化路径，Z 省为下一步机关事务“两化融合”的建设打下了坚实基础。

（二）技术赋能搭建“两化”深度融合平台

机关事务信息化建设是机关事务标准化有效应用的创新载体，是标准化建设的重要手段，也是提升政府效能的必然选择。针对机关事务数字化改革的总体要求，Z 省坚持标准化和信息化建设一体化的发展方向，陆续颁布了机关事务工作“十四五”规划以及《数字机关事务建设指南》，详细规定了数字机关事务建设的总则、总体架构、系统应用、运行与保障、评价与改进等内容，在标准化建设的基础上着力推进机关事务信息化平台建设，通过数字赋能提高政府运行保障效能。

在顶层设计的宏观指导下，Z 省机关事务管理局以标准化为基础、以信息技术为抓手促进“两化联动”，着力以数字化平台建设为阶段目标，搭建“两化”深度融合平台。Z 省依靠数字化思维认识、分析、处理机关事务领域的新情况和新问题，在认真梳理业务事项、再造工作流程、优化办事环节基础上，面向全国遴选各业务领域先进的系统开发团队，最终会同中国标准化研究院、Z 省计量科学研究院等单位达成合作，在标准体系中单独设立了机关运行保障数字化综合平台子体系，通过数字化、结构化、可视化的形式，对信息化项目的建设范围、管理模式、评价体系等内容设定标准，梳理出可操作的细则，并将相关标准流程简化、量化、固化在业务系统中，通过机关运行保障数字化综合平台的建设，为机关事务“两化”深度融合搭建平台。

首先，Z省机关事务管理局通过整合共享数据资源，建设了省级的智慧机关事务大数据管理平台，开发了智慧管理、智慧服务、智慧地市、数据仓库、智能分析、网络安全六大功能板块，实现数据及相关系统的互联互通。在数据互通的基础上，Z省机关事务管理局建成办公用房、公务用车、公共机构节能、公积金管理、政府采购管理、学前教育管理等信息系统，基本覆盖各项管理内容。

其次，N市机关事务管理局在Z省大数据管理平台建设的基础上，通过摸清各地各单位的建设现状和实际需求，持续整合优化资源，不断提升资源配置效率。针对原有数据散落在各业务系统、不联通、不共享、更新不及时的情况，N市将全局数据整合成服务资源数据库和服务对象数据库两类，同时由数据管理部门统一对外获取数据、动态更新并反馈到各业务系统，从而建立起标准统一、集中管理的中心数据库，为机关事务决策提供智能分析与支持。在建立数据库、统一管理数据资源的基础上，N市较早在全国范围内打造了“机关事务通”App，积极探索N市办公用房、公务用车、国有资产、政府采购和后勤管理“全市一张网”的机关事务，接入市级统一平台和统一App应用，按照不同权限划分实现内部功能模块独立运行管理和数据共享，逐步完成区县（市）的平台推广工作，初步实现了N市内机关事务业务数据互联互通，在全国范围内较早建成了“智慧机关事务管理与服务一体化平台”，实现标准化与信息化的首次融合。

Z省N市的智慧机关事务建设过程充分体现了“两化融合”的内在价值。N市以标准化为基本保障，解决“信息孤岛”“数据烟囱”等数据标准不规范、不统一的问题，通过制定完善信息化标准体系，打通数据资源自由流动的堵点，充分发挥了标准化对信息化的引领作用。N市的机关事务信息化改革以标准化为基础，利用标准化将数据、算力、算法等信息资源整合为一体化平台，深化业务协同和资源共享，从而推动机关事务数字化、智能化转型，为接下来的应用阶段打下良好基础。

Z省N市机关事务中心数据库架构设计如图5-2所示。

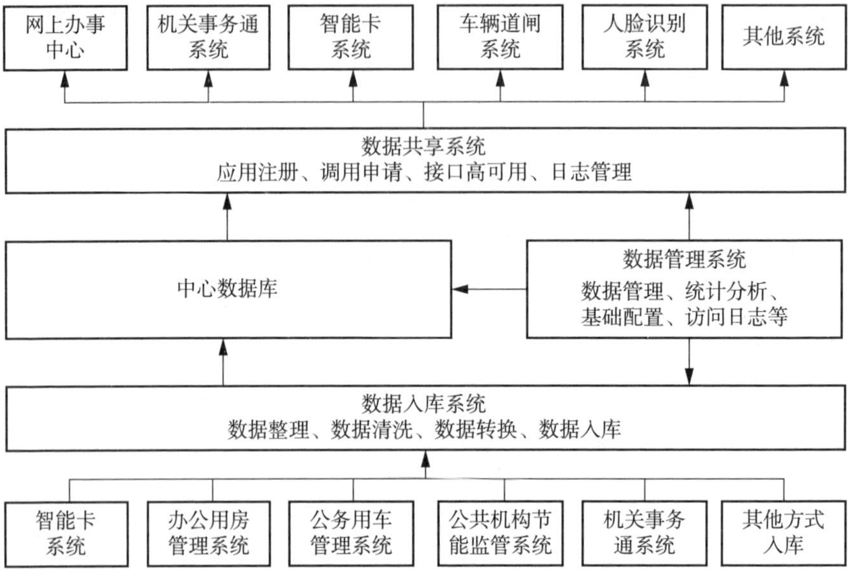

图 5-2　Z 省 N 市机关事务中心数据库架构设计

（三）创新应用深化“两化融合”成果落地

机关事务管理改革需经由理论研究，然后经过实践印证，最后实现普及应用方能完成。“两化融合”实践成果的应用既是检验融合实效的必要手段，也是立足新发展阶段、实现机关事务高质量发展及转型升级的有机组成部分。

首先，N 市机关事务管理在“两化融合”建设的基础上运用大数据赋能，用数据支撑智慧化服务，深化实践运用创新，有效地促进了管理水平的提升。N 市智慧机关事务建设专项试点着眼于后勤服务保障智慧化领域的先行先试，建成并上线运行了“机关事务网上办事中心”，推广自主开发的“机关事务通”App，已向交通运输部、市场监管总局等部委和多个地方机关事务管理局提供 App 复制版本。在统一数字平台、实现数据资源互联互通的基础上，N 市与清华大学长三角研究院等机构开展合作，不断摸索数字技术服务政府治理的具体路径，在资产管理、政府采购等业务领域率先探索区块链技术的综合运用，并且利用大数据手段辅助科学决策、实现精准治理。比如在制止餐饮浪费行动中，N 市依托中心数据库的数据积累，在对干部职工就餐偏好进行数据分析的基础上，制定了针对性更强的举措，厨余垃圾浪费同比减少 15% 以上，有效地提升了科学管理水平。

其次，N 市不断开展数字化应用服务机关单位人员的创新实践，强化政府运行保障能力，通过打造更加丰富、功能更加齐全的应用软件，持续拓展线上与线下相结合的干部职工服务保障新模式，为机关单位职工提供更为便利的生活服务。N 市机关事务管理局全面部署各业务系统建设，积极完善机关事务管理与服务平台的功能，从以服务保障为主，转向管理与服务保障职能的全面实现。其打造的“智慧机关事务管理与服务一体化平台”，开发了人员车辆进出掌上预约、报修以及办公物资调配等功能，重点针对房产管理、公车管理、服务事项审批等方面完善管理职能，平台简便、易操作，极大地便利了干部群众办公办事。除了一体化平台之外，N 市重点依托“机关事务通”App，适时推进会务管理、干部职工网上商城等板块建设，设立面点预订、网上生鲜、超市购物、扶贫专区等板块，其中网上购物可通过在线预订，第二天凭订单分时定点取货，操作便捷且效率极高，让干部职工在机关事务数字化建设进程中切实提升体验感、获得感。

最后，N 市在创新应用的基础上，强化落实服务型政府建设要求，着重提高管理服务水平，依托“两化融合”建设基础完善便民利民服务应用。N 市按照“最多跑一次”改革的要求，全面梳理部门间机关事务办事事项，编制最小颗粒化办事指南、优化办事流程，从而实现全市业务共享数据对接，实现档案电子化、全流程可见、部门间数据互联互通。基于此，N 市依托“互联网 + 大数据技术”，建立建成了多个系统整合、一个入口登录的网上集中办事一站式平台——“机关事务网上办事中心”，将证明材料电子化，实现办公用房、周转住房申请、公车购置审批、卡证办理等 15 项机关事务办事事项在线一键式办理，成功简化了资料提交和办理环节，形成了机关事务部门“最多跑一次”改革的工作新机制。在该项改革之后，部门间机关事务业务办理完全实现“最多跑一次”，实现“零次跑”的比例达到 93%，文件会签少于 3 个工作日，所需材料精简 50%，办理时间压减 60%，部门间办理机关事务的便捷度和体验感大大提升，有效地提升了群众满意度。

经过机关事务“两化融合”建设的“三步走”战略，Z 省 N 市最终实现了机关事务从“两化融合”基础设施建设到数字应用实践结果的转化，不断深化政府运行保障体系变革，推动政府治理流程再造及模式优化，实现服务效率的提升。

四、结论与讨论

数字智能符合时代的发展大势，对政府运行的支撑系统进行数字化智能化升级，是转变政府职能、重构工作流程、创新体制机制的必要支撑，是推进机关事务高质量发展的重要力量。机关事务标准化、信息化建设是机关事务领域实现数字化改革、迈向智慧机关的必要途径，因而是构建机关事务发展新格局、实现机关事务治理体系和治理能力现代化的必然选择。

当前，机关事务领域聚焦于标准化、信息化建设，标准化、信息化作为机关事务建设的“两翼”，已经逐步进入整个机关事务管理的视野范围，并呈现出良好的发展态势。本章聚焦于机关事务“两化融合”这一研究对象，选取Z省N市的机关事务建设实践案例，探讨机关事务“两化融合”的具体路径。Z省N市深刻把握了机关事务内在运行规律，遵循机关事务运行规律，结合工作实际和发展需求，将改革标准体系的标准化逻辑与打造数字化平台的信息化逻辑相结合，着力推进标准化、信息化“两化融合”，坚持以“两化融合”赋能机关事务管理，实现机关事务数字化应用的创新发展，持续增强机关事务管理的动力与活力。

本章在Z省N市实践研究的基础上，进一步讨论机关事务“两化融合”未来的发展方向。一方面，标准化建设的关键在落实，而信息化是检验标准化建设的关键步骤。未来机关事务建设应充分利用现有信息化资源，以信息化应用检验标准的科学性、合理性。具体而言，应在实践中将标准的具体细则落到实处，并通过大数据、云计算等现代信息技术，将落实情况通过信息化平台上传至电脑终端，根据系统提前设定的标准打分，从而公平公正地对标准进行评价，避免暗箱操作，进而不断优化业务管理、修订完善标准，提升标准化的规范化程度，确保标准体系符合实际、与时俱进。另一方面，信息化建设的最终目标是通过数字技术的嵌入，实现组织结构和业务流程的重塑，从而促进管理方式的革新及效能的提升。未来，机关事务管理应进一步发挥信息技术高效互通的集成优势，以“互联网+”思维系统谋划、统筹推进，推进“互联网+机关事务”深度融合，重塑机关事务管理模式，实现上下贯通、左右联通和内外融通，构建机关事务集中统一管理的新格局。

（作者：罗玲、曾锡环）

第二章 “两化融合”视阈下的节约型机关建设研究

【内容提要】创建节约型机关是贯彻落实新发展理念，实现“双碳”目标的重要举措。本章以T市机关事务管理实践为例，分析其标准化和数字化融合建设举措及其内在逻辑。研究发现，标准化“呼唤”数字化并为其提供运行规范，数字化则为标准化的运行插上了强有力的“助力器”，二者融合发展共同推动节约型机关目标的实现。

一、问题提出：标准化和数字化何以推进节约型机关建设

党的十九大报告指出，“倡导简约适度、绿色低碳的生活方式，反对奢侈浪费和不合理消费，开展创建节约型机关”。党的二十大再次强调了加快发展方式绿色转型的重要性，推动经济社会发展绿色化、低碳化是实现高质量发展的关键环节，要加快推动形成绿色低碳的生产方式和生活方式。习近平生态文明思想也明确指出，贯彻创新、协调、绿色、开放、共享的发展理念，加快形成节约资源和保护环境的空间格局、产业结构、生产方式、生活方式。目前我国生态文明建设已经进入以降碳为重点战略方向、推动降碳减污扩绿增长协同推进、促进经济社会发展全面绿色转型、实现生态环境质量提升由量变到质变的关键时期[①]。

因此，对于公共机构而言，实现能源资源节约是推进绿色低碳转型和实现碳达峰碳中和目标，贯彻新发展理念，促进生态文明建设的题中之义，也是助推机关事务工作高质量发展、提高治理效能的必要举措。在建设节约型社会的新形势下，节约型机关的建设更是重中之重。节约型机关是指在机关组织、建设、运转、发展等各个方面，能够合理利用并努力节约人力、物力和财力等各种资源，有效控制运行成本，以尽可能少的资源消耗获得最大的

---

① 张云飞.党的十九大以来习近平生态文明思想的新发展［J］. 国家治理，2022，377（17）：2-9.

公共管理和服务保障效益的党政机关。近年来，国家机关事务管理局（以下简称国管局）和各地机关事务管理局积极推进节约型机关建设，搭建起了节能标准“先行”，多种数字化、专业化、社会化手段辅助的工作格局。其中，公共机构节能标准是机关事务标准体系的六大方面之一，其涵盖了节能建设与改造、节能运行、节能管理、节能评价四个维度。自 2012 年起，机关事务系统在公共机构节能领域进行标准化探索，截至 2021 年 11 月，共牵头制定国家标准 11 个，全部集中在公共机构节能领域；出台地方标准 309 个，其中公共机构节能方面的标准占 40.1%①，可见公共机构节能在机关事务中的重要性。

而数字化技术手段作为机关事务标准化有效应用的智能载体，在推进节约型机关建设的过程中也功不可没。依托一体化平台、大数据中心等创新平台，能够实现节约型机关创建、评估、监督等过程的结构化、可视化、便捷化。在公共机构节能的目标牵引下，标准化与数字化的融合具有战略必然性和技术可行性。为厘清标准化和数字化“两化融合”下推进节约型机关建设的逻辑和做法，进一步助力标准化与数字化的融合从而推进节约型机关建设，本章以 T 市为例，探讨以下几个问题：标准化及数字化二者的互动机理如何？二者如何推进节约型机关的建设？

二、文献回顾

（一）关于节约型机关的研究

1. 节约型机关内涵研究

政府在社会经济活动中扮演着极其重要的角色，在提供公共产品或者准公共产品的过程中，势必需要人力、物力、财力和相关信息的投入，并伴随一定的能源消耗和污染排放。建设节约型机关，其内在含义就是在政府机关组织、建设、运转、发展的各个领域和人力、财力、物力等各个方面，切实保护和合理利用各种资源，提高资源利用效率，以尽可能少的资源消耗获得

---

① T 市机关事务管理局 . 机关事务领域地方标准制定工作稳步推进［EB/OL］.（2022-03-03）［2022-12-15］. https://jgsw.tj.gov.cn/XWZX9488/GQJBMDT6969/202203/t20220303_5819637.html.

最大的公共管理和服务保障效益[①]。建设节约型机关的必要性已在学界达成了共识。在国外，“节约型机关”往往被纳入政府运行成本之中进行研究，《改革政府：企业家精神如何改革着公共部门》提出要用更少的开支实现公共利益[②]；盖伊·彼得斯在《政府未来的治理模式》中也强调了节约的重要性[③]。国外所推崇的“小政府”模式，对公共机构的开支、资源利用等方面均提出了节约的要求。在国内研究中，王军从廉价政府等视角出发，认为节约型机关的建设对公权力运用、公共利益保障、公职人员履职等方面具有重要意义，不仅是社会主义市场经济发展的客观要求，也是人民群众共同的愿望[④]。陈晓春、冯恋基于低碳经济的视角，认为在发展以低能耗、低污染和低排放为主要特征的低碳经济背景下，发展低碳经济和节约型机关的建设在本质上是一致的[⑤]。焦焕成聚焦机关事务文化的基本价值准则，指出了节俭效能的重要意义，认为应培育以节俭效能为特征的机关事务文化，引领和推进节约型机关建设[⑥]。

2. 节约型机关建设内容研究

一是法律法规、制度标准的建设。张晓卯提出要构建层次分明的法律监管体系，实现多级政府间的协同整合。完善办公用房管理的制度标准体系，并注重立法、司法和行政监督[⑦]。胡仙芝、马敬萱认为，节约型机关体现为一整套厉行节约和约束支出的制度和规范。建设节约型机关，最关键的是建立起一整套厉行节约的制度和规范，即强调了法治化、标准化对节约型机关建设的重要性[⑧]。二是体制机制建设。在主体合作方面，谌玥、郭婧娟思考合同能源管理项目中如何建立良好的合作机制，研究者从合作动机、合作伙伴选择、合作关系治理及政府参与四个维度，明确了合作机制基本构成要素和关

---

① 廖美桃 . 关于加强节约型机关建设的建议与思考［J］. 中国机关后勤，2008（10）：27-28.

② ［美］戴维·奥斯本，特德·盖布勒.改革政府：企业家精神如何改革着公共部门［M］. 周敦仁，译 . 上海：上海译文出版社，2013.

③ ［美］盖伊·彼得斯 . 政府未来的治理模式［M］. 北京：中国人民大学出版社，2013.

④ 王军 . 建设节约型机关的理论视角［J］. 中国行政管理，2011（1）：12-14.

⑤ 陈晓春，冯恋 . 基于低碳经济视角的节约型机关研究［J］. 中国行政管理，2011（3）：90-92.

⑥ 焦焕成 . 以节俭效能的机关事务文化引领节约型机关建设［J］. 求是，2012（6）：19-21.

⑦ 张晓卯.合同能源管理：公共机构碳达峰与碳中和的解决之道——以上海市公共机构合同能源管理为例［J］. 中国行政管理，2021（11）：157-159.

⑧ 胡仙芝，马敬萱 . 论我国建设节约型机关的体制改革途径［J］. 新视野，2011（5）：56-58.

键影响要素[①]。三是工作方式及具体技术标准。秦浩关注数字化的促进作用，认为电子政务能为建设节约型机关提供优质高效的管理服务，要建立透明高效的信息管理系统，推动不同层级政府之间、不同政府职能部门之间的信息共享，使信息服务于科学决策[②]。章玉娇建议强化机关事务的信息化和数字化管理，建立节能大数据交换中心和节能综合信息管理平台，打造全数字化的节能综合应用平台[③]。

3. 节约型机关实践评价研究

蒋硕亮构建的节约型机关评价指标体系由节约水平和保障服务水平两大类指标组成，分为目标层、功能层、控制层和具体指标层四个层次，总共包含79个具体指标[④]。钟荣丙构建的评价指标包括总体指标、节约时间、充分利用人力、提高效率、节约用电、节约用水、节约用车、节约办公经费、节约用地等[⑤]。

王澜明等列举了节约型机关建设的若干问题，例如机关运行成本数额偏大、机关管理制度标准不够完善、机关运行成本管理体制尚未理顺、机关运行成本信息不透明等。他们建议编制节约型机关建设战略规划，完善机关管理制度标准体系，实施规范化、标准化管理，推广先进的管理方式和科学技术，降低机关运行成本，等等[⑥]。伍如昕、郎玉函分析了2008—2022年的公共机构节能政策文本，发现存在基本政策工具应用失衡；缺乏过程控制和结果管理工具；各主体间行动不统合，政策体系不稳定；缺乏较高效力的政策文件，政策体系不均衡的问题[⑦]。

---

① 谌玥，郭婧娟.公共机构合同能源管理项目合作机制模型构建［J］. 科技管理研究，2021，41（6）：185-192.

② 秦浩 . 电子政务助力节约型机关建设的作用空间［J］. 兰台世界，2013（11）：43-44.

③ 章玉娇 . 节约型政府机关建设问题研究［D］. 乌鲁木齐：新疆农业大学，2021.

④ 蒋硕亮 . 节约型机关评价指标体系的构建［J］. 统计与决策，2012（7）：75-78.

⑤ 钟荣丙 . 节约型机关的评价指标设计和保障机制研究［J］. 甘肃理论学刊，2009（5）：139-142.

⑥ 王澜明，李金芳，高小平，等.建设节约型机关若干基本问题研究［J］. 中国行政管理，2012（1）：7-12.

⑦ 伍如昕，郎玉函.政策工具视角下中国公共机构节能政策研究——基于2008—2022年中央政策文本的量化分析［J］. 重庆理工大学学报（社会科学），2022，36（8）：179-194.

（二）文献评述

节约型机关建设具有重要的战略意义和理论意义。由于国外成熟的市场经济和公共管理理论的发展，节约型机关的建设相对比较完善，我国节约型机关建设的起步较晚，法治化、标准化、数字化、市场化、专业化等方面还不成熟，因此相关研究也比较少。

节约型机关的建设是动态变化的，必须随着信息化、绿色低碳技术的成熟，低碳意识的发展与时俱进。从众多学者归纳的建设现状、问题和对策建议可知，其组织实施过程深刻体现了“法治化、标准化、数字化、专业化、市场化”的思维，通过制度先行、创新突破、专业引领、市场开放等推进节约型政府的建设。但其中重要的是，节约型机关的标准化建设发挥着基础性的作用，市场化、专业化等都依托标准化而进行，否则将会出现负面作用或者事倍功半；而数字化手段则能为标准化“插上翅膀”，在数字化政府建设的背景下，数字化手段的应用前景及其节约型机关建设的促进作用受到了学者的一致认同。

但是，学界较少关注标准化和数字化融合的视角，对节约型机关的研究视角较为单一,二者的互动机制和作用并没有被充分认识，这不利于节能标准和数字技术的良性互动。同时，近年来关于节约型机关建设的研究较少，但是随着节能要求的强化、节能技术的发展，应该进行相应的探讨，展现新的研究成果。因此，本章着眼于标准化和数字化融合视阈，探讨其互动机制和作用机理，以期为节约型机关的相关实践提供研究基础。

三、分析框架

在理论世界中，标准所对应的制度与数字化手段对应的技术之间的互动理论一直存在，代表性的理论是技术—制度二分法、制度决定论与技术决定论。但随着理论的发展、制度的完善和技术的提升，制度和技术的互动有更多的面向，一元决定论或者二分法并不能真实反映二者的互动逻辑以及现实意义，二者是相互建构、相互渗透、相互制约、相辅相成的关系，互构论将技术视为一个“杠杆”与制度和组织放到同一主体性平台，在互动中分析公共事务善治的源泉，为看待和分析组织结构的良性运行提供一个网络化的互动的理论视角。具体是指将信息技术看作一种在被设计和使用过程中不断变化并受多种因素影响的“杠杆”，制度安排和组织安排作为一种中介因素或外生变量干预了技术的执行①。数字化的技术手段通过提高经济效率和社会效益创造了技术红利，但它可能会引致社会利益格局的变动，而一系列的标准则可以对其利益分配进行规范和调整，通过制度框架形塑数字化手段的应用，利用数字技术优化公共部门流程、提高公共服务效率，减少数字技术的负社会外部性。技术治理的运作核心是将信息技术嵌入数字建设实践中并获取制度机制的支持，使技术与制度在政府治理过程中进行统一与融合发展②。互构论的视角为标准化与数字化手段的互构机制与组合形态提供了理论阐释，为二者共同推进节约型机关的建设提供了理论基础。技术与制度的结合和运用大致存在以下四种主要形态：一是弱技术—弱制度；二是弱技术—强制度；三是强技术—弱制度；四是强技术—强制度③。也有学者根据制度注意力和技术注意力划分了四种关系类型，分别是技术主导型、制度主导型、制度跟进型、融合发展型。本章也将依据标准化和数字化的结合情况来呈现T市推动节约型机关建设的互构机理④，分析框架见图5–3。

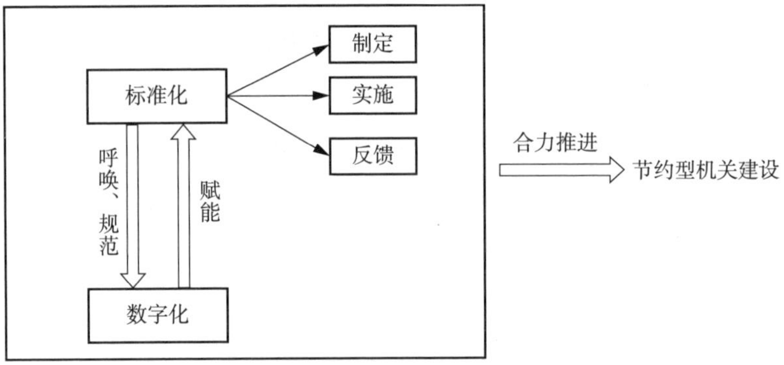

图5–3　分析框架

---

① 吴旭红，何瑞.超越“虚拟的美丽”：技术与制度互构的理论阐释［J］. 北方民族大学学报（哲学社会科学版），2018（2）：141–148.

② 沈费伟.技术嵌入与制度吸纳：提高政府技术治理绩效的运作逻辑［J］. 自然辩证法通讯，2021，43（2）：80–86.

③ 王春业.技术与制度良性互动下的我国数字法治政府建设［J］. 南通大学学报（社会科学版），2022，38（6）：100–108.

④ 毛万磊，陈秀丽，李嘉兴.技术与制度之间：数字治理转型中的地方政府注意力研究——基于山东省大数据局官方推文数据的分析［J］. 中共宁波市委党校学报，2022，44（4）：86–95.

四、案例选取与分析

（一）研究方法与对象

本章采用了单案例研究方法，基于二手资料，如新闻、官方网站等资料，基于标准化及数字化的融合视阈，深入探讨节约型机关建设中的互动机理、建设路径。本章选取了 T 市机关事务管理局作为研究对象，2019 年 4 月，T 市机关事务管理局被国管局、国家标准委确定为第二批全国机关事务标准化（能耗定额）专项试点单位。T 市机关事务管理局积极开展“公共机构能耗定额”标准化建设试点工作，自 2016 年开展以来，确定公共机构节能、绿色、信息化等高质量发展目标，推动解决能源审计、消费统计等基础性问题，节能技术选择和绿色运行指导等完善类问题，能耗定额管理和绿色运行评价等提升类问题，搭建了公共机构节能标准体系，常态化开展标准宣贯推广工作，加快推进标准落地实施，助推公共机构节能管理方式革新。2020 年 12 月，T 市机关事务管理局以 95.4 分的优异成绩顺利通过国管局的评估验收，高标准完成试点工作，名列全国试点单位前列。T 市机关事务管理局结合工作实际编制了 400 余个内部标准，出台了 21 个地方标准，其总结的《三级审查，确保节能标准质量》经验做法被国管局《中国机关后勤》杂志刊发，被新华网采取“云直播”的方式向全国推广。总体而言，T 市公共机构能效有所提高，能源费用逐步降低，整体满意度不断提升，初步形成具有 T 市特色的公共机构节能管理之路。因此，选取该研究对象能较深入地探讨标准化和数字化手段的互动机理，探寻建设节约型机关的路径。

（二）案例分析

1. 标准化“呼唤”数字化手段，并为其提供运行框架和规范

近年来，机关事务标准化建设的工作位阶不断提升。推进机关事务管理标准化是一种过程性的管理方法，即基于廉洁、务实、高效的价值追求，秉持整体性思维，将机关事务管理标准化的整个过程作为一个标准化过程，用标准化的理念和方法对其进行顶层设计和统筹规划，实施全过程控制，借助清晰、统一的标准体系，规范地解决有关问题，进而实现达成最佳秩序、提

升管理效能、促进治理现代化的总体目标，解决以何种体制机制系统规划，由谁制定什么标准，如何推行实施、监督、反馈和完善标准等问题。机关事务工作标准化是对《机关事务管理条例》《公共机构节能条例》《党政机关公务用车管理办法》《党政机关办公用房管理办法》《党政机关国内公务接待管理规定》等的深化落实[①]。标准化可以实现信息化平台和系统的规范、接口的统一、平台的规范。总的来看，标准化涵盖静态的标准体系以及动态标准化过程，二者相互关联、相互支撑，标准的实施离不开数字化手段。同时，一系列标准为数字化的运行提供了运行框架和规范。

在标准的制定方面，T市机关事务管理局在开展第二批机关事务标准化试点（公共机构节能专项试点）建设过程中，以T市机关事务管理局机关事务标准体系建设和标准制修订工作为基础，以《公务用车配备管理规范》《公务用车使用管理规范》《公务用车接待服务规范》《公务用车平台运行管理规范》等为依据，开展T市区域性地方标准项目制定，填补了机关事务管理行业区域性地方标准空白，推动了T市机关事务管理工作规范化发展。T市机关事务和管理局出台了《T市公共机构节能办法》《绿色公共机构评价标准》《公共机构能耗定额标准》等地方标准，并积极督促指导全市机关事务部门依标抓建，较好地规范了全市机关事务工作，促进了机关事务工作质量提升。各公共机构因地制宜，建立多元节能制度体系，T市和平区档案馆制定了《和平区档案馆绿色消费行为规范》《和平区档案馆生活垃圾分类管理制度》《和平区档案馆无纸化办公实施方案》《和平区档案馆计算机及网络设备管理制度》等管理制度，建立起完备的节能制度体系，2021年单位建筑面积总能耗为5.18 kgce/m^2，同比下降18.5%，2021年8月，和平区档案馆获评“节约型机关”称号[②]。标准的制定也对数字化的应用和运行提出了要求，T市落实碳达峰碳中和1+N政策体系编制工作要求，制定T市碳达峰碳中和标准计量体系建设实施方案，并研制节能评估及管理技术标准，为数字化应用设定了运行框架。

在标准的实施方面，一是明确主体责任，畅通主体沟通机制。T市机关

---

① 国家机关事务管理局.以标准化方式推进机关事务管理标准化［EB/OL］.（2021-12-27）［2022-12-15］. http://www.ggj.gov.cn/gzdt/ggjgzdt/hqzzs/zgjghq/2021/202112/202112/t20211227_34229.htm.

② T市机关事务管理局.T市和平区档案馆绿色办公示范案例［EB/OL］.（2022-05-27）［2022-12-15］. https://jgsw.tj.gov.cn/ZTZL8321/jgswgljggjgzn/ggjgzndxal/202205/t20220527_5891299.html.

事务管理局成立了标准化建设领导小组和标准化建设专班，申请成为全市标准化委员会成员单位，出台了《T 市机关事务标准化建设三年规划（2018—2020 年）》，搭建了有 4 个一级体系、21 个子体系、486 个标准的体系框架，积极推进标准化建设①。调整完善市标准化委员会成员单位，加大对《国家标准化发展纲要》贯彻落实、跨部门跨领域重点任务的统筹协调研究力度，推进机制增效。落实市标准化委员会办公室沟通协同制度，强化信息简报报送和工作交流借鉴。二是以试点示范建设为依托，推广先进经验。为了增强标准的科学化和专业化，加强公共机构能耗定额的研究编制工作，出台各类型公共机构的能耗定额标准，选择有条件的区和市级部门试行能耗定额管理，逐步建立 T 市公共机构能耗定额管理体系和管理档案。同时，T 市机关事务管理局先后在 6 个局属单位，围绕党政机关物业服务、餐饮服务、会议服务、用车服务等进行标准化建设试点。T 市机关事务管理局根据国管局要求，深入开展第四批国家级节约型公共机构示范单位、第二批能效领跑者及节约型机关创建工作，建设一批能源资源利用高效、节能手段措施到位、经验可复制可推广的示范单位和节约型机关，为全市各级公共机构开展好节能工作提供案例和典范。三是积极推进区域协同，增强标准化建设的合力。T 市不断深化京津冀区域标准化工作协同，落实国家《服务国家区域重大战略实施标准化工作指南》，健全区域标准化工作机制。牵头制修订一批协同地方标准，加强区域协同执行的标准实施，围绕重点领域和产业协同加大国家标准化试点示范建设②。四是以增强节能意识为先导，培养节能人才队伍。其一，积极进行节能标准知识的宣传，T 市机关事务管理局以"绿色低碳　节能先行"为主题，动员全市公共机构开展节能宣传周活动；通过网站、微信公众号等新媒体做好宣传推介。其二，增强干部职工的节能意识，组织全市公共机构干部职工观看国管局举办、新华网全程直播的 2022 年公共机构节能宣传周启动仪式，参加绿色低碳讲堂线上培训，观看节能降碳云展播。其三，树立节能典型，线上宣传绿色低碳示范单位。在局政务网站发布绿色低碳公共机构典型案例，重点推荐播放中新 T 市生态城不动产事务登记中心的绿色低碳

① T 市机关事务管理局 . 标准化推动机关事务工作高质量发展研究［EB/OL］.（2022-02-15）［2022-12-15］. https://jgsw.tj.gov.cn/ZTZL8321/TJSJGSWBZHJS4397/202202/t20220215_5804690.html.

② T 市机关事务管理局 . 标准化推动机关事务工作高质量发展研究［EB/OL］.（2022-02-15）［2022-12-15］. https://jgsw.tj.gov.cn/ZTZL8321/TJSJGSWBZHJS4397/202202/t20220215_5804690.html.

宣传片，介绍其开展能源费用托管工作、日常精细化管理和建设零能耗建筑的有关经验。通过以上信息化、智慧化的手段，宣传节能标准、贯彻节能理念[①]。

在标准的反馈方面，推进地方标准实施信息反馈，研究并推动重点行业领域标准实施效果的监督和评估工作。优化存量地方标准结构和质量，及时修订、废止一批，实现动态维护。建立标准实施监督评估机制，促进公共机构节能等管理更加规范、精细、高效。进一步细化公共机构节能目标责任制，逐级分解落实节能目标，把节能目标完成情况作为对公共机构考核评价的重要内容，并依法严格落实奖惩制度，会同有关部门认真开展对各区公共机构节能工作目标责任考核工作，对考核结果进行通报。不断加强日常监督检查，定期对公共机构节能及生活垃圾分类工作进行检查抽查，对检查结果进行评比、公示和通报，对存在问题及时督促整改，切实提高公共机构节能及生活垃圾分类工作的落实力度。同时，结合标准实施，认真做好机关事务标准化建设监督评估和理论研究，进一步促进机关事务标准化建设深入开展，创新发展。

综上所述，T 市积极探索节能型机关的标准化建设，而其中的制定、实施、反馈环节均对新时代机关事务节能工作提出了更精细、更高效的要求。一方面，标准化体系离不开数字化手段的配合；另一方面，标准明确了数字化平台和手段的运行内容及依据，有利于提升数字化的服务效能，深入推进政府治理现代化。

2. 数字化赋能节约型机关的标准化建设

标准化的制定、实施、反馈 3 个子系统所形成的复杂过程链，包含了标准本身的设置、实施主体、应用客体、外部环境等不同因素，由于标准化是一种定量化、程序化和可操作性强的管理手段，因此离不开大数据信息和智慧平台的支持，数字化技术对于这些因素的甄别、评估、组合有着更加高效、客观、系统的作用机制，借助大数据技术、智慧化数据平台等数字化手段，可以实现标准的科学合理设置、信息管理、资源整合等作用。

---

① T 市机关事务管理局 . 市机关事务管理局组织全市公共机构开展节能宣传周活动［EB/OL］.（2022-06-24）［2022-12-18］. https://jgsw.tj.gov.cn/XWZX9488/GZYW6394/202206/t20220628_5919503.html.

其一，T市积极推进数字平台的建设，建立了公共机构生活垃圾分类回收数据监控平台，实时掌握各级公共机构垃圾分类回收数据，实现本市公共机构生活垃圾分类规范化管理。其二，T市夯实节能工作数据基础，提高公共机构能耗统计工作质量。基于国管局对本市的公共机构能源资源消费数据质量核查，提高数据的真实性和准确性，包括单位基本信息、用能人数、建筑面积、车辆数量和水、电、气、油等能源资源消费数据及公共机构能耗统计覆盖范围完整度[①]。例如，T市住房城乡建设委通过改进能源计量体系实现该单位的节能减排，2019年安装了分项计量系统，采用水电分项计量，初步构建了管理有制度、实施有标准的节能管理体系；安装智能水表5块，实现对生活用水、食堂、空调冷却塔等用水量大部位分项计量；安装智能电表68块，实现对照明、动力、设施设备等用电情况分项计量；建立能耗统计台账等统计机制，对办公楼各项能耗数据进行逐月、逐年等精确统计，通过对能耗数据统计分析，及时发现能源使用过程中存在的问题，从而提高能源使用效率，提升运行管理水平。经过科学的计量，2021年在用能设备和用能人数略有增长的情况下，较2020年用水下降22%，降低了用水成本，效果明显。同时，数字化平台也是宣传节能知识及标准的主要载体，众多机构利用电子显示屏开展节能宣传活动，利用社交平台开展节能知识学习、节能制度的讲解等。

3. 标准化和数字化良性互动，助力节约型机关建设提质增效

数字技术赋能与制度演进协同，是建设节约型机关的有效路径。标准化可以提升数字化建设的水平，数字化建设可以推进标准化的实施，形成可操作、可量化的内容条款。

在标准化引领下，T市机关事务管理局以中央《绿色生活创建行动总体方案》及国管局、T市机关事务管理局对节约型机关创建工作要求为重点，组织召开系统节约型机关创建工作推动会和培训会。通过培训，各单位对创建工作的流程、内容等都有了深入的了解，在各院通力合作下，多个机构已获评国家级节约型机关示范单位。为了提升数字化的运行成效，T市进一步统一数据审核标准，科学建立数据抽查机制，不断提升统计数据的科学性、准确性、真实性，精准反映公共机构能源消费管理水平，为扎实推动全市公

---

① T市机关事务管理局.公共机构能源资源消费数据质量核查[EB/OL].(2021-01-29)[2022-12-18]. https://jgsw.tj.gov.cn/XWZX9488/GZYW6394/202101/t20210129_5341635.html.

共机构节能工作提供基础数据和科学依据。

在数字化的助力下，T 市积极推进标准化与数字化的深度融合，实现能耗定额、建筑设施设备信息、空间环境质量、能源资源消耗采集在信息化平台的深度应用，打造数据真实、理念先进、管理科学、集约高效的创新型工作模式。T 市建立了公共机构节能信息化工作平台，实现了数据的统合。T 市已初步形成标准化和数字化“融合发展型”的节能工作格局，节能工作的相关标准与数字化手段形成了有力的结合，二者提高了 T 市的用能效率。

一是以数字平台为载体，实现节能效果的可量化和可视化。T 市建立了节能信息化工作平台这一标准内嵌的信息化集成平台，在此基础上开展标准化体系集成研究，将能源审计、能耗采集标准的相关内容、公共机构绿色运行管理、评价标准条文嵌入信息化平台，通过软件运算直接指出节能管理、绿色运行中存在的问题，并提出改进建议，拓宽节能标准化成果应用途径，提高公共机构节能管理水平。例如，T 市人民检察院与国网 T 市综合能源公司以合同能源管理的形式合作，对现有的中央空调制冷机房及设备实施节能改造，部署系统级 CPS 管理系统，系统投入使用后，中央空调系统用电能耗相较于使用前显著下降[①]。

二是以数据管理为手段，健全 T 市公共机构用能档案。按照《公共机构能源审计管理暂行办法》要求，继续开展 T 市公共机构重点用能单位能耗在线监测平台建设，分批前往各重点用能单位安装智能计量器具，将能耗数据进行实时监测和管理，有效提高能耗统计数据质量。T 市医院根据自身出台的节电、节水、办公用品节支、公务用车、绿色消费、能源计量、节能目标责任制度，利用数字化设备和手段进行能耗数据记录分析。不仅对单体建筑用水计量，还针对重点用水部门如锅炉房、污水站、淋浴室、食堂等处实施计量。建立能源计量器具台账，具体包括计量器具名称、型号规格、安装使用地点、测量对象，从而实现能源资源的精细化和专业化管理。

三是以能耗监控为抓手，逐步实现节能目标。《T 市公共机构节能办法》要求进行能源审计和投资收益分析，明确节能指标，并在节能改造后采用计量方式对节能指标进行考核和综合评价，根据审计结果采取提高能源利用效

① T 市机关事务管理局. 深入推进节能减排　努力创建节约型机关（会议交流材料）[EB/OL].（2021-03-23）[2022-12-18]. https://jgsw.tj.gov.cn/XWZX9488/GQJBMDT6969/202103/t20210323_5391678.html.

率的措施。该规定实现了节能标准“制定、实施、反馈”的良性循环。

四是扩大能耗定额试点范围，推动公共机构重点用能单位定额试点实现全覆盖。着眼实现T市公共机构重点用能单位在线监测平台建设目标，加快完成全市重点用能单位在线监测系统安装，实时采集分项能耗数据，推广试点经验，以点带面，将定额管理扩大至平台所有单位，完善定额对标程序，利用实时数据提升能源利用事中管理和事前预判能力，为公共机构提供合理的能源使用策略，变“能耗监测”为“能耗监控”。

五、结论与讨论

为深入贯彻习近平生态文明思想，落实新发展理念，构建新发展格局，大力推动节能减排，实现碳达峰碳中和目标，构建节约型机关能够充分发挥公共机构的引领表率作用，推动构建节约型社会。T市机关事务管理局作为全国机关事务标准化（能耗定额）专项试点单位，实现了标准化、数字化的有机互动，初步实现了二者的融合发展，为构建节约型机关提供了强大合力。T市以标准化为前提，出台了《公共机构能耗定额标准》等多项地方性标准；以数字化为支撑，通过节能信息化工作平台实现了节能标准的计量、评估，完成了节能目标。在标准化和数字化的合力推动下，T市机关事务管理局就“节约型机关”的多个维度进行了丰富的探索，其撰写的《“标准化+信息化”有效推动机关事务管理工作高质量发展》等研讨文章获得全国机关事务管理理论研究优秀成果奖。综上可见，T市机关事务管理局在“两化融合”上作出了理论研究及实践应用的努力。未来，随着新兴平台的不断发展，我们还需要关注节约型机关创建中的数字平台建设、运作的标准构建问题，而不仅仅着眼于节约型机关建设的标准。通过节约型机关的建设，真正汲取标准化和数字化融合的经验，从而推动数字治理的实现，推进我国的治理体系和治理能力现代化建设。同时，各个公共机构应该自觉培养绿色低碳的意识，不仅仅满足于获得节约型机关这一称号，从而真正将节能减排落到实处，落到深处，实现“双碳”目标。

（作者：王梓悠、曾锡环）